1위
교과서 최다 합격!
교과서 점유율 1위!

교육과학기술부 선정
교육용 기초 한자

이야기로 배우는 한자

1800

핸드북

- 중학교 교육용 기초 한자 900자
- 고등학교 교육용 기초 한자 900자
- 주제별 한자 성어

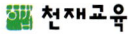

천재교육

천재교육

중학교 900자

은 시험에 자주 출제되는 한자 성어입니다.

효도(1)

- **冬溫夏淸**(동온하정):
  겨울에는 따뜻하게, 여름에는 서늘하게 한다는 뜻으로, 부모를 잘 섬기어 효도함을 이르는 말

- **望雲之情**(망운지정):
  구름을 바라보는 심정이라는 뜻으로, 객지에서 부모를 생각하는 마음을 일컬음.

- **斑衣之戲**(반의지희):
  색동저고리를 입고 (부모 앞에서) 논다는 뜻으로, 부모의 마음을 위로해 드리고자 하는 지극한 효성을 가리킴.

家	佳	街	可	歌
加	價	假	各	角
脚	干	間	看	渴
甘	減	感	敢	甲
江	降	講	强	改
皆	個	開	客	更
去	巨	居	車	擧
建	乾	犬	見	堅
決	結	潔	京	景
輕	經	庚	耕	敬
驚	慶	競	癸	季
界	計	溪	鷄	古
故	固	苦	考	高
告	谷	曲	穀	困
坤	骨	工	空	公
共	功	果	課	科
過	官	觀	關	光
廣	交	校	橋	敎
九	口	求	救	究
久	句	舊	國	君

집 **가**	아름다울 **가**	거리 **가**	옳을 **가**	노래 **가**
더할 **가**	값 **가**	거짓 **가**	각각 **각**	뿔 **각**
다리 **각**	방패 **간**	사이 **간**	볼 **간**	목마를 **갈**
달 **감**	덜 **감**	느낄 **감**	감히/구태여 **감**	갑옷 **갑**
강 **강**	내릴 **강**, 항복할 **항**	욀 **강**	강할 **강**	고칠 **개**
다 **개**	낱 **개**	열 **개**	손 **객**	다시 **갱**, 고칠 **경**
갈 **거**	클 **거**	살 **거**	수레 **거/차**	들 **거**
세울 **건**	하늘/마를 **건**	개 **견**	볼 **견**, 뵈올 **현**	굳을 **견**
결단할 **결**	맺을 **결**	깨끗할 **결**	서울 **경**	볕 **경**
가벼울 **경**	지날/글 **경**	별 **경**	밭 갈 **경**	공경 **경**
놀랄 **경**	경사 **경**	다툴 **경**	북방/천간 **계**	계절 **계**
지경 **계**	셀 **계**	시내 **계**	닭 **계**	예 **고**
연고 **고**	굳을 **고**	쓸 **고**	생각할 **고**	높을 **고**
고할 **고**	골 **곡**	굽을 **곡**	곡식 **곡**	곤할 **곤**
땅 **곤**	뼈 **골**	장인 **공**	빌 **공**	공평할 **공**
한가지 **공**	공 **공**	실과 **과**	공부할/과정 **과**	과목 **과**
지날 **과**	벼슬 **관**	볼 **관**	관계할 **관**	빛 **광**
넓을 **광**	사귈 **교**	학교 **교**	다리 **교**	가르칠 **교**
아홉 **구**	입 **구**	구할 **구**	구원할 **구**	연구할/궁구할 **구**
오랠 **구**	글귀 **구**	예 **구**	나라 **국**	임금 **군**

중학교 900자

효도(2)

- **反哺報恩**(반포보은): (까마귀가 다 자란 후에 그 부모에게 먹이를) 되먹이는 효성이라는 뜻으로, 자식이 부모에게 길러 준 은혜를 갚는 것을 이름.

여럿 가운데서 뛰어남(1)

- **群鷄一鶴**(군계일학): 닭의 무리 가운데서 한 마리의 학이라는 뜻으로, 여럿 가운데서 가장 뛰어난 사람을 이름.

- **囊中之錐**(낭중지추): 주머니 속의 송곳이라는 뜻으로, 재능이 뛰어난 사람은 숨어 있어도 남의 눈에 띄게 됨을 이르는 말

郡	軍	弓	卷	權
勸	貴	歸	均	極
近	勤	根	金	今
禁	及	給	急	己
起	其	期	基	氣
技	幾	旣	記	吉
暖	難	南	男	內
乃	女	年	念	怒
農	能	多	丹	但
單	短	端	達	談
答	堂	當	大	代
待	對	德	刀	到
度	道	島	徒	都
圖	讀	獨	同	洞
童	冬	東	動	斗
豆	頭	得	等	登
燈	落	樂	卵	浪
郞	來	冷	良	兩
量	涼	旅	力	歷
連	練	列	烈	令

고을 **군**	군사 **군**	활 **궁**	책 **권**	권세 **권**
권할 **권**	귀할 **귀**	돌아갈 **귀**	고를 **균**	다할/극진할 **극**
가까울 **근**	부지런할 **근**	뿌리 **근**	쇠 **금**, 성 **김**	이제 **금**
금할 **금**	미칠 **급**	줄 **급**	급할 **급**	몸 **기**
일어날 **기**	그 **기**	기약할 **기**	터 **기**	기운 **기**
재주 **기**	몇 **기**	이미 **기**	기록할 **기**	길할 **길**
따뜻할 **난**	어려울 **난**	남녘 **남**	사내 **남**	안 **내**
이에 **내**	계집 **녀**	해 **년**	생각 **념**	성낼 **노**
농사 **농**	능할 **능**	많을 **다**	붉을 **단**	다만 **단**
홑 **단**	짧을 **단**	끝 **단**	통달할 **달**	말씀 **담**
대답 **답**	집 **당**	마땅 **당**	큰 **대**	대신 **대**
기다릴 **대**	대할 **대**	큰 **덕**	칼 **도**	이를 **도**
법도 **도**, 헤아릴 **탁**	길 **도**	섬 **도**	무리 **도**	도읍 **도**
그림 **도**	읽을 **독**	홀로 **독**	한가지 **동**	골짜기 **동**, 밝을 **통**
아이 **동**	겨울 **동**	동녘 **동**	움직일 **동**	말 **두**
콩 **두**	머리 **두**	얻을 **득**	무리 **등**	오를 **등**
등 **등**	떨어질 **락**	즐길 **락**, 노래 **악**	알 **란**	물결 **랑**
사내 **랑**	올 **래**	찰 **랭**	어질 **량**	두 **량**
헤아릴 **량**	서늘할 **량**	나그네 **려**	힘 **력**	지날 **력**
이을 **련**	익힐 **련**	벌일 **렬**	매울 **렬**	하여금 **령**

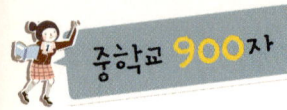

중학교 900자

여럿 가운데서 뛰어남(2)

- 白眉(백미):
  마 씨 오형제 중에서 가장 재주가 뛰어난 마량(馬良)의 눈썹이 희었다는 데서 나온 말

- 泰斗(태두):
  泰山北斗(태산북두: 태산과 북두칠성)의 준말로, 남에게 존경받는 뛰어난 존재를 의미함.

이러지도 저러지도 못하는 상황(1)

- 進退兩難(진퇴양난):
  앞으로 나아가기도 어렵고 뒤로 물러나기도 어려움.

領	例	禮	路	露
老	勞	綠	論	料
柳	留	流	六	陸
倫	律	李	里	理
利	林	立	馬	莫
萬	晚	滿	末	亡
忙	忘	望	每	買
賣	妹	麥	免	勉
面	眠	名	命	明
鳴	母	毛	暮	木
目	卯	妙	戊	茂
武	無	舞	務	墨
門	問	聞	文	勿
物	米	未	味	美
尾	民	密	朴	飯
半	反	發	方	房
防	放	訪	拜	杯
白	百	番	伐	凡
法	變	別	丙	病
兵	保	步	報	福

거느릴 령	법식 례	예도 례	길 로	이슬 로
늙을 로	일할 로	푸를 록	논할 론	헤아릴 료
버들 류	머무를 류	흐를 류	여섯 륙	뭍 륙
인륜 륜	법칙 률	오얏/성 리	마을 리	다스릴 리
이할 리	수풀 림	설 립	말 마	없을 막
일만 만	늦을 만	찰 만	끝 말	망할 망
바쁠 망	잊을 망	바랄 망	매양 매	살 매
팔 매	누이 매	보리 맥	면할 면	힘쓸 면
낯 면	잘 면	이름 명	목숨 명	밝을 명
울 명	어미 모	터럭 모	저물 모	나무 목
눈 목	토끼 묘	묘할 묘	천간 무	무성할 무
호반 무	없을 무	춤출 무	힘쓸 무	먹 묵
문 문	물을 문	들을 문	글월 문	말 물
물건 물	쌀 미	아닐 미	맛 미	아름다울 미
꼬리 미	백성 민	빽빽할 밀	성 박	밥 반
반 반	돌이킬 반	필 발	모 방	방 방
막을 방	놓을 방	찾을 방	절 배	잔 배
흰 백	일백 백	차례 번	칠 벌	무릇 범
법 법	변할 변	다를/나눌 별	남녘 병	병 병
병사 병	지킬 보	걸음 보	갚을/알릴 보	복 복

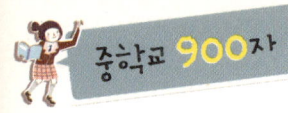

이러지도 저러지도 못하는 상황(2)

- **鷄肋**(계륵):
  닭갈비라는 뜻으로, 먹자니 먹을 것이 없고, 버리자니 아까움.

일이 위태로운 형세(1)

- **累卵之勢**(누란지세):
  새알을 쌓아 놓은 듯한 위태로운 형세

- **百尺竿頭**(백척간두):
  백 척 높이의 장대 위에 올라섰다는 뜻으로, 몹시 위태롭고 어려운 지경에 빠짐을 일컬음.

伏	服	復	本	奉
逢	夫	扶	父	富
部	婦	否	浮	北
分	不	佛	朋	比
非	悲	飛	鼻	備
貧	氷	四	巳	士
仕	寺	史	使	舍
射	謝	師	死	私
絲	思	事	山	産
散	算	殺	三	上
尚	常	賞	商	相
霜	想	傷	喪	色
生	西	序	書	暑
石	夕	昔	惜	席
先	仙	線	鮮	善
船	選	舌	雪	設
說	姓	性	成	城
誠	盛	省	星	聖
聲	世	洗	稅	細
勢	歲	小	少	所

엎드릴 **복**	옷 **복**	회복할 **복**, 다시 **부**	근본 **본**	받들 **봉**
만날 **봉**	지아비 **부**	도울 **부**	아비 **부**	부자 **부**
떼 **부**	며느리 **부**	아닐 **부**	뜰 **부**	북녘 **북**, 달아날 **배**
나눌 **분**	아닐 **불/부**	부처 **불**	벗 **붕**	견줄 **비**
아닐 **비**	슬플 **비**	날 **비**	코 **비**	갖출 **비**
가난할 **빈**	얼음 **빙**	넉 **사**	뱀 **사**	선비 **사**
섬길 **사**	절 **사**	사기 **사**	하여금/부릴 **사**	집 **사**
쏠 **사**	사례할 **사**	스승 **사**	죽을 **사**	사사 **사**
실 **사**	생각 **사**	일 **사**	메 **산**	낳을 **산**
흩을 **산**	셈 **산**	죽일 **살**, 감할 **쇄**	석 **삼**	윗 **상**
오히려 **상**	떳떳할 **상**	상줄 **상**	장사 **상**	서로 **상**
서리 **상**	생각 **상**	다칠 **상**	잃을 **상**	빛 **색**
날 **생**	서녘 **서**	차례 **서**	글 **서**	더울 **서**
돌 **석**	저녁 **석**	예 **석**	아낄 **석**	자리 **석**
먼저 **선**	신선 **선**	줄 **선**	고울 **선**	착할 **선**
배 **선**	가릴 **선**	혀 **설**	눈 **설**	베풀 **설**
말씀 **설**, 달랠 **세**	성 **성**	성품 **성**	이룰 **성**	재 **성**
정성 **성**	성할 **성**	살필 **성**, 덜 **생**	별 **성**	성인 **성**
소리 **성**	인간 **세**	씻을 **세**	세금 **세**	가늘 **세**
형세 **세**	해 **세**	작을 **소**	적을 **소**	바 **소**

일이 위태로운 형세(2)

- **四面楚歌**(사면초가):
  사방에서 초나라 노랫소리가 들려온다는 뜻으로, 사면이 모두 적에게 포위되어 고립된 상태를 일컬음.

- **危機一髮**(위기일발):
  위급함이 머리털 하나 차이만큼 닥친다는 뜻으로, 매우 절박한 순간을 일컬음.

- **一觸卽發**(일촉즉발):
  조금만 닿아도 곧 폭발할 것 같은 모양이라는 뜻으로, 막 일이 일어날 듯하여 위험한 지경을 일컬음.

消	素	笑	俗	速
續	孫	松	送	水
手	受	授	首	守
收	誰	雖	須	愁
樹	壽	數	修	秀
叔	淑	宿	順	純
戌	崇	習	拾	乘
承	勝	市	示	是
時	詩	視	施	試
始	式	植	識	食
申	臣	信	辛	新
神	身	失	室	實
心	甚	深	十	氏
兒	我	惡	安	案
顔	眼	暗	巖	仰
愛	哀	也	夜	野
弱	若	約	藥	羊
洋	養	揚	陽	讓
魚	漁	於	語	億
憶	言	嚴	業	余

사라질 소	본디/흴 소	웃음 소	풍속 속	빠를 속
이을 속	손자 손	소나무 송	보낼 송	물 수
손 수	받을 수	줄 수	머리 수	지킬 수
거둘 수	누구 수	비록 수	모름지기 수	근심 수
나무 수	목숨 수	셈 수	닦을 수	빼어날 수
아재비 숙	맑을 숙	잘 숙, 별자리 수	순할 순	순수할 순
개 술	높을 숭	익힐 습	주울 습, 열 십	탈 승
이을 승	이길 승	저자 시	보일 시	이/옳을 시
때 시	시 시	볼 시	베풀 시	시험 시
비로소 시	법 식	심을 식	알 식, 기록할 지	밥/먹을 식
납 신	신하 신	믿을 신	매울 신	새 신
귀신 신	몸 신	잃을 실	집 실	열매 실
마음 심	심할 심	깊을 심	열 십	각시/성씨 씨
아이 아	나 아	악할 악, 미워할 오	편안 안	책상 안
낮 안	눈 안	어두울 암	바위 암	우러를 앙
사랑 애	슬플 애	이끼/어조사 야	밤 야	들 야
약할 약	같을 약, 반야 야	맺을 약	약 약	양 양
큰 바다 양	기를 양	날릴 양	볕 양	사양할 양
물고기 어	고기 잡을 어	어조사 어, 탄식할 오	말씀 어	억 억
생각할 억	말씀 언	엄할 엄	업 업	나 여

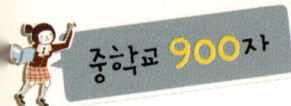

일이 위태로운 형세(3)
- 風前燈火(풍전등화): 바람 앞에 놓인 등불

학문(1)
- 刮目相對(괄목상대): 눈을 비비고 상대를 다시 본다는 뜻으로, 남의 학식이나 재주가 놀라울 정도로 진보하여 인식을 새롭게 함을 이름.

- 教學相長(교학상장): 가르치는 사람과 배우는 사람이 서로의 학업을 증진시킴.

餘	如	汝	與	亦
易	逆	然	煙	研
熱	悅	炎	葉	永
英	迎	榮	藝	五
吾	悟	午	誤	烏
玉	屋	溫	瓦	臥
完	曰	王	往	外
要	欲	浴	用	勇
容	于	宇	右	友
牛	雨	憂	又	尤
遇	云	雲	運	雄
元	原	願	遠	園
怨	圓	月	位	危
爲	偉	威	由	油
酉	有	猶	唯	遊
柔	遺	幼	肉	育
恩	銀	乙	音	吟
飮	陰	邑	泣	應
衣	依	義	議	矣
醫	意	二	以	已

남을 여	같을 여	너 여	더불/줄 여	또 역
바꿀 역, 쉬울 이	거스릴 역	그럴 연	연기 연	갈 연
더울 열	기쁠 열	불꽃 염	잎 엽	길 영
꽃부리 영	맞을 영	영화 영	재주 예	다섯 오
나 오	깨달을 오	낮 오	그르칠 오	까마귀 오
구슬 옥	집 옥	따뜻할 온	기와 와	누울 와
완전할 완	가로 왈	임금 왕	갈 왕	바깥 외
요긴할 요	하고자 할 욕	목욕할 욕	쓸 용	날랠 용
얼굴 용	어조사 우	집 우	오른 우	벗 우
소 우	비 우	근심 우	또 우	더욱 우
만날 우	이를 운	구름 운	옮길 운	수컷 웅
으뜸 원	언덕 원	원할 원	멀 원	동산 원
원망할 원	둥글 원	달 월	자리 위	위태할 위
할 위	클 위	위엄 위	말미암을 유	기름 유
닭 유	있을 유	오히려 유	오직 유	놀 유
부드러울 유	남길 유	어릴 유	고기 육	기를 육
은혜 은	은 은	새 을	소리 음	읊을 음
마실 음	그늘 음	고을 읍	울 읍	응할 응
옷 의	의지할 의	옳을 의	의논할 의	어조사 의
의원 의	뜻 의	두 이	써 이	이미 이

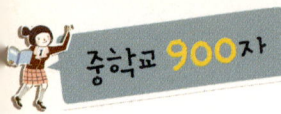

耳	而	異	移	益
人	引	仁	因	忍
認	寅	印	一	日
壬	入	子	字	自
者	姉	慈	作	昨
長	章	場	將	壯
才	材	財	在	栽
再	哉	爭	著	貯
低	的	赤	適	敵
田	全	典	前	展
戰	電	錢	傳	節
絶	店	接	丁	頂
停	井	正	政	定
貞	精	情	靜	淨
庭	弟	第	祭	帝
題	除	諸	製	兆
早	造	鳥	調	朝
助	祖	足	族	存
尊	卒	宗	種	鍾
終	從	左	坐	罪

학문(2)

- **手不釋卷**(수불석권):
  손에서 책을 내려놓지 아니함.

- **溫故知新**(온고지신):
  옛 것을 익혀 그것으로 미루어 새 것을 깨달음.

- **日就月將**(일취월장):
  학문이 날로 달로 나아감.

- **切磋琢磨**(절차탁마):
  옥돌을 쪼고 갈아서 빛을 낸다는 뜻으로, 학문이나 인격을 연마하는 것을 이름.

귀 이	말 이을 이	다를 이	옮길 이	더할 익
사람 인	끌 인	어질 인	인할 인	참을 인
알 인	범/동방 인	도장 인	한 일	날 일
북방 임	들 입	아들 자	글자 자	스스로 자
놈 자	손위 누이 자	사랑 자	지을 작	어제 작
긴 장	글 장	마당 장	장수 장	장할 장
재주 재	재목 재	재물 재	있을 재	심을 재
두 재	어조사 재	다툴 쟁	나타날 저	쌓을 저
낮을 저	과녁 적	붉을 적	맞을 적	대적할 적
밭 전	온전 전	법 전	앞 전	펼 전
싸움 전	번개 전	돈 전	전할 전	마디 절
끊을 절	가게 점	이을 접	고무래/장정 정	성수리 정
머무를 정	우물 정	바를 정	정사 정	정할 정
곧을 정	정할 정	뜻 정	고요할 정	깨끗할 정
뜰 정	아우 제	차례 제	제사 제	임금 제
제목 제	덜 제	모두 제	지을 제	억조 조
이를 조	지을 조	새 조	고를 조	아침 조
도울 조	할아비 조	발 족	겨레 족	있을 존
높을 존	마칠 졸	마루 종	씨 종	쇠북 종
마칠 종	좇을 종	왼 좌	앉을 좌	허물 죄

15

학문(3)

- 走馬加鞭(주마가편):
  달리는 말에 채찍을 더한다는 뜻으로, 자신의 위치에 만족하지 않고 계속 노력함을 이름.

- 螢雪之功(형설지공):
  반딧불과 눈빛으로 이룬 공이라는 뜻으로, 고생을 하면서도 꾸준히 학문을 닦은 보람을 가리키는 말임.

- 換骨奪胎(환골탈태):
  뼈를 바꾸고 태를 빼앗았다는 뜻으로, 옛 사람이나 타인의 글에서 그 뜻을 취하거나 모방하여 자기의 작품인 것처럼 꾸미는 일을 일컬음.

主	注	住	朱	宙
走	酒	畫	竹	中
重	衆	卽	則	曾
增	證	只	支	枝
止	之	知	地	指
志	至	紙	持	直
辰	眞	進	盡	質
集	執	且	次	此
借	着	察	參	昌
唱	窓	採	菜	責
冊	妻	處	尺	千
天	川	泉	淺	鐵
靑	淸	晴	請	聽
體	初	草	招	寸
村	最	秋	追	推
丑	祝	春	出	充
忠	蟲	取	吹	就
治	致	齒	親	七
針	快	他	打	脫
探	太	泰	宅	土

임금/주인 주	부을 주	살 주	붉을 주	집 주
달릴 주	술 주	낮 주	대 죽	가운데 중
무거울 중	무리 중	곧 즉	곧 즉, 법 칙	일찍 증
더할 증	증거 증	다만 지	지탱할 지	가지 지
그칠 지	갈 지	알 지	땅 지	가리킬 지
뜻 지	이를 지	종이 지	가질 지	곧을 직
별 진, 때 신	참 진	나아갈 진	다할 진	바탕 질
모을 집	잡을 집	또 차	버금 차	이 차
빌/빌릴 차	붙을 착	살필 찰	참여할 참, 석 삼	창성할 창
부를 창	창 창	캘 채	나물 채	꾸짖을 책
책 책	아내 처	곳 처	자 척	일천 천
하늘 천	내 천	샘 천	얕을 천	쇠 철
푸를 청	맑을 청	갤 청	청할 청	들을 청
몸 체	처음 초	풀 초	부를 초	마디 촌
마을 촌	가장 최	가을 추	쫓을/따를 추	밀 추
소 축	빌 축	봄 춘	날 출	채울 충
충성 충	벌레 충	가질 취	불 취	나아갈 취
다스릴 치	이를 치	이 치	친할 친	일곱 칠
바늘 침	쾌할 쾌	다를 타	칠 타	벗을 탈
찾을 탐	클 태	클 태	집 택/댁	흙 토

 중학교 900자

通	統	退	投	特
破	波	判	八	貝
敗	片	便	篇	平
閉	布	抱	暴	表
品	風	豊	皮	彼
必	匹	筆	下	夏
賀	何	河	學	閑
寒	恨	限	韓	漢
合	恒	害	海	亥
解	行	幸	向	香
鄕	虛	許	革	現
賢	血	協	兄	刑
形	惠	戶	乎	呼
好	虎	號	湖	或
婚	混	紅	火	化
花	貨	和	話	畫
華	歡	患	活	黃
皇	回	會	孝	效
後	厚	訓	休	凶
胸	黑	興	希	喜

학문(4)

- **後生可畏**(후생가외): 뒤에 난 사람을 두려워할 만하다는 뜻으로, 후배들이 선배보다 훌륭하게 될 수 있는 가능성이 있기 때문에 두려운 존재가 될 수 있다는 말

우정(1)

- **肝膽相照**(간담상조): 간과 쓸개를 서로 비추어 보인다는 뜻으로, 서로 마음을 터놓고 사귀는 것을 일컬음.

- **管鮑之交**(관포지교): 관중(管仲)과 포숙아(鮑叔牙)의 사귐이라는 뜻으로, 썩 친밀한 교제를 일컬음.

통할 **통**	거느릴 **통**	물러날 **퇴**	던질 **투**	특별할 **특**
깨뜨릴 **파**	물결 **파**	판단할 **판**	여덟 **팔**	조개 **패**
패할 **패**	조각 **편**	편할 **편**, 똥오줌 **변**	책 **편**	평평할 **평**
닫을 **폐**	베/펼 **포**, 보시 **보**	안을 **포**	사나울/모질 **포**	겉 **표**
물건 **품**	바람 **풍**	풍년 **풍**	가죽 **피**	저 **피**
반드시 **필**	짝 **필**	붓 **필**	아래 **하**	여름 **하**
하례할 **하**	어찌 **하**	물 **하**	배울 **학**	한가할 **한**
찰 **한**	한 **한**	한할 **한**	한국/나라 **한**	한수/한나라 **한**
합할 **합**	항상 **항**	해할 **해**	바다 **해**	돼지 **해**
풀 **해**	다닐 **행**, 항렬 **항**	다행 **행**	향할 **향**	향기 **향**
시골 **향**	빌 **허**	허락할 **허**	가죽 **혁**	나타날 **현**
어질 **현**	피 **혈**	화할 **협**	형 **형**	형벌 **형**
모양 **형**	은혜 **혜**	집 **호**	어조사 **호**	부를 **호**
좋을 **호**	범 **호**	이름 **호**	호수 **호**	혹 **혹**
혼인할 **혼**	섞을 **혼**	붉을 **홍**	불 **화**	될 **화**
꽃 **화**	재물 **화**	화할 **화**	말씀 **화**	그림 **화**, 그을 **획**
빛날 **화**	기쁠 **환**	근심 **환**	살 **활**	누를 **황**
임금 **황**	돌아올 **회**	모일 **회**	효도 **효**	본받을 **효**
뒤 **후**	두터울 **후**	가르칠 **훈**	쉴 **휴**	흥할 **흥**
가슴 **흉**	검을 **흑**	일 **흥**	바랄 **희**	기쁠 **희**

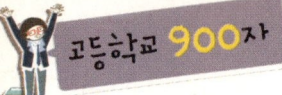

고등학교 900자

는 시험에 자주 출제되는 한자 성어입니다.

우정(2)

- 金蘭之交(금란지교): 쇠처럼 단단하고 난초처럼 향기가 나는 사귐.

- 金石之交(금석지교): 쇠와 돌처럼 굳은 사귐.

- 斷金之交(단금지교): 둘이 힘을 합하면 단단한 쇠를 끊어 낼 수 있을 만한 사귐이라는 뜻으로, 매우 정의가 두터운 교제를 일컬음.

- 莫逆之友(막역지우): 마음이 맞아 서로 거스름이 없는 사이라는 뜻으로, 아주 허물없는 친구 사이의 사귐을 일컬음.

架	暇	閣	却	覺
刻	刊	肝	幹	簡
姦	懇	監	鑑	康
剛	鋼	綱	介	慨
概	蓋	距	拒	據
件	健	傑	乞	儉
劍	檢	格	擊	激
隔	肩	絹	遣	牽
缺	兼	謙	竟	境
鏡	頃	傾	硬	警
徑	卿	系	係	戒
械	繼	契	桂	啓
階	繫	枯	姑	庫
孤	鼓	稿	顧	哭
孔	供	恭	攻	恐
貢	誇	寡	郭	館
管	貫	慣	冠	寬
鑛	狂	掛	塊	愧
怪	壞	郊	較	巧
矯	具	俱	區	驅

시렁 가	틈/겨를 가	집 각	물리칠 각	깨달을 각
새길 각	새길 간	간 간	줄기 간	대쪽/간략할 간
간음할 간	간절할 간	볼 감	거울 감	편안 강
굳셀 강	강철 강	벼리 강	낄 개	슬퍼할 개
대개 개	덮을 개	상거할 거	막을 거	근거 거
물건 건	굳셀 건	뛰어날 걸	빌 걸	검소할 검
칼 검	검사할 검	격식 격	칠 격	격할 격
사이 뜰 격	어깨 견	비단 견	보낼 견	이끌/끌 견
이지러질 결	겸할 겸	겸손할 겸	마침내 경	지경 경
거울 경	이랑/잠깐 경	기울 경	굳을 경	깨우칠 경
지름길 경	벼슬 경	이어맬 계	맬 계	경계할 계
기계 계	이을 계	맺을 계	계수나무 계	열 계
섬돌 계	맬 계	마를 고	시어미 고	곳집 고
외로울 고	북 고	원고/볏짚 고	돌아볼 고	울 곡
구멍 공	이바지할 공	공손할 공	칠 공	두려울 공
바칠 공	자랑할 과	적을 과	둘레/외성 곽	집 관
대롱/주관할 관	꿸 관	익숙할 관	갓 관	너그러울 관
쇳돌 광	미칠 광	걸 괘	흙덩이 괴	부끄러울 괴
괴이할 괴	무너질 괴	들 교	견줄/비교할 교	공교할 교
바로잡을 교	갖출 구	함께 구	구분할/지경 구	몰 구

21

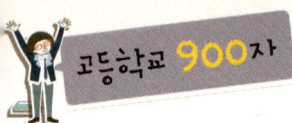

우정(3)

- **刎頸之交**(문경지교):
  대신 목을 내어 주어도 좋을 정도로 친한 사귐이라는 뜻으로, 죽고 살기를 같이할 만한 친한 사이나 벗을 일컬음.

- **水魚之交**(수어지교):
  물과 물고기의 관계처럼 뗄 수 없는 사이

- **竹馬故友**(죽마고우):
  죽마(竹馬)를 타고 함께 놀던 옛 친구

- **知音**(지음):
  마음이 서로 통하는 친한 벗을 비유적으로 이르는 말

苟	拘	狗	丘	懼
構	球	菊	局	群
屈	宮	窮	券	拳
厥	軌	鬼	龜	叫
規	糾	菌	克	劇
斤	僅	謹	錦	禽
琴	級	肯	紀	忌
旗	欺	奇	騎	寄
豈	棄	祈	企	幾
飢	器	機	緊	那
諾	納	娘	奈	耐
寧	奴	努	腦	惱
泥	茶	旦	段	壇
檀	斷	團	淡	擔
畓	踏	唐	糖	黨
帶	臺	貸	隊	倒
挑	桃	跳	逃	渡
陶	途	稻	導	盜
塗	毒	督	篤	豚
敦	突	銅	凍	鈍

진실로/구차할 **구**	잡을 **구**	개 **구**	언덕 **구**	두려워할 **구**
얽을 **구**	공 **구**	국화 **국**	판 **국**	무리 **군**
굽힐 **굴**	집 **궁**	다할/궁할 **궁**	문서 **권**	주먹 **권**
그 **궐**	바퀴자국 **궤**	귀신 **귀**	거북 **구/귀**, 터질 **균**	부르짖을 **규**
법 **규**	얽힐 **규**	버섯 **균**	이길 **극**	심할 **극**
근/날 **근**	겨우 **근**	삼갈 **근**	비단 **금**	새 **금**
거문고 **금**	등급 **급**	즐길 **긍**	벼리 **기**	꺼릴 **기**
기 **기**	속일 **기**	기특할 **기**	말탈 **기**	부칠 **기**
어찌 **기**	버릴 **기**	빌 **기**	꾀할 **기**	경기 **기**
주릴 **기**	그릇 **기**	틀 **기**	긴할 **긴**	어찌 **나**
허락할 **낙**	들일 **납**	계집 **낭**	어찌 **내**	견딜 **내**
편안 **녕**	종 **노**	힘쓸 **노**	골/뇌수 **뇌**	번뇌할 **뇌**
진흙 **니**	차 **다/차**	아침 **단**	층계 **단**	단 **단**
박달나무 **단**	끊을 **단**	둥글 **단**	맑을 **담**	멜 **담**
논 **답**	밟을 **답**	당나라/당황할 **당**	엿 **당**	무리 **당**
띠 **대**	대 **대**	빌릴/뀔 **대**	무리 **대**	넘어질 **도**
돋울 **도**	복숭아 **도**	뛸 **도**	도망할 **도**	건널 **도**
질그릇 **도**	길 **도**	벼 **도**	인도할 **도**	도둑 **도**
칠할 **도**	독 **독**	감독할 **독**	도타울 **독**	돼지 **돈**
도타울 **돈**	갑자기 **돌**	구리 **동**	얼 **동**	둔할 **둔**

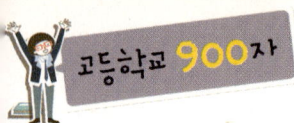

융통성이 없이 고지식함

- **刻舟求劍**(각주구검):
  배에 새겨 두었다가 칼을 찾는다는 뜻으로, 항해 도중에 칼을 빠뜨린 자리를 뱃전에 표시해 두었다가 찾을 만큼 어리석고 융통성이 없음을 비유하는 말임.

- **膠柱鼓瑟**(교주고슬):
  기러기발[柱]을 아교로 붙여 놓고 거문고를 연주한다는 뜻으로, 고지식하여 조금도 변통성(變通性)이 없음을 이름.

- **守株待兔**(수주대토):
  그루터기를 지키며 토끼를 기다린다는 뜻으로, 구습을 고수하여 변통할 줄 모르는 것을 비유함.

屯	騰	羅	絡	亂
蘭	欄	覽	濫	廊
略	掠	梁	糧	諒
麗	慮	勵	曆	鍊
憐	聯	戀	蓮	裂
劣	廉	獵	嶺	零
靈	隷	爐	祿	錄
鹿	弄	雷	賴	了
僚	龍	屢	樓	累
淚	漏	類	輪	栗
率	隆	陵	梨	吏
離	裏	履	隣	臨
麻	磨	幕	漠	慢
漫	茫	妄	罔	梅
埋	媒	脈	孟	猛
盟	盲	綿	滅	銘
冥	某	謀	模	貌
募	慕	侮	冒	牧
睦	沒	夢	蒙	苗
廟	墓	貿	霧	默

진칠 둔	오를 등	벌일 라	이을/얽을 락	어지러울 란
난초 란	난간 란	볼 람	넘칠 람	사랑채/행랑 랑
간략할/약할 략	노략질할 략	들보/돌다리 량	양식 량	살펴알/믿을 량
고울 려	생각할 려	힘쓸 려	책력 력	쇠불릴/단련할 련
불쌍히여길 련	연이을 련	그리워할/그릴 연	연꽃 련	찢어질 렬
못할 렬	청렴할 렴	사냥 렵	고개 령	떨어질/영 령
신령 령	종 례	화로 로	녹 록	기록할 록
사름 록	희롱할 롱	우레 뢰	의뢰할 뢰	마칠 료
동료 료	용 룡	여러 루	다락 루	여러/자주 루
눈물 루	샐 루	무리 류	바퀴 륜	밤 률
비율 률, 거느릴 솔	높을 륭	언덕 릉	배 리	벼슬아치/관리 리
떠날 리	속 리	밟을 리	이웃 린	임할 림
삼 마	갈 마	장막 막	넓을 막	거만할 만
흩어질 만	아득할 망	망령될 망	없을 망	매화 매
묻을 매	중매 매	줄기 맥	맏 맹	사나울 맹
맹세 맹	소경/눈멀 맹	솜 면	꺼질/멸할 멸	새길 명
어두울 명	아무 모	꾀 모	본뜰 모	모양 모
모을/뽑을 모	그릴 모	업신여길 모	무릅쓸 모	칠 목
화목할 목	빠질 몰	꿈 몽	어두울 몽	모 묘
사당 묘	무덤 묘	무역할 무	안개 무	잠잠할 묵

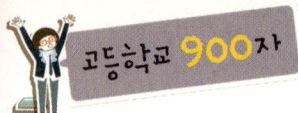

한바탕의 헛된 꿈

- 浮生若夢(부생약몽): 뜬 인생이 꿈과 같음.

- 一場春夢(일장춘몽): 한바탕의 봄꿈이라는 뜻으로, 헛된 부귀영화를 이름.

- 南柯一夢(남가일몽): 남쪽 나뭇가지에서 꾼 한바탕 꿈이라는 뜻으로, 덧없는 꿈, 덧없는 부귀영화, 인생이 덧없음을 비유함.

- 邯鄲之夢(한단지몽): 한단의 꿈이라는 뜻으로, 부귀공명의 덧없음을 비유.

迷	微	眉	敏	憫
蜜	泊	拍	迫	博
薄	般	盤	班	返
叛	伴	拔	髮	芳
傍	妨	倣	邦	倍
培	配	排	輩	背
伯	煩	繁	飜	罰
犯	範	壁	碧	辯
辨	邊	竝	屛	普
譜	補	寶	腹	複
卜	覆	峯	蜂	封
鳳	付	符	附	府
腐	負	副	簿	赴
賦	紛	粉	奔	墳
憤	奮	拂	崩	批
卑	婢	碑	妃	肥
祕	費	賓	頻	聘
司	詞	蛇	捨	邪
賜	斜	詐	社	沙
似	査	寫	辭	斯

미혹할 미	작을 미	눈썹 미	민첩할 민	민망할 민
꿀 밀	머무를/배댈 박	칠 박	핍박할 박	넓을 박
엷을 박	가지/일반 반	소반 반	나눌 반	돌이킬 반
배반할 반	짝 반	뽑을 발	터럭 발	꽃다울 방
곁 방	방해할 방	본뜰 방	나라 방	곱 배
북돋을 배	나눌/짝 배	밀칠 배	무리 배	등 배
맏 백	번거로울 번	번성할 번	번역할 번	벌할 벌
범할 범	법 범	벽 벽	푸를 벽	말씀 변
분별할 변	가 변	나란히 병	병풍 병	넓을 보
족보 보	기울 보	보배 보	배 복	겹칠 복
점 복	덮을 부, 다시 복	봉우리 봉	벌 봉	봉할 봉
봉새 봉	부칠 부	부호 부	붙을 부	마을 부
썩을 부	질 부	버금 부	문서 부	다다를/갈 부
부세 부	어지러울 분	가루 분	달릴 분	무덤 분
분할 분	떨칠 분	떨칠 불	무너질 붕	비평할 비
낮을 비	계집종 비	비석 비	왕비 비	살찔 비
숨길 비	쓸 비	손 빈	자주 빈	부를 빙
맡을 사	말/글 사	긴뱀 사	버릴 사	간사할 사
줄 사	비낄 사	속일 사	모일 사	모래 사
닮을/같을 사	조사할 사	베낄 사	말씀 사	이 사

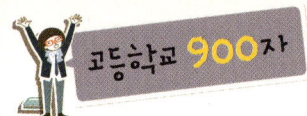

祀	削	朔	嘗	裳
詳	祥	床	象	像
桑	狀	償	雙	塞
索	敍	徐	庶	恕
署	緒	誓	逝	析
釋	宣	旋	禪	涉
攝	召	昭	蘇	騷
燒	訴	掃	疏	蔬
束	粟	屬	損	頌
訟	誦	刷	鎖	衰
囚	需	帥	殊	隨
輸	獸	睡	遂	垂
搜	孰	熟	肅	旬
殉	循	脣	瞬	巡
述	術	濕	襲	昇
僧	矢	侍	息	飾
伸	晨	愼	尋	審
牙	芽	雅	亞	餓
岳	岸	鴈	謁	壓
押	央	殃	涯	厄

실속이 없음

- **虛張聲勢**(허장성세): 실속이 없으면서 허세만 떠벌림.

- **虛禮虛飾**(허례허식): 예절, 법식 등을 겉으로만 번드레하게 하는 일

- **有名無實**(유명무실): 이름만 있을 뿐 실상이 없음.

매우 가까운 거리나 근소한 차이 (1)

- **五十步百步**(오십보백보):
  오십 보나 백 보나 달아나기는 매일반이라는 뜻으로, 정도의 차이는 있으나 본질적으로는 같은 것을 비유

제사 **사**	깎을 **삭**	초하루 **삭**	맛볼 **상**	치마 **상**
자세할 **상**	상서 **상**	상 **상**	코끼리 **상**	모양 **상**
뽕나무 **상**	형상 **상**, 문서 **장**	갚을 **상**	두/쌍 **쌍**	막힐 **색**, 변방 **새**
찾을 **색**, 노 **삭**	펼 **서**	천천할 **서**	여러 **서**	용서할 **서**
마을 **서**	실마리 **서**	맹세할 **서**	갈 **서**	쪼갤 **석**
풀 **석**	베풀 **선**	돌 **선**	선 **선**	건널 **섭**
다스릴/잡을 **섭**	부를 **소**	밝을 **소**	되살아날 **소**	떠들 **소**
사를 **소**	호소할 **소**	쓸 **소**	소통할 **소**	나물 **소**
묶을 **속**	조 **속**	붙일 **속**	덜 **손**	칭송할/기릴 **송**
송사할 **송**	욀 **송**	인쇄할 **쇄**	쇠사슬 **쇄**	쇠할 **쇠**
가둘 **수**	쓰일/쓸 **수**	장수 **수**	다를 **수**	따를 **수**
보낼 **수**	짐승 **수**	졸음 **수**	드디어 **수**	드리울 **수**
찾을 **수**	누구 **숙**	익을 **숙**	엄숙할 **숙**	열흘 **순**
따라죽을 **순**	돌 **순**	입술 **순**	눈깜짝일 **순**	돌/순행할 **순**
펼 **술**	재주 **술**	젖을 **습**	엄습할 **습**	오를 **승**
중 **승**	화살 **시**	모실 **시**	쉴 **식**	꾸밀 **식**
펼 **신**	새벽 **신**	삼갈 **신**	찾을 **심**	살필 **심**
어금니 **아**	싹 **아**	맑을 **아**	버금 **아**	주릴 **아**
큰산 **악**	언덕 **안**	기러기 **안**	뵐 **알**	누를 **압**
누를 **압**	가운데 **앙**	재앙 **앙**	물가 **애**	액 **액**

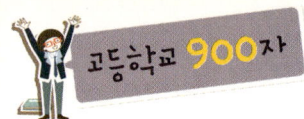

고등학교 900자

매우 가까운 거리나 근소한 차이(2)

- 咫尺之間(지척지간): 매우 가까운 거리

- 指呼之間(지호지간): 손짓하여 부를 만한 가까운 거리

견문이 좁아 세상 형편을 모르는 사람(1)

- 井中之蛙(정중지와): 우물 안의 개구리라는 뜻으로, 소견이 좁아 하나만 알고 둘은 모르는 것을 비유

- 坐井觀天(좌정관천): 우물에 앉아서 하늘을 본다는 뜻으로, 견문이 좁음을 이름.

額	耶	躍	壞	樣
楊	御	抑	焉	予
興	譯	驛	役	疫
域	延	燃	燕	沿
鉛	宴	軟	演	緣
閱	染	鹽	泳	詠
營	影	映	豫	譽
銳	汚	嗚	娛	傲
獄	翁	擁	緩	畏
腰	搖	遙	謠	慾
辱	庸	羽	郵	愚
偶	優	韻	員	源
援	院	越	胃	謂
圍	緯	衛	違	委
慰	偽	幽	惟	維
乳	儒	裕	誘	愈
悠	閏	潤	隱	淫
凝	宜	儀	疑	夷
翼	姻	逸	任	賃
玆	紫	資	姿	恣

이마 액	어조사 야	뛸 약	흙덩이 양	모양 양
버들 양	거느릴 어	누를 억	어찌 언	나 여
수레 여	번역할 역	역 역	부릴 역	전염병 역
지경 역	늘일 연	탈 연	제비 연	물따라갈/따를 연
납 연	잔치 연	연할 연	펼 연	인연 연
볼 열	물들 염	소금 염	헤엄칠 영	읊을 영
경영할 영	그림자 영	비칠 영	미리 예	기릴/명예 예
날카로울 예	더러울 오	슬플 오	즐길 오	거만할 오
옥 옥	늙은이 옹	낄 옹	느릴 완	두려워할 외
허리 요	흔들 요	멀 요	노래 요	욕심 욕
욕될 욕	떳떳할 용	깃 우	우편 우	어리석을 우
짝 우	넉넉할 우	운 운	인원 원	근원 원
도울 원	집 원	넘을 월	밥통 위	이를 위
에워쌀 위	씨 위	지킬 위	어긋날 위	맡길 위
위로할 위	거짓 위	그윽할 유	생각할 유	벼리 유
젖 유	선비 유	넉넉할 유	꾈 유	나을 유
멀 유	윤달 윤	불을 윤	숨을 은	음란할 음
엉길 응	마땅 의	거동 의	의심할 의	오랑캐 이
날개 익	혼인 인	편안할 일	맡길 임	품삯 임
이 자	자줏빛 자	재물 자	모양 자	마음대로/방자할 자

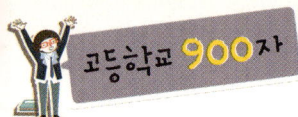

고등학교 900자

견문이 좁아 세상 형편을 모르는 사람(2)

- 通管窺天(통관규천): 붓 대롱을 통해서 하늘을 엿봄.

아주 무식함

- 目不識丁(목불식정): 눈이 '丁' 자를 알아보지 못한다는 뜻으로, 우리 속담 "낫 놓고 기역자도 모른다."와 통하는 성어임.

- 一字無識(일자무식): 글자 한 자도 알지 못함.

刺	酌	爵	殘	潛
暫	雜	丈	張	帳
莊	裝	奬	墻	葬
粧	掌	藏	臟	障
腸	災	裁	載	宰
底	抵	滴	摘	寂
籍	賊	跡	積	績
專	轉	殿	切	折
竊	占	點	漸	蝶
亭	訂	廷	程	征
整	提	堤	制	際
齊	濟	弔	燥	操
照	條	潮	租	組
拙	縱	佐	座	舟
周	株	州	洲	柱
奏	珠	鑄	準	俊
遵	仲	憎	贈	症
蒸	池	誌	智	遲
職	織	振	鎭	陣
陳	珍	震	秩	疾

찌를 자/척	술부을/잔질할 작	벼슬 작	남을 잔	잠길 잠
잠깐 잠	섞일 잡	어른 장	베풀 장	장막 장
씩씩할 장	꾸밀 장	장려할 장	담 장	장사지낼 장
단장할 장	손바닥 장	감출 장	오장 장	막을 장
창자 장	재앙 재	옷마를 재	실을 재	재상 재
밑 저	막을 저	물방울 적	딸 적	고요할 적
문서 적	도둑 적	발자취 적	쌓을 적	길쌈 적
오로지 전	구를 전	전각 적	끊을 절, 온통 체	꺾을 절
훔칠 절	점령할/점칠 점	점 점	점점 점	나비 접
정자 정	바로잡을 정	조정 정	한도/길 정	칠 정
가지런할 정	끌 제	둑 제	절제할 제	즈음/가 제
가지런할 제	건널 제	조상할 조	마를 조	잡을 조
비칠 조	가지 조	조수/밀물 조	조세 조	짤 조
졸할 졸	세로 종	도울 좌	자리 좌	배 주
두루 주	그루 주	고을 주	물가 주	기둥 주
아뢸 주	구슬 주	쇠불릴 주	준할 준	준걸 준
좇을 준	버금 중	미울 증	줄 증	증세 증
찔 증	못 지	기록할 지	지혜/슬기 지	더딜/늦을 지
직분 직	짤 직	떨칠 진	진압할 진	진칠 진
베풀/묵을 진	보배 진	우레 진	차례 질	병 질

환경의 중요성

- **近墨者黑**(근묵자흑):
  먹을 가까이하는 사람은 검어진다는 뜻으로, 나쁜 사람과 가까이 지내면 나쁜 버릇에 물들기 쉬움을 비유적으로 이르는 말

- **橘化爲枳**(귤화위지):
  회남의 귤을 회북에 옮겨 심으면 탱자가 된다는 뜻으로, 환경에 따라 사람이나 사물의 성질이 변함을 이르는 말

姪	徵	懲	差	錯
捉	贊	讚	慘	慙
倉	創	蒼	暢	彩
債	策	斥	拓	戚
賤	踐	遷	薦	哲
徹	尖	添	妾	廳
替	滯	逮	遞	肖
超	抄	礎	秒	促
燭	觸	銃	總	聰
催	抽	醜	畜	蓄
築	逐	縮	衝	臭
醉	趣	側	測	層
値	置	恥	漆	侵
浸	寢	沈	枕	稱
妥	墮	濁	托	濯
卓	炭	歎	彈	誕
奪	貪	塔	湯	怠
殆	態	澤	擇	吐
討	痛	透	鬪	派
播	罷	頗	把	板

조카 질	부를 징	징계할 징	다를 차	어긋날 착
잡을 착	도울 찬	기릴 찬	참혹할 참	부끄러울 참
곳집 창	비롯할 창	푸를 창	화창할 창	채색 채
빚 채	꾀 채	물리칠 척	넓힐 척	친척 척
천할 천	밟을 천	옮길 천	천거할 천	밝을 철
통할 철	뾰족할 첨	더할 첨	첩 첩	관청 청
바꿀 체	막힐 체	잡을 체	갈릴 체	닮을/같을 초
뛰어넘을 초	뽑을 초	주춧돌 초	분초 초	재촉할 촉
촛불 촉	닿을 촉	총 총	다 총	귀밝을 총
재촉할 최	뽑을 추	추할 추	짐승 축	모을 축
쌓을 축	쫓을 축	줄일 축	찌를 충	냄새 취
취할 취	뜻 취	곁 측	헤아릴 측	층 층
값 치	둘 치	부끄러울 치	옻 칠	침노할 침
잠길 침	잘 침	잠길 침, 성 심	베개 침	일컬을 칭
온당할 타	떨어질 타	흐릴 탁	맡길 탁	씻을 탁
높을 탁	숯 탄	탄식할 탄	탄알 탄	낳을/거짓 탄
빼앗을 탈	탐낼 탐	탑 탑	끓을 탕	게으를 태
거의 태	모습 태	못 택	가릴 택	토할 토
칠 토	아플 통	사무칠 투	싸움 투	갈래 파
뿌릴 파	마칠 파	자못 파	잡을 파	널 판

고등학교 900자

서로 모순됨

- **矛盾**(모순):
  어떤 사실의 앞뒤, 또는 두 사실이 이치상 어긋나서 서로 맞지 않음을 이르는 말

- **二律背反**(이율배반):
  서로 모순되어 양립할 수 없는 두 개의 명제. 칸트에 의하여 널리 쓰이게 된 용어로 세계를 인식 능력에서 독립된 완결적 전체로서 받아들일 수 있을 때 이성은 필연적으로 이율배반에 빠진다고 한다.

- **自家撞着**(자가당착):
  같은 사람의 말이나 행동이 앞뒤가 서로 맞지 아니하고 모순됨.

販	版	編	遍	偏
評	肺	廢	弊	蔽
幣	包	胞	飽	浦
捕	爆	幅	票	標
漂	疲	被	避	畢
荷	鶴	旱	汗	割
咸	含	陷	巷	港
項	抗	航	奚	該
核	響	享	軒	憲
獻	險	驗	玄	絃
縣	懸	顯	穴	嫌
脅	亨	螢	衡	慧
兮	互	胡	浩	毫
豪	護	惑	昏	魂
忽	洪	弘	鴻	禾
禍	確	穫	擴	丸
換	環	還	況	荒
悔	懷	獲	劃	橫
曉	侯	候	毀	揮
輝	携	吸	稀	戲

팔 **판**	판목 **판**	엮을 **편**	두루 **편**	치우칠 **편**
평할 **평**	허파 **폐**	폐할/버릴 **폐**	폐단/해질 **폐**	덮을 **폐**
화폐 **폐**	쌀 **포**	세포 **포**	배부를 **포**	개 **포**
잡을 **포**	불터질 **폭**	폭 **폭**	표 **표**	표할 **표**
떠다닐 **표**	피곤할 **피**	입을 **피**	피할 **피**	마칠 **필**
멜 **하**	학 **학**	가물 **한**	땀 **한**	벨 **할**
다 **함**	머금을 **함**	빠질 **함**	거리 **항**	항구 **항**
항목 **항**	겨룰 **항**	배 **항**	어찌 **해**	갖출/마땅 **해**
씨 **핵**	울릴 **향**	누릴 **향**	집 **헌**	법 **헌**
드릴 **헌**	험할 **험**	시험 **험**	검을 **현**	줄 **현**
고을 **현**	달 **현**	나타날 **현**	굴 **혈**	싫어할 **혐**
위협할 **협**	형통할 **형**	반딧불 **형**	저울대 **형**	슬기로울 **혜**
어조사 **혜**	서로 **호**	되 **호**	넓을 **호**	터럭 **호**
호걸 **호**	도울 **호**	미혹할 **혹**	어두울 **혼**	넋 **혼**
갑자기 **홀**	넓을 **홍**	클 **홍**	기러기 **홍**	벼 **화**
재앙 **화**	굳을 **확**	거둘 **확**	넓힐 **확**	둥글 **환**
바꿀 **환**	고리 **환**	돌아올 **환**	상황 **황**	거칠 **황**
뉘우칠 **회**	품을 **회**	얻을 **획**	그을 **획**	가로 **횡**
새벽 **효**	제후 **후**	기후 **후**	헐 **훼**	휘두를 **휘**
빛날 **휘**	이끌 **휴**	마실 **흡**	드믈 **희**	놀이 **희**

실패에 굴하지 아니함

- 百折不屈(백절불굴): 어떠한 난관에도 결코 굽히지 않음.
- 七顚八起(칠전팔기): 일곱 번 넘어지고 여덟 번 일어난다는 뜻으로, 여러 번 실패하여도 굴하지 아니하고 꾸준히 노력함을 이르는 말

불가능한 일

- 緣木求魚(연목구어): 나무에 올라가서 물고기를 구한다는 뜻으로, 도저히 불가능한 일을 굳이 하려 함을 비유적으로 이르는 말
- 射魚指天(사어지천): 물고기를 쏘려는데 하늘에다 겨눔.
- 以卵擊石(이란격석): 달걀로 돌을 친다는 뜻으로, 아주 약한 것으로 강한 것에 대항하려는 어리석음을 비유적으로 이르는 말

평범한 사람들

- 甲男乙女(갑남을녀): 갑이란 남자와 을이란 여자라는 뜻으로, 평범한 사람들을 이르는 말
- 張三李四(장삼이사): 장씨(張氏)의 셋째 아들과 이씨(李氏)의 넷째 아들이라는 뜻으로, 이름이나 신분이 특별하지 아니한 평범한 사람들을 이르는 말
- 樵童汲婦(초동급부): 땔나무를 하는 아이와 물을 긷는 아낙네라는 뜻으로, 평범한 사람을 이르는 말
- 匹夫匹婦(필부필부): 한 사람의 남자와 한 사람의 여자라는 뜻으로, 신분이 낮은 일반적인 서민 남녀를 일컬음.

가혹한 정치

- 苛斂誅求(가렴주구): 세금을 가혹하게 거두어들이고, 무리하게 재물을 빼앗음.
- 苛政猛於虎(가정맹어호): 가혹한 정치는 호랑이보다 무섭다는 뜻으로, 독혹한 정치의 폐가 큼을 이르는 말

앞날의 길흉화복은 예측하기 어려움

- **塞翁之馬**(새옹지마): 변방 늙은이의 말이라는 뜻으로, 사람의 길흉화복은 예측하기 어렵다는 말

- **轉禍爲福**(전화위복): 재앙과 화난이 바뀌어 오히려 복이 됨.

한 나라의 정사를 떠받들 만한 재목

- **股肱之臣**(고굉지신): 다리와 팔같이 중요한 신하라는 뜻으로, 임금이 가장 신임하는 신하를 이르는 말

- **棟梁之材**(동량지재): 기둥과 들보로 쓸 만한 재목이라는 뜻으로, 한 집안이나 한 나라를 떠받치는 중대한 일을 맡을 만한 인재를 이르는 말

- **社稷之臣**(사직지신): 나라의 안위(安危)와 존망(存亡)을 맡은 중신(重臣)

- **柱石之臣**(주석지신): 나라에 중요한 구실을 하는 신하

전쟁에서 유래한 성어

- **乾坤一擲**(건곤일척): 주사위를 던져 승패를 건다는 뜻으로, 운명을 걸고 단판걸이로 승부를 겨룸을 이르는 말

- **捲土重來**(권토중래): 땅을 말아 일으킬 것 같은 기세로 다시 온다는 뜻으로, 한 번 실패하였으나 힘을 회복하여 다시 쳐들어옴을 이르는 말

- **背水之陣**(배수지진): 강이나 바다를 등지고 치는 진. 중국 한(漢)나라의 한신이 강을 등지고 진을 쳐서 병사들이 물러서지 못하고 힘을 다하여 싸우도록 하여 조(趙)나라의 군사를 물리쳤다는 데서 유래한다.

- **臥薪嘗膽**(와신상담): 불편한 섶에 몸을 눕히고 쓸개를 맛본다는 뜻으로, 원수를 갚거나 마음먹은 일을 이루기 위하여 온갖 어려움과 괴로움을 참고 견딤을 비유적으로 이르는 말

삼국지(三國志)에 나오는 고사성어

- **苦肉之策(고육지책)**: 자기 몸을 상해 가면서까지 꾸며 내는 계책이라는 뜻으로, 어려운 상태를 벗어나기 위해 어쩔 수 없이 꾸며 내는 계책을 이르는 말

- **識字憂患(식자우환)**: 글자를 아는 것이 오히려 걱정을 끼친다는 뜻으로, 학식이 있는 것이 오히려 근심을 사게 됨.

- **七縱七擒(칠종칠금)**: 마음대로 잡았다 놓아주었다 함을 이르는 말

무례

- **傍若無人(방약무인)**: 곁에 사람이 없는 것처럼 아무 거리낌 없이 함부로 말하고 행동하는 태도가 있음.

- **眼下無人(안하무인)**: 눈 아래에 사람이 없다는 뜻으로, 방자하고 교만하여 다른 사람을 업신여김을 이르는 말

- **破廉恥漢(파렴치한)**: 체면이나 부끄러움을 모르는 뻔뻔스러운 사람

- **厚顔無恥(후안무치)**: 뻔뻔스러워 부끄러움이 없음.

어떤 일의 발단이나 시작

- **濫觴(남상)**: 양쯔 강(揚子江) 같은 큰 하천의 근원도 잔을 띄울 만큼 가늘게 흐르는 시냇물이라는 뜻으로, 사물의 처음이나 기원을 이르는 말

- **破天荒(파천황)**: 이전에 아무도 하지 못한 일을 처음으로 해냄을 이르는 말

- **嚆矢(효시)**: 어떤 사물이나 현상이 시작되어 나온 맨 처음을 비유적으로 이르는 말

이 책의 구성과 활용

이야기로 배우는 한자 1800

본책

❶ 주제별 한자 성어

시험에 자주 출제되는 한자 성어를 중·고등 구분하여 주제별로 제시하였습니다.

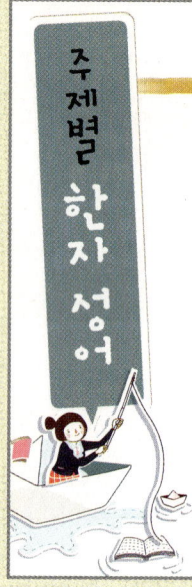

효도
- 冬溫夏淸(동온하청): 겨울에는 따뜻하게 여름에는 서늘하게 하는 말
- 望雲之情(망운지정): 구름을 바라보는 심정이라는 뜻으로,
- 斑衣之戱(반의지희): 색동저고리를 입고 (부모 앞에서) 논다는 극한 효성을 가리킴.

유래
노(魯)나라에 효심이 지극한 노래자(老萊子)라는 이가 있었다. 그는 70세의 백발노인이 되어서도 부모가 자신이 늙었다는 사실을 알지 못하게 하기 위해 늘 알록달록한 때때옷을 입고 어린아이처럼 재롱을 피우기도 하였다. 이런 아들의 재롱을 보면서 부모는 자신의 나이를 잊고 지냈으며 노래자 역시 자신의 나이를 알려 드리지 않았다.

❷ 이야기로 익히는 주요 한자어

이야기를 읽으며 앞으로 학습할 주요 한자와 한자어를 눈으로 미리 익힐 수 있도록 하였고, 18가지의 재미있는 이야기를 제공하였습니다.

김정희와 세한도

김정희는 글씨는 물론 그림과 시와 산문에 이르기까지 학자로서 예술가로서 최고의 경지에 이른 인물이다.
　아버지 김노경은 아들의 자질을 알아보고 박제가 밑에서 敎育받게 하였다. 과거 시험에 합격한 김정희는 사신으로 중국에 가서 見聞을 넓혔고, 중국에 居住하는 동안 당대 최고의 학자들과 문화와 사상을 去來하였다.

　교육
　견문, 거주
　거래

❸ 중·고등학교 교육용 기초 한자

중학교 900자와 고등학교 900자를 100자씩 제공하여, 학습자의 상황과 목적에 맞게 한자를 익힐 수 있도록 하였습니다.

7급II	丶 宀 宀 宁 宁 宇 宇 家 家 家
家 집 가 宀부 총 10획	家　家　　　家族 동 室: 집 실 　屋: 집 옥 　宅: 집 택/댁

- 家族(가족): 부부와 같이 혼인으로 맺어지거나, 부모·자식과 같이 혈연으로 이루어지는 집단
- 예) 온 家族이 감기에 걸렸다.

❹ 기초 확인 문제

100자를 익힌 후에 한자와 한자어에 대한 자신의 실력을 간단히 확인할 수 있도록 하였습니다.

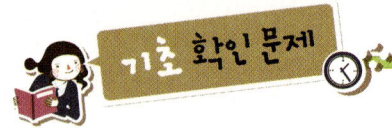

[問 01-15] 다음 漢字(한자)의 訓(훈: 뜻)과 음(음: 소리)을 쓰시오.

字 ➡ 글자 자

01 歌 (	)	02 渴 (	)
04 擧 (	)	05 景 (	)
07 高 (	)	08 交 (	)
10 潔 (	)	11 客 (	)
13 困 (	)	14 過 (	)

[問 16-27] 다음 訓(훈: 뜻)과 음(음: 소리)에 알맞은 漢字(한자)를 쓰시오.

핸드북

휴대가 편리한 핸드북을 제공하여, 언제 어디서든 한자를 익힐 수 있도록 하였습니다.

은 시험에 자주 출제되는 한자 성어입니다.

효도(1)

• 冬溫夏淸(동온하정):
겨울에는 따뜻하게, 여름에는 서늘하게 한다는 뜻으로, 부모를 잘 섬기어 효도함을 이르는 말

3급 시험지 답안지

실제 한자능력검정시험 3급 시험과 유사한 형태의 시험지와 답안지를 제공하여, 3급 시험에 완벽히 대비할 수 있도록 하였습니다.

APP

한자 APP을 무료로 제공하여, 스마트폰을 통해서도 한자를 익힐 수 있도록 하였습니다.

※APP의 특징
• 배정 한자를 과정별(중등·고등), 급수별(8급~3급)로 분류
• 필순을 애니메이션 형태로 제공(전체 재생, 필순별 재생)
• 한자를 직접 쓸 수 있는 기능 제공
• 여러 가지 방식의 실력 테스트 제공

QR코드를 통해 무료로 APP을 다운로드하세요.

차례

한자를 바르게 쓰려면 어떻게 해야 할까?	4
한자능력검정시험 안내	6
● 주제별 한자 성어	8
● 중학교 교육용 기초 한자 900자	13
● 주제별 한자 성어	122
● 고등학교 교육용 기초 한자 900자	127
● 기타 배정 한자 17자	234
● 3급 기출 유사 문제	237
부수 한눈에 보기	246
둘 이상의 음을 가진 한자	248
정답	251

한자를 바르게 쓰려면 어떻게 해야 할까?

★ 한자를 바르고 모양새 있게 쓰기 위해서는 '바른 자세'와 '필순의 일반적인 원칙', '영자팔법'을 익혀 쓰는 것이 중요합니다.

① 바른 자세

- 엉덩이가 의자 맨 뒤까지 닿도록 앉습니다.
- 허리를 곧게 펴고 손으로 턱을 괴지 않습니다.
- 고개를 너무 숙이지 않습니다.
- 펜은 펜대 끝에서 1.5cm 정도 되는 위치를 잡고, 몸 쪽으로 45° 정도 기울어지게 하여 씁니다.
- 펜을 쥘 때는 엄지손가락과 집게손가락을 모아 쥐고, 다른 세 손가락은 가지런히 하여 밑에서 버티듯 쥡니다.

▲ 펜을 쥔 모습

② 필순의 일반적인 원칙

글씨를 쓸 때의 획(붓을 한 번 움직여 그은 점이나 선)의 순서를 '필순'이라고 합니다. 필순의 일반적인 원칙은 다음과 같습니다.

- 왼쪽에서 오른쪽으로 씁니다.

- 위에서 아래로 씁니다.

- 가로획(一)과 세로획(ㅣ)이 교차될 때에는 가로획을 먼저 씁니다.

- 삐침(ノ)과 파임(ヽ)이 만날 때에는 삐침을 먼저 씁니다.

- 좌우의 모양이 같을 때에는 가운데를 먼저 씁니다.

- 안쪽과 바깥쪽이 있을 때에는 바깥쪽을 먼저 씁니다.

- 꿰뚫는 획은 나중에 씁니다.

- 오른쪽 위의 점(ヽ)은 나중에 찍습니다.

- 받침(辶)은 맨 나중에 씁니다.

······▶ ㅣ ㅣㅣ 川(내 천)

······▶ 一 二 三(석 삼)

······▶ 一 十(열 십)

······▶ ノ 八(여덟 팔)

······▶ 亅 小 小(작을 소)

······▶ ノ 几 月 月(달 월)

······▶ 丨 口 口 中(가운데 중)

······▶ 一 ナ 大 犬(개 견)

······▶ ´ ㄏ ㄏ 斤 斤 沂 沂 近(가까울 근)

❸ 영자팔법

'영자팔법(永字八法)'은 서예에서, '永' 자 한 글자로써 모든 한자에 공통되는 여덟 가지 쓰기를 보이는 법으로 서예의 기본입니다. 각 획의 이름과 쓰는 법은 다음과 같습니다.

❶ 側(측): 점
돌이 떨어지는 것처럼 찍습니다.

❷ 勒(늑): 가로획
획을 느슨하게 긋습니다.

❸ 努(노): 세로획
약간 구부러지게 씁니다.

❹ 趯(적): 갈고리
가파르고 재빠르게 송곳처럼 추켜올립니다.

❺ 策(책): 치킴
희미하게 해서 두 번째 획(❷)과 비슷하게 씁니다.

❻ 掠(약): 삐침
비스듬하게 하여 굵게 씁니다.

❼ 啄(탁): 짧은 삐침
위로 힘차게 날아오르는 모양으로 씁니다.

❽ 磔(책): 파임
진행을 막듯이 더디게 옮겨 가며 씁니다.

한자능력검정시험 안내

한자능력검정시험이란?
한자 자격증 시험을 주관하는 여러 곳 가운데 (사)한국어문회에서 주관하는 국가 공인 한자 자격증 시험입니다. 한자 자격증으로서는 최초로 2001년 1월 1일자로 국가 공인을 받았습니다.

시험 일정
보통 1년에 4번 시험이 진행되는데, 해마다 일정이 달라지기 때문에 한국어문회 홈페이지(www.hanja.re.kr)에서 바로 확인하는 것이 정확합니다.

접수 방법

방문 접수
- **접수 급수** 모든 급수
- **접수처** 각 고사장 지정 접수처
- **접수 방법**
  ❶ 응시 급수 선택: 급수 배정을 참고하여, 응시자의 실력에 알맞은 급수를 선택합니다.
  ❷ 원서 작성 준비물 확인: 반명함판(3×4cm) 사진 2매(무배경·탈모), 급수증 수령 주소, 응시자 주민 등록 번호, 응시자 이름(한글·한자), 응시료
  ❸ 원서 작성 및 접수: 응시 원서를 작성한 후, 접수처에 응시료와 함께 접수합니다.
  ❹ 수험표 확인: 접수 완료 후 받으신 수험표로 수험 장소, 수험 일시, 응시자를 확인합니다.

인터넷 접수
접수 방법은 바뀔 수 있으므로 한국어문회 홈페이지(www.hanja.re.kr)를 참고하시기 바랍니다.

시험 시간
- **특급·특급Ⅱ**: 100분
- **1급**: 90분
- **2급·3급·3급Ⅱ**: 60분
- **4급·4급Ⅱ·5급·5급Ⅱ·6급·6급Ⅱ·7급·7급Ⅱ·8급**: 50분

준비물
수험표, 검정색 볼펜(연필, 유성펜, 색깔 펜 사용 불가), 신분증, 수정 테이프(또는 수정액)

합격자 발표
한국어문회 홈페이지(www.hanja.re.kr-결과 조회-합격 발표 및 학습 성취도), ARS(060-800-1100), 인터넷 접수 사이트(www.hangum.re.kr)에서 확인하실 수 있습니다.

기타 문의
한국한자능력검정회 전화 1566-1400
팩스 02-6003-1414
인터넷 www.hanja.re.kr

교육과학기술부 선정

중학교 교육용 기초 한자 900자

주제별 한자성어

효도

- **冬溫夏淸**(동온하정): 겨울에는 따뜻하게 여름에는 서늘하게 한다는 뜻으로, 부모를 잘 섬기어 효도함을 이르는 말
- **望雲之情**(망운지정): 구름을 바라보는 심정이라는 뜻으로, 객지에서 부모를 생각하는 마음을 일컬음.
- **斑衣之戲**(반의지희): 색동저고리를 입고 (부모 앞에서) 논다는 뜻으로, 부모의 마음을 위로해 드리고자 하는 지극한 효성을 가리킴.

> **유래**
> 노(魯)나라에 효심이 지극한 노래자(老萊子)라는 이가 있었다. 그는 70세의 백발노인이 되어서도 부모가 자신이 늙었다는 사실을 알지 못하게 하기 위해 늘 알록달록한 때때옷을 입고 어린아이처럼 재롱을 피우기도 하였다. 이런 아들의 재롱을 보면서 부모는 자신들의 나이를 잊고 지냈으며 노래자 역시 자신의 나이를 알려 드리지 않았다.

- **反哺報恩**(반포보은): (까마귀가 다 자란 후에 그 부모에게 먹이를) 되먹이는 효성이라는 뜻으로, 자식이 부모에게 길러 준 은혜를 갚는 것을 이름.

여럿 가운데서 뛰어남

- **群鷄一鶴**(군계일학): 닭의 무리 가운데서 한 마리의 학이라는 뜻으로, 여럿 가운데서 가장 뛰어난 사람을 이름.
- **囊中之錐**(낭중지추): 주머니 속의 송곳이라는 뜻으로, 재능이 뛰어난 사람은 숨어 있어도 남의 눈에 띄게 됨을 이르는 말

> **유래**
> 초(楚)나라에 구원군을 청하러 가게 된 조(趙)의 평원군(平原君)이 식객 중에서 수행원을 뽑다가 한 사람이 모자라 고심하던 중, 모수(毛遂)라는 식객이 자신을 천거[毛遂自薦]하고 나섰다.
> 평원군이 "재능이 뛰어난 사람은 숨어 있어도 마치 주머니 속의 송곳[囊中之錐] 끝이 밖으로 나오듯이 남의 눈에 드러나는 법인데, 내집에 온 지 3년이나 되었다는 그대는 이제까지 단 한 번도 이름이 드러난 적이 없지 않소?"하고 물으니 모수가 답하기를 "그건 나리께서 이제까지 저를 단 한 번도 주머니 속에 넣어 주시지 않기 때문입니다. 이번에 주머니 속에 넣어 주시기만 한다면 끝뿐 아니라 자루[柄]까지 드러내 보이겠습니다."라고 하여 이에 만족한 평원군은 그를 수행원으로 뽑았다.

- **白眉**(백미): 마 씨 오형제 중에서 가장 재주가 뛰어난 마량(馬良)의 눈썹이 희었다는 데서 나온 말
- **泰斗**(태두): 泰山北斗(태산북두: 태산과 북두칠성)의 준말로, 남에게 존경받는 뛰어난 존재를 의미함.

이러지도 저러지도 못하는 상황

- 進退兩難(진퇴양난): 앞으로 나아가기도 어렵고 뒤로 물러나기도 어려움.
- 鷄肋(계륵): 닭갈비라는 뜻으로, 먹자니 먹을 것이 없고 버리자니 아까운 것을 이르는 말

> **유래**
>
> 조조(曹操)와 유비(劉備)가 한중(漢中) 땅을 놓고 싸울 때, 조조는 진격이냐 후퇴냐 결정을 내릴 수 없는 곤경에 빠져 있었다. 부하 한 사람이 밤늦게 조조를 찾아가니 조조가 다만 계륵(鷄肋)이라고만 할 뿐이어서 그 뜻을 아무도 이해하지 못하였다.
> 주부(主簿)로 있는 양수(楊修)만이 "닭의 갈비는 먹음직한 살은 없지만 그대로 버리기는 아까운 것이다. 결국 이곳을 버리기는 아깝지만 대단한 땅은 아니라는 뜻이니 버리고 돌아갈 결정이 내려질 것이다."라고 풀었다.
> 이 말은 적중하여 다음 날 철수 명령이 내려졌다.

일이 위태로운 형세

- 累卵之勢(누란지세): 층층이 새알을 쌓아 놓은 듯한 위태로운 형세를 이르는 말
- 百尺竿頭(백척간두): 백 척 높이의 장대 위에 올라섰다는 뜻으로, 몹시 위태롭고 어려운 지경에 빠짐을 일컬음.
- 四面楚歌(사면초가): 사방에서 초나라 노랫소리가 들려온다는 뜻으로, 사면이 모두 적에게 포위되어 고립된 상태를 일컬음.

> **유래**
>
> 초패왕(楚霸王) 항우(項羽)가 해하(垓下)에 진을 치고 있을 때 한군(漢軍)이 포위한 뒤 밤에 초나라 노래를 부르니, 항우가 "한나라가 이미 초나라를 점령했다는 말인가." 하면서 탄식하였다.

- 危機一髮(위기일발): 위급함이 머리털 하나 차이만큼 닥친다는 뜻으로, 매우 절박한 순간을 일컬음.
- 一觸卽發(일촉즉발): 조금만 닿아도 곧 폭발할 것 같은 모양이라는 뜻으로, 막 일이 일어날 듯하여 위험한 지경을 일컬음.
- 風前燈火(풍전등화): 바람 앞에 놓인 등불이라는 뜻으로, 사물이 매우 위태로운 처지에 놓여 있음을 이르는 말

학문

- **刮目相對**(괄목상대): 눈을 비비고 상대를 다시 본다는 뜻으로, 남의 학식이나 재주가 놀라울 정도로 진보하여 인식을 새롭게 함을 이름.

> **유래**
> 오(吳)나라의 여몽(呂蒙)이라는 장수는 용맹은 있으나 무식하였기에 손권(孫權)이 책 읽기를 권했다. 얼마 뒤, 노숙(魯肅)이라는 사람이 여몽을 만나 보니 학문과 식견이 여간 높은 것이 아니어서 깜짝 놀라 물었다. 그러자 여몽이 "선비는 헤어진 지 사흘이 되면 학식의 진보에 놀라 서로 눈을 비비고 본다[士別三日 卽當刮目相對]고 하지 않습니까?" 라고
>

- **敎學相長**(교학상장): 가르치는 사람과 배우는 사람이 서로의 학업을 증진시킴.
- **手不釋卷**(수불석권): 손에서 책을 내려놓지 아니함.
- **溫故知新**(온고지신): 옛것을 익혀 그것으로 미루어 새것을 깨달음.
- **日就月將**(일취월장): 학문이 나날이 다달이 자라거나 발전함.
- **切磋琢磨**(절차탁마): 옥이나 돌 따위를 쪼고 갈아서 빛을 낸다는 뜻으로, 부지런히 학문이나 인격을 연마하는 것을 이름.
- **走馬加鞭**(주마가편): 달리는 말에 채찍을 더한다는 뜻으로, 자신의 위치에 만족하지 않고 계속 노력함을 이름.
- **螢雪之功**(형설지공): 반딧불과 눈빛으로 이룬 공이라는 뜻으로, 고생을 하면서도 꾸준히 학문을 닦은 보람을 가리키는 말

> **유래**
> 진(晉)나라의 손강(孫康)은 집이 가난하여 기름을 살 돈이 없었다. 그래서 그는 늘 눈빛에 책을 비추어 글을 읽었다. 나중에 그는 어사대부(御史大夫)에까지 벼슬이 올랐다.
> 또 같은 나라의 차윤(車胤)이란 사람은 기름을 구할 수가 없어 여름이면 수십 마리의 반딧불이를 주머니에 담아 그 빛으로 밤을 새우며 책을 읽어 마침내 이부상서(吏部尙書)가 되었다고 한다.
> 이 고사에서 비롯되어 어려운 처지에서 공부하는 것을 '형설지공' 또는 단순히 '형설' 이라고 한다. 또 공부하는 서재를 '형창설안(螢窓雪案)'이라고도 한다.
>

- **換骨奪胎**(환골탈태): 뼈대를 바꾸고 태를 빼앗았다는 뜻으로, 옛사람이나 타인의 글에서 그 뜻을 취하거나 모방하여 그 짜임새와 수법이 먼저 것보다 잘되게 함을 이르는 말
- **後生可畏**(후생가외): 뒤에 난 사람을 두려워할 만하다는 뜻으로, 후배들이 선배들보다 젊고 기력이 좋아, 학문을 닦음에 따라 큰 인물이 될 수 있으므로 가히 두렵다는 말

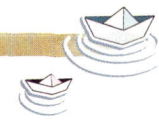

우정

- **肝膽相照(간담상조)**: 간과 쓸개를 서로 비추어 보인다는 뜻으로, 서로 마음을 터놓고 사귀는 것을 일컬음.
- **管鮑之交(관포지교)**: 관중(管仲)과 포숙아(鮑叔牙)의 사귐이라는 뜻으로, 우정이 아주 돈독한 친구 관계를 이르는 말

> **유래**
> 제(齊)나라 사람인 관중(管仲)과 포숙(鮑叔)은 소년 시절부터 친구였다. 일찍이 둘이 함께 장사를 하면서 관중이 더 많은 이익금을 가져갔으나 포숙은 그 집안이 가난한 탓이라고 너그럽게 이해하였고, 함께 전쟁에 나아가서는 관중이 3번이나 도망을 하였는데도 그에게는 늙으신 어머님이 계시기 때문이라고 변명하였다.
> 관중은 포숙을 가리켜 "나를 낳은 것은 부모이지만 나를 알아주는 것은 포숙이다."라고 하였다.

- **金蘭之交(금란지교)**: 쇠처럼 단단하고 난초처럼 향기가 나는 사귐이라는 뜻으로, 친구 사이의 매우 두터운 정을 이르는 말
- **金石之交(금석지교)**: 쇠와 돌처럼 굳고 변함없는 사귐
- **斷金之交(단금지교)**: 둘이 힘을 합하면 단단한 쇠를 끊어 낼 수 있을 만한 사귐이라는 뜻으로, 매우 정의가 두터운 교제를 일컬음.
- **莫逆之友(막역지우)**: 마음이 맞아 서로 거스름이 없는 사이라는 뜻으로, 아주 허물없는 친구 사이의 사귐을 일컬음.
- **刎頸之交(문경지교)**: 대신 목을 내어 주어도 좋을 정도로 친한 사귐이라는 뜻으로, 죽고 살기를 같이할 만한 친한 사이나 벗을 일컬음.
- **水魚之交(수어지교)**: 물이 없으면 살 수 없는 물고기와 물의 관계라는 뜻으로, 아주 친밀하여 떨어질 수 없는 사이를 비유적으로 이르는 말

> **유래**
> 삼국 시대 때 유비(劉備)와 제갈량(諸葛亮)과의 사이가 날이 갈수록 친밀하여지는 것을 관우(關羽)와 장비(張飛)가 불평하자, 유비가 아우들을 불러 "나에게 제갈량이 있다는 것은 물고기가 물을 가진 것과 마찬가지이다. 다시는 불평을 하지 말라[孤之有孔明 猶魚之有水也 願諸君勿復言]."라고 타일렀다.

- **竹馬故友(죽마고우)**: 죽마(竹馬)를 타고 함께 놀던 벗이라는 뜻으로, 어릴 때부터 같이 놀며 자란 벗
- **知音(지음)**: 마음이 서로 통하는 친한 벗을 비유적으로 이르는 말로, 거문고의 명인 백아가 자기의 소리를 잘 이해해 준 벗 종자기가 죽자 자신의 거문고 소리를 아는 자가 없다고 하여 거문고 줄을 끊었다는 데서 유래함.

융통성이 없이 고지식함

- 刻舟求劍(각주구검): 배에 새겨 두었다가 칼을 찾는다는 뜻으로, 항해 도중에 칼을 빠뜨린 자리를 뱃전에 표시해 두었다가 찾을 만큼 어리석고 융통성이 없음을 비유하는 말임.
- 膠柱鼓瑟(교주고슬): 기러기발(柱)을 아교로 붙여 놓고 거문고를 연주한다는 뜻으로, 고지식하여 조금도 변통성(變通性)이 없음을 이름.
- 守株待兔(수주대토): 그루터기를 지키며 토끼를 기다린다는 뜻으로, 구습을 고수하여 변통할 줄 모르는 것을 비유함.

> **유래**
> 송(宋)나라 사람이 밭을 갈다가 우연히 토끼가 나무 그루터기에 부딪혀 목이 부러져 죽는 것을 보았다. 그 뒤로는 농사짓는 일을 그만둔 채 나무 그루터기를 지키면서 토끼가 걸려 죽기만을 기다렸다.

한바탕의 헛된 꿈

- 浮生若夢(부생약몽): 뜬 인생이 꿈과 같다는 뜻으로, 인생이 꿈같이 덧없음을 이름.
- 一場春夢(일장춘몽): 한바탕의 봄꿈이라는 뜻으로, 헛된 부귀영화를 이름.
- 南柯一夢(남가일몽): 남쪽 나뭇가지에서 꾼 한바탕 꿈이라는 뜻으로, 덧없는 꿈, 덧없는 부귀영화, 인생이 덧없음을 비유함.
- 邯鄲之夢(한단지몽): 한단의 꿈이라는 뜻으로, 인생과 영화의 덧없음을 이름.

> **유래**
> 당나라 때 노생(盧生)이라는 이가 한단(邯鄲)의 한 주막에서 도사(道士)인 여옹(呂翁)을 만났다. 노생이 자신의 초라한 처지를 한탄하자 여옹은 그에게 베기만 하면 무엇이든 뜻대로 된다는 베개를 주었다. 기쁜 마음에 노생이 그것을 베고 잤더니, 꿈에 연국공(燕國公)이 되어 삼십여 년 동안 부귀영화를 누렸는데 깨고 보니 주인이 짓고 있던 기장밥이 아직 익지도 않았을 만큼 잠깐 사이에 꾼 꿈이었다.

실속이 없음

- 虛張聲勢(허장성세): 실속이 없으면서 큰소리치거나 허세만 부림.
- 虛禮虛飾(허례허식): 예절, 법식 등을 겉으로만 번드르르하게 꾸미는 일
- 有名無實(유명무실): 이름만 있을 뿐 실속은 없음.

이야기로 익히는 주요 한자어

김정희와 세한도

　김정희는 글씨는 물론 그림과 시와 산문에 이르기까지 학자로서 예술가로서 최고의 경지에 이른 인물이다.

　아버지 김노경은 아들의 자질을 알아보고 박제가 밑에서 敎育받게 하였다. 과거 시험에 합격한 김정희는 사신으로 중국에 가서 見聞을 넓혔고, 중국에 居住하는 동안 당대 최고의 학자들과 문화와 사상을 去來하였다. · 교육 · 견문, 거주 · 거래

　조정에서도 그의 학문 실력을 인정하였고, 항상 脚光받던 지식인이었기에 주위의 시샘이 따랐다. 그로 인해 제주도로 귀양하게 되어 9년에 이르는 긴 유배 생활을 하게 된다. 이 기간 동안 편지를 통해 지인·후학들과 交友하면서 자신의 학문 世界를 전했다. · 각광 · 교우, 세계

　유배 기간 중 家族들과 주고받은 40통에 달하는 편지는 그의 인간적 면모를 드러내는 중요한 자료가 되고 있다. 제주도에서의 苦生스럽고 貧困한 유배 기간 중에도 그는 오로지 책을 읽고 글을 쓰는 일에 매진하였다. 최고의 걸작인 '세한도'도 이 시기에 그려졌고, '추사체'라 불리는 그의 독창적인 서체도 이때 완성되었다. · 가족 · 고생, 빈곤

　김정희가 긴 유배 생활을 하게 되자 주위 인심도 떨어진 가운데 김정희의 제자 중 이상적은 스승을 잊지 않고 귀한 책을 구해 계속 유배지로 보내 주었다. 김정희는 제자에게 고마움의 표시로 세한도를 그려 주면서 "날이 차가워진 연후에야 소나무와 잣나무가 뒤늦게 시드는 것을 알게 된다."라는 句節을 적은 것은 유명한 일화이다. 이는 처지가 바뀌자 인심이 변함을 말하기도 하고, 자신의 유배 생활을 겨울의 심한 추위에 비유하여 그런 속에서도 변함없는 의지로 선비의 기상을 잃지 않겠다는 堅固한 의지를 표현한 것이기도 하다. 세한도는 三角 구도를 잡아 단순한 작품 속에서도 안정성을 이룬다. 황량한 느낌과 함께 외롭고 초라한 유배 생활을 잘 나타내고 있으며 고고한 문장력으로 김정희의 高等 문인화의 경지를 보여 주고 있다. · 구절 · 견고 · 삼각 · 고등

　이는 중국의 많은 문인들도 보고 감탄하였으며 세한도의 높은 품격과 사제 간의 깊은 정에 感動하여 저마다 이를 기리는 시문을 남겼다. 훗날 이상적이 제자 김병선에게 세한도를 전해 주었으며 이것이 광복 직전에 일본으로 건너가게 되었다. 이 사실을 알게 된 손재형이 일본으로 건너가 당시 김정희의 학문과 예술을 硏究하던 학자에게 세한도를 구입하였다. 이로써 國家적으로도 중요 문화유산인 세한도는 다시 故國의 품으로 돌아오게 되었다. · 감동 · 연구 · 국가, 고국

　세한도가 많은 사람들의 關心 대상이 된 것은 작가의 예술적 감각과 고결한 선비의 지조, 그리고 사제 간의 아름다움 때문일 것이다. 지금은 個人이 소장하고 있으며 국보 180호로 지정되어 있다. · 관심 · 개인

家 — 7급II
집 가 / 宀부 / 총 10획
획순: 丶丶宀宀宀宁宇家家家
예시: 家族
- 동: 室 집 실 / 屋 집 옥 / 宅 집 택/댁
- 家族(가족): 부부와 같이 혼인으로 맺어지거나, 부모·자식과 같이 혈연으로 이루어지는 집단
  - 예) 온 家族이 감기에 걸렸다.

佳 — 3급II
아름다울 가 / 人(亻)부 / 총 8획
획순: 丿亻亻仁什仹佳佳
예시: 佳約
- 비: 住 살 주
- 佳約(가약): 아름다운 약속 / 부부가 되는 약속
  - 예) 그들은 마침내 백년佳約을 맺었다.

街 — 4급II
거리 가 / 行부 / 총 12획
획순: 丿彳彳彳彳佳街街街
예시: 商街
- 동: 道 길 도 / 路 길 로
- 商街(상가): 상점들이 죽 늘어서 있는 거리
  - 예) 추석 대목을 맞은 商街는 북새통을 이루고 있었다.

可 — 5급
옳을 가 / 口부 / 총 5획
획순: 一丁丆叮可
예시: 許可
- 반: 否 아닐 부
- 許可(허가): 행동이나 일을 하도록 허용함.
  - 예) 그는 대학으로부터 입학 許可를 받았다.

歌 — 7급
노래 가 / 欠부 / 총 14획
획순: 一丁丆叮哥哥哥歌歌歌
예시: 歌手
- 동: 樂 노래 악 / 謠 노래 요 / 曲 굽을 곡
- 歌手(가수): 노래 부르는 것이 직업인 사람
  - 예) 사회자는 오늘 출연할 歌手들을 소개하였다.

加 — 5급
더할 가 / 力부 / 총 5획
획순: 丆力力加加
예시: 加工
- 반: 減 덜 감 / 除 덜 제
- 동: 增 더할 증
- 加工(가공): 원자재나 반제품을 인공적으로 처리하여 새로운 제품을 만들거나 제품의 질을 높임.
  - 예) 치즈와 버터는 우유를 加工해서 만든다.

價 — 5급II
값 가 / 人(亻)부 / 총 15획
획순: 亻亻亻價價價價價價
예시: 物價
- 동: 値 값 치
- 약: 価
- 物價(물가): 물건의 값
  - 예) 정부는 物價 안정 대책을 마련 중이다.

假 — 4급II
거짓 가 / 人(亻)부 / 총 11획
획순: 亻亻亻亻伊伊伊假假
예시: 假面
- 약: 仮
- 假面(가면): 얼굴을 감추거나 달리 꾸미기 위하여 나무, 종이, 흙 따위로 만들어 얼굴에 쓰는 물건
  - 예) 배우는 假面을 벗고 관중들에게 인사를 하였다.

各 — 6급II
각각 각 / 口부 / 총 6획
획순: 丿ク夂冬各各
예시: 各種
- 비: 名 이름 명
- 各種(각종): 온갖 종류. 또는 여러 종류
  - 예) 各種 서적들이 책꽂이에 꽂혀 있다.

角 — 6급II
뿔 각 / 角부 / 총 7획
획순: 丿ク卩冇角角角
예시: 三角
- 三角(삼각): 세 개의 각 / 세 개의 각이 있는 모양
  - 예) 三角 사다리를 이용해 나무에 올랐다.

활용 한자 확인하기

族 겨레 족 / 約 맺을 약 / 商 장사 상 / 許 허락할 허 / 手 손 수 / 工 장인 공 / 物 물건 물
面 낯 면 / 種 씨 종 / 三 석 삼

급수	필순	한자 정보
3급Ⅱ	月 月 肝 肝 脚 脚 脚 脚 脚	**脚** 다리 각 / 肉(月)부 / 총 11획

- 脚光(각광): 사회적 관심이나 흥미
  예) 그는 뛰어난 가수로 脚光을 받고 있다.

→ 주의해야 할 필순을 표시한 것입니다.

급수	필순	한자 정보
7급Ⅱ	丨 冂 冂 冂 門 門 門 問 間 間	**間** 사이 간 / 門부 / 총 12획

비) 問: 물을 문 / 開: 열 개
동) 隔: 사이 뜰 격

- 中間(중간): 두 사물의 사이
  예) 학교와 집의 中間에 약국이 있다.

급수	필순	한자 정보
3급	氵 氵 沪 沪 沪 渴 渴 渴 渴	**渴** 목마를 갈 / 水(氵)부 / 총 12획

- 解渴(해갈): 목마름을 해소함.
  예) 그는 解渴을 위해 시원한 물을 마셨다.

급수	필순	한자 정보
4급Ⅱ	氵 氵 汇 沪 沪 沪 减 減 減	**減** 덜 감 / 水(氵)부 / 총 12획

반) 加: 더할 가
동) 省: 덜 생
약) 减

- 減少(감소): 양이나 수치가 줆. 또는 양이나 수치를 줄임.
  예) 수입이 減少하고 수출이 늘었다.

급수	필순	한자 정보
4급	一 丆 百 百 耳 耳 取 敢 敢	**敢** 감히/구태여 감 / 攴(攵)부 / 총 12획

동) 勇: 날랠 용

- 果敢(과감): 과단성이 있고 용감함.
  예) 그녀는 소신을 갖고 불의에 果敢히 맞섰다.

급수	필순	한자 정보
4급	一 二 干	**干** 방패 간 / 干부 / 총 3획

비) 于: 어조사 우
반) 滿: 찰 만

- 干城(간성): 방패와 성이라는 뜻으로, 나라를 지키는 믿음직한 군대나 인물을 이르는 말
  예) 국군은 국가의 干城이다.

급수	필순	한자 정보
4급	一 二 三 手 手 看 看 看 看	**看** 볼 간 / 目부 / 총 9획

비) 着: 붙을 착

- 看病(간병): 앓는 사람이나 다친 사람의 곁에서 돌보고 시중을 듦.
  예) 밤새도록 아픈 동생을 看病하였다.

급수	필순	한자 정보
4급	一 十 廿 甘 甘	**甘** 달 감 / 甘부 / 총 5획

반) 苦: 쓸 고

- 甘言(감언): 남의 비위에 맞도록 듣기 좋게 꾸미어 하는 말
  예) 많은 이들이 그의 甘言에 속았다.

급수	필순	한자 정보
6급	厂 厂 后 成 咸 咸 感 感 感	**感** 느낄 감 / 心부 / 총 13획

동) 覺: 깨달을 각

- 感動(감동): 크게 느끼어 마음이 움직임.
  예) 나는 그의 친절에 感動을 받았다.

급수	필순	한자 정보
4급	丨 冂 日 日 甲	**甲** 갑옷 갑 / 田부 / 총 5획

비) 申: 납 신

- 鐵甲(철갑): 쇠로 둘러씌운 것
  예) 거북선은 鐵甲을 두른 병선이다.

활용 한자 확인하기

光 빛 광 　 城 재 성 　 中 가운데 중 　 病 병 병 　 解 풀 해 　 言 말씀 언 　 少 적을 소
動 움직일 동 　 果 실과 과 　 鐵 쇠 철

7급II 江 강 강 水(氵)부 총 6획	` ` 氵 氵 江 江 — 江 江 — 漢江 반 山:메산 동 河:물하	4급 降 내릴 강, 항복할 항 阜(阝)부 총 9획	` 3 阝 阝' 阝夂 降 降 降 — 降 降 — 下降 동 下:아래하

- 漢江(한강): 우리나라 중부를 흐르는 강
  예 종로에서 뺨 맞고 漢江에서 눈 흘긴다.

- 下降(하강): 높은 곳에서 아래로 향하여 내려옴.
  예 비행기는 활주로를 향해 下降하였다.

4급II 講 욀 강 言부 총 17획	言 言 言 言 請 講 講 講 講 — 講 講 — 講義 비 構:얽을 구 동 解:풀 해 釋:풀 석	6급 強 강할 강 弓부 총 11획	` 7 弓 弓' 弘 弘 強 強 強 — 強 強 — 強打 반 弱:약할 약 동 健:굳셀 건 硬:굳을 경

- 講義(강의): 학문이나 기술의 일정한 내용을 체계적으로 설명하여 가르침.
  예 최 교수의 講義는 무척 인상적이었다.

- 強打(강타): 세게 침.
  예 그는 주먹으로 강도의 얼굴을 強打하였다.

5급 改 고칠 개 攴(攵)부 총 7획	` 7 己 己' 己攵 改 改 — 改 改 — 改善	3급 皆 다 개 白부 총 9획	` F F' 比 比 毕 皆 皆 皆 — 皆 皆 — 皆勤

- 改善(개선): 잘못된 것이나 부족한 것, 나쁜 것 따위를 고쳐 더 좋게 만듦.
  예 그는 식이 요법으로 체질을 改善 중이다.

- 皆勤(개근): 학교 따위에 일정한 기간 동안 하루도 빠짐없이 출석함.
  예 나는 3개년간 학교에 皆勤하였다.

4급II 個 낱 개 人(亻)부 총 10획	` 亻 亻' 亻门 们 们 個 個 個 個 — 個 個 — 個人 약 个	6급 開 열 개 門부 총 12획	` I I' 門 門 門 門 門 閂 開 — 開 開 — 開放 비 聞:들을 문 반 閉:닫을 폐 동 啓:열 계

- 個人(개인): 국가나 사회, 단체 등을 구성하는 낱낱의 사람
  예 個人적인 질문을 해도 될까요?

- 開放(개방): 문이나 어떠한 공간 따위를 열어 자유롭게 드나들고 이용하게 함.
  예 그들은 開放 시간에 맞추어 고궁에 도착하였다.

5급II 客 손 객 宀부 총 9획	` ` 宀 宀 宀' 安 安 客 客 — 客 客 — 客席 동 旅:나그네 려	4급 更 다시 갱, 고칠 경 曰부 총 7획	` ㅡ ㅜ 百 戸 更 更 — 更 更 — 更紙 비 便:편할 편

- 客席(객석): 극장 따위에서 손님이 앉는 자리
  예 이 극장은 客席이 3백 석이다.

- 更紙(갱지): 지면이 좀 거칠고 품질이 낮은 종이
  예 更紙는 주로 신문지나 시험지로 쓴다.

활용 한자 확인하기

漢 한수/한나라 한 下 아래 하 義 옳을 의 打 칠 타 善 착할 선 勤 부지런할 근
人 사람 인 放 놓을 방 席 자리 석 紙 종이 지

5급	一 十 土 去 去
去 갈 거 ム부 총 5획	去 / 去 / 去 來

반 來: 올래
留: 머무를 류

- 去來(거래): 주고받음. 또는 사고팖.
  예) 우리는 그 회사와 5년 동안 去來해 왔다.

4급	一 厂 F F 巨
巨 클 거 工부 총 5획	巨 / 巨 / 巨 木

비 臣: 신하 신
반 細: 가늘 세
동 大: 큰 대

- 巨木(거목): 굵고 큰 나무 / 큰 인물
  예) 그분은 한국 문단의 巨木이다.

4급	一 コ ア 尸 尸 居 居 居
居 살 거 尸부 총 8획	居 / 居 / 居 住

동 家: 집 가
住: 살 주
留: 머무를 류

- 居住(거주): 일정한 곳에 머물러 삶.
  예) 사촌 형은 미국에 居住하고 있다.

7급II	一 厂 厂 丆 百 亘 車
車 수레 거/차 車부 총 7획	車 / 車 / 車 道

- 車道(차도): 사람이 다니는 길 따위와 구분하여 자동차만 다니게 한 길
  예) 그들은 車道를 막고 시위를 벌였다.

5급	F F F 阡 阡 阡 開 與 與 擧
擧 들 거 手부 총 18획	擧 / 擧 / 擧 手

동 動: 움직일 동
약 挙, 舉

- 擧手(거수): 손을 위로 들어 올림.
  예) 의견에 찬성하는 분들은 擧手해 주세요.

5급	一 ㄱ ㅋ ㅋ ㅋ 聿 聿 建 建
建 세울 건 廴부 총 9획	建 / 建 / 建 設

동 立: 설립

- 建設(건설): 건물, 설비, 시설 따위를 새로 만들어 세움.
  예) 다리를 建設하는 데 총 2년이 걸렸다.

3급II	十 古 古 古 古 吉 卓 卓 乾 乾
乾 하늘/마를 건 乙부 총 11획	乾 / 乾 / 乾 草

- 乾草(건초): 베어서 말린 풀
  예) 농부는 트럭으로 乾草를 운반하였다.

4급	一 ナ 大 犬
犬 개 견 犬부 총 4획	犬 / 犬 / 愛 犬

비 太: 클 태

- 愛犬(애견): 개를 귀여워함. 또는 그 개
  예) 나는 愛犬을 두 마리 키우고 있다.

5급II	丨 冂 冂 目 目 貝 見
見 볼 견, 뵈올 현 見부 총 7획	見 / 見 / 見 聞

- 見聞(견문): 보고 들음. / 보거나 듣거나 하여 깨달아 얻은 지식
  예) 그는 見聞을 넓히고자 여행에 나섰다.

4급	一 丁 丂 丂 臣 臣 臤 堅 堅 堅
堅 굳을 견 土부 총 11획	堅 / 堅 / 堅 固

동 強: 강할 강
固: 굳을 고
약 坚

- 堅固(견고): 굳고 단단함.
  예) 그 건물은 堅固한 토대 위에 지어졌다.

활용 한자 확인하기

來 올래   木 나무 목   住 살 주   道 길 도   手 손 수   設 베풀 설   草 풀 초
愛 사랑 애   聞 들을 문   固 굳을 고

決 결단할 결
- 5급II
- 水(氵)부
- 총 7획
- 필순: ˋ ˊ ⺡ 氵 江 決 決
- 決定
- 동 斷: 끊을 단
- 判: 판단할 판

• 決定(결정): 행동이나 태도를 분명하게 정함.
예 가위바위보로 순서를 決定하였다.

結 맺을 결
- 5급II
- 糸부
- 총 12획
- 필순: 幺 幺 幺 糸 糸 紅 紅 結 結 結
- 結合
- 동 束: 묶을 속
- 約: 맺을 약
- 構: 얽을 구

• 結合(결합): 둘 이상의 사물이나 사람이 서로 관계를 맺어 하나가 됨.
예 분홍색은 빨간색과 흰색이 結合된 색이다.

潔 깨끗할 결
- 4급II
- 水(氵)부
- 총 15획
- 清潔
- 동 白: 흰 백
- 淨: 깨끗할 정

• 清潔(청결): 맑고 깨끗함.
예 그 도시는 清潔하고 아름다운 곳이다.

京 서울 경
- 6급
- 亠부
- 총 8획
- 上京
- 반 鄕: 시골 향
- 동 都: 도읍 도

• 上京(상경): 지방에서 서울로 올라옴.
예 삼촌은 청운의 뜻을 안고 上京하였다.

景 볕 경
- 5급
- 日부
- 총 12획
- 風景
- 동 光: 빛 광

• 風景(풍경): 산이나 들, 강, 바다 따위의 자연이나 지역의 모습
예 나는 마을의 風景을 사진에 담았다.

輕 가벼울 경
- 5급
- 車부
- 총 14획
- 輕減
- 반 重: 무거울 중
- 약 軽

• 輕減(경감): 부담이나 고통 따위를 덜어서 가볍게 함.
예 이번 정책으로 세금 부담이 輕減되었다.

經 지날/글 경
- 4급II
- 糸부
- 총 13획
- 經路
- 반 緯: 씨 위
- 동 理: 다스릴 리
- 약 経

• 經路(경로): 지나는 길 / 일이 진행되는 방법이나 순서
예 연구원들이 바이러스의 감염 經路를 추적 중이다.

庚 별 경
- 3급
- 广부
- 총 8획
- 庚時
- 비 康: 편안 강

• 庚時(경시): 이십사시(二十四時)의 열여덟째 시
예 庚時는 오후 네 시 반부터 다섯 시 반까지이다.

耕 밭 갈 경
- 3급II
- 耒부
- 총 10획
- 耕作

• 耕作(경작): 땅을 갈아서 농사를 지음.
예 이 밭은 돌이 많아 耕作하기가 힘들다.

敬 공경 경
- 5급II
- 攴(攵)부
- 총 13획
- 敬老
- 동 恭: 공손할 공

• 敬老(경로): 노인을 공경함.
예 敬老 정신이 사라져 가고 있다.

활용 한자 확인하기

定 정할 정 　 合 합할 합 　 清 맑을 청 　 上 윗 상 　 風 바람 풍 　 減 덜 감 　 路 길 로
時 때 시 　 作 지을 작 　 老 늙을 로

4급	⺌ 艹 苟 苟 敬 敬 警 警 驚 驚
驚 놀랄 경 馬부 총 23획	驚 驚 驚異 비 警: 깨우칠 경

- 驚異(경이): 놀랍고 신기하게 여김.
  예 자연의 신비는 驚異롭다.

4급Ⅱ	` 亠 广 户 庐 庐 庐 庐 廐 慶
慶 경사 경 心부 총 15획	慶 慶 慶事 반 弔: 조상할 조 동 福: 복 복 　 祝: 빌 축

- 慶事(경사): 축하할 만한 기쁜 일
  예 우리 집안에 慶事가 났다.

5급	` 亠 ㅛ 立 音 音 竞 竞 竞 競
競 다툴 경 立부 총 20획	競 競 競爭

- 競爭(경쟁): 같은 목적에 대하여 이기거나 앞서려고 서로 겨룸.
  예 나는 그를 競爭 상대로 여기지 않는다.

3급	⺈ 又 及 癶 癶 癶 癶 癸 癸
癸 북방/천간 계 癶부 총 9획	癸 癸 癸未

- 癸未(계미): 육십갑자의 스무째
  예 癸未년에 태어난 사람은 양띠이다.

4급	` 二 千 禾 禾 季 季 季
季 계절 계 子부 총 8획	季 季 夏季 비 李: 오얏 리

- 夏季(하계): 여름의 시기
  예 2012년 夏季 올림픽 개최지는 런던이다.

6급Ⅱ	` 口 日 田 田 甲 罪 界 界
界 지경 계 田부 총 9획	界 界 世界 동 境: 지경 경 　 域: 지경 역

- 世界(세계): 지구 상의 모든 나라. 또는 인류 사회 전체
  예 그는 世界 정상급 선수이다.

6급Ⅱ	` 亠 亠 言 言 言 言 計 計
計 셀 계 言부 총 9획	計 計 統計 동 算: 셈 산 　 數: 셈 수 　 策: 꾀 책

- 統計(통계): 어떤 현상을 종합적으로 한눈에 알아보기 쉽게 일정한 체계에 따라 숫자로 나타냄.
  예 컴퓨터를 이용해 統計 자료를 분석하였다.

3급Ⅱ	⺀ 氵 氵 氵 氵 氵 渾 渾 渓 溪
溪 시내 계 水(氵)부 총 13획	溪 溪 玉溪 동 川: 내 천

- 玉溪(옥계): 옥같이 맑은 물이 흐르는 계곡의 시내
  예 이 시내는 물이 맑아 玉溪라 불린다.

4급	⺀ 玄 奚 奚 鷄 鷄 鷄 鷄 鷄
鷄 닭 계 鳥부 총 21획	鷄 鷄 鷄卵

- 鷄卵(계란): 닭이 낳은 알
  예 어머니는 鷄卵 요리를 자주 해 주신다.

6급	一 十 十 古 古
古 예 고 口부 총 5획	古 古 古書 반 今: 이제 금

- 古書(고서): 아주 오래전에 간행된 책
  예 그의 취미는 古書 수집이다.

활용 한자 확인하기

異 다를 이　事 일 사　爭 다툴 쟁　未 아닐 미　夏 여름 하　世 인간 세　統 거느릴 통
玉 구슬 옥　卵 알 란　書 글 서

故 (4급II) 연고 고, 攴(攵)부, 총 9획
- 故國(고국): 주로 남의 나라에 있는 사람이 자신의 조상 때부터 살던 나라를 이르는 말
  - 예) 그는 학업을 마치고 故國으로 돌아갔다.
- 동: 舊 예구

固 (5급) 굳을 고, 口부, 총 8획
- 固體(고체): 일정한 모양과 부피가 있으며 쉽게 변형되지 않는 물질의 상태
  - 예) 물은 얼면 액체에서 固體로 변한다.

苦 (6급) 쓸 고, 艸(艹)부, 총 9획
- 苦生(고생): 어렵고 고된 일을 겪음. 또는 그런 일이나 생활
  - 예) 苦生 끝에 낙이 온다.
- 반: 樂 즐길 락 / 甘 달 감
- 동: 難 어려울 난

考 (5급) 생각할 고, 老(耂)부, 총 6획
- 再考(재고): 어떤 일이나 문제 따위에 대하여 다시 생각함.
  - 예) 이 계획에 대한 再考 요청이 있었다.
- 동: 究 연구할/궁구할 구 / 慮 생각할 려

高 (6급II) 높을 고, 高부, 총 10획
- 高等(고등): 등급이나 수준, 정도 따위가 높음. 또는 그런 정도
  - 예) 인간은 가장 高等한 동물이다.
- 반: 下 아래 하 / 低 낮을 저
- 동: 卓 높을 탁

告 (5급II) 고할 고, 口부, 총 7획
- 報告(보고): 일에 관한 내용이나 결과를 말이나 글로 알림.
  - 예) 상사에게 진행 상황을 수시로 報告하였다.
- 동: 白 흰 백 / 示 보일 시

谷 (3급II) 골 곡, 谷부, 총 7획
- 溪谷(계곡): 물이 흐르는 골짜기
  - 예) 폭우로 溪谷 물이 순식간에 불어났다.

曲 (5급) 굽을 곡, 曰부, 총 6획
- 曲線(곡선): 모나지 아니하고 부드럽게 굽은 선
  - 예) 비행기가 曲線을 그리며 날았다.
- 비: 由 말미암을 유
- 반: 直 곧을 직

穀 (4급) 곡식 곡, 禾부, 총 15획
- 五穀(오곡): 다섯 가지 중요한 곡식. 쌀, 보리, 콩, 조, 기장을 이름.
  - 예) 五穀밥은 대개 음력 정월 보름에 지어 먹는다.
- 약: 穀

困 (4급) 곤할 곤, 口부, 총 7획
- 貧困(빈곤): 가난하여 살기가 어려움.
  - 예) 그 나라는 貧困에서 벗어나기 위해 노력하고 있다.
- 비: 因 인할 인
- 동: 窮 궁할 궁

활용 한자 확인하기
- 國 나라 국
- 體 몸 체
- 生 날 생
- 再 두 재
- 等 무리 등
- 報 갚을/알릴 보
- 溪 시내 계
- 線 줄 선
- 五 다섯 오
- 貧 가난할 빈

3급	一 + 十 土 切 坷 坤 坤
坤 땅 **곤** 土부 총 8획	坤 坤　　乾坤

- 乾坤(건곤): 하늘과 땅
  예 말굽 소리가 乾坤을 뒤흔들었다.

4급	丨 冂 冂 冎 冎 冎 骨 骨 骨 骨
骨 뼈 **골** 骨부 총 10획	骨 骨　　遺骨

- 遺骨(유골): 주검을 태우고 남은 뼈. 또는 무덤 속에서 나온 뼈
  예 그 농부는 밭에서 遺骨 한 구를 발굴하였다.

7급Ⅱ	一 丁 工
工 장인 **공** 工부 총 3획	工 工　　工場 동 作: 지을 작 造: 지을 조

- 工場(공장): 원료나 재료를 가공하여 물건을 만들어 내는 설비를 갖춘 곳
  예 우리 마을에 식품 工場이 들어섰다.

7급Ⅱ	丶 丶 宀 宀 空 空 空 空
空 빌 **공** 穴부 총 8획	空 空　　空間 반 陸: 뭍 륙 동 虛: 빌 허

- 空間(공간): 아무것도 없는 빈 곳
  예 우리집은 식탁이 너무 많은 空間을 차지한다.

6급Ⅱ	丿 八 公 公
公 공평할 **공** 八부 총 4획	公 公　　公益 반 私: 사사 사

- 公益(공익): 사회 전체의 이익
  예 개인의 이익보다 公益을 도모해야 한다.

6급Ⅱ	一 十 卄 丑 共 共
共 한가지 **공** 八부 총 6획	共 共　　共同 동 同: 한가지 동

- 共同(공동): 둘 이상의 사람이나 단체가 함께 일을 하거나, 같은 자격으로 관계를 가짐.
  예 두 선수가 共同 1위에 올랐다.

6급Ⅱ	一 丁 工 巧 功
功 공 **공** 力부 총 5획	功 功　　功臣 비 攻: 칠 공 반 過: 지날 과 　罪: 허물 죄

- 功臣(공신): 나라를 위하여 특별한 공을 세운 신하
  예 그는 우리 팀을 우승으로 이끈 일등 功臣이다.

6급Ⅱ	丨 冂 冃 日 旦 甲 果 果
果 실과 **과** 木부 총 8획	果 果　　果實 동 實: 열매 실 敢: 감히 감

- 果實(과실): 과일
  예 그는 果實 바구니를 내게 내밀었다.

5급Ⅱ	丶 二 言 言 訁 訂 評 評 課
課 공부할/과정 **과** 言부 총 15획	課 課　　課題 동 程: 한도/길 정

- 課題(과제): 처리하거나 해결해야 할 문제
  예 통일은 우리 민족의 課題이다.

6급Ⅱ	一 二 千 千 禾 禾 科 科
科 과목 **과** 禾부 총 9획	科 科　　科目 비 料: 헤아릴 료 동 目: 눈 목

- 科目(과목): 가르치거나 배워야 할 지식 및 경험의 체계를 세분하여 계통을 세운 영역
  예 내가 가장 좋아하는 科目은 한문이다.

활용 한자 확인하기

乾 하늘/마를 건　　遺 남길 유　　場 마당 장　　間 사이 간　　益 더할 익　　同 한가지 동
臣 신하 신　　實 열매 실　　題 제목 제　　目 눈 목

5급Ⅱ	冂 冂 冃 咼 咼 咼 過 過 過
過 지날 **과** 辶(辵)부 총 13획	過　過　　　過去 반 功: 공 공 동 失: 잃을 실 　 去: 갈 거

- 過去(과거): 이미 지나간 때
  예 아무리 후회해도 過去는 돌이킬 수 없다.

4급Ⅱ	′ ″ ′′′ ″ ″ 官 官
官 벼슬 **관** 宀부 총 8획	官　官　　　官服 반 民: 백성 민

- 官服(관복): 벼슬아치가 입던 정복(正服)
  예 신하들은 官服을 입고 입궐하였다.

5급Ⅱ	艹 艹 芦 芦 莘 莘 萑 藋 觀
觀 볼 **관** 見부 총 25획	觀　觀　　　觀客 동 覽: 볼 람 　 視: 볼 시 약 观, 覌, 観

- 觀客(관객): 운동 경기, 공연, 영화 따위를 보거나 듣는 사람
  예 觀客들이 객석을 빠져나가고 있다.

5급Ⅱ	冂 門 門 門 閇 閈 關 關 關
關 관계할 **관** 門부 총 19획	關　關　　　關心 동 與: 더불 여 약 関

- 關心(관심): 어떤 것에 마음이 끌려 주의를 기울임. 또는 그런 마음이나 주의
  예 그녀는 내 이야기에 關心을 보였다.

6급Ⅱ	丨 丨 ⺌ 平 芈 光
光 빛 **광** 儿부 총 6획	光　光　　　月光 반 陰: 그늘 음 동 色: 빛 색 　 明: 밝을 명

- 月光(월광): 달빛
  예 그는 베토벤의 '月光 소나타'를 연주하였다.

5급Ⅱ	广 广 产 产 庐 庐 庙 廣 廣
廣 넓을 **광** 广부 총 15획	廣　廣　　　廣告 동 博: 넓을 박 　 漠: 넓을 막 약 広

- 廣告(광고): 세상에 널리 알림. 또는 그런 일
  예 신문사는 廣告 수익으로 운영된다.

6급	丶 亠 广 亣 ブ 交
交 사귈 **교** 亠부 총 6획	交　交　　　交友 비 文: 글월 문

- 交友(교우): 벗을 사귐. 또는 그 벗
  예 형은 성격이 원만하여 交友 관계가 넓다.

8급	一 十 才 木 木 朾 朽 栌 柊 校
校 학교 **교** 木부 총 10획	校　校　　　登校

- 登校(등교): 학생이 학교에 감.
  예 나는 평소보다 일찍 登校하였다.

5급	才 木 朽 柁 栌 桥 榗 橋 橋
橋 다리 **교** 木부 총 16획	橋　橋　　　橋脚 동 脚: 다리 각 　 梁: 돌다리 량

- 橋脚(교각): 다리를 받치는 기둥
  예 橋脚 사이로 유람선이 지나간다.

8급	ㄨ ㄨ 并 并 芳 芳 劺 教 教
教 가르칠 **교** 攵(攴)부 총 11획	教　教　　　教育 반 學: 배울 학 　 習: 익힐 습 동 訓: 가르칠 훈

- 教育(교육): 지식과 기술 따위를 가르치며 인격을 길러 줌.
  예 그는 외국에서 教育을 받았다.

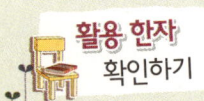
활용 한자 확인하기

去 갈 거　　服 옷 복　　客 손 객　　心 마음 심　　月 달 월　　告 고할 고　　友 벗 우
登 오를 등　　脚 다리 각　　育 기를 육

22　이야기로 배우는 한자 1800

8급	ノ 九			
九 아홉 **구** 乙부 총 2획	九	九	九	九日

- 九日 (구일): 중양절. 세시 명절의 하나로 음력 9월 9일을 이르는 말
  - 예) 예부터 九日에는 국화꽃으로 국화전을 만들어 먹었다.

7급	ノ 卩 口			
口 입 **구** 口부 총 3획	口	口		窓口

- 窓口 (창구): 사무실 따위에서, 손님과 문서 따위를 주고받을 수 있게 조그마하게 창을 내거나 대(臺)를 마련하여 놓은 곳
  - 예) 은행 窓口는 비교적 한산하였다.

4급II	一 十 寸 才 才 求 求			
求 구할 **구** 水(氺)부 총 7획	求	求	請	求

- 비) 救: 구원할 구
- 동) 索: 찾을 색

- 請求 (청구): 남에게 돈이나 물건 따위를 달라고 요구함.
  - 예) 그는 파손된 자동차에 대한 손해 배상을 請求하였다.

5급	一 十 寸 才 才 求 求 救 救 救 救			
救 구원할 **구** 攴(攵)부 총 11획	救	救	救	命

- 비) 求: 구할 구
- 동) 濟: 건널 제
  - 援: 도울 원

- 救命 (구명): 사람의 목숨을 구함.
  - 예) 승객들은 안전을 위해 救命조끼를 입었다.

4급II	丶 丶 宀 宁 宂 穴 究			
究 연구할/ 궁구할 **구** 穴부 총 7획	究	究	研	究

- 동) 考: 생각할 고

- 硏究 (연구): 어떤 일이나 사물에 대하여서 깊이 있게 조사하고 생각하여 진리를 따져 보는 일
  - 예) 조 박사는 생물학 硏究에 한평생을 바쳤다.

3급II	ノ 夕 久			
久 오랠 **구** ノ부 총 3획	久	久	永	久

- 동) 遠: 멀 원

- 永久 (영구): 어떤 상태가 시간상으로 무한히 이어짐.
  - 예) 그는 한국에 永久 정착하기로 마음먹었다.

4급II	ノ 勹 勹 句 句			
句 글귀 **구** 口부 총 5획	句	句	句	節

- 비) 旬: 열흘 순
- 약) 勾

- 句節 (구절): 한 토막의 말이나 글
  - 예) 형은 유행가의 한 句節을 흥얼거렸다.

5급II	艹 艹 芢 雚 蒦 雚 雚 舊 舊 舊			
舊 예 **구** 臼부 총 18획	舊	舊	舊	面

- 동) 故: 연고 고
- 약) 旧

- 舊面 (구면): 예전부터 알고 있는 처지. 또는 그런 사람
  - 예) 이 사람하고는 舊面이다.

8급	冂 冂 冋 冋 国 国 國 國 國			
國 나라 **국** 口부 총 11획	國	國	國	家

- 약) 国

- 國家 (국가): 일정한 영토와 거기에 사는 사람들로 구성되고, 주권(主權)에 의한 하나의 통치 조직을 가지고 있는 사회 집단
  - 예) 國家 원수는 대통령을 이른다.

4급	ㄱ ㄱ ㅋ 尹 尹 君 君			
君 임금 **군** 口부 총 7획	君	君	君	主

- 반) 民: 백성 민
  - 臣: 신하 신
- 동) 王: 임금 왕

- 君主 (군주): 세습적으로 나라를 다스리는 최고 지위에 있는 사람
  - 예) 세종은 조선 왕조의 기틀을 튼튼히 한 君主였다.

활용 한자 확인하기

日 날 일　　窓 창 창　　請 청할 청　　命 목숨 명　　研 갈 연　　永 길 영　　節 마디 절
面 낯 면　　家 집 가　　主 임금/주인 주

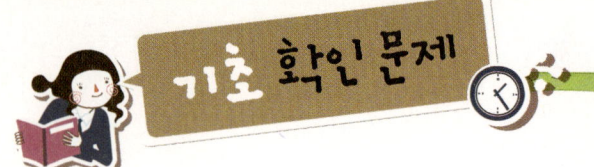

정답 251쪽

[問 01-15] 다음 漢字(한자)의 訓(훈: 뜻)과 音(음: 소리)을 쓰시오.

字 ➡ 글자 자

01 歌 (   )   02 渴 (   )   03 改 (   )
04 擧 (   )   05 景 (   )   06 季 (   )
07 高 (   )   08 交 (   )   09 君 (   )
10 潔 (   )   11 客 (   )   12 課 (   )
13 困 (   )   14 過 (   )   15 救 (   )

[問 16-27] 다음 訓(훈: 뜻)과 音(음: 소리)에 알맞은 漢字(한자)를 쓰시오.

글자 자 ➡ 字

16 가벼울 경 (   )   17 입 구 (   )   18 세울 건 (   )
19 볼 관 (   )   20 나라 국 (   )   21 맺을 결 (   )
22 아름다울 가 (   )   23 학교 교 (   )   24 다리 교 (   )
25 가르칠 교 (   )   26 볼 간 (   )   27 빛 광 (   )

[問 28-39] 다음 漢字語(한자어)의 讀音(독음)을 쓰시오.

漢字 ➡ 한자

28 永久 (   )   29 各種 (   )   30 堅固 (   )
31 減少 (   )   32 句節 (   )   33 皆勤 (   )
34 曲線 (   )   35 許可 (   )   36 官服 (   )
37 經路 (   )   38 居住 (   )   39 報告 (   )

[問 40-44] 다음 밑줄 친 漢字語(한자어)를 漢字(한자)로 쓰시오.

한국 ➡ 韓國

40 그는 돈을 벌기 위해 상경하였다.   (   )
41 유람선을 타기 위해 한강으로 갔다.   (   )
42 여름휴가 때 계곡으로 놀러 가기로 하였다.   (   )
43 불과 몇 년 사이에 물가가 너무 많이 올랐다.   (   )
44 학교의 도서관은 주민들에게도 개방될 예정이다.   (   )

이야기로 익히는 주요 한자어

문화재를 지킨 간송 전형필

일제 강점기는 우리 민족이 가장 크고 아픈 상처를 입은 **時期**였다. **獨**立하기 이전까지 우리 민족은 일본에 의해 탄압당하였고, 우리의 혼과 얼이 담긴 **多數**의 **貴重**한 문화재도 외국으로 반출되었다.

시기, 독립
다수, 귀중

하지만 우리나라의 정통성을 이어가기 위해 문화재 보호에 나선 사람이 있었다. 간송 전형필, 1906년 **首都** 서울에서 태어난 그는 우리 문화를 지켜 낸 조선 최고의 부자였다. 일본 유학 시절 역사와 문화의 중요성을 깨닫게 된 전형필은 일본의 문화재 수탈에 **怒氣**를 품고 본격적인 문화재 수집 **活動**을 하게 된다.

수도

노기, 활동

그의 문화재 수집과 관련한 일화도 많이 있다. 고려청자 중 최고인 '청자상감구름학무늬매병'은 그가 일본인 골동품 상인 마에다 사이치로부터 구입한 것이다. 당시 마에다는 **相對**를 얕보며 2만 원을 불렀다. **國內**에서 좋은 기와집 한 채를 **平均** 1,000원이면 구할 수 있던 시절이었으니 2만 원은 지금의 수백억 원에 이르는 금액이었다. 전형필은 망설이지 않고 2만 원에 청자를 구입하였고, 그 소식을 들은 한 일본인이 4만 원에 청자를 팔라고 **言及**하였으나 거절하였다. 막대한 이익을 낼 수 있는 기회였으나 문화재를 수집하여 **利得**을 챙기기 위한 것이 목적이 아니라 **但只 自己**가 **當然**히 해야 할 의무라고 생각했기 때문이다.

상대, 국내, 평균

언급

이득, 단지, 자기, 당연

훈민정음 해례본을 수집한 일화에서도 전형필의 애국심을 볼 수 있다. 안동에서 훈민정음 해례본이 나왔다는 소식을 들은 전형필은 가격이 어느 정도 되느냐고 거간꾼에게 물었다. 거간꾼이 1,000원이라고 대답하자 훈민정음 해례본을 구하길 **苦待**했던 전형필은 1,000원을 그에게 수고비로 지불하고, 물건 값으로 10,000원을 내놓았다. 이것이 국보 제70호 훈민정음 해례본이다.

고대

이렇게 그는 가치 있는 문화재가 있으면 문화재의 가치에 맞게 값을 지불하며 문화 수탈을 막는 데 **先頭**로 나섰고, 1938년에는 최초의 사립박물관 간송미술관의 예전 이름인 보화각을 설립하기에 이른다. 이후 고려청자만을 수집하던 영국 변호사 존 개츠비가 전형필의 **信念**에 **強烈**한 인상을 받고 수집한 고려청자를 모두 간송에게 넘기는 일도 일어났다.

선두

신념, 강렬

오늘날 우리나라는 일생을 문화재 보존에 바친 전형필 **德分**에 돈으로 환산할 수 없는 막대한 의미의 문화재를 보유할 수 있게 되었다.

덕분

6급	ㄱ ㄱ ㅋ 尹 尹 君 君 君' 郡 郡
郡 고을 군 邑(阝)부 총 10획	郡 郡　　郡民 비 群: 무리 군 동 邑: 고을 읍

- 郡民(군민): 그 군(郡)에 사는 사람
  예 郡民을 위한 체육 대회가 열릴 예정이다.

8급	′ ㄱ ㄱ ㄷ 冖 冒 宣 軍
軍 군사 군 車부 총 9획	軍 軍　　海軍

- 海軍(해군): 주로 바다에서 공격과 방어의 임무를 수행하는 군대
  예 삼촌은 海軍에 복무하고 있다.

3급Ⅱ	ㄱ ㄱ 弓
弓 활 궁 弓부 총 3획	弓 弓　　洋弓

- 洋弓(양궁): 서양식으로 만든 활
  예 洋弓은 올림픽 종목의 하나이다.

4급	′ ㄴ ㅛ ㅛ 乎 失 㒭 卷
卷 책 권 卩(㔾)부 총 8획	卷 卷　　卷頭 비 券: 문서 권

- 卷頭(권두): 책의 첫머리
  예 현우는 책을 사면 卷頭에 실린 머리말을 꼭 읽는다.

4급Ⅱ	扌 扌 ヤ 栌 栌 榷 榷 權 權
權 권세 권 木부 총 22획	權 權　　權力 약 权, 権

- 權力(권력): 남을 복종시키거나 지배할 수 있는 공인된 권리와 힘
  예 그는 왕에 버금가는 權力을 휘둘렀다.

4급	艹 苗 苩 苩 苩 藿 藿 藿 勸 勸
勸 권할 권 力부 총 20획	勸 勸　　勸告 동 奬: 장려할 장 勉: 힘쓸 면 약 劝, 勧

- 勸告(권고): 어떤 일을 하도록 권함. 또는 그런 말
  예 의사의 勸告로 운동을 시작하였다.

5급	口 中 虫 虫 串 書 書 貴 貴
貴 귀할 귀 貝부 총 12획	貴 貴　　貴重 비 責: 꾸짖을 책 반 賤: 천할 천 동 重: 무거울 중

- 貴重(귀중): 귀하고 중요함.
  예 貴重한 물건을 잃어 버렸다.

4급	′ ㄱ ㅓ ㅓ 户 自 追 歸 歸
歸 돌아갈 귀 止부 총 18획	歸 歸　　歸農 동 還: 돌아올 환 약 帰

- 歸農(귀농): 다른 일을 하던 사람이 그 일을 그만두고 농사를 지으려고 농촌으로 돌아감.
  예 매년 歸農 인구가 증가하고 있다.

4급	一 十 土 圹 圴 均 均
均 고를 균 土부 총 7획	均 均　　平均 동 平: 평평할 평 等: 무리 등 調: 고를 조

- 平均(평균): 여러 사물의 질이나 양 따위를 통일적으로 고르게 한 것
  예 그는 하루 平均 5시간을 공부한다.

4급Ⅱ	一 十 才 木 术 栌 栌 杨 極 極
極 다할/극진할 극 木부 총 13획	極 極　　南極 동 窮: 다할 궁 端: 끝 단 盡: 다할 진

- 南極(남극): 지축(地軸)의 남쪽 끝
  예 南極은 얼음으로 덮여 있다.

활용 한자 확인하기

民 백성 민　海 바다 해　洋 큰 바다 양　頭 머리 두　力 힘 력　告 고할 고　重 무거울 중
農 농사 농　平 평평할 평　南 남녘 남

6급	′ ⌒ ⌒ ⌒ ⌒ 斤 斤 近 近
近 가까울 근 辵(辶)부 총 8획	近 近 親近

• 親近(친근): 사귀어 지내는 사이가 아주 가까움.
  예 우리는 親近한 사이이다.

4급	一 艹 艹 芒 甘 甘 堇 堇 勤 勤
勤 부지런할 근 力부 총 13획	勤 勤 勤勉 비 勸: 권할 권 반 慢: 거만할 만 　怠: 게으를 태

• 勤勉(근면): 부지런히 일하며 힘씀.
  예 그의 성공 비결은 勤勉이다.

6급	一 十 才 木 木 杧 杧 村 根 根
根 뿌리 근 木부 총 10획	根 根 根本 동 本: 근본 본

• 根本(근본): 사물의 본질이나 본바탕
  예 그들은 우주선 발사 실패의 根本 원인을 조사 중이다.

8급	′ ㅅ 入 △ 今 全 余 金
金 쇠 금, 성 김 金부 총 8획	金 金 黃金 동 鐵: 쇠 철

• 黃金(황금): 누런빛의 금 / 돈이나 재물
  예 黃金 천 냥이 자식 교육만 못하다.

6급Ⅱ	′ ㅅ ㅅ 今
今 이제 금 人부 총 4획	今 今 今年 비 令: 하여금 령 반 古: 예 고 　昔: 예 석

• 今年(금년): 올해
  예 今年 여름에는 유난히 비가 많이 왔다.

4급Ⅱ	一 十 才 木 木 村 林 埜 埜 禁
禁 금할 금 示부 총 13획	禁 禁 禁煙

• 禁煙(금연): 담배를 피우는 것을 금함.
  예 禁煙 구역이 갈수록 확대되고 있다.

3급Ⅱ	′ 乃 乃 及
及 미칠 급 又부 총 4획	及 及 言及 반 落: 떨어질 락

• 言及(언급): 어떤 문제에 대하여 말함.
  예 그는 이번 사태에 대한 言及을 피했다.

5급	纟 纟 糸 糸 糽 給 給 給
給 줄 급 糸부 총 12획	給 給 給食 동 與: 줄 여

• 給食(급식): 식사를 공급함. 또는 그 식사
  예 정호는 집에서 먹는 음식보다 학교 給食을 더 좋아한다.

6급Ⅱ	′ ⺈ 刍 刍 刍 急 急 急
急 급할 급 心부 총 9획	急 急 火急 반 緩: 느릴 완 동 速: 빠를 속 　迫: 핍박할 박

• 火急(화급): 걷잡을 수 없이 타는 불과 같이 매우 급함.
  예 그녀는 火急을 다투는 일이라며 서둘러 자리를 떠났다.

5급Ⅱ	ㄱ ㄱ 己
己 몸 기 己부 총 3획	己 己 自己 비 巳: 뱀 사 　已: 이미 이 동 身: 몸 신

• 自己(자기): 그 사람 자신
  예 누나는 뭐든지 自己 고집대로 한다.

| 親 친할 친 | 勉 힘쓸 면 | 本 근본 본 | 黃 누를 황 | 年 해 년 | 煙 연기 연 | 言 말씀 언 |
| 食 밥/먹을 식 | 火 불 화 | 自 스스로 자 | | | | |

4급Ⅱ	一 十 土 キ キ 丰 走 走 起 起
起 일어날 기 走부 총 10획	起 起　起 立 반 結: 맺을 결　伏: 엎드릴 복 동 立: 설립

- 起立(기립): 일어서서 섬.
  예 그 강사는 起立 박수를 받았다.

3급Ⅱ	一 十 卄 廿 甘 苴 其 其
其 그 기 八부 총 8획	其 其　各 其 비 期: 기약할 기

- 各其(각기): 저마다의 사람이나 사물
  예 학생들은 방과 후 各其 집으로 돌아갔다.

5급	一 卄 甘 甘 其 其 其 期 期 期
期 기약할 기 月부 총 12획	期 期　時 期

- 時期(시기): 어떤 일이나 현상이 진행되는 시점
  예 지금은 오곡백과가 무르익는 時期이다.

5급Ⅱ	一 卄 甘 甘 其 其 其 基 基
基 터 기 土부 총 11획	基 基　基 地

- 基地(기지): 군대, 탐험대 따위의 활동의 기점이 되는 근거지
  예 대원들은 무사히 基地로 귀환하였다.

7급Ⅱ	ノ ㄥ 气 气 气 氛 氛 氣 氣
氣 기운 기 气부 총 10획	氣 氣　空 氣 약 気

- 空氣(공기): 지구를 둘러싼 대기의 하층부를 구성하는 무색, 무취의 투명한 기체
  예 타이어에 空氣를 주입하였다.

5급	一 十 扌 扌 扌 抄 技
技 재주 기 手(扌)부 총 7획	技 技　特 技 동 術: 재주 술　藝: 재주 예

- 特技(특기): 남이 가지지 못한 특별한 기술이나 기능
  예 어떤 特技가 있으신가요?

3급	ノ ㄠ ㄠ 幺 絲 絲 絲 幾 幾 幾
幾 몇 기 幺부 총 12획	幾 幾　幾 年 비 機: 틀 기　畿: 경기 기

- 幾年(기년): 몇 해
  예 초등학교를 졸업한 지 幾年이 흘렀다.

3급	ノ ㄱ ㅓ 白 白 皀 皀 旣 旣
旣 이미 기 无부 총 11획	旣 旣　旣 存 약 既

- 旣存(기존): 이미 존재함.
  예 신제품은 旣存 제품과 차이가 거의 없었다.

7급Ⅱ	ㆍ 亠 ㅜ 言 言 言 記 記 記
記 기록할 기 言부 총 10획	記 記　傳 記 동 錄: 기록할 록

- 傳記(전기): 한 사람의 일생 동안의 행적을 적은 기록
  예 이순신 장군의 傳記를 읽고 있다.

5급	一 十 士 吉 吉 吉
吉 길할 길 口부 총 6획	吉 吉　吉 鳥 반 凶: 흉할 흉

- 吉鳥(길조): 좋은 일이 생길 것을 미리 알려 주는 새
  예 한국에서는 까치를 吉鳥로 여긴다.

활용 한자 확인하기

立 설립　各 각각 각　時 때 시　地 땅 지　空 빌 공　特 특별할 특　年 해 년
存 있을 존　傳 전할 전　鳥 새 조

4급II	日 日' 日' 日' 日' 旷 旷 晓 暖
暖 따뜻할 **난** 日부 총 13획	暖 暖 溫暖 반 寒: 찰 한 동 溫: 따뜻할 온

- 溫暖(온난): 날씨가 따뜻함.
  예 이곳은 겨울철에도 비교적 溫暖하다.

4급II	艹 苗 苗 莫 莫 葟 難 難 難
難 어려울 **난** 佳부 총 19획	難 難 難民 반 易: 쉬울 이 동 苦: 쓸 고

- 難民(난민): 전쟁이나 재난 따위를 당하여 곤경에 빠진 백성
  예 유엔이 難民 구조에 나섰다.

8급	一 十 卄 内 内 内 両 南 南
南 남녘 **남** 十부 총 9획	南 南 南北 반 北: 북녘 북

- 南北(남북): 남쪽과 북쪽
  예 南北으로 뻗은 다리를 건넜다.

7급II	丨 口 日 田 田 男 男
男 사내 **남** 田부 총 7획	男 男 男性 반 女: 계집 녀

- 男性(남성): 성(性)의 측면에서 남자를 이르는 말
  예 40대 男性이 범인으로 지목되었다.

7급II	丨 冂 内 内
內 안 **내** 入부 총 4획	內 內 國內 반 外: 바깥 외

- 國內(국내): 나라의 안
  예 그는 國內 최고의 의사이다.

3급	丿 乃
乃 이에 **내** 丿부 총 2획	乃 乃 乃至 비 及: 미칠 급

- 乃至(내지): '얼마에서 얼마까지'의 뜻을 나타내는 말
  예 이 부서에는 세 명 乃至 네 명의 인원이 더 필요하다.

8급	𡿨 夊 女
女 계집 **녀** 女부 총 3획	女 女 母女 반 男: 사내 남 동 娘: 계집 낭

- 母女(모녀): 어머니와 딸
  예 母女는 서로를 부둥켜안고 울었다.

8급	丿 𠂉 누 수 年 年
年 해 **년** 干부 총 6획	年 年 每年 동 歲: 해 세

- 每年(매년): 한 해 한 해 / 해마다
  예 그 축제는 每年 봄에 열린다.

5급II	丿 人 스 今 今 念 念 念
念 생각 **념** 心부 총 8획	念 念 信念 동 想: 생각 상 慮: 생각할 려

- 信念(신념): 굳게 믿는 마음
  예 그는 굳은 信念을 지닌 사람이다.

4급II	𡿨 夊 女 如 奴 奴 怒 怒 怒
怒 성낼 **노** 心부 총 9획	怒 怒 怒氣

- 怒氣(노기): 성난 얼굴빛. 또는 그런 기색이나 기세
  예 아버지의 목소리에는 怒氣가 서려 있었다.

활용 한자 확인하기

溫 따뜻할 온　　民 백성 민　　北 북녘 북　　性 성품 성　　國 나라 국　　至 이를 지　　母 어미 모
每 매양 매　　信 믿을 신　　氣 기운 기

農 (농사 농) — 7급Ⅱ, 辰부, 총 13획
筆順: 冂 曲 曲 曲 芦 芦 農 農 農
- **農業**(농업): 땅을 이용하여 인간 생활에 필요한 식물을 가꾸거나, 유용한 동물을 기르거나 하는 산업
  예) 이 마을 주민의 대부분은 農業에 종사하고 있다.
- 동) 耕: 밭 갈 경

能 (능할 능) — 5급Ⅱ, 肉(月)부, 총 10획
筆順: 厶 夕 台 台 台 育 能 能 能
- **能力**(능력): 일을 감당해 낼 수 있는 힘
  예) 그녀는 회사에서 能力을 인정받고 있다.

多 (많을 다) — 6급, 夕부, 총 6획
筆順: ク 夕 夕 多 多
- **多數**(다수): 수효가 많음.
  예) 지원자 중에는 고학력자가 多數 포함되어 있었다.
- 반) 少: 적을 소 / 寡: 적을 과

丹 (붉을 단) — 3급Ⅱ, ﹑부, 총 4획
筆順: 丿 刀 月 丹
- **丹青**(단청): 옛날식 집의 벽, 기둥, 천장 따위에 여러 가지 빛깔로 그림이나 무늬를 그림.
  예) 그는 사찰의 丹青에 대해 연구 중이다.
- 비) 舟: 배 주

但 (다만 단) — 3급Ⅱ, 人(亻)부, 총 7획
筆順: 亻 亻 亻 佢 佢 但 但
- **但只**(단지): 다만
  예) 이건 但只 짐작일 뿐이다.

單 (홑 단) — 4급Ⅱ, 口부, 총 12획
筆順: 口 口口 罒 罒 罒 單 單
- **單獨**(단독): 단 한 사람 / 단 하나
  예) 나는 單獨 주택에 살고 있다.
- 반) 複: 겹칠 복
- 동) 獨: 홀로 독
- 약) 単

短 (짧을 단) — 6급Ⅱ, 矢부, 총 12획
筆順: 丿 ㇀ 二 午 矢 矢 短 短 短 短
- **短身**(단신): 작은 키의 몸
  예) 그는 短身이지만 뛰어난 배구 선수이다.
- 반) 長: 긴 장

端 (끝 단) — 4급Ⅱ, 立부, 총 14획
筆順: 丶 亠 立 立 站 站 站 端 端
- **末端**(말단): 맨 끄트머리 / 조직에서 제일 아랫자리에 해당하는 부분
  예) 삼촌은 법률 회사의 末端 직원으로 일하게 되었다.
- 동) 末: 끝 말

達 (통달할 달) — 4급Ⅱ, 辵(辶)부, 총 13획
筆順: 土 圥 圥 幸 幸 幸 達 達 達
- **達成**(달성): 목적한 것을 이룸.
  예) 목표 達成을 위해 노력하고 있다.
- 동) 成: 이룰 성 / 通: 통할 통

談 (말씀 담) — 5급, 言부, 총 15획
筆順: 丶 二 言 言 言 訁 訁 談 談
- **德談**(덕담): 남이 잘되기를 비는 말
  예) 설날에는 德談을 주고받는다.
- 동) 話: 말씀 화 / 言: 말씀 언 / 說: 말씀 설

활용 한자 확인하기

業 업 업 | 力 힘 력 | 數 셈 수 | 青 푸를 청 | 只 다만 지 | 獨 홀로 독 | 身 몸 신
末 끝 말 | 成 이룰 성 | 德 큰 덕

7급II 答 대답 답 竹(⺮)부 총 12획	ノ 人 ゲ ゲ ゲ 从 ダ ダ 交 答 答 答 / 答 / 答 / 正答		6급II 堂 집 당 土부 총 11획	丨 ⺌ ⺌ 兴 兴 尚 尚 堂 堂 堂 堂 / 堂 / 堂 / 書堂
	반 問: 물을 문			동 室: 집 실

- 正答(정답): 옳은 답
  예 문제를 끝까지 읽고 正答을 썼다.

- 書堂(서당): 예전에, 한문을 사사로이 가르치던 곳
  예 書堂 개 삼 년에 풍월을 한다.

5급II 當 마땅 당 田부 총 13획	丨 ⺌ ⺌ 尚 尚 常 常 常 當 當 / 當 / 當 / 當然		8급 大 큰 대 大부 총 3획	一 ナ 大 / 大 / 大 / 大門
	반 落: 떨어질 락 否: 아닐 부 약 当			반 小: 작을 소 동 巨: 클 거

- 當然(당연): 일의 앞뒤 사정을 놓고 볼 때 마땅히 그러함. 또는 그런 일
  예 부모를 공경하는 것은 當然한 일이다.

- 大門(대문): 큰 문. 주로, 한 집의 주가 되는 출입문을 이름.
  예 그는 大門을 열고 밖으로 나갔다.

6급II 代 대신 대 人(亻)부 총 5획	ノ 亻 仁 代 代 / 代 / 代 / 代表		6급 待 기다릴 대 彳부 총 9획	ノ ク 彳 彳 彳 彳 待 待 待 / 待 / 待 / 苦待
				비 侍: 모실 시

- 代表(대표): 전체의 상태나 성질을 어느 하나로 잘 나타냄. 또는 그런 것
  예 김치는 한국을 代表하는 음식이다.

- 苦待(고대): 몹시 기다림.
  예 우리들은 소풍날만을 苦待하고 있다.

6급II 對 대할 대 寸부 총 14획	丨 ⺌ 业 业 业 业 业 對 對 / 對 / 對 / 相對		5급II 德 큰 덕 彳부 총 15획	彳 彳 彳 彳 彳 德 德 德 德 / 德 / 德 / 德分
	약 对			약 徳

- 相對(상대): 서로 마주 대함. 또는 그런 대상
  예 형은 내게 좋은 의논 相對이다.

- 德分(덕분): 베풀어 준 은혜나 도움
  예 德分에 정말 즐거웠습니다.

3급II 刀 칼 도 刀부 총 2획	フ 刀 / 刀 / 刀 / 果刀		5급II 到 이를 도 刀(刂)부 총 8획	一 ェ 云 至 至 到 到 / 到 / 到 / 到達
				비 倒: 넘어질 도 동 着: 붙을 착 達: 통달할 달

- 果刀(과도): 과일을 깎는 작은 칼
  예 과일을 깎기 위해 果刀를 찾았다.

- 到達(도달): 목적한 곳이나 수준에 다다름.
  예 정상에 到達하기까지 3일이 걸렸다.

활용 한자 확인하기

正 바를 정　　書 글 서　　然 그럴 연　　門 문 문　　表 겉 표　　苦 쓸 고　　相 서로 상
分 나눌 분　　果 실과 과　　達 통달할 달

중학교 교육용 기초 한자 900자 **31**

度
6급 ` ㅏ 广 广 庐 庐 度 度 度
법도 도,
헤아릴 탁
广부
총 9획

度　度　　　角度

🔵 비 席 : 자리 석

- 角度(각도): 한 점에서 갈리어 나간 두 직선의 벌어진 정도
  예) 그 투수는 角度 큰 변화구를 잘 던진다.

道
7급Ⅱ ` ㅛ 꼭 产 芦 首 首 道 道 道
길 도
辵(辶)부
총 13획

道　道　　　道路

🔵 동 路 : 길 로
理 : 다스릴 리
途 : 길 도

- 道路(도로): 사람, 차 따위가 잘 다닐 수 있도록 만들어 놓은 비교적 넓은 길
  예) 교통사고로 道路가 막혔다.

島
5급 ` ㅓ ㅏ 卢 自 皀 鳥 島 島 島
섬 도
山부
총 10획

島　島　　　半島

🔵 비 鳥 : 새 조

- 半島(반도): 삼면이 바다로 둘러싸이고 한 면은 육지에 이어진 땅
  예) 우리나라는 半島 국가이다.

徒
4급 ` ㅓ 彳 彳 彳 샀 往 徒 徒
무리 도
彳부
총 10획

徒　徒　　　信徒

🔵 동 黨 : 무리 당
輩 : 무리 배

- 信徒(신도): 어떤 일정한 종교를 믿는 사람
  예) 그녀는 독실한 기독교 信徒이다.

都
5급 土 耂 耂 耂 者 者 者 都 都
도읍 도
邑(阝)부
총 12획

都　都　　　首都

🔵 동 市 : 저자 시
邑 : 고을 읍
京 : 서울 경

- 首都(수도): 한 나라의 중앙 정부가 있는 도시
  예) 파리는 프랑스의 首都이다.

圖
6급Ⅱ 丨 冂 冂 冂 冂 冏 圖 圖 圖 圖
그림 도
口부
총 14획

圖　圖　　　圖形

🔵 동 畫 : 그림 화
🔴 약 図

- 圖形(도형): 점, 선, 면, 체 또는 그것들의 집합을 통틀어 이르는 말
  예) 이 圖形은 두 개의 직선과 한 개의 원으로 이루어져 있다.

讀
6급Ⅱ 言 計 詰 詰 詰 讀 讀 讀 讀
읽을 독
言부
총 22획

讀　讀　　　精讀

🔴 약 読

- 精讀(정독): 뜻을 새겨 가며 자세히 읽음.
  예) 나는 매일 아침 신문을 精讀한다.

獨
5급Ⅱ 犭 犭 犭 犳 犳 犳 獨 獨 獨 獨
홀로 독
犬(犭)부
총 16획

獨　獨　　　獨立

🔵 동 孤 : 외로울 고
🔴 약 独

- 獨立(독립): 다른 것에 예속하거나 의존하지 아니하는 상태로 됨.
  예) 그는 학교를 졸업하면 집에서 獨立할 계획이다.

同
7급 丨 冂 冂 同 同 同
한가지 동
口부
총 6획

同　同　　　同感

🔵 반 異 : 다를 이
🔵 동 一 : 한 일
等 : 무리 등

- 同感(동감): 어떤 견해나 의견에 같은 생각을 가짐. 또는 그 생각
  예) 당신의 의견에 同感입니다.

洞
7급 ` ㅛ 冫 冫 洌 洞 洞 洞 洞
골 동, 밝을 통
水(氵)부
총 9획

洞　洞　　　洞里

🔵 동 里 : 마을 리

- 洞里(동리): 마을
  예) 그는 洞里에서 제일가는 부자이다.

활용한자 확인하기

角 뿔 각　　路 길 로　　半 반 반　　信 믿을 신　　首 머리 수　　形 모양 형　　精 정할 정
立 설 립　　感 느낄 감　　里 마을 리

6급II	丶 亠 立 产 音 音 音 童 童
童 아이 동 立부 총 12획	童 童 童 詩 비 重: 무거울 중

- 童詩(동시): 주로 어린이를 독자로 예상하고 어린이의 정서를 읊은 시
  예 가을을 주제로 童詩를 지었다.

7급	丿 ク 冬 冬 冬
冬 겨울 동 冫부 총 5획	冬 冬 冬 至

- 冬至(동지): 이십사절기의 하나. 12월 22일이나 23일경이다.
  예 冬至 때는 일 년 중 밤의 길이가 가장 길다.

8급	一 ㄱ 冂 冃 日 車 東 東
東 동녘 동 木부 총 8획	東 東 東 方 반 西: 서녘 서

- 東方(동방): 동쪽 / 동쪽 지방
  예 창밖을 보니 東方에서 해가 떠오르고 있었다.

7급II	一 ㄱ 一 一 一 一 一 重 重 動 動
動 움직일 동 力부 총 11획	動 動 活 動 반 止: 그칠 지 靜: 고요할 정

- 活動(활동): 몸을 움직여 행동함.
  예 야외에서 活動하기에 좋은 날씨이다.

4급II	丶 二 三 斗
斗 말 두 斗부 총 4획	斗 斗 泰 斗

- 泰斗(태두): 어떤 분야에서 가장 권위가 있는 사람을 비유적으로 이르는 말
  예 그는 한국 의학계의 泰斗이다.

4급II	一 ㄱ 一 戸 戸 豆 豆
豆 콩 두 豆부 총 7획	豆 豆 綠 豆

- 綠豆(녹두): 콩과의 한해살이풀. 밭에 재배하는데 한국, 일본, 중국 등지에서 분포함.
  예 빈대떡은 綠豆부침개라고도 한다.

6급	一 ㄱ 戸 豆 豆 豆 豆 豆 豆 頭 頭
頭 머리 두 頁부 총 16획	頭 頭 先 頭 반 尾: 꼬리 미 동 首: 머리 수

- 先頭(선두): 대열이나 행렬, 활동 따위에서 맨 앞
  예 先頭 타자가 안타를 쳤다.

4급II	丿 彳 彳 彳 彳 彳 得 得 得
得 얻을 득 彳부 총 11획	得 得 利 得 반 失: 잃을 실 喪: 잃을 상

- 利得(이득): 이익을 얻음. 또는 그 이익
  예 이번 일로 나는 많은 利得을 보았다.

6급II	丿 ㄱ ⺮ ⺮ ⺮ 竺 笁 笁 等 等
等 무리 등 竹(⺮)부 총 12획	等 等 均 等 동 級: 등급 급 類: 무리 류

- 均等(균등): 고르고 가지런하여 차별이 없음.
  예 그들은 이익금을 均等하게 분배하였다.

7급	丿 ㄱ 癶 癶 癶 戏 戏 登 登 登 登
登 오를 등 癶부 총 12획	登 登 登 山 반 落: 떨어질 락 降: 내릴 강

- 登山(등산): 운동, 놀이, 탐험 따위의 목적으로 산에 오름.
  예 나는 주말마다 登山을 즐긴다.

활용 한자 확인하기

詩 시 시 　 至 이를 지 　 方 모 방 　 活 살 활 　 泰 클 태 　 綠 푸를 록 　 先 먼저 선
利 이할 리 　 均 고를 균 　 山 메 산

4급II 燈 등 등 火부 총 16획	` ` ` ` ` ` ` ` ` 燈	燈	燈	電燈 약 灯

- 電燈(전등): 전기의 힘으로 밝은 빛을 내는 등
  예) 민준이는 공부를 하다가 電燈을 켜 놓은 채 잠이 들었다.

5급 落 떨어질 락 艸(艹)부 총 13획	` ` ` ` ` ` ` ` ` 落	落	落	下落 반 當: 마땅당

- 下落(하락): 값이나 등급 따위가 떨어짐.
  예) 땅값이 큰 폭으로 下落하였다.

6급II 樂 즐길 락, 노래 악 木부 총 15획	` ` ` ` ` ` ` ` ` 樂	樂	樂	樂園 반 苦: 쓸고 약 楽

- 樂園(낙원): 아무런 괴로움이나 고통이 없이 안락하게 살 수 있는 즐거운 곳
  예) 그 섬은 새들의 樂園이다.

4급 卵 알 란 卩부 총 7획	` ` ` ` ` ` ` 卵	卵	卵	産卵 비 卯: 토끼묘

- 産卵(산란): 알을 낳음.
  예) 연어는 産卵을 위해 강을 거슬러 올라간다.

3급II 浪 물결 랑 水(氵)부 총 10획	` ` ` ` ` ` ` ` ` 浪	浪	浪	風浪

- 風浪(풍랑): 해상에서 바람이 강하게 불어 일어나는 물결
  예) 선원들은 예상치 못한 거센 風浪을 만났다.

3급II 郎 사내 랑 邑(阝)부 총 10획	` ` ` ` ` ` ` ` ` 郎	郎	郎	新郎 비 朗: 밝을랑

- 新郎(신랑): 갓 결혼하였거나 결혼하는 남자
  예) 그녀의 新郎은 가정적이다.

7급 來 올 래 人부 총 8획	` ` ` ` ` ` 來	來	來	在來 반 去: 갈거 약 来

- 在來(재래): 예전부터 있어 전하여 내려옴.
  예) 어머니는 주로 在來시장에서 장을 보신다.

5급 冷 찰 랭 冫부 총 7획	` ` ` ` ` ` ` 冷	冷	冷	冷水 반 熱: 더울 열 暖: 따뜻할 난 동 寒: 찰한

- 冷水(냉수): 찬물
  예) 그는 목이 말라 冷水를 들이켰다.

5급II 良 어질 량 艮부 총 7획	` ` ` ` ` ` 良	良	良	善良 반 否: 아닐 부 동 善: 착할 선 好: 좋을 호

- 善良(선량): 행실이나 성질이 착함.
  예) 형은 법 없이도 살 善良한 사람이다.

4급II 雨 두 량 入부 총 8획	` ` ` ` ` ` ` 雨	雨	雨	雨極 약 両

- 雨極(양극): 북극과 남극
  예) 그는 지구의 雨極을 정복한 탐험가이다.

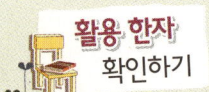
활용 한자 확인하기

電 번개 전　　下 아래 하　　園 동산 원　　産 낳을 산　　風 바람 풍　　新 새 신　　在 있을 재
水 물 수　　善 착할 선　　極 다할/극진할 극

量 (5급)
口日旦旦昌昌昌昌量量
- **量** 헤아릴 량 / 里부 / 총 12획
- 예시: 量量 少量
- 少量(소량): 적은 분량
  - 예 少量의 소금을 고기 위에 뿌렸다.

涼 (3급II)
丶丶氵氵汙汙沪沪涼涼
- **涼** 서늘할 량 / 水(氵)부 / 총 11획
- 예시: 涼涼 清涼
- 약: 涼
- 清涼(청량): 맑고 서늘함.
  - 예 清涼한 가을 하늘을 사진에 담았다.

旅 (5급II)
丶一ㅗ方方方扩方产旅旅
- **旅** 나그네 려 / 方부 / 총 10획
- 예시: 旅旅 旅行
- 비 族: 겨레 족
- 동 客: 손 객
- 旅行(여행): 일이나 유람을 목적으로 다른 고장이나 외국에 가는 일
  - 예 나는 기차 旅行을 좋아한다.

力 (7급II)
丁力
- **力** 힘 력 / 力부 / 총 2획
- 예시: 力力 強力
- 強力(강력): 힘이나 영향이 강함.
  - 예 어젯밤에 強力한 지진이 발생하였다.

歷 (5급II)
厂厂厂厂厅厣厣歷歷
- **歷** 지날 력 / 止부 / 총 16획
- 예시: 歷歷 經歷
- 經歷(경력): 겪어 지내 온 여러 가지 일
  - 예 그녀는 이력서에 經歷을 기재하였다.

連 (4급II)
一丆丆百亘車車連連連
- **連** 이을 련 / 辵(辶)부 / 총 11획
- 예시: 連連 連結
- 동 續: 이을 속
- 連結(연결): 사물과 사물 또는 현상과 현상이 서로 이어지거나 관계를 맺음.
  - 예 두 섬은 다리로 連結되어 있다.

練 (5급II)
ㄴ幺幺糸糸糸紅紳練練
- **練** 익힐 련 / 糸부 / 총 15획
- 예시: 練練 練習
- 약: 練
- 練習(연습): 학문이나 기예 따위를 익숙하도록 되풀이하여 익힘.
  - 예 윤희는 하루에 1시간씩 피아노 練習을 한다.

列 (4급II)
一丆丆歹列列
- **列** 벌일 렬 / 刀(刂)부 / 총 6획
- 예시: 列列 一列
- 一列(일렬): 하나로 벌인 줄
  - 예 화분들을 一列로 세워 놓았다.

烈 (4급)
一丆丆歹列列列烈烈烈
- **烈** 매울 렬 / 火(灬)부 / 총 10획
- 예시: 烈烈 強烈
- 強烈(강렬): 강하고 세참.
  - 예 이 곡은 리듬이 強烈하다.

令 (5급)
丿人人今令
- **令** 하여금 령 / 人부 / 총 5획
- 예시: 令令 口令
- 口令(구령): 여러 사람이 일정한 동작을 일제히 취하도록 하기 위하여 지휘자가 말로 내리는 간단한 명령
  - 예 사병들은 장교의 口令에 따라 움직였다.

활용 한자 확인하기

- 少 적을 소
- 一 한 일
- 清 맑을 청
- 口 입 구
- 行 다닐 행
- 強 강할 강
- 經 지날 경
- 結 맺을 결
- 習 익힐 습

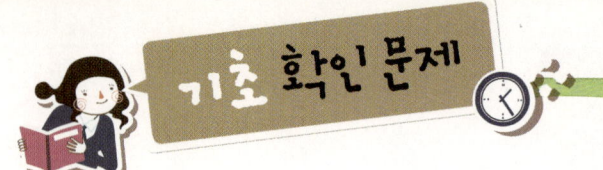

[問 01-15] 다음 漢字(한자)의 訓(훈: 뜻)과 音(음: 소리)을 쓰시오.

字 ➡ 글자 자

01 郡 (   )   02 來 (   )   03 令 (   )
04 農 (   )   05 量 (   )   06 東 (   )
07 卵 (   )   08 德 (   )   09 豆 (   )
10 近 (   )   11 島 (   )   12 念 (   )
13 給 (   )   14 記 (   )   15 暖 (   )

[問 16-27] 다음 訓(훈: 뜻)과 音(음: 소리)에 알맞은 漢字(한자)를 쓰시오.

글자 자 ➡ 字

16 붉을 단 (   )   17 집 당 (   )   18 힘 력 (   )
19 귀할 귀 (   )   20 홀로 독 (   )   21 사내 남 (   )
22 터 기 (   )   23 등등 (   )   24 오를 등 (   )
25 짧을 단 (   )   26 어질 량 (   )   27 책 권 (   )

[問 28-39] 다음 漢字語(한자어)의 讀音(독음)을 쓰시오.

漢字 ➡ 한자

28 海軍 (   )   29 代表 (   )   30 起立 (   )
31 末端 (   )   32 黃金 (   )   33 南極 (   )
34 乃至 (   )   35 首都 (   )   36 角度 (   )
37 連結 (   )   38 利得 (   )   39 洞里 (   )

[問 40-44] 다음 밑줄 친 漢字語(한자어)를 漢字(한자)로 쓰시오.

한국 ➡ 韓國

40 외국어 학습은 부단한 연습이 필요하다.   (   )
41 자식이 부모에게 효도하는 것은 당연하다.   (   )
42 공기는 동식물의 호흡에 필수적인 기체이다.   (   )
43 그는 한 달에 평균 5대의 자동차를 판매한다.   (   )
44 사장은 신입 사원들의 업무 처리 능력을 시험해 보았다. (   )

이야기로 익히는 주요 한자어

화약 발명가, 최무선

　최무선은 한국 역사상 최초로 화약을 발명하고, 이를 이용한 무기를 만들어 왜구를 물리친 위대한 과학자이자 무인이었다. 그가 어린 시절을 보낸 시기의 고려 왕조는 매우 불안정하고 **絶望**적인 상태였다. 지배층은 자신들의 **利益**을 위해 권력 싸움에만 몰두했고 백성들의 고통은 안중에도 없었다. 게다가 왜구가 빈번히 남쪽 지방에 출몰하여 **住民**들에게 많은 피해를 주었다. 최무선은 당시 한창 기승을 부리던 왜구를 무찌르는 데는 화약을 사용하는 것이 가장 좋은 방법이라고 여겨 그 제조법 연구에 주야로 몰두하였다. <!-- 절망, 이익 / 주민 -->

　최무선이 화약을 만드는 일에 대해 당시 사람들은 **反論**이 심했다. 중국에서 수입해 쓰면 된다고 생각하여 국산으로 생산할 필요성을 느끼지 못했던 것이다. 하지만 최무선은 일찍이 화약의 중요성을 간파하고 있었기 때문에 사람들에게 화약을 만들고 화약을 이용한 무기도 개발하여 왜구 소탕에 사용하자고 설득하였다. <!-- 반론 -->

　최무선은 항상 중국에서 오는 상인이 있으면 곧장 달려가 **訪問**하여 화약 만드는 법을 물었고, 마침내 그는 **百方**으로 노력하여 화약 제조 기술을 습득하게 되었다. 최무선이 화약 제조에 성공했다는 명성이 **所聞**나면서 관료들의 심한 **反對**에도 불구하고 최무선의 건의로 화통도감이 **設立**되었다. 화통도감에서 병기 제작 **業務**를 맡은 최무선은 곧장 화포 제작에 착수하였다. 그는 화약 제조에만 **滿足**하지 않고 이를 이용하여 보다 **發展**된 다양한 화포들을 만들어 사람들을 놀라게 하였다. <!-- 방문 / 백방 / 소문, 반대 / 설립, 업무 / 만족 / 발전 -->

　화약 무기 제조의 위력이 **明白**히 입증되는 데는 오랜 시간이 걸리지 않았다. 1380년 진포에 왜구가 침략하여 **陸地**에서 **武力**으로 노략질을 벌이자 화포를 이용하여 고려 군대가 대승을 거두었던 것이다. 실제로 500여 척에 달했던 왜선은 거의 모두 불탔고, 배에 타고 있던 2만여 명 정도 되는 왜의 **兵士**들도 거의 **死亡**한 것으로 알려졌다. 화약 무기가 고려 수군에 커다란 **變革**을 가져온 것이다. <!-- 명백 / 육지, 무력 / 병사, 사망 / 변혁 -->

　최무선이 발명한 화약과 무기는 다행히 사라지지 않고 그의 아들을 통해 조선왕조의 중요한 국방 기술로 전수되었다. 임진왜란 때 육지에서는 조총을 앞세운 왜군이 조선 군대를 압도했지만, 해전에서는 조선의 수군이 일본보다 **莫強**했던 것도 모두 최무선의 화약 무기 덕분이었다. 최무선은 '화약수련법'·'화포법'을 저술했다고 전해지나 현재 **保存**되어 있지는 않다. <!-- 막강 / 보존 -->

領 (5급)
거느릴 령
頁부
총 14획
필순: 领領領領領領領領領領領領領領
쓰기: 領 領 領土
- 동 統: 거느릴 통
- 率: 거느릴 솔

• 領土(영토): 국제법에서, 국가의 통치권이 미치는 구역
  예) 그 섬은 미국의 領土이다.

例 (6급)
법식 례
人(亻)부
총 8획
필순: 例例例例例例例例
쓰기: 例 例 例文
- 동 式: 법식
- 規: 법 규
- 法: 법 법

• 例文(예문): 설명을 위한 본보기나 용례가 되는 문장
  예) 이 사전은 例文과 삽화가 풍부하다.

禮 (6급)
예도 례
示부
총 18획
쓰기: 禮 禮 禮式
- 약 礼

• 禮式(예식): 예법에 따라 치르는 의식 / 결혼식
  예) 사회자의 인사로 禮式이 시작되었다.

路 (6급)
길 로
足(⻊)부
총 13획
쓰기: 路 路 通路

• 通路(통로): 통하여 다니는 길
  예) 낯선 남자가 通路를 막고 서 있다.

露 (3급Ⅱ)
이슬 로
雨부
총 21획
쓰기: 露 露 結露

• 結露(결로): 물건의 표면에 작은 물방울이 서려 붙음.
  예) 곰팡이를 방지하기 위해 結露 방지 벽지를 구입하였다.

老 (7급)
늙을 로
老부
총 6획
쓰기: 老 老 元老
- 반 少: 적을 소
- 童: 아이 동
- 幼: 어릴 유

• 元老(원로): 한 가지 일에 오래 종사하여 경험과 공로가 많은 사람
  예) 그는 정계 元老들의 신임을 얻게 되었다.

勞 (5급Ⅱ)
일할 로
力부
총 12획
쓰기: 勞 勞 過勞
- 반 使: 하여금/부릴 사
- 동 務: 힘쓸 무
- 약 労

• 過勞(과로): 몸이 고달플 정도로 지나치게 일함. 또는 그로 말미암은 지나친 피로
  예) 그는 過勞로 몸져누웠다.

綠 (6급)
푸를 록
糸부
총 14획
쓰기: 綠 綠 新綠
- 비 錄: 기록할 록
- 祿: 녹 록
- 동 靑: 푸를 청

• 新綠(신록): 늦봄이나 초여름에 새로 나온 잎의 푸른빛
  예) 봄은 대지를 新綠으로 뒤덮는다.

論 (4급Ⅱ)
논할 론
言부
총 15획
쓰기: 論 論 反論
- 동 議: 의논할 의

• 反論(반론): 남의 논설이나 비난, 논평 따위에 대하여 반박함. 또는 그런 논설
  예) 그의 주장은 反論에 부딪쳤다.

料 (5급)
헤아릴 료
斗부
총 10획
쓰기: 料 料 料金
- 비 科: 과목 과
- 동 度: 헤아릴 탁
- 量: 헤아릴 량

• 料金(요금): 남의 힘을 빌리거나 사물을 사용·소비·관람한 대가로 치르는 돈
  예) 지하철 料金이 인상되었다.

활용 한자 확인하기

土 흙 토　　文 글월 문　　式 법 식　　通 통할 통　　結 맺을 결　　元 으뜸 원　　過 지날 과
新 새 신　　反 돌이킬 반　　金 쇠 금

柳 (4급)
一十才木木朳柳柳柳
柳柳 / 細柳
- 버들 **류**
- 木부
- 총 9획

• 細柳(세류): 가늘고 연연한 사물이나 사람을 비유적으로 이르는 말
  예) 그녀의 허리는 細柳같이 가늘다.

留 (4급 II)
丶丶卬卯留留留留
留留 / 保留
- 머무를 **류**
- 田부
- 총 10획
- 반 去: 갈 거
- 동 住: 살 주

• 保留(보류): 어떤 일을 당장 처리하지 아니하고 나중으로 미루어 둠.
  예) 우리는 결정을 保留하였다.

流 (5급 II)
丶丶氵汁汁汁泸涼流
流流 / 流速
- 흐를 **류**
- 水(氵)부
- 총 10획
- 동 浪: 물결 랑

• 流速(유속): 물이 흐르는 속도
  예) 이곳은 상류 지역이라 流速이 빠른 편이다.

六 (8급)
丶一六六
六六 / 六角
- 여섯 **륙**
- 八부
- 총 4획

• 六角(육각): 여섯 개의 직선에 싸인 평면
  예) 정비를 위해 六角 렌치를 구입하였다.

陸 (5급 II)
丶阝阝阝陸陸陸陸陸
陸陸 / 陸地
- 뭍 **륙**
- 阜(阝)부
- 총 11획
- 반 海: 바다 해
- 동 地: 땅 지

• 陸地(육지): 땅
  예) 우리가 탄 배는 陸地에 다다랐다.

倫 (3급 II)
ノ亻亻仁价价伶倫倫倫
倫倫 / 倫理
- 인륜 **륜**
- 人(亻)부
- 총 10획

• 倫理(윤리): 사람으로서 마땅히 행하거나 지켜야 할 도리
  예) 그것은 倫理에 어긋나는 행위이다.

律 (4급 II)
ノノ彳彳彳律律律
律律 / 法律
- 법칙 **률**
- 彳부
- 총 9획
- 동 法: 법 법

• 法律(법률): 국가의 강제력을 수반하는 사회 규범
  예) 그녀는 대학에서 법학을 전공하여 法律에 밝다.

李 (6급)
一十才木李李李
李李 / 李花
- 오얏/성 **리**
- 木부
- 총 7획
- 비 季: 계절 계

• 李花(이화): 자두나무의 꽃
  예) 李花는 4월에 잎보다 먼저 핀다.

里 (7급)
丶口曰日旦里里
里里 / 里長
- 마을 **리**
- 里부
- 총 7획

• 里長(이장): 행정 구역의 단위인 '이(里)'를 대표하여 일을 맡아보는 사람
  예) 그는 주민들로부터 신임을 받는 里長이다.

理 (6급 II)
一丅王王丑玑玾玾理理
理理 / 道理
- 다스릴 **리**
- 玉(王)부
- 총 11획
- 반 亂: 어지러울 란

• 道理(도리): 사람이 어떤 입장에서 마땅히 행하여야 할 바른 길
  예) 그것은 道理를 벗어난 행동이다.

활용 한자 확인하기

細 가늘 세 保 지킬 보 速 빠를 속 角 뿔 각 地 땅 지 理 다스릴 리 法 법 법
花 꽃 화 長 긴 장 道 길 도

중학교 교육용 기초 한자 900자

6급II 利 이할 리 刀(刂)부 총 7획	` ´ 千 千 禾 利 利 — 利 利 — 利益 — 반 害:해할 해 동 益:더할 익

- 利益(이익): 물질적으로나 정신적으로 보탬이 되는 것
  예) 그는 서민을 위해 利益을 거의 남기지 않고 물건을 팔았다.

7급 林 수풀 림 木부 총 8획	一 十 才 木 朴 村 材 林 — 林 林 — 密林

- 密林(밀림): 큰 나무들이 빽빽하게 들어선 깊은 숲
  예) 그 지역은 密林으로 덮여 있다.

7급II 立 설 립 立부 총 5획	` ´ 亠 广 立 — 立 立 — 設立 — 동 建:세울 건

- 設立(설립): 기관이나 조직체 따위를 만들어 일으킴.
  예) 우리 학교는 1950년에 設立되었다.

5급 馬 말 마 馬부 총 10획	丨 厂 厂 厂 丐 馬 馬 馬 馬 馬 — 馬 馬 — 競馬

- 競馬(경마): 일정한 거리를 말을 타고 달려 빠르기를 겨루는 경기
  예) 그는 競馬에서 많은 돈을 잃었다.

3급II 莫 없을 막 艸(艹)부 총 11획	一 十 十 艹 艹 艹 苎 苫 莒 莫 — 莫 莫 — 莫強

- 莫強(막강): 더할 수 없이 셈.
  예) 그 나라는 莫強한 군사력을 가지고 있다.

8급 萬 일만 만 艸(艹)부 총 13획	一 十 十 艹 艹 艹 苎 苫 萬 萬 萬 萬 — 萬 萬 — 萬歲 — 약 万

- 萬歲(만세): 바람이나 경축, 환호 따위를 나타내기 위하여 두 손을 높이 들면서 외치는 소리
  예) 시민들은 기쁨에 겨워 萬歲 삼창을 외쳤다.

3급II 晩 늦을 만 日부 총 11획	丨 冂 日 日 旷 旷 昤 昤 晚 晚 — 晚 晚 — 晚年

- 晩年(만년): 나이가 들어 늙어 가는 시기
  예) 그는 晩年을 고향에서 조용히 글을 쓰며 보냈다.

4급II 滿 찰 만 水(氵)부 총 14획	氵 氵 汁 汁 泮 滿 滿 滿 滿 — 滿 滿 — 滿足 — 반 干:방패 간 약 満

- 滿足(만족): 마음에 흡족함.
  예) 나는 현재 생활에 滿足하고 있다.

5급 末 끝 말 木부 총 5획	一 二 丰 才 末 — 末 末 — 結末 — 비 未:아닐 미 반 本:근본 본 동 端:끝 단

- 結末(결말): 어떤 일이 마무리되는 끝
  예) 아직 結末이 난 것은 아니다.

5급 亡 망할 망 亠부 총 3획	` ´ 亡 — 亡 亡 — 死亡

- 死亡(사망): 사람이 죽음.
  예) 그의 死亡 원인은 심장마비로 밝혀졌다.

활용 한자 확인하기

益 더할 익   密 빽빽할 밀   設 베풀 설   競 다툴 경   強 강할 강   歲 해 세   年 해 년
足 발 족   結 맺을 결   死 죽을 사

忙
바쁠 망 / 心(忄)부 / 총 6획
필순: ﾉ 丶 忄 忙 忙

- 忙中(망중): 바쁜 가운데
  예) 忙中에 왕림해 주셔서 대단히 감사합니다.

忘
잊을 망 / 心부 / 총 7획
필순: 丶 一 亡 亡 忘 忘 忘

- 勿忘草(물망초): 지칫과의 여러해살이풀
  예) 勿忘草의 꽃말은 '나를 잊지 마세요.'이다.

望
바랄 망 / 月부 / 총 11획
필순: 丶 一 亡 切 朔 朔 望 望 望

- 絕望(절망): 바라볼 것이 없게 되어 모든 희망을 끊어 버림.
  예) 아직 絕望하기에는 이르다.

每
매양 매 / 毋부 / 총 7획
필순: ﾉ 仁 白 白 每 每

- 每事(매사): 하나하나의 모든 일 / 하나하나의 일마다
  예) 그는 每事에 적극적이다.
- 동) 常: 떳떳할 상

買
살 매 / 貝부 / 총 12획
필순: 丨 冂 四 四 罒 罒 買 買 買 買

- 都買(도매): 물건을 낱개로 사지 않고 모개로 삼.
  예) 우리는 재료를 都買로 구입한다.

賣
팔 매 / 貝부 / 총 15획
필순: 士 吉 吉 吉 吉 吉 壺 壺 賣 賣

- 競賣(경매): 물건을 사려는 사람이 여럿일 때 값을 가장 높이 부르는 사람에게 파는 일
  예) 나는 가보로 내려오는 시계를 競賣에 내놓았다.
- 반) 買: 살 매
- 약) 売

妹
누이 매 / 女부 / 총 8획
필순: ㄑ 夕 女 女 妌 妌 妹 妹

- 妹兄(매형): 손위 누이의 남편을 이르거나 부르는 말
  예) 그는 妹兄과 함께 누나의 일을 거들었다.

麥
보리 맥 / 麥부 / 총 11획
필순: 一 厂 厂 市 來 來 麥 麥

- 麥酒(맥주): 알코올성 음료의 하나
  예) 삼촌의 주량은 麥酒 한 병 정도이다.
- 약) 麦

免
면할 면 / 儿부 / 총 7획
필순: ﾉ ㅅ ㅅ ㅋ 色 免 免

- 免除(면제): 책임이나 의무 따위를 면하여 줌.
  예) 그는 심각한 질병을 앓고 있어 병역을 免除받았다.

勉
힘쓸 면 / 力부 / 총 9획
필순: ﾉ ㅅ ㅅ ㅋ 色 免 免 勉

- 勉學(면학): 학문에 힘씀.
  예) 도서관은 勉學의 열기로 가득 찼다.
- 동) 勵: 힘쓸 려

활용 한자 확인하기

| 中 가운데 중 | 勿 말 물 | 草 풀 초 | 絕 끊을 절 | 事 일 사 | 都 도읍 도 | 競 다툴 경 |
| 兄 형 형 | 酒 술 주 | 除 덜 제 | 學 배울 학 | | | |

7급	一 ア ァ 丙 而 而 面 面
面 낯 **면** 面부 총 9획	面　面　洗面　容: 얼굴 용　貌: 모양 모　顔: 낯 안

- 洗面(세면): 손이나 얼굴을 씻음.
  - 예) 洗面을 마치자 형이 수건을 건넸다.

3급II	ㅣ ㄇ ㄇ 目 目 目 昕 眠 眠 眠
眠 잘 **면** 目부 총 10획	眠　眠　冬眠　眼: 눈 안

- 冬眠(동면): 겨울이 되면 동물이 활동을 중단하고 땅속 따위에서 겨울을 보내는 일
  - 예) 다람쥐는 겨울 동안 冬眠한다.

7급II	ノ ク タ 夕 名 名
名 이름 **명** 口부 총 6획	名　名　別名　各: 각각 각　號: 이름 호　稱: 일컬을 칭

- 別名(별명): 사람의 외모나 성격 따위의 특징을 바탕으로 남들이 지어 부르는 이름
  - 예) 우리는 그를 인형이라는 別名으로 부른다.

7급	ノ 人 人 合 合 合 命 命
命 목숨 **명** 口부 총 8획	命　命　生命　令: 하여금 령

- 生命(생명): 사람이 살아서 숨 쉬고 활동할 수 있게 하는 힘
  - 예) 그는 나의 生命의 은인이다.

6급II	ㅣ ㄇ 日 日 日 明 明 明
明 밝을 **명** 日부 총 8획	明　明　明白　暗: 어두울 암　滅: 꺼질 멸　白: 흰 백

- 明白(명백): 의심할 바 없이 아주 뚜렷함.
  - 예) 지구가 둥글다는 것은 明白한 사실이다.

4급	ㅁ ㅁ' ㅁ" 鳴 鳴 鳴 鳴 鳴 鳴
鳴 울 **명** 鳥부 총 14획	鳴　鳴　悲鳴　嗚: 슬플 오

- 悲鳴(비명): 슬피 욺. 또는 그런 울음소리
  - 예) 벽 반대편에서 悲鳴 소리가 들렸다.

8급	ㄴ ㄐ 므 母 母
母 어미 **모** 母부 총 5획	母　母　父母　父: 아비 부　子: 아들 자

4급II	ノ 二 三 毛
毛 터럭 **모** 毛부 총 4획	毛　毛　脫毛　髮: 터럭 발

- 父母(부모): 아버지와 어머니를 아울러 이르는 말
  - 예) 父母 말을 들으면 자다가도 떡이 생긴다.

- 脫毛(탈모): 털이 빠짐. 또는 그 털
  - 예) 이 제품은 脫毛를 방지하는 효과가 있다.

3급	艹 苩 苩 苩 莒 莫 莫 莫 暮 暮
暮 저물 **모** 日부 총 15획	暮　暮　歲暮

8급	一 十 才 木
木 나무 **목** 木부 총 4획	木　木　材木

- 歲暮(세모): 한 해가 끝날 무렵. 설을 앞둔 섣달그믐께를 이름.
  - 예) 歲暮를 맞아 시내는 사람으로 붐비고 있다.

- 材木(재목): 목조의 건축물·기구 따위를 만드는 데 쓰는 나무
  - 예) 이 집은 좋은 材木을 써서 지었다.

활용 한자 확인하기

洗 씻을 세　冬 겨울 동　別 다를/나눌 별　生 날 생　白 흰 백　悲 슬플 비　父 아비 부
脫 벗을 탈　歲 해 세　材 재목 재

6급	ㅣ 冂 冂 日 目			3급	´ ㄥ ㄣ 卯 卯		
目 눈 목 目부 총 5획	目	目	目 前	卯 토끼 묘 卩부 총 5획	卯	卯	卯 時
			비 自: 스스로자				비 卵: 알란

- 目前(목전): 눈으로 볼 수 있는 아주 가까운 곳 / 아주 가까운 장래
  예 그들은 승리를 目前에 두고 있다.
- 卯時(묘시): 십이시(十二時)의 넷째 시. 오전 다섯 시에서 일곱 시까지임.
  예 동생은 卯時에 태어났다.

4급	ㄑ ㄥ 女 女 女 妙 妙			3급	㇓ 厂 戊 戊 戊		
妙 묘할 묘 女부 총 7획	妙	妙	妙 案	戊 천간 무 戈부 총 5획	戊	戊	戊 午
							비 成: 이룰 성 茂: 무성할 무 戌: 개 술

- 妙案(묘안): 뛰어나게 좋은 생각
  예 아무리 생각해도 妙案이 떠오르지 않는다.
- 戊午(무오): 육십갑자의 쉰다섯째
  예 戊午년은 말띠 해이다.

3급Ⅱ	㇐ 艹 艹 艹 芒 芏 茂 茂			4급Ⅱ	㇐ 二 丁 千 手 正 武 武		
茂 무성할 무 艸(艹)부 총 9획	茂	茂	茂 盛	武 호반 무 止부 총 8획	武	武	武 力
							반 文: 글월 문

- 茂盛(무성): 풀이나 나무 따위가 자라서 우거져 있음.
  예 아무도 돌보지 않아 그곳엔 풀만 茂盛히 자랐다.
- 武力(무력): 때리거나 부수는 따위의 육체를 사용한 힘
  예 그는 武力을 써서 나를 이기려 하였다.

5급	㇓ ㇐ 亠 두 無 無 無 無 無			4급	㇐ 無 無 無 無 無 無 舞		
無 없을 무 火(灬)부 총 12획	無	無	無 料	舞 춤출 무 舛부 총 14획	舞	舞	歌 舞
			반 有: 있을 유				

- 無料(무료): 요금이 없음.
  예 딱 하루만 놀이 시설을 無料로 개방합니다.
- 歌舞(가무): 노래와 춤을 아울러 이르는 말
  예 황진이는 歌舞에 능한 기생이었다.

4급Ⅱ	㇐ 勹 矛 矛 矛 矛 敄 務 務			3급Ⅱ	㇑ 冂 囗 四 甲 里 黑 黑 黑 墨		
務 힘쓸 무 力부 총 11획	務	務	業 務	墨 먹 묵 土부 총 15획	墨	墨	水 墨
							비 黑: 검을 흑 약 墨

- 業務(업무): 직장 같은 곳에서 맡아서 하는 일
  예 그는 과중한 業務에 시달리고 있다.
- 水墨(수묵): 빛이 엷은 먹물
  예 水墨 담채화 한 점을 선물 받았다.

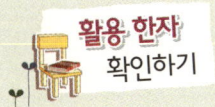
활용 한자 확인하기

前 앞 전　　時 때 시　　案 책상 안　　午 낮 오　　盛 성할 성　　力 힘 력　　料 헤아릴 료
歌 노래 가　　業 업 업　　水 물 수

8급	｜ ｢ ｢ ｢ ｢ 門 門 門
門 문 **문** 門부 총 8획	門 門　　　後門 동 戶: 집호

- 後門(후문): 뒷문
  예 그들은 後門으로 건물을 빠져나왔다.

7급	｢ ｢ ｢ ｢ ｢ 門 門 門 問 問
問 물을 **문** 口부 총 11획	問 問　　　問題 비 開: 열 개 閉: 닫을 폐 반 答: 대답 답

- 問題(문제): 해답을 요구하는 물음
  예 마지막 問題는 어려워서 풀 수 없었다.

6급Ⅱ	｜ ｢ ｢ ｢ ｢ 門 門 門 聞 聞
聞 들을 **문** 耳부 총 14획	聞 聞　　　所聞 비 間: 사이 간 問: 물을 문 開: 열 개

- 所聞(소문): 사람들 입에 오르내려 전하여 들리는 말
  예 所聞은 잘된 일보다 못된 것이 더 빠르다.

7급	｀ 亠 ナ 文
文 글월 **문** 文부 총 4획	文 文　　　作文 반 言: 말씀 언 武: 호반 무 동 書: 글 서

- 作文(작문): 글을 지음. 또는 지은 글
  예 동생은 作文 실력이 뛰어나다.

3급Ⅱ	｜ 勹 勹 勿
勿 말 **물** 勹부 총 4획	勿 勿　　　勿論

- 勿論(물론): 말할 것도 없음. / 말할 것도 없이
  예 형은 영어는 勿論이고 불어도 잘한다.

7급Ⅱ	｜ ｢ ｢ ｢ ｢ 牛 物 物
物 물건 **물** 牛부 총 8획	物 物　　　建物 반 心: 마음 심 동 件: 물건 건

- 建物(건물): 사람이 들어 살거나, 일을 하거나, 물건을 넣어 두기 위하여 지은 집을 통틀어 이르는 말
  예 이 식당의 주차장은 建物 뒤편에 있다.

6급	｀ ｀´ ｣ 半 米 米
米 쌀 **미** 米부 총 6획	米 米　　　白米

- 白米(백미): 희게 쓿은 멥쌀
  예 어머니는 白米에 잡곡을 섞어 밥을 지으신다.

4급Ⅱ	一 ニ 十 未 未
未 아닐 **미** 木부 총 5획	未 未　　　未來 비 末: 끝 말

- 未來(미래): 앞으로 올 때
  예 그는 아내와 함께 未來를 설계하였다.

4급Ⅱ	｜ ｢ ｢ ｢ ｢ 吁 吁 味
味 맛 **미** 口부 총 8획	味 味　　　風味

- 風味(풍미): 음식의 고상한 맛
  예 레몬은 홍차의 風味를 더해 준다.

6급	｀ ｀´ ｣ 半 羊 羊 美 美
美 아름다울 **미** 羊부 총 9획	美 美　　　美男 반 醜: 추할 추 동 麗: 고울 려

- 美男(미남): 얼굴이 잘생긴 남자
  예 그는 타고난 美男이다.

활용 한자 확인하기

後 뒤 후　　題 제목 제　　所 바 소　　作 지을 작　　論 논할 론　　建 세울 건　　白 흰 백
來 올 래　　風 바람 풍　　男 사내 남

3급Ⅱ	ㄱ ㄱ ㄹ ㄹ ㄹ 尾 尾
尾 꼬리 미 尸부 총 7획	尾 尾　　尾行 반 頭: 머리 두 首: 머리 수 동 末: 끝 말

- 尾行(미행): 다른 사람의 행동을 감시하거나 증거를 잡기 위하여 그 사람 몰래 뒤를 밟음.
  예 형사는 용의자를 尾行하였다.

4급Ⅱ	` 宀 ㄦ ㄗ 宓 宓 宓 密 密 密 密
密 빽빽할 밀 宀부 총 11획	密 密　　過密 비 蜜: 꿀 밀

- 過密(과밀): 인구나 건물, 산업 따위가 한곳에 지나치게 집중되어 있음.
  예 정부는 過密한 인구에 대한 해소 방안을 내놓았다.

3급Ⅱ	ㄱ ㄱ ㅅ ㅅ ㅅ 슴 슫 飠 飯 飯
飯 밥 반 食(飠)부 총 13획	飯 飯　　朝飯 동 食: 밥 식

- 朝飯(조반): 아침밥
  예 어머니는 朝飯을 짓기 위해 일찍 일어나신다.

6급Ⅱ	ㄱ ㄱ ㄱ 反
反 돌이킬/돌아올 반 又부 총 4획	反 反　　反對

- 反對(반대): 어떤 행동이나 견해, 제안 따위에 따르지 아니하고 맞서 거스름.
  예 나는 그의 제안에 反對하였다.

7급Ⅱ	` 亠 宀 方
方 모 방 方부 총 4획	方 方　　方向 반 圓: 둥글 원 동 正: 바를 정

- 方向(방향): 어떤 방위(方位)를 향한 쪽
  예 그는 어떤 方向으로 가야 할지 몰라 한참을 헤맸다.

8급	ㄱ ㄱ ㄹ 尸 民
民 백성 민 氏부 총 5획	民 民　　住民 반 官: 벼슬 관 君: 임금 군

- 住民(주민): 일정한 지역에 살고 있는 사람
  예 住民들의 반대로 공사가 중단되었다.

6급	一 十 才 木 朴 朴
朴 성 박 木부 총 6획	朴 朴　　素朴 동 質: 바탕 질 素: 본디/흴 소

- 素朴(소박): 꾸밈이나 거짓이 없고 수수함.
  예 그는 素朴하고 검소하게 산다.

6급Ⅱ	` ` ㄴ 느 半
半 반 반 十부 총 5획	半 半　　過半

- 過半(과반): 절반이 넘음.
  예 이미 목적의 過半은 성취하였다.

6급Ⅱ	ㄱ ㄱ ㄱ ㄱ ㄱ ㄱ 癶 發 發 發
發 필 발 癶부 총 12획	發 發　　發展 반 着: 붙을 착 동 展: 펼 전 약 発

- 發展(발전): 더 낫고 좋은 상태나 더 높은 단계로 나아감.
  예 그들은 자기 發展을 위해 노력하고 있다.

4급Ⅱ	` 亠 ㄱ 戶 戶 戶 房 房
房 방 방 戶부 총 8획	房 房　　暖房

- 暖房(난방): 실내의 온도를 높여 따뜻하게 하는 일
  예 이 건물에는 暖房 장치가 없다.

활용 한자 확인하기

行 다닐 행　住 살 주　過 지날 과　素 본디/흴 소　朝 아침 조　對 대할 대　展 펼 전
向 향할 향　暖 따뜻할 난

防 막을 방
阜(阝)부 / 총 7획 / 4급Ⅱ
필순: ゛ ㇇ 阝 阝 阝 防 防

- 防止(방지): 어떤 일이나 현상이 일어나지 못하게 막음.
  예) 산사태를 防止하기 위해서는 나무를 많이 심어야 한다.

訪 찾을 방
言부 / 총 11획 / 4급Ⅱ
필순: 丶 一 ㇌ 言 言 言 言 訪 訪 訪 訪

- 訪問(방문): 어떤 사람이나 장소를 찾아가서 만나거나 봄.
  예) 예고도 없이 친구의 訪問을 받았다.

杯 잔 배
木부 / 총 8획 / 3급
필순: 一 十 オ 木 杯 杯 杯 杯

- 乾杯(건배): 술좌석에서 서로 잔을 들어 축하하거나 건강 또는 행운을 비는 일
  예) 선배는 술잔을 들고 乾杯를 제의하였다.

百 일백 백
白부 / 총 6획 / 7급
필순: 一 丆 冂 百 百 百

비) 白: 흰 백

- 百方(백방): 여러 가지 방법
  예) 百方으로 노력하였으나 모두 헛수고였다.

伐 칠 벌
人(亻)부 / 총 6획 / 4급Ⅱ
필순: 丿 亻 仁 代 伐 伐

비) 代: 대신 대

- 伐木(벌목): 멧갓이나 숲의 나무를 벰.
  예) 伐木한 원목을 트럭으로 운반하였다.

放 놓을 방
攴(攵)부 / 총 8획 / 6급Ⅱ
필순: 丶 一 亠 方 方 圹 放 放

동) 釋: 풀 석

- 放學(방학): 학교에서 학기나 학년이 끝난 뒤 또는 더위, 추위가 심한 일정 기간 동안 수업을 쉬는 일
  예) 다음 주부터 여름 放學이다.

拜 절 배
手부 / 총 9획 / 4급Ⅱ
필순: 一 二 三 手 手 手 手 拜 拜

약) 拝

- 歲拜(세배): 섣달그믐이나 정초에 웃어른께 인사로 하는 절
  예) 새해 첫날 부모님께 歲拜를 올렸다.

白 흰 백
白부 / 총 5획 / 8급
필순: 丿 丨 白 白 白

비) 百: 일백 백
自: 스스로 자
반) 黑: 검을 흑

- 白馬(백마): 털빛이 흰 말
  예) 白馬 한 마리가 풀을 뜯고 있다.

番 차례 번
田부 / 총 12획 / 6급
필순: 一 ㇀ 丆 罙 罙 番 番 番 番 番 番 番

비) 香: 향기 향
동) 第: 차례 제
   次: 버금 차

- 當番(당번): 어떤 일을 책임지고 돌보는 차례가 됨. 또는 그 차례가 된 사람
  예) 오늘은 내가 청소 當番이다.

凡 무릇 범
几부 / 총 3획 / 3급Ⅱ
필순: 丿 几 凡

- 非凡(비범): 보통 수준보다 훨씬 뛰어남.
  예) 그는 非凡한 재능을 지닌 사람이다.

활용 한자 확인하기

止 그칠 지 學 배울 학 問 물을 문 歲 해 세 乾 하늘/마늘 건 馬 말 마 方 모 방
當 마땅 당 木 나무 목 非 아닐 비

5급II	丶 丶 氵 氵 汁 汁 法 法
法 법 법 水(氵)부 총 8획	法 法 文法 동 度: 법도 도 例: 법식 례 式: 법식

- 文法(문법): 말의 구성 및 운용상의 규칙
  예) 어휘와 文法은 언어 학습의 기본이다.

5급II	言 給 給 給 給 絲 絲 絲 戀 變
變 변할 변 言부 총 23획	變 變 變革 동 改: 고칠 개 化: 될 화 약 変

- 變革(변혁): 급격하게 바뀌어 아주 달라지게 함.
  예) 개혁파들은 變革을 꿈꾸었다.

6급	ㅣ ㅁ ㅁ 몽 另 別 別
別 다를/나눌 별 刀(刂)부 총 7획	別 別 別味 동 選: 가릴 선 離: 떠날 리 差: 다를 차

- 別味(별미): 특별히 좋은 맛. 또는 그 맛을 지닌 음식
  예) 냉면은 여름철의 別味이다.

3급II	一 丆 丙 丙 丙
丙 남녘 병 一부 총 5획	丙 丙 丙子

- 丙子(병자): 육십갑자의 열셋째
  예) 丙子호란은 1636년 청나라가 조선을 침입하여 일어난 전쟁이다.

6급	丶 亠 广 广 疒 疒 疒 病 病 病
病 병 병 疒부 총 10획	病 病 問病 동 患: 근심 환

- 問病(문병): 앓는 사람을 찾아가 위로함.
  예) 병원에 있는 동료에게 問病을 다녀왔다.

5급II	一 厂 厂 斤 丘 兵 兵
兵 병사 병 八부 총 7획	兵 兵 兵士 동 士: 선비 사 卒: 마칠 졸

- 兵士(병사): 부사관 이하의 군인
  예) 대장은 兵士들에게 공격 명령을 내렸다.

4급II	丿 亻 亻 亻 伫 伫 伃 保 保
保 지킬 보 人(亻)부 총 9획	保 保 保存 동 衛: 지킬 위 護: 도울 호

- 保存(보존): 잘 보호하고 간수하여 남김.
  예) 유물의 保存 상태는 양호하였다.

4급II	ㅣ ㅏ ㅏ 屮 屮 步 步
步 걸음 보 止부 총 7획	步 步 進步

- 進步(진보): 정도나 수준이 나아지거나 높아짐.
  예) 몇 년 사이에 기술이 한층 進步되었다.

4급II	一 十 土 土 卉 幸 幸 郣 郣 報 報
報 갚을/알릴 보 土부 총 12획	報 報 報恩 동 告: 고할 고 償: 갚을 상

- 報恩(보은): 은혜를 갚음.
  예) 선생님께 報恩하는 뜻에서 선물을 준비하였다.

5급II	一 亍 示 礻 礻 礻 祀 福 福 福
福 복 복 示부 총 14획	福 福 多福 동 慶: 경사 경

- 多福(다복): 복이 많음. 또는 많은 복
  예) 참 행복하고 多福한 가족이군요.

활용 한자 확인하기

文 글월 문   革 가죽 혁   味 맛 미   子 아들 자   問 물을 문   士 선비 사   存 있을 존
進 나아갈 진 恩 은혜 은   多 많을 다

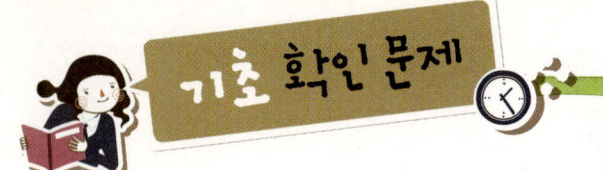

[問 01-15] 다음 漢字(한자)의 訓(훈: 뜻)과 音(음: 소리)을 쓰시오.

字 ➡ 글자 자

01 領 (   )　　02 亡 (   )　　03 望 (   )
04 放 (   )　　05 立 (   )　　06 福 (   )
07 老 (   )　　08 米 (   )　　09 法 (   )
10 柳 (   )　　11 朴 (   )　　12 伐 (   )
13 倫 (   )　　14 勉 (   )　　15 鳴 (   )

[問 16-27] 다음 訓(훈: 뜻)과 音(음: 소리)에 알맞은 漢字(한자)를 쓰시오.

글자 자 ➡ 字

16 토끼 묘 (   )　　17 낯 면 (   )　　18 잔 배 (   )
19 물을 문 (   )　　20 없을 무 (   )　　21 병 병 (   )
22 걸음 보 (   )　　23 꼬리 미 (   )　　24 일만 만 (   )
25 헤아릴 료 (   )　　26 마을 리 (   )　　27 방 방 (   )

[問 28-39] 다음 漢字語(한자어)의 讀音(독음)을 쓰시오.

漢字 ➡ 한자

28 利益 (   )　　29 脫毛 (   )　　30 美男 (   )
31 新綠 (   )　　32 禮式 (   )　　33 水墨 (   )
34 競賣 (   )　　35 生命 (   )　　36 過半 (   )
37 別味 (   )　　38 發展 (   )　　39 茂盛 (   )

[問 40-44] 다음 밑줄 친 漢字語(한자어)를 漢字(한자)로 쓰시오.

한국 ➡ 韓國

40 그것은 떠도는 소문에 불과합니다.　　(   )
41 그녀는 활달하고 매사에 적극적이다.　　(   )
42 우리는 너나없이 그 의견에 반대하였다.　　(   )
43 모두가 이번 결과에 만족하는 것은 아니다.　　(   )
44 대기 오염 방지를 위한 환경 운동이 벌어지고 있다. (   )

이야기로 익히는 주요 한자어

바보 온달과 평강 공주

  온달은 고구려 평강왕 때 사람이다. 집이 몹시 가난하여 늘 먹을 것을 빌어 어머니를 봉양하였으며, 찢어진 옷과 해진 신발로 다녀 **世間**에서는 그를 바보 온달이라 불렀다.   세간

  평강왕의 어린 딸이 울기를 좋아하여 왕은 **本心**과 다르게 매번 "네가 늘 우니, 자라면 반드시 바보 온달에게 시집보내리라."라고 말하였다. 공주의 나이 열여섯이 되어 왕이 높은 벼슬을 가진 사람에게 공주를 시집보내려 하자 공주가 **不滿**을 갖고 대답하였다. "왕께서는 늘 제가 온달의 **新婦**가 되리라 말씀하시더니, 왜 이제는 말씀을 다르게 하십니까? 제가 따르지 못하겠나이다." 그러자 왕이 노하여 말하였다. "네가 나의 말을 따르지 않는다면 내 딸이 될 수 없다. 네가 가고 싶은 데로 가거라."   본심 / 불만 / 신부

  공주는 패물을 들고 궁궐을 나와 온달의 집에 이르렀고, **山中**에서 먹을 것을 구하여 온 온달과 만나 자기 마음을 말하였다. 이에 온달이 뒤도 돌아보지 않고 갔다. 공주가 홀로 돌아와 사립문 아래서 자고 이튿날 아침 다시 찾아가 말하자 온달의 어머니가 말하였다. "내 자식은 당신의 처지와 **相反**되니 **夫婦**가 될 수 없습니다." 공주가 대답하였다. "진심으로 한마음이 된다면 어찌 **夫婦**가 될 수 없겠습니까?" 이에 **所有**하고 있던 금팔찌를 팔아 집과 밭을 사고 말을 사서 준마로 키웠다.   산중 / 상반, 부부 / 부부, 소유

  고구려는 항상 봄이 되면 사냥을 하여 신에게 제사를 지냈다. 그날이 되어 왕이 사냥을 하는데, 여러 신하와 병사들이 모두 좇아갔다. 온달도 기른 말을 가지고 따랐는데, 항상 남보다 **先頭**에 있고 달리는 것이 **非常**하였으며 사냥한 것 또한 많았다. 왕이 그를 불러 **姓名**을 묻고는 놀라고 기이하게 여겼다.   선두, 비상 / 성명

  이때 후주의 무제가 요동을 침략하니, 왕이 군사를 이끌고 들판에서 맞아 싸웠다. 온달이 선봉이 되어 **氣勢** 좋게 수십여 명의 목을 베니, 온 군대의 **士氣**가 높아져 적과 싸워 크게 이겼다. 왕이 기뻐하여 "이는 내 사위이다. 예를 갖추어 맞이하고 작위를 내리도록 하라."라고 명하였다.   기세, 사기

  양원왕이 즉위하자 온달이 왕께 아뢰었다. "신라가 **北上**하여 자기네 땅으로 삼으니, 백성들이 몹시 원통해하고 있습니다. 왕께서 저에게 군대를 주신다면 **死活**을 걸고 싸워 반드시 적의 **降伏**을 받고 우리 땅을 **回復**하겠습니다." 이에 온달은 군사들과 함께 출병하였고 신라군과 **最善**을 다해 싸웠으나 적이 **發射**한 화살에 맞아 목숨을 잃었다.   북상 / 사활 / 항복, 회복 / 최선, 발사

  전쟁이 끝나고 장례를 치르려 하는데 관이 움직이지 않자, 공주가 관을 어루만지며 말하였다. "삶과 죽음은 이미 결정되었습니다. 돌아가십시오." 그러자 관이 움직여 장사를 지낼 수 있었고, 왕이 이를 듣고는 비통해하였다.

伏 (4급)
ノイイ伊伏伏
伏 엎드릴 복
人(亻)부
총 6획

- 降伏(항복): 적이나 상대편의 힘에 눌리어 굴복함.
  예) 무기를 버리고 降伏하라!

服 (6급)
丿刀月月肌朋服服
服 옷 복
月부
총 8획

- 韓服(한복): 우리나라의 고유한 옷
  예) 설날에 韓服을 입고 부모님께 세배를 올렸다.

復 (4급II)
ノイイ彳彳彳彳侑復
復 회복할 복, 다시 부
彳부
총 12획

- 回復(회복): 원래의 상태로 돌이키거나 원래의 상태를 되찾음.
  예) 한번 잃은 신뢰는 回復하기 어렵다.

本 (6급)
一十才木本
本 근본 본
木부
총 5획

- 반) 末: 끝 말
- 동) 根: 뿌리 근 / 源: 근원 원

- 本心(본심): 본디부터 변함없이 그대로 가지고 있는 마음
  예) 그는 솔직하게 本心을 털어놓았다.

奉 (5급II)
一二三丰夫夫奏奉
奉 받들 봉
大부
총 8획

- 동) 仕: 섬길 사 / 獻: 드릴 헌

- 信奉(신봉): 사상이나 학설, 교리 따위를 옳다고 믿고 받듦.
  예) 많은 사람들이 민주주의를 信奉한다.

逢 (3급II)
ノク夂冬夆夆逢逢逢
逢 만날 봉
辵(辶)부
총 11획

- 동) 遇: 만날 우

- 相逢(상봉): 서로 만남.
  예) 그 형제는 10년 만에 相逢하였다.

夫 (7급)
一二尹夫
夫 지아비 부
大부
총 4획

- 비) 天: 하늘 천
- 반) 婦: 며느리 부 / 妻: 아내 처

- 夫婦(부부): 남편과 아내를 아울러 이르는 말
  예) 夫婦 싸움은 칼로 물 베기

扶 (3급II)
一十才扌扌扶扶
扶 도울 부
手(扌)부
총 7획

- 동) 助: 도울 조 / 護: 도울 호

- 扶助(부조): 남을 거들어서 도와주는 일
  예) 그녀는 이웃집에 가서 잔치 준비를 扶助해 주었다.

父 (8급)
ノハク父
父 아비 부
父부
총 4획

- 반) 母: 어미 모 / 子: 아들 자

- 父親(부친): '아버지'를 정중히 이르는 말
  예) 그는 父親과 닮았다는 이야기를 자주 듣는다.

富 (4급II)
丶宀宀宀宁宫宫富富
富 부자 부
宀부
총 12획

- 비) 當: 마땅 당
- 반) 貧: 가난할 빈
- 약) 冨

- 巨富(거부): 대단히 많은 재산 / 부자 가운데서도 특히 큰 부자
  예) 그는 사업으로 巨富를 축적하였다.

활용 한자 확인하기

降 항복할 항 韓 한국/나라 한 回 돌아올 회 心 마음 심 信 믿을 신 相 서로 상 婦 며느리 부
助 도울 조 親 친할 친 巨 클 거

部
6급Ⅱ
떼 **부**
邑(阝)부
총 11획

획순: ` ㅗ ㅛ 호 흠 흠 흠' 喜 部 部`

동 隊: 무리 대
類: 무리 류

· 部分(부분): 전체를 이루는 작은 범위. 또는 전체를 몇 개로 나눈 것의 하나
  예 밑줄 친 部分을 위주로 공부하였다.

否
4급
아닐 **부**
口부
총 7획

획순: `一 ア 不 不 否 否 否`

· 安否(안부): 어떤 사람이 편안하게 잘 지내고 있는지 그렇지 아니한지에 대한 소식
  예 부모님께 安否 전화를 드렸다.

北
8급
북녘 **북**,
달아날 **배**
匕부
총 5획

획순: `丨 ㅓ ㅓ 一ㅓ 北`

반 南: 남녘 남

· 北上(북상): 북쪽을 향하여 올라감.
  예 장마 전선이 北上 중이다.

不
7급Ⅱ
아닐 **불/부**
一부
총 4획

획순: `一 ア 不 不`

· 不滿(불만): 마음에 흡족하지 않음.
  예 나는 후배의 태도가 不滿스러웠다.

朋
3급
벗 **붕**
月부
총 8획

획순: `丿 月 月 月 朋 朋 朋`

동 友: 벗 우

· 朋友(붕우): 비슷한 또래로서 서로 친하게 사귀는 사람
  예 그녀는 나의 오랜 朋友이다.

婦
4급Ⅱ
며느리 **부**
女부
총 11획

획순: `く 女 女 女' 女ㅋ 女ㅋ 妒 婦 婦`

반 夫: 지아비 부

· 新婦(신부): 갓 결혼하였거나 결혼하는 여자
  예 新婦가 단아한 모습으로 입장하고 있다.

浮
3급Ⅱ
뜰 **부**
水(氵)부
총 10획

획순: `丶 冫 氵 浮 浮 浮 浮 浮 浮 浮`

· 浮上(부상): 어떤 현상이 관심의 대상이 되거나 어떤 사람이 훨씬 좋은 위치로 올라섬.
  예 중국이 신흥 경제 대국으로 浮上하고 있다.

分
6급Ⅱ
나눌 **분**
刀부
총 4획

획순: `丿 八 分 分`

반 合: 합할 합
동 區: 구분할 구
   別: 나눌 별

· 分別(분별): 서로 다른 일이나 사물을 구별하여 가름. / 세상 물정에 대한 바른 생각이나 판단
  예 그는 옳고 그름을 分別하지 못한다.

佛
4급Ⅱ
부처 **불**
人(亻)부
총 7획

획순: `丿 亻 亻' 亻' 佛 佛 佛`

약 仏

· 佛敎(불교): 기원전 6세기경 인도의 석가모니가 창시한 후 동양 여러 나라에 전파된 종교
  예 佛敎는 인도에서 기원하였다.

比
5급
견줄 **비**
比부
총 4획

획순: `一 ヒ 比 比`

비 北: 북녘 북
동 較: 견줄/비교할 교

· 比重(비중): 다른 것과 비교할 때 차지하는 중요도
  예 신문들은 이번 사건을 比重 있게 다루었다.

활용 한자 확인하기

分 나눌 분   新 새 신   安 편안 안   上 윗 상   別 다를/나눌 별   滿 찰 만   敎 가르칠 교
友 벗 우   重 무거울 중

4급Ⅱ	ノ ｜ ｜ ヺ ヺ 非 非 非
非 아닐 비 非부 총 8획	非 非 非常

- 非常(비상): 뜻밖의 긴급한 사태
  예) 전군이 非常경계 태세로 돌입하였다.

4급Ⅱ	ノ ｜ ｜ ヺ ヺ 非 非 悲 悲 悲
悲 슬플 비 心부 총 12획	悲 悲 喜悲

- 반 樂: 즐길 락
- 歡: 기쁠 환
- 동 哀: 슬플 애

- 喜悲(희비): 기쁨과 슬픔을 아울러 이르는 말
  예) 결과가 발표되자 喜悲가 엇갈렸다.

4급Ⅱ	て て て て て 飛 飛 飛 飛
飛 날 비 飛부 총 9획	飛 飛 飛行

- 飛行(비행): 공중으로 날아가거나 날아다님.
  예) 기상 악화로 飛行이 취소되었다.

5급	′ ⺌ 白 白 自 自 鼻 鼻 鼻 鼻
鼻 코 비 鼻부 총 14획	鼻 鼻 鼻音

- 鼻音(비음): 코가 막힌 듯이 내는 소리
  예) 그녀는 鼻音 섞인 목소리로 말하였다.

4급Ⅱ	｜ ｜ ｜ ｜ 世 伊 伊 供 借 備
備 갖출 비 人(亻)부 총 12획	備 備 對備

- 對備(대비): 앞으로 일어날지도 모르는 어떠한 일에 대응하기 위하여 미리 준비함. 또는 그런 준비
  예) 어려울 때를 對備하여 저축을 한다.

4급Ⅱ	′ ⺁ 分 分 分 今 貧 貧 貧 貧
貧 가난할 빈 貝부 총 11획	貧 貧 淸貧

- 반 富: 부자 부
- 동 困: 곤할 곤
- 窮: 다할/궁할 궁

- 淸貧(청빈): 성품이 깨끗하고 재물에 대한 욕심이 없어 가난함.
  예) 그는 淸貧한 관리의 표상으로 기록된 인물이다.

5급	ノ ｜ 키 氷 氷
氷 얼음 빙 水부 총 5획	氷 氷 氷山

- 비 永: 길 영
- 반 炭: 숯 탄

- 氷山(빙산): 빙하에서 떨어져 나와 호수나 바다에 흘러 다니는 얼음덩어리
  예) 氷山의 대부분은 바다 밑에 잠겨 있다.

8급	｜ 冂 冂 四 四
四 넉 사 口부 총 5획	四 四 四寸

- 四寸(사촌): 아버지의 친형제자매의 아들이나 딸과의 촌수
  예) 四寸 동생과 같은 학교에 다니고 있다.

3급	기 己 巳
巳 뱀 사 己부 총 3획	巳 巳 巳時

- 비 己: 몸 기
- 已: 이미 이

- 巳時(사시): 십이시(十二時)의 여섯째 시. 오전 아홉 시부터 열한 시까지임.
  예) 巳時 다음은 오시(午時)이다.

5급Ⅱ	一 十 士
士 선비 사 士부 총 3획	士 士 士氣

- 비 土: 흙 토
- 반 民: 백성 민
- 동 兵: 병사 병

- 士氣(사기): 의욕이나 자신감 따위로 충만하여 굽힐 줄 모르는 기세
  예) 선수들의 士氣가 바닥으로 떨어졌다.

활용 한자 확인하기

常 떳떳할 상   喜 기쁠 희   行 다닐 행   音 소리 음   對 대할 대   淸 맑을 청   山 메 산
寸 마디 촌   時 때 시   氣 기운 기

900

5급Ⅱ	ノ イ 亻 仕 仕
仕 섬길 사 人(亻)부 총 5획	仕 仕 　奉仕 비 任: 맡길 임 동 奉: 받들 봉

- 奉仕(봉사): 국가나 사회 또는 남을 위하여 자신을 돌보지 아니하고 힘을 바쳐 애씀.
  예 우리는 매주 양로원에서 奉仕 활동을 한다.

5급Ⅱ	ノ 口 口 史 史
史 사기 사 口부 총 5획	史 史 　國史

- 國史(국사): 나라의 역사
  예 이 책은 國史 편찬 위원회에서 펴낸 것이다.

4급Ⅱ	ノ 人 ㅅ 슈 수 全 舍 舍
舍 집 사 舌부 총 8획	舍 舍 　官舍 동 屋: 집 옥 宅: 집 택/댁

- 官舍(관사): 관청에서 관리에게 빌려 주어 살도록 지은 집
  예 그는 官舍에서 생활하고 있다.

4급Ⅱ	言 言 訁 訃 訃 謁 謁 謝 謝
謝 사례할 사 言부 총 17획	謝 謝 　感謝

- 感謝(감사): 고맙게 여김. 또는 그런 마음
  예 바쁘신 중에 참석해 주셔서 感謝합니다.

6급	一 厂 歹 歹 歹 死
死 죽을 사 歹부 총 6획	死 死 　死活 반 生: 날 생 活: 살 활

- 死活(사활): 죽기와 살기라는 뜻으로, 어떤 중대한 문제를 비유적으로 이르는 말
  예 이번 계약에 회사의 死活이 걸려 있다.

4급Ⅱ	一 十 土 土 寺 寺
寺 절 사 寸부 총 6획	寺 寺 　山寺

- 山寺(산사): 산속에 있는 절
  예 그는 山寺로 들어가 공부하고 있다.

6급	ノ イ 亻 亻 乍 乍 伊 使
使 하여금/부릴 사 人(亻)부 총 8획	使 使 　使臣 반 勞: 일할 로 동 令: 하여금 령 役: 부릴 역

- 使臣(사신): 임금이나 국가의 명령을 받고 외국에 사절로 가는 신하
  예 통신사는 일본으로 보내던 使臣을 이른다.

4급	ノ 丿 丬 自 身 身 身 射 射
射 쏠 사 寸부 총 10획	射 射 　發射 비 謝: 사례할 사

- 發射(발사): 활·총포·로켓이나 광선·음파 따위를 쏘는 일
  예 로켓이 성공적으로 發射되었다.

4급Ⅱ	ノ 亻 亻 卩 𠂤 𠂤 師 師 師
師 스승 사 巾부 총 10획	師 師 　師弟 반 弟: 아우 제 약 师

- 師弟(사제): 스승과 제자를 아울러 이르는 말
  예 師弟 간의 정이 점점 사라지고 있다.

4급	ノ 二 千 千 禾 私 私
私 사사 사 禾부 총 7획	私 私 　私立 반 公: 공평할 공

- 私立(사립): 개인이 자신의 자금으로 공익의 사업 기관을 설립하여 유지함.
  예 그녀는 私立 학교에서 근무한다.

 **활용 한자 확인하기**　奉 받들 봉　山 메 산　國 나라 국　臣 신하 신　官 벼슬 관　發 필 발　感 느낄 감
弟 아우 제　活 살 활　立 설 립

중학교 교육용 기초 한자 900자 **53**

4급	' ㄥ 幺 乡 糸 糸 糸 紆 絲
絲 실 **사** 糸부 총 12획	絲 絲　　鐵 絲

- 鐵絲(철사): 쇠로 만든 가는 줄
  - 예) 동생은 鐵絲를 이용하여 공예품을 만들었다.

5급	` 冂 曰 田 田 田 思 思 思
思 생각 **사** 心부 총 9획	思 思　　意 思 동 考: 생각할 고 念: 생각 념 想: 생각 상

- 意思(의사): 무엇을 하고자 하는 생각
  - 예) 나는 네 의견에 따를 意思가 없다.

7급Ⅱ	一 ㄱ ㅠ 曰 宁 写 写 事
事 일 **사** 亅부 총 8획	事 事　　事 業 동 業: 업 업 務: 힘쓸 무

- 事業(사업): 어떤 일을 일정한 목적과 계획을 가지고 짜임새 있게 지속적으로 경영함. 또는 그 일
  - 예) 그는 직장을 그만두고 事業을 시작하였다.

8급	ㅣ 山 山
山 메 **산** 山부 총 3획	山 山　　山 中 반 川: 내 천 海: 바다 해 동 陵: 언덕 릉

- 山中(산중): 산의 속
  - 예) 날은 저무는데 山中에서 길을 잃고 말았다.

5급Ⅱ	' ㅗ ㅗ 立 产 产 产 产 産 産
産 낳을 **산** 生부 총 11획	産 産　　出 産 동 生: 날 생

- 出産(출산): 아이를 낳음.
  - 예) 그녀는 건강한 여아를 出産하였다.

4급	一 十 卄 쓰 昔 昔 昔 昔 散 散
散 흩을 **산** 攴(攵)부 총 12획	散 散　　分 散

- 分散(분산): 갈라져 흩어짐. 또는 그렇게 되게 함.
  - 예) 수도권 인구가 위성 도시로 分散되고 있다.

7급	' ㄱ ㅓ ㅓ 竹 竹 竹 筲 筲 算
算 셈 **산** 竹(⺮)부 총 14획	算 算　　計 算 동 數: 셈 수

- 計算(계산): 수를 헤아림.
  - 예) 이 상자의 부피를 計算하시오.

4급Ⅱ	ㄨ 乂 辛 ネ 求 承 杀 杀 殺 殺
殺 죽일 **살**, 감할 **쇄** 殳부 총 11획	殺 殺　　殺 蟲 반 活: 살 활 약 殺

- 殺蟲(살충): 벌레나 해충을 죽임.
  - 예) 은행잎에는 殺蟲 성분이 함유되어 있어 해충 퇴치에 유용하다.

8급	一 二 三
三 석 **삼** 一부 총 3획	三 三　　三 代

- 三代(삼대): 아버지, 아들, 손자의 세 대
  - 예) 三代 거지 없고 三代 부자 없다.

7급Ⅱ	ㅣ ㅏ 上
上 윗 **상** 一부 총 3획	上 上　　上 衣 반 下: 아래 하 동 昇: 오를 승

- 上衣(상의): 위에 입는 옷
  - 예) 그는 上衣 주머니를 뒤져 보았다.

 **활용 한자 확인하기**

鐵 쇠 철　　意 뜻 의　　業 업 업　　中 가운데 중　　出 날 출　　分 나눌 분　　計 셀 계
蟲 벌레 충　　代 대신 대　　衣 옷 의

54 이야기로 배우는 한자 1800

3급II	⎜ ⎟ ⼩ ⼩ ⼩ 冶 尙 尙
尙 오히려 **상** 小부 총 8획	尙 尙 崇尙

- 崇尙(숭상): 높여 소중히 여김.
  예) 인도는 소를 崇尙하는 나라이다.

4급II	⎜ ⎟ ⼩ ⼩ 冶 冶 党 常 常
常 떳떳할 **상** 巾부 총 11획	常 常 常識 반 班: 나눌 반

- 常識(상식): 사람들이 보통 알고 있거나 알아야 하는 지식
  예) 그는 다방면에서 常識이 풍부하다.

5급	⎜ ⎟ ⼩ ⼩ 冶 冶 党 賞 賞 賞
賞 상줄 **상** 貝부 총 15획	賞 賞 賞金 비 償: 갚을 상 반 罰: 벌할 벌

- 賞金(상금): 선행이나 업적에 대하여 격려하기 위하여 주는 돈
  예) 그녀는 상장과 賞金을 받았다.

5급II	⎜ ⎟ ⽴ ⽴ ⼧ ⼧ 商 商 商
商 장사 **상** 口부 총 11획	商 商 商品

- 商品(상품): 사고파는 물품
  예) 그 商品은 품절된 지 오래입니다.

5급II	⼀ ⼗ ⼗ ⽊ 朩 相 相 相 相
相 서로 **상** 目부 총 9획	相 相 相反 동 互: 서로 호

- 相反(상반): 서로 반대되거나 어긋남.
  예) 그들은 서로 相反된 반응을 보였다.

3급II	⎜ ⎟ ⾬ ⾬ 雨 雫 雫 霜 霜 霜
霜 서리 **상** 雨부 총 17획	霜 霜 霜降

- 霜降(상강): 이십사절기의 하나. 한로(寒露)와 입동(立冬) 사이
  예) 서리가 내리기 시작한다는 霜降은 10월 23일경이다.

4급II	⼀ ⼗ ⽊ 朩 相 相 相 想 想 想
想 생각 **상** 心부 총 13획	想 想 理想 동 念: 생각 념 思: 생각 사

- 理想(이상): 생각할 수 있는 범위 안에서 가장 완전하다고 여겨지는 상태
  예) 그는 학생들이 높은 理想과 희망을 품고 자라기를 바라였다.

4급	⎜ ⎟ ⼈ ⼈ ⼈ 伊 伊 傷 傷 傷
傷 다칠 **상** 人(亻)부 총 13획	傷 傷 火傷

- 火傷(화상): 높은 온도의 기체, 액체, 고체, 화염 따위에 데었을 때에 일어나는 피부의 손상
  예) 작업실에 불이 나 火傷을 입었다.

3급II	⎜ ⎟ ⼟ ⼟ 屰 冊 퀗 蟬 喪 喪
喪 잃을 **상** 口부 총 12획	喪 喪 問喪 동 失: 잃을 실

- 問喪(문상): 남의 죽음에 대하여 슬퍼하는 뜻을 드러내어 상주(喪主)를 위문함. 또는 그 위문
  예) 많은 사람들이 고인의 죽음을 애도하기 위해 問喪을 왔다.

7급	⎜ ⎟ ⼑ ⼑ 各 色
色 빛 **색** 色부 총 6획	色 色 赤色 비 邑: 고을 읍 동 彩: 채색 채

- 赤色(적색): 짙은 붉은색
  예) 위험을 알리기 위해 赤色 깃발을 흔들었다.

활용 한자 확인하기

| 崇 높을 숭 | 識 알 식 | 金 쇠 금 | 品 물건 품 | 反 돌이킬 반 | 降 내릴 강 | 理 다스릴 리 |
| 火 불 화 | 問 물을 문 | 赤 붉을 적 | | | | |

8급	ノ ト ヒ 牛 生
生 날 생 生부 총 5획	生 / 生 / 一生

반 死: 죽을 사
殺: 죽일 살
동 出: 날 출

- 一生(일생): 세상에 태어나서 죽을 때까지의 동안
  예 그는 一生을 독신으로 지냈다.

8급	一 П 币 西 西 西
西 서녘 서 襾부 총 6획	西 / 西 / 東西

반 東: 동녘 동

- 東西(동서): 동쪽과 서쪽
  예 그 섬은 東西로 길게 뻗어 있다.

5급	丶 亠 广 庁 庁 庁 序
序 차례 서 广부 총 7획	序 / 序 / 順序

- 順序(순서): 무슨 일을 행하거나 무슨 일이 이루어지는 차례
  예 모든 일에는 順序가 있다.

6급Ⅱ	⁻ ㄱ ㅋ ㅋ 聿 聿 聿 書 書 書
書 글 서 日부 총 10획	書 / 書 / 書店

비 晝: 낮 주
동 籍: 문서 적
冊: 책 책

- 書店(서점): 책을 갖추어 놓고 팔거나 사는 가게
  예 書店에 들러 잡지를 한 권 샀다.

3급	日 旦 早 星 昇 昇 昇 暑 暑 暑
暑 더울 서 日부 총 13획	暑 / 暑 / 炎暑

비 署: 마을 서
반 寒: 찰 한

- 炎暑(염서): 몹시 심한 더위
  예 8월 들어 녹아버릴듯한 炎暑가 계속되었다.

6급	一 ア 不 石 石
石 돌 석 石부 총 5획	石 / 石 / 石油

비 右: 오른 우

- 石油(석유): 땅속에서 천연으로 나는, 탄화수소를 주성분으로 하는 가연성 기름
  예 유조선은 石油를 운반하는 배이다.

7급	ノ ク 夕
夕 저녁 석 夕부 총 3획	夕 / 夕 / 秋夕

반 朝: 아침 조

- 秋夕(추석): 우리나라 명절의 하나. 음력 팔월 보름날임.
  예 秋夕을 맞아 온 가족이 모여 송편을 빚었다.

3급	一 十 卄 艹 艹 昔 昔 昔
昔 예 석 日부 총 8획	昔 / 昔 / 今昔

비 借: 빌릴 차

- 今昔(금석): 지금과 옛적을 아울러 이르는 말
  예 고부 관계의 문제란 今昔을 막론한 문제일 것이다.

3급Ⅱ	丶 忄 忄 忄 忄 忄 忄 忄 忄 忄
惜 아낄 석 心(忄)부 총 11획	惜 / 惜 / 惜敗

- 惜敗(석패): 경기나 경쟁에서 약간의 점수 차이로 아깝게 짐.
  예 우리 팀은 한 번의 실책으로 惜敗하고 말았다.

6급	丶 亠 广 庁 庁 庁 庁 席 席 席
席 자리 석 巾부 총 10획	席 / 席 / 參席

비 度: 법도 도

- 參席(참석): 모임이나 회의 따위의 자리에 참여함.
  예 이번 모임에는 꼭 參席하겠습니다.

활용한자 확인하기

一 한 일   東 동녘 동   順 순할 순   店 가게 점   炎 불꽃 염   油 기름 유   秋 가을 추
今 이제 금   敗 패할 패   參 참여할 참

8급	ノ 一 十 生 步 先			
先 먼저 선 儿부 총 6획	先	先	先頭	

반 後: 뒤 후

- 先頭(선두): 대열이나 행렬, 활동 따위에서 맨 앞
  예) 그는 최후까지 先頭를 지켰다.

5급II	ノ 亻 亻 仙 仙			
仙 신선 선 人(亻)부 총 5획	仙	仙	神仙	

- 神仙(신선): 도(道)를 닦아서 현실의 인간 세계를 떠나 자연과 벗하며 산다는 상상의 사람
  예) 神仙처럼 흰 수염을 길게 기른 노인이 앉아 있었다.

6급II	幺 幺 糸 糹 糽 細 線 線 線			
線 줄 선 糸부 총 15획	線	線	無線	

- 無線(무선): 통신이나 방송을 전선(電線) 없이 전파로 함.
  예) 친구는 無線 마이크를 들고 노래를 불렀다.

5급II	' ケ ク 久 备 备 魚 魚 鮮 鮮			
鮮 고울 선 魚부 총 17획	鮮	鮮	新鮮	

동 麗: 고울 려

- 新鮮(신선): 새롭고 산뜻함.
  예) 나는 新鮮한 과일을 좋아한다.

5급	` ´ ´´ 羊 羊 羊 羊 善 善 善			
善 착할 선 口부 총 12획	善	善	最善	

반 惡: 악할 악
동 良: 어질 량

- 最善(최선): 가장 좋고 훌륭함. / 온 정성과 힘
  예) 무슨 일이든 最善을 다해야 한다.

5급	ノ 亻 月 月 角 舟 舢 舢 船 船			
船 배 선 舟부 총 11획	船	船	漁船	

약 舩

- 漁船(어선): 고기잡이를 하는 배
  예) 포구에는 漁船들이 정박해 있다.

5급	ㅁ 吅 吅 骨 骨 骨 巽 巽 選 選			
選 가릴 선 辵(辶)부 총 16획	選	選	選擧	

동 別: 나눌 별
擇: 가릴 택
拔: 뽑을 발

- 選擧(선거): 선거권을 가진 사람이 공직에 임할 사람을 투표로 뽑는 일
  예) 그는 서울 시장 選擧에 출마하였다.

4급	一 二 千 千 舌 舌			
舌 혀 설 舌부 총 6획	舌	舌	舌戰	

- 舌戰(설전): 말다툼
  예) 두 사람 사이에 한바탕 舌戰이 오갔다.

6급II	一 厂 户 币 币 雨 雪 雪 雪			
雪 눈 설 雨부 총 11획	雪	雪	暴雪	

- 暴雪(폭설): 갑자기 많이 내리는 눈
  예) 暴雪로 기차의 운행이 중단되었다.

4급II	` ㆍ 言 言 言 言 訁 訁 設 設			
設 베풀 설 言부 총 11획	設	設	施設	

비 說: 말씀 설
동 施: 베풀 시

- 施設(시설): 도구, 기계, 장치 따위를 베풀어 설비함. 또는 그런 설비
  예) 이 공연장은 최고의 조명과 음향 施設을 갖추고 있다.

활용 한자 확인하기

頭 머리 두　神 귀신 신　無 없을 무　新 새 신　最 가장 최　漁 고기 잡을 어　擧 들 거
戰 싸움 전　暴 사나울 폭　施 베풀 시

중학교 교육용 기초 한자 900자

5급II 說 말씀 설, 달랠 세 言부 총 14획	`丶 亠 圭 言 言 言 訂 訬 說 說` 說 說 說 明 동 話: 말씀 화

- 說明(설명): 어떤 일이나 대상의 내용을 상대편이 잘 알 수 있도록 밝혀 말함. 또는 그런 말
  예) 그의 說明은 명쾌하였다.

7급II 姓 성 성 女부 총 8획	`㇄ ㇉ 女 女 女 姓 姓` 姓 姓 姓 名 비 性: 성품 성 동 氏: 성씨 씨

- 姓名(성명): 성과 이름을 아울러 이르는 말
  예) 이 서류에 姓名과 주소를 기입해 주세요.

5급II 性 성품 성 心(忄)부 총 8획	`丶 忄 忄 忄 忄 性 性` 性 性 個 性 비 姓: 성 성 동 心: 마음 심

- 個性(개성): 다른 사람이나 개체와 구별되는 고유의 특성
  예) 그는 個性이 강한 배우이다.

6급II 成 이룰 성 戈부 총 7획	`丿 厂 厂 斤 成 成 成` 成 成 成 功 비 戊: 천간 무 반 敗: 패할 패 동 就: 나아갈 취

- 成功(성공): 목적하는 바를 이룸.
  예) 실패는 成功의 어머니이다.

4급II 城 재 성 土부 총 10획	`一 十 土 圹 圹 圻 圻 城 城 城` 城 城 城 門

- 城門(성문): 성곽(城郭)의 문
  예) 그들은 城門의 수비를 맡고 있다.

4급II 誠 정성 성 言부 총 14획	`丶 亠 言 言 言 訂 訐 訮 誠 誠` 誠 誠 誠 意 비 城: 재 성

- 誠意(성의): 정성스러운 뜻
  예) 그는 상대편의 誠意를 거절할 수 없었다.

4급II 盛 성할 성 皿부 총 12획	`丿 厂 厂 斤 成 成 成 成 盛 盛` 盛 盛 盛 行 반 衰: 쇠할 쇠

- 盛行(성행): 매우 성하게 유행함.
  예) 고액 과외가 盛行하고 있다.

6급II 省 살필 성, 덜 생 目부 총 9획	`丨 小 小 少 少 省 省 省 省` 省 省 省 察 동 減: 덜 감 略: 간략할 략 察: 살필 찰

- 省察(성찰): 자기의 마음을 반성하고 살핌.
  예) 자기 省察을 위한 시간을 갖고 있다.

4급II 星 별 성 日부 총 9획	`丨 冂 冂 日 旦 早 星 星` 星 星 金 星

- 金星(금성): 태양에서 둘째로 가까운 행성
  예) 金星의 크기는 지구와 비슷하다.

4급II 聖 성인 성 耳부 총 13획	`厂 F 耳 耳 耵 耵 聖 聖 聖` 聖 聖 神 聖

- 神聖(신성): 함부로 가까이할 수 없을 만큼 고결하고 거룩함.
  예) 결혼은 神聖한 것이다.

활용한자 확인하기

明 밝을 명　名 이름 명　個 낱 개　功 공 공　門 문 문　意 뜻 의　行 다닐 행
察 살필 찰　金 쇠 금　神 귀신 신

4급II	士 吉 吉 吉 声 声 殸 殸 聲 聲
聲 소리 **성** 耳부 총 17획	聲 聲 音聲 동 音: 소리 음 약 声

- 音聲(음성): 사람의 목소리나 말소리
- 예 그녀는 다정한 音聲으로 내게 말하였다.

7급II	一 十 卅 世 世
世 인간 **세** 一부 총 5획	世 世 世間 동 界: 지경 계

- 世間(세간): 세상 일반
- 예 그 사건은 世間의 관심을 집중시켰다.

5급II	丶 丶 氵 氵 沙 냈 冼 洗
洗 씻을 **세** 水(氵)부 총 9획	洗 洗 洗車

- 洗車(세차): 자동차의 차체, 바퀴, 기관 따위에 묻은 먼지나 흙 따위를 씻음.
- 예 그는 洗車한 다음 날은 꼭 비가 온다며 불평하였다.

4급II	一 二 千 禾 禾 秆 秆 秆 秆 稅
稅 세금 **세** 禾부 총 12획	稅 稅 關稅

- 關稅(관세): 세의 하나. 관세 영역을 통과하는 화물에 대하여 부과되는 세금
- 예 높은 關稅는 자유 무역의 큰 걸림돌이다.

4급II	纟 纟 纟 糸 糸 糸 紀 糽 細 細
細 가늘 **세** 糸부 총 11획	細 細 細分 반 大: 큰 대 巨: 클 거 동 微: 작을 미

- 細分(세분): 사물을 여러 갈래로 자세히 나누거나 잘게 가름.
- 예 업무를 細分한 결과 생산성이 향상되었다.

4급II	土 圭 吉 奉 幸 幸 執 執 勢 勢
勢 형세 **세** 力부 총 13획	勢 勢 氣勢 비 熱: 더울 열

- 氣勢(기세): 기운차게 뻗치는 형세
- 예 무더위의 氣勢가 한풀 꺾였다.

5급II	丨 卜 止 쓰 产 产 产 歲 歲 歲
歲 해 **세** 止부 총 13획	歲 歲 年歲 약 岁, 崴

- 年歲(연세): '나이'의 높임말
- 예 할아버지는 年歲에 비해 활동적이시다.

8급	亅 小 小
小 작을 **소** 小부 총 3획	小 小 小便 비 少: 적을 소 반 大: 큰 대 동 微: 작을 미

- 小便(소변): '오줌'을 점잖게 이르는 말
- 예 小便과 대변은 노폐물이다.

7급	亅 小 小 少
少 적을 **소** 小부 총 4획	少 少 最少 비 小: 작을 소 반 多: 많을 다

- 最少(최소): 양 따위가 가장 적음.
- 예 그 일은 最少의 비용으로 진행되었다.

7급	一 ゛ ヨ 戸 戸 所 所 所
所 바 **소** 戶부 총 8획	所 所 所有

- 所有(소유): 가지고 있음. 또는 그 물건
- 예 그는 많은 차를 所有하고 있다.

활용 한자 확인하기

音 소리 음　　間 사이 간　　車 수레 차　　關 관계할 관　　分 나눌 분　　氣 기운 기　　年 해 년
便 똥오줌 변　　最 가장 최　　有 있을 유

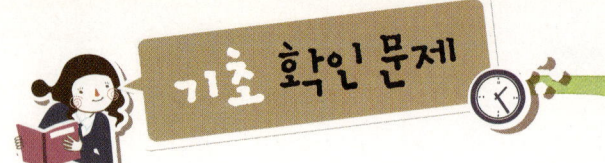

[問 01-15] 다음 漢字(한자)의 訓(훈: 뜻)과 音(음: 소리)을 쓰시오.

字 ➡ 글자 자

01 伏 (   ) 02 所 (   ) 03 史 (   )
04 扶 (   ) 05 否 (   ) 06 私 (   )
07 世 (   ) 08 商 (   ) 09 氷 (   )
10 暑 (   ) 11 少 (   ) 12 巳 (   )
13 比 (   ) 14 線 (   ) 15 算 (   )

[問 16-27] 다음 訓(훈: 뜻)과 音(음: 소리)에 알맞은 漢字(한자)를 쓰시오.

글자 자 ➡ 字

16 성할 성 (   ) 17 자리 석 (   ) 18 오히려 상 (   )
19 아닐 비 (   ) 20 눈 설   (   ) 21 근본 본   (   )
22 실 사   (   ) 23 섬길 사 (   ) 24 말씀 설   (   )
25 다칠 상 (   ) 26 별 성   (   ) 27 배 선   (   )

[問 28-39] 다음 漢字語(한자어)의 讀音(독음)을 쓰시오.

漢字 ➡ 한자

28 巨富 (   ) 29 細分 (   ) 30 部分 (   )
31 不滿 (   ) 32 先頭 (   ) 33 對備 (   )
34 出産 (   ) 35 師弟 (   ) 36 誠意 (   )
37 赤色 (   ) 38 殺蟲 (   ) 39 秋夕 (   )

[問 40-44] 다음 밑줄 친 漢字語(한자어)를 漢字(한자)로 쓰시오.

한국 ➡ 韓國

40 한복은 한국의 전통적인 의상이다.   (   )
41 서점은 편의점 바로 옆에 있습니다.   (   )
42 꾸준한 노력이 제 성공의 비결입니다.   (   )
43 그는 사업에 성공해서 억만장자가 되었다. (   )
44 나는 그것이 최선의 방법이라고 확신합니다. (   )

이야기로 익히는 주요 한자어

'소'를 그린 작가, 이중섭

　이중섭은 1916년 평안남도 평원에서 태어났다. 내성적인 성격의 이중섭은 학과 공부보다 그림에 더 매달렸다. 오산 학교에 입학한 이중섭은 미술 교사였던 임용련을 만나게 된다. 임용련은 이중섭의 그림에 대한 **秀才**로서의 면모를 알아본 **眼目** 높은 스승이었다. 임용련은 이중섭에게 일본 유학을 권하며 이중섭의 꿈을 북돋워 주었다. | 수재, 안목

　이중섭의 본격적인 미술 공부는 1935년 일본 유학 생활 시기부터 시작되었다. 더불어 이중섭은 이곳에서 야마모토 마사코를 만나게 된다. 이중섭은 졸업 후 연인 마사코를 일본에 둔 채 원산으로 돌아오지만, 이후 마사코가 한국으로 건너와 둘은 부부가 되었다.

　이중섭은 꽤 넉넉한 집안에서 **便安**한 생활을 하였지만, 육이오 전쟁 이후 **極甚**한 생활고를 겪으면서 **及其也** 가족과 떨어져 살아야만 했다. 그러나 이런 이별의 아픔과 가족에 대한 그리움은 이중섭 필생의 걸작을 남기는 계기로 **結實**을 맺게 된다. | 편안, 극심 / 급기야 / 결실

　그는 종이를 살 돈이 없어 담배 내부 포장지였던 은종이에 그림을 그렸다고 한다. 은지에 그린 그림은 단순한 형태나 역동적이며 따뜻한 정서를 전달하고 있다. 특히 1950년대는 그에게 **暗黑**기였지만 그림에서는 특유의 해학미가 보이는 시기였다. 이는 이중섭이 가족과 만나고 싶은 마음을 표현한 것으로, 특히 다양한 자연 **素材**를 왜곡되고 복합적인 형태로 **考案**하여 표현한 것이 특징이다. | 암흑 / 소재 / 고안

　총 300여 점으로 알려진 이중섭의 작품에 등장하는 **素材**는 **兒童**, 소, 가족, 달과 새, **活魚**, 게, 연꽃, 천도복숭아 등으로 우리의 전통적인 소재들을 **連續**해서 사용하였다. 이중섭이 이러한 소재를 **固守**한 이유는 오산 학교 시절 **修學**했던 교육 **精神**의 영향 때문일 것으로 보인다. 민족 사학이었던 오산 학교 출신의 이중섭은 **授業** 시간에 배운 교육 과정 중에 자연스럽게 **風俗**적이고 향토적인 소재에 관심을 가지게 되었던 것이다. | 소재, 아동 / 활어, 연속 / 고수, 수학, 정신 / 수업 / 풍속

　그러나 아무래도 이중섭을 대표하는 작품의 소재는 '소'일 것이다. 이중섭은 소의 표현을 통해 자신의 내면을 그대로 드러내었다. 역동적인 소의 모습을 강렬한 선으로 표현했다는 것이 그의 그림 중 가장 큰 특징이다.

　이중섭 전시는 그가 세상을 떠난 후 유작전을 **始作**으로 1970년대 본격적으로 열리게 된다. 이후에 열린 전시회에서는 부인에 대한 **愛情** 어린 마음과 가족을 그리워하는 **哀惜**한 마음을 담은 엽서화와 은지화 등 200여 점의 작품이 공개되었다. | 시작 / 애정 / 애석

　오늘날 이중섭의 작품은 경매 **市場**에서 그림 하나에 **數億**에 거래되는 최고 작품으로 꼽히고 있다. | 시장, 수억

消 (6급II)
` 丶 氵 冫 氵 沪 泸 消 消 消`

消 사라질 소
水(氵)부
총 10획

消 消 消盡

동 滅: 멸할 멸

- 消盡(소진): 점점 줄어들어 다 없어짐. 또는 다 써서 없앰.
  예 하루 종일 일을 했더니 힘이 다 消盡되었다.

素 (4급II)
`一 十 土 圭 圭 表 素 素 素 素`

素 본디/흴 소
糸부
총 10획

素 素 素材

동 朴: 성박
　 質: 바탕 질

- 素材(소재): 어떤 것을 만드는 데 바탕이 되는 재료
  예 그는 전쟁을 素材로 소설을 썼다.

笑 (4급II)
`丿 ㅏ 𥫗 𥫗 𥫗 竺 竺 笒 笑`

笑 웃음 소
竹(⺮)부
총 10획

笑 笑 談笑

- 談笑(담소): 웃고 즐기면서 이야기함. 또는 그런 이야기
  예 친구와 밤이 늦도록 談笑를 나누었다.

俗 (4급II)
`丿 亻 亻 伙 伀 俗 俗 俗 俗`

俗 풍속 속
人(亻)부
총 9획

俗 俗 風俗

- 風俗(풍속): 옛날부터 그 사회에 전해 오는 생활 전반에 걸친 습관 따위를 이르는 말
  예 이것은 한국 고유의 風俗이다.

速 (6급)
`一 口 日 車 束 束 涑 涑 速`

速 빠를 속
辵(辶)부
총 11획

速 速 速度

- 速度(속도): 물체가 나아가거나 일이 진행되는 빠르기
  예 나는 시속 60킬로미터의 速度로 차를 몰았다.

續 (4급II)
`幺 糹 紵 綪 綪 繢 繢 續`

續 이을 속
糸부
총 21획

續 續 連續

비 讀: 읽을 독
반 斷: 끊을 단
약 続

- 連續(연속): 끊이지 아니하고 죽 이어지거나 지속함.
  예 그녀는 대회 사상 처음으로 다섯 경기 連續 우승에 도전한다.

孫 (6급)
`丁 了 孑 孑 孖 孙 孫 孫 孫`

孫 손자 손
子부
총 10획

孫 孫 後孫

반 祖: 할아비 조

- 後孫(후손): 자신의 세대에서 여러 세대가 지난 뒤의 자녀를 통틀어 이르는 말
  예 그는 학자 집안의 後孫이다.

松 (4급)
`一 十 才 木 木 杉 松 松`

松 소나무 송
木부
총 8획

松 松 老松

- 老松(노송): 늙은 소나무
  예 老松 한 그루가 멋을 더해 주고 있다.

送 (4급II)
`丿 八 𠆢 𠆢 𠆢 关 关 送 送 送`

送 보낼 송
辵(辶)부
총 10획

送 送 運送

반 受: 받을 수
　 迎: 맞을 영

- 運送(운송): 사람을 태워 보내거나 물건 따위를 실어 보냄.
  예 고가의 도자기가 運送 도중 파손되었다.

水 (8급)
`丨 亅 水 水`

水 물 수
水부
총 4획

水 水 水害

반 火: 불 화
　 陸: 뭍 륙

- 水害(수해): 장마나 홍수로 인한 피해
  예 이 지역은 매년 여름에 水害를 겪는다.

활용 한자 확인하기

盡 다할 진　材 재목 재　談 말씀 담　風 바람 풍　度 법도 도　連 이을 련　後 뒤 후
老 늙을 로　運 옮길 운　害 해할 해

이야기로 배우는 한자 1800

7급II	一 二 三 手
手 손 수 手부 총 4획	手 手 手 動 반 足: 발 족

- 手動(수동): 다른 동력을 이용하지 않고 손의 힘만으로 움직임.
  예) 나는 手動 카메라를 소유하고 있다.

4급II	一 十 扌 扩 扩 扩 护 拇 授
授 줄 수 手(扌)부 총 11획	授 授 授 業 반 受: 받을 수 동 與: 줄 여

- 授業(수업): 교사가 학생에게 지식이나 기능을 가르쳐 줌. 또는 그런 일
  예) 授業 시간은 오후 2시까지이다.

4급II	` ` 宀 宀 宁 守
守 지킬 수 宀부 총 6획	守 守 固 守 동 衛: 지킬 위

- 固守(고수): 차지한 물건이나 형세 따위를 굳게 지킴.
  예) 그는 그의 주장을 固守하였다.

3급	一 亠 言 言 訃 訃 詐 誰 誰
誰 누구 수 言부 총 15획	誰 誰 誰 何 비 雖: 비록 수

- 誰何(수하): 어두워서 상대편의 정체를 식별하기 어려울 때 경계하는 자세로 상대편의 정체나 아군끼리 약속한 암호를 확인함.
  예) 보초는 낮지만 날카로운 목소리로 誰何하였다.

3급	彡 彡 彡 彡 須 須 須 須 須
須 모름지기 수 頁부 총 12획	須 須 必 須

- 必須(필수): 꼭 있어야 하거나 하여야 함.
  예) 겨울철에는 따뜻한 옷이 必須이다.

4급II	一 ㄷ ㄸ ㅃ ㅉ 受 受
受 받을 수 又부 총 8획	受 受 受 賞 반 給: 줄 급 授: 줄 수 동 領: 거느릴 령

- 受賞(수상): 상을 받음.
  예) 그녀는 각종 대회에서 受賞한 경력이 있다.

5급II	` ` 丷 丷 产 产 首 首 首
首 머리 수 首부 총 9획	首 首 首 席 반 尾: 꼬리 미 동 頭: 머리 두

- 首席(수석): 등급이나 직위 따위에서 맨 윗자리
  예) 형은 중학교를 首席으로 졸업하였다.

4급II	丨 丩 屮 圤 收 收
收 거둘 수 攴(攵)부 총 6획	收 收 收 去 반 給: 줄 급 동 拾: 주울 습 약 収

- 收去(수거): 거두어 감.
  예) 하루에 두 번 우편물을 收去해 간다.

3급	吕 吊 虽 虽 虽 蜀 雖 雖 雖
雖 비록 수 隹부 총 17획	雖 雖 비 誰: 누구 수

- 骨肉雖分本出一氣(골육수분본출일기): 뼈와 살은 비록 나누어졌으나 본래 한 기운으로 태어났음.

3급II	一 千 禾 禾 秒 秋 愁 愁 愁
愁 근심 수 心부 총 13획	愁 愁 憂 愁

- 憂愁(우수): 근심과 걱정을 아울러 이르는 말
  예) 그는 憂愁에 젖은 눈으로 나를 보았다.

활용 한자 확인하기

動 움직일 동　賞 상줄 상　業 업 업　席 자리 석　固 굳을 고　去 갈 거　何 어찌 하
骨 뼈 골　　肉 고기 육　分 나눌 분　本 근본 본　出 날 출　一 한 일　氣 기운 기
必 반드시 필　憂 근심 우

樹 (나무 수) - 6급
木부 / 총 16획
필순: 十 才 村 村 枯 桔 植 植 樹 樹
동: 木 나무 목 / 林 수풀 림

- 植樹(식수): 나무를 심음. 또는 심은 나무
  예) 나무를 대량으로 植樹하여 육성 중이다.

壽 (목숨 수) - 3급Ⅱ
士부 / 총 14획
필순: 士 丰 寿 寺 青 責 壽 壽 壽
동: 命 목숨 명
약: 寿

- 壽命(수명): 생물이 살아 있는 연한
  예) 의학의 발달로 인간의 평균 壽命이 더 길어졌다.

數 (셈 수) - 7급
攴(攵)부 / 총 15획
필순: 口 曰 田 昌 畫 婁 婁 數 數
약: 数

- 數量(수량): 수효와 분량을 아울러 이르는 말
  예) 가격은 주문 數量에 따라 다릅니다.

修 (닦을 수) - 4급Ⅱ
人(亻)부 / 총 10획
필순: 丿 亻 亻 亻 俨 攸 攸 修 修 修
동: 習 익힐 습

- 修學(수학): 학문을 닦음.
  예) 나는 대학에서 한문학을 修學하였다.

秀 (빼어날 수) - 4급
禾부 / 총 7획
필순: 丿 一 千 禾 禾 秀 秀
비: 李 오얏 리 / 季 계절 계
동: 傑 뛰어날 걸

- 秀才(수재): 뛰어난 재주. 또는 머리가 좋고 재주가 뛰어난 사람
  예) 이 책은 평범한 자녀를 秀才로 키우는 교육법을 담고 있다.

叔 (아재비 숙) - 4급
又부 / 총 8획
필순: 丨 上 ょ 才 走 赤 叔 叔
반: 姪 조카 질

- 叔母(숙모): 아버지 동생의 아내를 이르는 말
  예) 숙부와 叔母는 나를 친딸처럼 아껴 주셨다.

淑 (맑을 숙) - 3급Ⅱ
水(氵)부 / 총 11획
필순: 丶 冫 氵 汁 汁 汁 汦 泍 淑
비: 叔 아재비 숙
동: 淸 맑을 청

- 淑女(숙녀): 교양과 예의와 품격을 갖춘 현숙한 여자
  예) 그는 淑女의 손에 입을 맞추고 안부를 물었다.

宿 (잘 숙, 별자리 수) - 5급Ⅱ
宀부 / 총 11획
필순: 丶 宀 宀 宀 宀 宿 宿 宿 宿
동: 寢 잘 침

- 宿所(숙소): 집을 떠난 사람이 임시로 묵음. 또는 그런 곳
  예) 그들은 같은 宿所에서 머물고 있다.

順 (순할 순) - 5급Ⅱ
頁부 / 총 12획
필순: 川 川 川 川 順 順 順 順 順
비: 須 모름지기 수
반: 逆 거스를 역

- 順理(순리): 순한 이치나 도리. 또는 도리나 이치에 순종함.
  예) 그간 막혔던 일들이 順理대로 풀렸다.

純 (순수할 순) - 4급Ⅱ
糸부 / 총 10획
필순: 丶 纟 纟 纟 糸 糸 紅 紅 純
비: 鈍 둔할 둔
동: 潔 깨끗할 결

- 純眞(순진): 마음이 꾸밈이 없고 순박함.
  예) 우리는 그의 純眞한 겉모습에 속았다.

활용 한자 확인하기

植 심을 식 / 命 목숨 명 / 量 헤아릴 량 / 學 배울 학 / 才 재주 재 / 母 어미 모 / 女 계집 녀
所 바 소 / 理 다스릴 리 / 眞 참 진

3급	ノ 厂 厂 戊 戊 戊
戌 개 술 戈부 총 6획	비 茂: 무성할 무 戊: 천간 무

- 甲戌(갑술): 육십갑자의 열한째
  예 1994년과 2054년은 甲戌년에 해당된다.

4급	丨 屮 屮 屮 岩 岩 崇 崇 崇
崇 높을 숭 山부 총 11획	비 宗: 마루 종 동 高: 높을 고 尙: 오히려 상

- 崇拜(숭배): 우러러 공경함.
  예 고대 이집트에서는 태양을 崇拜하였다.

6급	ㄱ ㄱ 习 习 羽 羽 羽 習 習 習
習 익힐 습 羽부 총 11획	동 學: 배울 학 練: 익힐 련 慣: 익숙할 관

- 自習(자습): 혼자의 힘으로 배워서 익힘. / 선생님의 가르침이 없이 학생들이 자체로 학습하는 수업
  예 그녀는 自習 시간마다 한자 성어를 공부하였다.

3급II	一 十 扌 扌 扒 抖 拾 拾
拾 주울 습, 열 십 手(扌)부 총 9획	

- 拾得(습득): 주워서 얻음.
  예 영수는 등굣길에 지갑을 拾得하였다.

3급II	ノ 二 千 千 千 壬 乖 乖 乘 乘
乘 탈 승 丿부 총 10획	반 降: 내릴 강 약 乗

- 乘客(승객): 차, 배, 비행기 따위의 탈것을 타는 손님
  예 乘客들이 버스에 승차하고 있다.

4급II	ㄱ 了 了 丞 丞 承 承 承
承 이을 승 手부 총 8획	동 繼: 이을 계

- 傳承(전승): 문화, 풍속, 제도 따위를 이어받아 계승함.
  예 그 이야기는 입에서 입으로 傳承되었다.

6급	ノ 刀 月 月 肝 肝 胖 胖 勝 勝
勝 이길 승 力부 총 12획	반 敗: 패할 패 負: 질 부

- 決勝(결승): 운동 경기 따위에서, 마지막 승자를 결정함.
  예 우리 팀이 決勝에 진출하였다.

7급II	丶 亠 广 方 市
市 저자 시 巾부 총 5획	동 都: 도읍 도

- 市場(시장): 여러 가지 상품을 사고파는 일정한 장소
  예 어머니는 재래市場을 이용하신다.

5급	一 二 于 示 示
示 보일 시 示부 총 5획	

- 表示(표시): 겉으로 드러내 보임.
  예 그는 내 제안에 강한 불만을 表示하였다.

4급II	丨 冂 日 日 旦 早 早 是 是
是 이/옳을 시 日부 총 9획	반 非: 아닐 비

- 是非(시비): 옳음과 그름 / 옳고 그름을 따지는 말다툼
  예 판정 是非로 경기가 중단되었다.

| 甲 갑옷 갑 | 拜 절 배 | 自 스스로 자 | 得 얻을 득 | 客 손 객 | 傳 전할 전 | 決 결단할 결 |
| 場 마당 장 | 表 겉 표 | 非 아닐 비 | | | | |

중학교 교육용 기초 한자 900자

7급II	ㅣ ㄇ ㅁ 日 日 旷 旷 旷 時 時
時 때 시 日부 총 10획	時 時　　時計

- 時計(시계): 시간을 재거나 시각을 나타내는 기계나 장치를 통틀어 이르는 말
  - 예 時計가 12시를 알렸다.

4급II	ᅳ 千 禾 禾[ネ] 視 視 視 視 視 視
視 볼 시 見부 총 12획	視 視　　輕視

- 輕視(경시): 대수롭지 않게 보거나 업신여김.
  - 예 너는 그의 능력을 輕視하고 있다.

4급II	ᅳ 亠 言 言 言 訂 訂 試 試
試 시험 시 言부 총 13획	試 試　　入試 동 驗: 시험 험

- 入試(입시): 입학생을 선발하기 위하여 입학 지원자들에게 치르도록 하는 시험
  - 예 각 대학의 入試 요강이 발표되었다.

6급	ᅳ 二 三 子 式 式
式 법 식 弋부 총 6획	式 式　　形式 동 例: 법식 례 　 典: 법 전 　 法: 법 법

- 形式(형식): 사물이 외부로 나타나 보이는 모양
  - 예 그들은 形式적인 절차를 생략하였다.

5급II	ᅳ 言 言 言 言 語 諳 識 識
識 알 식, 기록할 지 言부 총 19획	識 識　　知識

- 知識(지식): 어떤 대상에 대하여 배우거나 실천을 통하여 알게 된 명확한 인식이나 이해
  - 예 그는 조류에 대한 해박한 知識을 갖고 있다.

4급II	` 亠 ㄹ 言 言 計 詩 詩 詩
詩 시 시 言부 총 13획	詩 詩　　詩人 비 時: 때 시

- 詩人(시인): 시를 전문적으로 짓는 사람
  - 예 그녀는 詩人이자 소설가이다.

4급II	` 亠 方 方 方 芳 施 施 施
施 베풀 시 方부 총 9획	施 施　　施賞 비 族: 겨레 족 　 旅: 나그네 려 동 設: 베풀 설

- 施賞(시상): 상장이나 상품, 상금 따위를 줌.
  - 예 우수 사원에 대한 施賞이 있을 예정이다.

6급II	ㄑ ㄣ 女 女 奼 妌 始 始
始 비로소 시 女부 총 8획	始 始　　始作 반 末: 끝 말 　 終: 마칠 종 동 初: 처음 초

- 始作(시작): 어떤 일이나 행동의 처음 단계를 이루거나 그렇게 하게 함. 또는 그 단계
  - 예 기말 고사가 始作되었다.

7급	ᅳ 十 扌 才 木 木 朾 枯 植 植
植 심을 식 木부 총 12획	植 植　　植物 동 栽: 심을 재

- 植物(식물): 생물계의 두 갈래 가운데 하나
  - 예 植物의 성장에는 햇빛이 필요하다.

7급II	ノ 人 人 今 今 今 食 食 食
食 밥/먹을 식 食부 총 9획	食 食　　食品

- 食品(식품): 사람이 일상적으로 섭취하는 음식물을 통틀어 이르는 말
  - 예 집 근처에 食品 가게가 생겼다.

활용 한자 확인하기

計 셀 계　　人 사람 인　　輕 가벼울 경　　賞 상줄 상　　入 들 입　　作 지을 작　　形 모양 형
物 물건 물　　知 알 지　　品 물건 품

4급 II	丶 丆 日 日 申
申 납 신 田부 총 5획	申 申　　申請

비 甲: 갑옷 갑
동 告: 고할 고

- 申請(신청): 단체나 기관에 어떠한 일이나 물건을 알려 청구함.
  예 최 대리는 휴가를 申請하였다.

5급 II	一 丆 丅 Ŧ 쭈 臣
臣 신하 신 臣부 총 6획	臣 臣　　忠臣

반 民: 백성 민
　 君: 임금 군

- 忠臣(충신): 육정신의 하나. 나라와 임금을 위하여 충성을 다하는 신하를 이름.
  예 忠臣은 두 임금을 섬기지 않는다.

6급 II	丿 亻 亻 亻 亻 信 信 信
信 믿을 신 人(亻)부 총 9획	信 信　　信用

반 疑: 의심할 의

- 信用(신용): 사람이나 사물이 틀림없다고 믿어 의심하지 아니함. 또는 그런 믿음성의 정도
  예 장사는 信用이 생명이다.

3급	丶 亠 ㅗ ㅛ 立 꾸 辛
辛 매울 신 辛부 총 7획	辛 辛　　辛勝

비 幸: 다행 행
동 苦: 쓸 고
　 烈: 매울 렬

- 辛勝(신승): 경기 따위에서 힘들게 겨우 이김.
  예 승부차기 끝에 일본에 辛勝하였다.

6급 II	亠 ㅗ ㅛ 立 辛 亲 亲 新 新 新 新
新 새 신 斤부 총 13획	新 新　　新入

반 古: 예 고
　 舊: 예 구

- 新入(신입): 어떤 모임이나 단체에 새로 들어옴.
  예 관현악단에서 新入 단원을 모집 중이다.

6급 II	一 ㄧ 亍 示 示 礻 礻 神 神 神
神 귀신 신 示부 총 10획	神 神　　精神

동 鬼: 귀신 귀
　 靈: 신령 령

- 精神(정신): 육체나 물질에 대립되는 영혼이나 마음
  예 精神을 차리고 보니 병원이었다.

6급 II	丿 亻 亻 自 自 身 身
身 몸 신 身부 총 7획	身 身　　處身

반 心: 마음 심
동 體: 몸 체

- 處身(처신): 세상을 살아가는 데 가져야 할 몸가짐이나 행동
  예 그는 선배답게 處身하였다.

6급	丿 ㅡ ㄴ 井 失
失 잃을 실 大부 총 5획	失 失　　失望

비 矢: 화살 시
반 得: 얻을 득
동 敗: 패할 패

- 失望(실망): 희망이나 명망을 잃음. 또는 바라던 일이 뜻대로 되지 아니하여 마음이 몹시 상함.
  예 失望스럽게도 우리 팀이 패배하였다.

8급	丶 丶 宀 宀 宀 宁 宔 室 室
室 집 실 宀부 총 9획	室 室　　教室

동 家: 집 가

- 教室(교실): 유치원, 초등학교, 중·고등학교에서 학습 활동이 이루어지는 방
  예 우리 教室은 5층에 있다.

5급 II	宀 宁 宁 宙 宙 宙 寍 實 實 實 實 實 實
實 열매 실 宀부 총 14획	實 實　　結實

동 果: 실과 과
약 実

- 結實(결실): 식물이 열매를 맺거나 맺은 열매가 여묾. 또는 그런 열매
  예 가을은 結實의 계절이다.

활용 한자 확인하기

請 청할 청　　忠 충성 충　　用 쓸 용　　勝 이길 승　　入 들 입　　精 정할 정　　處 곳 처
望 바랄 망　　教 가르칠 교　　結 맺을 결

7급	ノ 心 心 心
心 마음 심 心부 총 4획	心 心 安心 반 身:몸신 體:몸체 동 性:성품성

- 安心(안심): 모든 걱정을 떨쳐 버리고 마음을 편히 가짐.
  예 고비를 넘겼으니 安心하세요.

3급II	一 十 卄 甘 甘 其 甚 甚 甚
甚 심할 심 甘부 총 9획	甚 甚 極甚

- 極甚(극심): 매우 심함.
  예 그 나라는 極甚한 가뭄에 처해 있다.

4급II	丶 丶 氵 氵 汀 汈 汈 泙 深 深
深 깊을 심 水(氵)부 총 11획	深 深 深夜 반 淺:얕을천

- 深夜(심야): 깊은 밤
  예 深夜에는 통화 요금이 할인된다.

8급	一 十
十 열 십 十부 총 2획	十 十 十分

- 十分(십분): 아주 충분히
  예 당신의 처지를 十分 이해합니다.

4급	ノ 厂 厂 氏
氏 각시/성씨 씨 氏부 총 4획	氏 氏 姓氏

- 姓氏(성씨): '성(姓)'을 높여 이르는 말
  예 옛날에는 모든 사람이 姓氏를 가진 것은 아니었다.

5급II	ノ 丶 丶 白 白 臼 兒 兒
兒 아이 아 儿부 총 8획	兒 兒 兒童 동 童:아이동 약 児

- 兒童(아동): 신체적·지적으로 미성숙한 단계에 있는 사람
  예 兒童 도서는 3층에 있습니다.

3급II	ノ 一 千 手 我 我 我
我 나 아 戈부 총 7획	我 我 我軍

- 我軍(아군): 우리 편 군대
  예 적군은 我軍의 공격에 후퇴하였다.

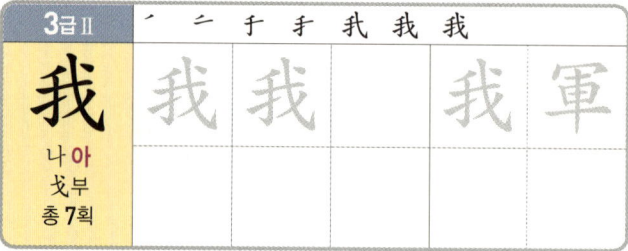

5급II	一 一 十 十 耳 耳 耳 亞 亞 惡 惡
惡 악할 악, 미워할 오 心부 총 12획	惡 惡 惡用 반 善:착할선 약 悪

- 惡用(악용): 알맞지 않게 쓰거나 나쁜 일에 씀.
  예 그는 그녀의 순수함을 惡用하였다.

7급II	丶 丶 宀 宀 安 安
安 편안 안 宀부 총 6획	安 安 便安 반 否:아닐부 危:위태할위 동 全:온전전

- 便安(편안): 편하고 걱정 없이 좋음.
  예 당신과 함께 있으면 마음이 便安합니다.

5급	丶 丶 宀 宀 安 安 安 宰 宰 案
案 책상 안 木부 총 10획	案 案 考案

- 考案(고안): 연구하여 새로운 안을 생각해 냄. 또는 그 안
  예 그는 새로운 기계를 考案해 냈다.

 **활용 한자 확인하기**

| 安 편안 안 | 極 다할/극진할 극 | 夜 밤 야 | 分 나눌 분 | 姓 성 성 | 童 아이 동 |
| 軍 군사 군 | 用 쓸 용 | | 便 편할 편 | 考 생각할 고 | |

68 이야기로 배우는 한자 1800

3급II 顔 낯 안 頁부 총 18획	亠亣产产彦彦彦節顏顏 顏 顏	紅顏 동 面: 낯면

4급II 眼 눈 안 目부 총 11획	｜冂冃目目目目民眼眼眼 眼 眼	眼目 비 眠: 잠잘 면 동 目: 눈목

• 紅顏(홍안): 붉은 얼굴이라는 뜻으로, 젊어서 혈색이 좋은 얼굴을 이르는 말
  예 紅顏의 소년은 어느덧 노인이 되었다.

• 眼目(안목): 사물을 보고 분별하는 견식
  예 그는 물건을 고르는 眼目이 뛰어나다.

4급II 暗 어두울 암 日부 총 13획	日日'日立日立日立日立日立日立日立 暗 暗	暗黑 반 明: 밝을 명

3급II 巖 바위 암 山부 총 23획	山山山片片片片片片片片片片 巖 巖	巖石 약 岩

• 暗黑(암흑): 어둡고 캄캄함.
  예 밤이 되면 사방이 暗黑 속에 잠긴다.

• 巖石(암석): 지각을 구성하고 있는 단단한 물질
  예 그 터널은 巖石을 폭파하여 만들었다.

3급II 仰 우러를 앙 人(亻)부 총 6획	ノ亻亻伫伫仰 仰 仰	信仰 비 抑: 누를 억

6급 愛 사랑 애 心부 총 13획	一ㅛ爫爫爫爫爫恶恶恶愛 愛 愛	愛情 반 惡: 미워할 오 憎: 미울 증 동 戀: 그릴 련

• 信仰(신앙): 초자연적인 절대자, 창조자 및 종교 대상에 대한 신자 자신의 태도로서, 두려워하고 경건히 여기며, 자비·사랑·의뢰심을 갖는 일
  예 나는 信仰의 힘으로 고난을 이겨 냈다.

• 愛情(애정): 사랑하는 마음
  예 그녀는 동생에 대한 愛情이 깊다.

3급II 哀 슬플 애 口부 총 9획	丶亠亠亠亠立立声哀 哀 哀	哀惜 반 樂: 즐길 락 歡: 기쁠 환

3급 也 이끼/어조사 야 乙부 총 3획	一カ也 也 也	及其也

• 哀惜(애석): 슬프고 아까움.
  예 哀惜하게도 우리 팀은 결승에 오르지 못하였다.

• 及其也(급기야): 마지막에 가서는
  예 及其也 그는 파면되고 말았다.

6급 夜 밤 야 夕부 총 8획	丶亠广广亣亦夜夜 夜 夜	夜間

6급 野 들 야 里부 총 11획	｜口日目甲里野野野野野 野 野	野外

• 夜間(야간): 해가 진 뒤부터 먼동이 트기 전까지의 동안
  예 오늘은 夜間 근무를 서는 날이다.

• 野外(야외): 집 밖이나 노천(露天)을 이르는 말
  예 아이들이 野外에서 축구를 하고 있다.

활용 한자 확인하기

紅 붉을 홍　目 눈목　黑 검을 흑　石 돌석　信 믿을 신　情 뜻정　惜 아낄 석
及 미칠 급　其 그기　間 사이 간　外 바깥 외

중학교 교육용 기초 한자 900자 **69**

弱 (6급II) 약할 약, 弓부, 총 10획
필순: 乛 彐 弓 弓 弜 弜 弱 弱 弱
예시어: 弱弱 弱者
반(反): 強 강할 강

- 弱者(약자): 힘이나 세력이 약한 사람이나 생물. 또는 그런 집단
  예) 그는 항상 弱者의 편에 선다.

若 (3급II) 같을 약, 반야 야, 艸(艹)부, 총 9획
필순: 一 十 艹 艹 艹 苎 芋 若 若
예시어: 若 若 萬若
비(比): 苦 쓸 고

- 萬若(만약): 혹시 있을지도 모르는 뜻밖의 경우
  예) 萬若을 위해서 구급차와 의료진을 대기시켰다.

約 (5급II) 맺을 약, 糸부, 총 9획
필순: 乙 ㄠ 幺 幺 糸 糸 糹 約 約
예시어: 約 約 公約
동(同): 結: 맺을 결 / 束: 묶을 속

- 公約(공약): 정부 정당, 입후보자 등이 어떤 일에 대하여 국민에게 실행할 것을 약속함. 또는 그런 약속
  예) 그는 당선된 후에 선거 公約을 실천하였다.

藥 (6급II) 약 약, 艸(艹)부, 총 19획
필순: 艹 艹 节 芦 苎 茲 藜 薬 藥 藥
예시어: 藥 藥 韓藥
약(略): 薬

- 韓藥(한약): 한방에서 쓰는 약
  예) 그녀는 아들을 위해 韓藥 열 첩을 지었다.

羊 (4급II) 양 양, 羊부, 총 6획
필순: 丶 丶 丷 ⺌ 兰 羊
예시어: 羊 羊 羊毛

- 羊毛(양모): 양의 털
  예) 날씨가 추워져서 羊毛로 짠 스웨터를 입었다.

洋 (6급) 큰 바다 양, 水(氵)부, 총 9획
필순: 丶 丶 氵 氵 汁 汁 洋 洋 洋
예시어: 洋 洋 海洋
동(同): 海: 바다 해

- 海洋(해양): 넓고 큰 바다
  예) 그는 주말마다 海洋 스포츠를 즐긴다.

養 (5급II) 기를 양, 食부, 총 15획
필순: ⺌ ⺌ 羊 羊 羊 美 姜 养 養 養
예시어: 養 養 養成
동(同): 育: 기를 육

- 養成(양성): 가르쳐서 유능한 사람을 길러 냄.
  예) 그는 은퇴 후 후진 養成에 힘쓰고 있다.

揚 (3급II) 날릴 양, 手(扌)부, 총 12획
필순: 扌 扌 扌 扌 押 押 押 揚 揚 揚
예시어: 揚 揚 浮揚
비(比): 陽: 볕 양 / 場: 마당 장

- 浮揚(부양): 가라앉은 것이 떠오름. 또는 가라앉은 것을 떠오르게 함.
  예) 경기 浮揚 대책이 발표되었다.

陽 (6급) 볕 양, 阜(阝)부, 총 12획
필순: 乛 ㄱ 阝 阝 阝 阽 阽 阽 陽 陽
예시어: 陽 陽 陽地
비(比): 場: 마당 장
반(反): 陰: 그늘 음

- 陽地(양지): 볕이 바로 드는 곳
  예) 陽地가 음지 되고 음지가 陽地 된다.

讓 (3급II) 사양할 양, 言부, 총 24획
필순: 言 言 訁 諄 諄 諫 諫 諫 讓 讓
예시어: 讓 讓 讓步
약(略): 讓

- 讓步(양보): 길이나 자리, 물건 따위를 사양하여 남에게 미루어 줌.
  예) 노약자에게 자리를 讓步하였다.

활용 한자 확인하기

者 놈 자 / 萬 일만 만 / 公 공평할 공 / 韓 한국/나라 한 / 毛 털 모 / 海 바다 해 / 成 이룰 성
浮 뜰 부 / 地 땅 지 / 步 걸음 보

5급	⺈ ⺈ 刍 刍 刍 舟 魚 魚 魚 魚 魚
魚 물고기 **어** 魚부 총 11획	魚 魚 活魚

- 活魚(활어): 살아 있는 물고기
  예) 이 식당에서는 活魚만 취급한다.

5급	丶 冫 氵 氵 洤 洤 渔 漁 漁 漁
漁 고기 잡을 **어** 水(氵)부 총 14획	漁 漁 漁夫

- 漁夫(어부): 물고기 잡는 일을 업으로 하는 사람
  예) 漁夫는 출항하며 만선을 기원하였다.

3급	丶 ㄧ 方 方 方 於 於 於
於 어조사 **어** 탄식할 **오** 方부 총 8획	於 於 於此彼

- 於此彼(어차피): 이렇게 하든지 저렇게 하든지
  예) 於此彼 해야 한다면 지금 하자.

7급	丶 亠 言 言 訂 訴 訴 語 語
語 말씀 **어** 言부 총 14획	語 語 英語 동) 辭: 말씀 사

- 英語(영어): 인도·유럽 어족 게르만 어파의 서게르만 어군에 속한 언어
  예) 형은 英語도 잘하지만 일본어도 잘한다.

5급	亻 亻 亻 伫 倍 倍 億 億 億
億 억 **억** 人(亻)부 총 15획	億 億 數億 비) 意: 뜻 의 憶: 생각할 억

- 數億(수억): 억의 두서너 배가 되는 수
  예) 우리 회사는 이번 사업에 數億을 투자하였다.

3급Ⅱ	忄 忄 忄 忄 憶 憶 憶 憶 憶
憶 생각할 **억** 心(忄)부 총 16획	憶 憶 記憶 비) 億: 억 억

- 記憶(기억): 이전의 인상이나 경험을 의식 속에 간직하거나 도로 생각해 냄.
  예) 그 일은 記憶에서 사라진 지 오래다.

6급	丶 亠 亠 言 言 言 言
言 말씀 **언** 言부 총 7획	言 言 言語 반) 文: 글월 문 　　行: 다닐 행 동) 語: 말씀 어

- 言語(언어): 생각, 느낌 따위를 나타내거나 전달하는 데에 쓰는 음성, 문자 따위의 수단
  예) 言語는 생각의 전달 수단이다.

4급	罒 严 严 严 嚴 嚴 嚴 嚴 嚴
嚴 엄할 **엄** 口부 총 20획	嚴 嚴 嚴選 동) 肅: 엄숙할 숙 약) 厳

- 嚴選(엄선): 엄격하고 공정하게 가리어 뽑음.
  예) 그녀는 좋은 작품들을 嚴選하여 미술관에 전시하였다.

6급Ⅱ	丨 丱 丱 丱 丱 丵 丵 業 業
業 업 **업** 木부 총 13획	業 業 工業 동) 事: 일 사 務: 힘쓸 무

- 工業(공업): 원료를 인력이나 기계력으로 가공하여 유용한 물자를 만드는 산업
  예) 그 나라는 工業이 낙후되어 있다.

3급	丿 入 𠆢 今 令 余
余 나 **여** 人부 총 7획	余 余 余等

- 余等(여등): '우리'를 문어적으로 이르는 말
  예) '아등(我等)'은 '余等'과 뜻이 비슷한 말이다.

활용 한자 확인하기

活 살 활　　夫 지아비 부　　此 이 차　　彼 저 피　　英 꽃부리 영　　數 셈 수　　記 기록할 기
語 말씀 어　　選 가릴 선　　工 장인 공　　等 무리 등

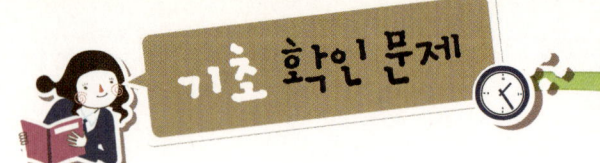

[問 01-15] 다음 漢字(한자)의 訓(훈: 뜻)과 音(음: 소리)을 쓰시오.

| 字 ➡ 글자 자 |

01 俗 (   )   02 弱 (   )   03 兒 (   )
04 手 (   )   05 洋 (   )   06 戌 (   )
07 守 (   )   08 余 (   )   09 秀 (   )
10 暗 (   )   11 辛 (   )   12 億 (   )
13 野 (   )   14 試 (   )   15 室 (   )

[問 16-27] 다음 訓(훈: 뜻)과 音(음: 소리)에 알맞은 漢字(한자)를 쓰시오.

| 글자 자 ➡ 字 |

16 깊을 심 (   )   17 물고기 어 (   )   18 이길 승 (   )
19 편안 안 (   )   20 신하 신 (   )   21 근심 수 (   )
22 목숨 수 (   )   23 알 식 (   )   24 소나무 송 (   )
25 사랑 애 (   )   26 익힐 습 (   )   27 볼 시 (   )

[問 28-39] 다음 漢字語(한자어)의 讀音(독음)을 쓰시오.

| 漢字 ➡ 한자 |

28 市場 (   )   29 素材 (   )   30 紅顏 (   )
31 夜間 (   )   32 韓藥 (   )   33 詩人 (   )
34 純眞 (   )   35 精神 (   )   36 嚴選 (   )
37 誰何 (   )   38 淑女 (   )   39 授業 (   )

[問 40-44] 다음 밑줄 친 漢字語(한자어)를 漢字(한자)로 쓰시오.

| 한국 ➡ 韓國 |

40 그는 노인에게 자리를 양보하였다.   (   )
41 우리는 실패했지만 실망하지 않았다.   (   )
42 우리들이 묵을 숙소는 넓고 깨끗하였다.   (   )
43 승객들이 차례차례 비행기에 탑승하고 있다.   (   )
44 거실에 있는 시계가 멎어서 건전지를 갈아 끼웠다. (   )

이야기로 익히는 주요 한자어

청백리의 대명사, 맹사성

　맹사성은 **王位**에 오른 세종대왕을 도와 조선 왕조 초기의 기틀을 다지는 **偉業**을 달성하는 데 **重要**한 역할을 했던 **有能**한 재상이었다. 그는 벼슬이 정승에 올랐어도 재물에는 욕심이 없어 청빈하고 검소하게 살았다. 간혹 청렴하고 강직한 성품대로 공적인 일을 집행했다가 **憂患**을 당한 적도 있었다. 평소 **威嚴**을 세우지 않았고 품성이 어질고 부드러웠으나, 조정에서 나랏일을 **協議**할 때에는 과단성이 있었다. 또한, 맹사성은 **音樂**에 조예가 있어 스스로 악기를 만들어 **利用**하였고, 멋과 여유로 슬기롭게 살며 재미있는 일화를 많이 남겼다.

　그는 높은 벼슬과는 어울리지 않게 평소 말이나 가마 대신 검은 소를 즐겨 타고 다녔다. 어느 해 한식 날, 맹사성은 온양의 부모님 산소를 찾아 성묘하고 한양으로 돌아가는 길이었다. 그날도 **亦是** 검은 소를 타고 어슬렁거리며 지나는데 갑자기 비가 내리기 시작했다. **雨天**으로 주막 처마 밑에 소를 매어 놓고 안으로 들어가니 젊은 선비 하나가 이미 아랫목에 자리를 잡고 있었다. 본래 검소하여 좋은 **衣服**을 입지 않았고 아무렇게나 걸치고 다니던 맹사성은 문가에 앉아 날이 개기를 기다렸다. 그러자 그를 시골 노인으로 **誤解**한 젊은 선비가 심심했던지, 아랫목으로 와서 편히 앉기를 권하였다. 두 사람은 비가 그치기를 기다리는 동안 심심풀이로 장기를 두었는데 번번이 **英特**한 맹사성이 승리하였다. 그러자 선비가 이번에는 묻고 대답하는 말끝에 '공' 자와 '당' 자를 달아서 누구의 말문이 먼저 막히는가 보기로 했다.

　于先 맹사성이 시작했다.
　"한양에는 무엇 하러 가는공?"
　"과거 시험 보러 간당."
　"내가 벼슬길을 주선하면 어떨공?"
　"에이, 놀리는 건 옳지 않당."

　그러는 사이 날이 개어 두 사람은 길을 떠나 한양으로 올라와 헤어졌다. 며칠 뒤, 맹사성이 나랏일을 수행하고 있는데 한 젊은이가 과거 시험에 합격했다고 인사를 하러 왔다. 고개를 들어보니 며칠 전에 만난 그 선비였다. 맹 정승이 장난기가 발동하여 이렇게 물었다. "어떻게 되었는공?" 그러자 젊은이는 자신이 인사하러 온 우의정이 바로 **以前**에 만난 허름한 옷차림의 노인인 것을 알고는 깜짝 놀라 자신의 **行爲**를 뉘우치며 그 자리에 엎드려 "죽어 마땅하옵니당!"이라고 **應答**했다고 한다. **理由**를 몰라 의아해 하는 사람들에게 맹사성이 자초지종을 이야기하자 모두가 한바탕 웃음을 터뜨렸다.

| 왕위, 위업 |
| 중요, 유능 |
| 우환, 위엄 |
| 협의 |
| 음악, 이용 |
| 역시 |
| 우천 |
| 의복 |
| 오해 |
| 영특 |
| 우선 |
| 이전 |
| 행위 |
| 응답, 이유 |

| 4급 II | 餘 남을 여 食(飠)부 총 16획 | 획순: ノ 人 ㅅ 乍 乍 乍 僉 僉 飮 | 餘 餘 | 餘 分 동 暇: 겨를 가 약 余 |

- 餘分(여분): 나머지
  예) 나는 餘分의 건전지를 준비하였다.

| 4급 II | 如 같을 여 女부 총 6획 | 획순: く 女 女 如 如 如 | 如 如 | 如 前 |

- 如前(여전): 전과 같음.
  예) 그의 고집은 如前하였다.

| 3급 | 汝 너 여 水(氵)부 총 6획 | 획순: ` ` 氵 氵 汝 汝 | 汝 汝 | 汝矣島 |

- 汝矣島(여의도): 서울특별시 영등포구에 속한, 한강 가운데 있는 섬
  예) 汝矣島 공원에서 친구를 만났다.

| 4급 | 與 더불/줄 여 臼부 총 14획 | 획순: ㄣ 下 下 下 臼 舁 舁 與 與 與 | 與 與 | 授 與 반 野: 들 야 受: 받을 수 약 与 |

- 授與(수여): 증서, 상장, 훈장 따위를 줌.
  예) 입상자들에게는 상장이 授與된다.

| 3급 II | 亦 또 역 亠부 총 6획 | 획순: ` 亠 亠 亣 亦 亦 | 亦 亦 | 亦 是 비 赤: 붉을 적 |

- 亦是(역시): 또한 / 생각하였던 대로
  예) 두 번째 시도도 亦是 실패로 돌아갔다.

| 4급 | 易 바꿀 역, 쉬울 이 日부 총 8획 | 획순: ㅣ 口 日 日 月 月 易 易 | 易 易 | 交 易 반 難: 어려울 난 |

- 交易(교역): 주로 나라와 나라 사이에서 물건을 사고팔고 하여 서로 바꿈.
  예) 최근 한국과 중국 사이의 交易이 활발해졌다.

| 4급 II | 逆 거스릴 역 辵(辶)부 총 10획 | 획순: ` ` ` 亠 屰 屰 屰 逆 逆 逆 | 逆 逆 | 逆 流 |

- 逆流(역류): 물이 거슬러 흐름. 또는 그렇게 흐르는 물
  예) 장마가 지자 하수구의 물이 逆流하였다.

| 7급 | 然 그럴 연 火(灬)부 총 12획 | 획순: ク ㄉ ㄉ ㄉ 夕 欠 欠 然 然 然 | 然 然 | 必 然 반 否: 아닐 부 |

- 必然(필연): 사물의 관련이나 일의 결과가 반드시 그렇게 될 수밖에 없음.
  예) 우리의 만남은 必然이다.

| 4급 II | 煙 연기 연 火부 총 13획 | 획순: 火 火 火 炬 炬 煙 煙 煙 煙 | 煙 煙 | 煙 氣 |

- 煙氣(연기): 무엇이 불에 탈 때에 생겨나는 흐릿한 기체나 기운
  예) 아니 땐 굴뚝에 煙氣 날까.

| 4급 II | 研 갈 연 石부 총 11획 | 획순: 一 T 工 石 石 石 矸 矸 研 | 研 研 | 研 修 동 究: 연구할 구 修: 닦을 수 약 研 |

- 研修(연수): 학문 따위를 연구하고 닦음.
  예) 내일부터 신입 사원 研修가 시작된다.

활용 한자 확인하기

分 나눌 분 前 앞 전 矣 어조사 의 島 섬 도 授 줄 수 是 이 시 交 사귈 교
流 흐를 류 必 반드시 필 氣 기운 기 修 닦을 수

74 이야기로 배우는 한자 1800

5급
熱 더울 열
火(灬)부
총 15획
- 반 冷: 찰랭

• 熱心(열심): 어떤 일에 온 정성을 다하여 골똘하게 힘씀. 또는 그런 마음
예 그녀는 매사에 熱心이다.

3급Ⅱ
悅 기쁠 열
心(忄)부
총 10획
- 동 樂: 즐길 락
- 喜: 기쁠 희

• 喜悅(희열): 기쁨과 즐거움. 또는 기뻐하고 즐거워함.
예 그의 얼굴은 喜悅에 차 있었다.

3급Ⅱ
炎 불꽃 염
火부
총 8획

• 暴炎(폭염): 매우 심한 더위
예 36도를 웃도는 暴炎이 기승을 부리고 있다.

5급
葉 잎 엽
艸(艹)부
총 13획

• 落葉(낙엽): 말라서 떨어진 나뭇잎
예 落葉이 바람에 흩날렸다.

6급
永 길 영
水부
총 5획
- 비 氷: 얼음 빙
- 동 遠: 멀 원
- 久: 오랠 구

• 永住(영주): 한곳에 오래 삶.
예 그는 장차 미국에 永住할 생각이다.

6급
英 꽃부리 영
艸(艹)부
총 9획
- 동 特: 특별할 특

• 英特(영특): 남달리 뛰어나고 훌륭함.
예 동생은 어려서부터 英特하였다.

4급
迎 맞을 영
辵(辶)부
총 8획
- 반 送: 보낼 송

• 歡迎(환영): 오는 사람을 기쁜 마음으로 반갑게 맞음.
예 너의 방문은 언제나 歡迎이다.

4급Ⅱ
榮 영화 영
木부
총 14획
- 반 辱: 욕될 욕
- 동 華: 빛날 화
- 약 栄

• 榮光(영광): 빛나고 아름다운 영예
예 당신을 만나서 榮光입니다.

4급Ⅱ
藝 재주 예
艸(艹)부
총 19획
- 동 技: 재주 기
- 術: 재주 술
- 약 芸, 藝

• 書藝(서예): 글씨를 붓으로 쓰는 예술
예 그의 書藝 실력은 스승을 능가한다.

8급
五 다섯 오
二부
총 4획

• 五感(오감): 시각, 청각, 후각, 미각, 촉각의 다섯 가지 감각
예 선우는 五感 중 후각이 가장 발달되었다.

 활용 한자 확인하기

心 마음 심 喜 기쁠 희 暴 사나울 폭 落 떨어질 락 住 살 주 特 특별할 특 歡 기쁠 환
光 빛 광 書 글 서 感 느낄 감

3급	一 厂 丆 五 五 吾 吾
吾 나 오 口부 총 7획	吾 吾 / 吾鼻三尺

- 吾鼻三尺(오비삼척): 내 코가 석자라는 뜻으로, 자기 사정이 급하여 남을 돌볼 겨를이 없음을 이르는 말
  예) 吾鼻三尺이라 너를 도와줄 수 없어.

3급Ⅱ	` ´ 忄 忄 忄 忄 悟 悟 悟 悟
悟 깨달을 오 心(忄)부 총 10획	悟 悟 / 改悟

- 改悟(개오): 잘못을 깨닫고 뉘우침.
  예) 어렵게 범인을 잡았지만 改悟해서 놓아주었다.

7급Ⅱ	ノ ト 느 午
午 낮 오 十부 총 4획	午 午 / 正午 비) 牛: 소 우

- 正午(정오): 낮 열두 시
  예) 친구와 내일 正午에 점심 식사를 함께 하기로 약속했다.

4급Ⅱ	` 亠 亠 言 誤 誤 誤 誤 誤
誤 그르칠 오 言부 총 14획	誤 誤 / 誤解 동) 錯: 어긋날 착

- 誤解(오해): 그릇되게 해석하거나 뜻을 잘못 앎. 또는 그런 해석이나 이해
  예) 너는 나를 誤解하고 있어.

3급Ⅱ	´ ㇆ 乊 乌 乌 烏 烏 烏 烏 烏
烏 까마귀 오 火(灬)부 총 10획	烏 烏 / 烏竹 비) 鳥: 새 조

- 烏竹(오죽): 볏과의 여러해살이 식물. 대의 일종으로 줄기가 첫해에는 녹색으로 솜대와 비슷하지만 다음 해부터 자흑색으로 변함.
  예) 뜰 안에 烏竹이 있어 오죽헌이라고 부르게 되었다.

4급Ⅱ	一 二 干 王 玉
玉 구슬 옥 玉부 총 5획	玉 玉 / 白玉 반) 石: 돌 석

- 白玉(백옥): 빛깔이 하얀 옥
  예) 그녀는 白玉 같은 피부를 지녔다.

5급	㇇ ㇈ 尸 尸 尸 居 居 屋 屋
屋 집 옥 尸부 총 9획	屋 屋 / 洋屋 동) 舍: 집 사 / 宇: 집 우 / 家: 집 가

- 洋屋(양옥): 서양식으로 지은 집
  예) 한옥에서 살다가 洋屋으로 이사하였다.

6급	` ` 氵 氵 沪 沪 沪 汨 沼 溫 溫 溫 溫
溫 따뜻할 온 水(氵)부 총 13획	溫 溫 / 溫室 반) 冷: 찰 랭 동) 暖: 따뜻할 난 약) 温

- 溫室(온실): 난방 장치를 한 방
  예) 그는 溫室 속의 화초처럼 자랐다.

3급Ⅱ	一 厂 厂 瓦 瓦
瓦 기와 와 瓦부 총 5획	瓦 瓦 / 瓦解

- 瓦解(와해): 기와가 깨진다는 뜻으로, 조직이나 계획 따위가 산산이 무너지고 흩어짐을 이르는 말
  예) 그 조직은 머지않아 瓦解될 것이다.

3급	一 丆 丆 五 五 臣 臥 臥
臥 누울 와 臣부 총 8획	臥 臥 / 臥病

- 臥病(와병): 병으로 자리에 누움. 또는 병을 앓고 있음.
  예) 선생님은 臥病으로 학교에 못나오고 계신다.

활용 한자 확인하기

鼻 코 비　　三 석 삼　　尺 자 척　　改 고칠 개　　正 바를 정　　解 풀 해　　竹 대 죽
白 흰 백　　洋 큰 바다 양　　室 집 실　　病 병 병

完 (5급) — 완전할 완, 宀부, 총 7획
필순: 丶丶宀宁宁宇完
- 동: 全 온전 전
- **完全**(완전): 필요한 것이 모두 갖추어져 모자람이나 흠이 없음.
  - 예) 세상에 **完全**한 사람은 없다.

王 (8급) — 임금 왕, 玉부, 총 4획
필순: 一二千王
- 비: 玉 구슬 옥
- 동: 君 임금 군
- **王位**(왕위): 임금의 자리
  - 예) 왕자는 열 다섯의 어린 나이에 **王位**에 올랐다.

外 (8급) — 바깥 외, 夕부, 총 5획
필순: ノクタ列外
- 반: 內 안 내
- **內外**(내외): 안과 밖을 아울러 이르는 말
  - 예) 경기장 **內外**는 관중들로 가득했다.

欲 (3급II) — 하고자 할 욕, 欠부, 총 11획
필순: ノクタ冬谷谷谷谷欲欲
- **意欲**(의욕): 무엇을 하고자 하는 적극적인 마음이나 욕망
  - 예) 그들은 매사에 **意欲**이 넘쳤다.

用 (6급II) — 쓸 용, 用부, 총 5획
필순: ノ几月月用
- 반: 捨 버릴 사
- 동: 費 쓸 비
- **利用**(이용): 대상을 필요에 따라 이롭게 씀.
  - 예) 공구를 **利用**하여 철사를 구부렸다.

曰 (3급) — 가로 왈, 曰부, 총 4획
필순: 丨冂曰曰
- **曰可曰否**(왈가왈부): 어떤 일에 대하여 옳거니 옳지 아니하거니 하고 말함.
  - 예) 그들은 이번 결정에 대해 **曰可曰否**할 자격이 없다.

往 (4급II) — 갈 왕, 彳부, 총 8획
필순: ノクイ彳彳彳往往
- 반: 來 올 래 / 復 회복할 복 / 返 돌이킬 반
- **往年**(왕년): 지나간 해
  - 예) 그녀는 **往年**에 유명한 가수였다.

要 (5급II) — 요긴할 요, 襾부, 총 9획
필순: 一一一一一一一要要要
- 동: 求 구할 구 / 緊 긴할 긴
- **重要**(중요): 귀중하고 요긴함.
  - 예) 상관은 내게 **重要**한 임무를 맡겼다.

浴 (5급) — 목욕할 욕, 水(氵)부, 총 10획
필순: 丶丶氵氵氵沙浴浴浴
- **浴室**(욕실): 목욕할 수 있도록 시설을 갖춘 방
  - 예) 그녀는 귀가하면 반드시 **浴室**에서 손을 씻는다.

勇 (6급II) — 날랠 용, 力부, 총 9획
필순: 一一一一一一面再勇
- 동: 敢 감히 감 / 猛 사나울 맹
- **勇氣**(용기): 씩씩하고 굳센 기운. 또는 사물을 겁내지 아니하는 기개
  - 예) 당신의 말에 큰 **勇氣**를 얻었습니다.

활용 한자 확인하기
- 全 온전 전
- 意 뜻 의
- 可 옳을 가
- 室 집 실
- 否 아닐 부
- 利 이할 리
- 位 자리 위
- 氣 기운 기
- 年 해 년
- 內 안 내
- 重 무거울 중

4급 II	`、 丶 宀 宀 宀 宀 灾 容 容 容`
容 얼굴 용 宀부 총 10획	容 容　美容　동 貌: 모양 모

- 美容(미용): 얼굴이나 머리를 아름답게 매만짐.
  예) 나는 피부 美容에 관심이 많다.

3급	`一 二 于`
于 어조사 우 二부 총 3획	于 于　于先　비 干: 방패 간

- 于先(우선): 어떤 일에 앞서서
  예) 일도 중요하지만 于先 밥부터 먹자.

3급 II	`、 丶 宀 宀 宀 宇`
宇 집 우 宀부 총 6획	宇 宇　宇宙　비 字: 글자 자

- 宇宙(우주): 모든 천체(天體)를 포함하는 공간
  예) 통신 위성을 탑재한 로켓이 宇宙로 발사되었다.

7급 II	`ノ ナ ナ 右 右`
右 오른 우 口부 총 5획	右 右　右便　반 左: 왼 좌

- 右便(우편): 오른쪽
  예) 그는 단상 右便에 앉아 있다.

5급 II	`一 ナ 方 友`
友 벗 우 又부 총 4획	友 友　友情

- 友情(우정): 친구 사이의 정
  예) 그와 나는 友情이 두텁다.

5급	`ノ 匕 二 牛`
牛 소 우 牛부 총 4획	牛 牛　韓牛

- 韓牛(한우): 소의 한 품종. 우리나라 재래종으로 농경, 운반 따위의 일에도 이용함.
  예) 그 식당은 최상급 韓牛만 사용한다.

5급 II	`一 ㄏ 冂 币 雨 雨 雨 雨`
雨 비 우 雨부 총 8획	雨 雨　雨天　반 晴: 갤 청

- 雨天(우천): 비가 오는 날씨
  예) 오늘 경기는 雨天으로 취소되었다.

3급 II	`一 币 百 百 百 直 憂 夢 夢 憂`
憂 근심 우 心부 총 15획	憂 憂　憂患　비 優: 넉넉할 우 동 患: 근심 환 慮: 생각할 려

- 憂患(우환): 집안에 복잡한 일이나 환자가 생겨서 나는 걱정이나 근심
  예) 집안에 憂患이 끊이질 않는다.

3급	`フ 又`
又 또 우 又부 총 2획	又 又　日新又日新

- 日新又日新(일신우일신): 날마다 새롭고 또 날마다 새로움.
  예) 日新又日新은 중국 은나라 때부터 내려오는 고사성어이다.

3급	`一 ナ 尢 尤`
尤 더욱 우 尢부 총 4획	尤 尤　尤妙

- 尤妙(우묘): 더욱 묘함.
  예) 그가 이제껏 한 번도 해 보지 않던 요리를 한 것은 尤妙한 일이었다.

| 활용 한자 확인하기 | 美 아름다울 미 | 先 먼저 선 | 宙 집 주 | 便 편할 편 | 情 뜻 정 | 韓 한국/나라 한 | 天 하늘 천 |
| | 患 근심 환 | 日 날 일 | 新 새 신 | 妙 묘할 묘 | | | |

4급	日 月 月 禺 禺 禺 禺 遇 遇 遇
遇 만날 **우** 辵(辶)부 총 13획	遇 遇　　　不 遇

- 不遇(불우): 살림이나 처지가 딱하고 어려움.
  예) 그는 不遇한 어린 시절을 보냈다.

3급	一 二 云 云
云 이를 **운** 二부 총 4획	云 云　　　云 云

- 云云(운운): 글이나 말을 인용하거나 생략할 때에, 이러이러하다고 말함의 뜻으로 쓰는 말
  예) 과거는 더 이상 云云하지 맙시다.

5급II	一 二 币 币 币 雨 雪 雲 雲 雲
雲 구름 **운** 雨부 총 12획	雲 雲　　　雲 集

- 雲集(운집): 구름처럼 모인다는 뜻으로, 많은 사람이 모여듦을 이르는 말
  예) 수많은 군중이 광장에 雲集해 있었다.

6급II	一 宀 宀 宀 宁 宣 軍 軍 運 運 運
運 옮길 **운** 辵(辶)부 총 13획	運 運　　　運 行

  동) 動: 움직일 동

- 運行(운행): 정하여진 길을 따라 차량 따위를 운전하여 다님.
  예) 폭설로 기차의 運行이 중단되었다.

5급	ナ ナ ナ ナ ナ ナ 雄 雄 雄
雄 수컷 **웅** 隹부 총 12획	雄 雄　　　英 雄

- 英雄(영웅): 지혜와 재능이 뛰어나고 용맹하여 보통 사람이 하기 어려운 일을 해내는 사람
  예) 이순신 장군은 우리 민족의 英雄이다.

5급II	一 二 テ 元
元 으뜸 **원** 儿부 총 4획	元 元　　　元 祖

- 元祖(원조): 첫 대의 조상 / 어떤 일을 처음으로 시작한 사람
  예) 식당마다 자기네 음식이 元祖라고 주장한다.

5급	一 厂 厂 厂 厈 原 原 原 原
原 언덕 **원** 厂부 총 10획	原 原　　　雪 原

- 雪原(설원): 눈이 덮인 벌판
  예) 그는 아무도 밟지 않은 雪原 위에서 마음껏 눈을 지쳤다.

5급	一 厂 厂 厈 原 原 原 願 願
願 원할 **원** 頁부 총 19획	願 願　　　念 願

  동) 望: 바랄 망

- 念願(염원): 마음에 간절히 생각하고 기원함. 또는 그런 것
  예) 그의 오랜 念願이 마침내 이루어졌다.

6급	土 吉 吉 吉 克 克 袁 袁 遠 遠
遠 멀 **원** 辵(辶)부 총 14획	遠 遠　　　永 遠

  반) 近: 가까울 근
  동) 永: 길 영
  약) 逺

- 永遠(영원): 어떤 상태가 끝없이 이어짐. 또는 시간을 초월하여 변하지 아니함.
  예) 그들은 永遠한 사랑을 약속하였다.

6급	丨 冂 冂 門 周 周 園 園 園
園 동산 **원** 口부 총 13획	園 園　　　花 園

- 花園(화원): 꽃을 심은 동산 / 꽃을 파는 가게
  예) 花園에서 백합 한 다발을 샀다.

활용 한자 확인하기

| 不 아닐 불 | 集 모을 집 | 行 다닐 행 | 英 꽃부리 영 | 祖 할아비 조 | 雪 눈 설 | 念 생각 념 |
| 永 길 영 | 花 꽃 화 | | | | | |

중학교 교육용 기초 한자 900자 **79**

4급	ノクタタ夗夗怨怨怨
怨 원망할 원 心부 총 9획	怨 怨 怨望 반 恩: 은혜 은 동 恨: 한 한

· 怨望(원망): 못마땅하게 여기어 탓하거나 불평을 품고 미워함.
  예) 그녀는 자기를 두고 떠난다는 그가 몹시 怨望스러웠다.

4급Ⅱ	丨冂冂冃同周周圓圓圓
圓 둥글 원 口부 총 13획	圓 圓 圓形 반 方: 모 방

· 圓形(원형): 둥근 모양
  예) 사람들이 圓形으로 앉아 게임을 즐기고 있다.

8급	ノ刀月月
月 달 월 月부 총 4획	月 月 月末 반 日: 날 일

· 月末(월말): 그달의 끝 무렵
  예) 月末까지 이번 일을 끝내야 합니다.

5급	ノイイ仁佇位位
位 자리 위 人(亻)부 총 7획	位 位 順位

· 順位(순위): 차례나 순서를 나타내는 위치나 지위
  예) 심사 위원이 선수들의 順位를 발표하였다.

4급	ノク产产危危
危 위태할 위 卩(㔾)부 총 6획	危 危 危急 동 殆: 거의 태

· 危急(위급): 몹시 위태롭고 급함.
  예) 危急한 때일수록 침착해야 한다.

4급Ⅱ	一ヽア户爲爲爲爲
爲 할 위 爪(爫)부 총 12획	爲 爲 行爲 약 為

· 行爲(행위): 사람이 의지를 가지고 하는 짓
  예) 그것은 범죄 行爲나 다름없다.

5급Ⅱ	イイ仁佇伟侫偉偉偉
偉 클 위 人(亻)부 총 11획	偉 偉 偉業 동 大: 큰 대

· 偉業(위업): 위대한 사업이나 업적
  예) 그는 3관왕의 偉業을 달성하였다.

4급	一厂厂厄反反威威威
威 위엄 위 女부 총 9획	威 威 威嚴 비 成: 이룰 성

· 威嚴(위엄): 존경할 만한 위세가 있어 점잖고 엄숙함. 또는 그런 태도나 기세
  예) 대통령은 威嚴 있는 어조로 연설하였다.

6급	丨口曰由由
由 말미암을 유 田부 총 5획	由 由 理由 비 曲: 굽을 곡

· 理由(이유): 어떠한 결론이나 결과에 이른 까닭이나 근거
  예) 친구는 아프다는 理由로 조퇴하였다.

6급	丶丶氵汁汩油油
油 기름 유 水(氵)부 총 8획	油 油 原油

· 原油(원유): 땅속에서 뽑아낸, 정제하지 아니한 그대로의 기름
  예) 공급량이 줄어 原油 가격이 폭등하였다.

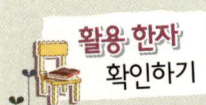
활용 한자 확인하기

望 바랄 망　　形 모양 형　　末 끝 말　　順 순할 순　　急 급할 급　　行 다닐 행　　業 업 업
嚴 엄할 엄　　理 다스릴 리　　原 언덕 원

3급	一 丆 丆 兀 两 西 西
酉 닭 유 酉부 총 7획	酉 酉 乙酉

- 乙酉(을유): 육십갑자의 스물두째
  예 선희는 乙酉년인 2005년에 태어났다.

7급	ノ ナ オ 冇 有 有
有 있을 유 月부 총 6획	有 有 有能

반 無: 없을 무

- 有能(유능): 능력이나 재능이 있음.
  예 그는 有能한 교사이다.

3급	ノ 亻 犭 犭 犭 犭 狁 猶 猶
猶 오히려 유 犬(犭)부 총 12획	猶 猶 / 過猶不及

- 過猶不及(과유불급): 정도를 지나침은 미치지 못함과 같다는 뜻으로, 중용(中庸)이 중요함을 이르는 말
  예 過猶不及이라잖아. 좋은 음식도 많이 먹으면 체하는 법이야.

3급	丨 口 口 叮 叮 叮 叮 咋 唯 唯
唯 오직 유 口부 총 11획	唯 唯 唯一

- 唯一(유일): 오직 하나밖에 없음.
  예 그는 사건을 목격한 唯一한 사람이다.

4급	丶 亠 亍 方 方 斿 游 游 遊
遊 놀 유 辵(辶)부 총 13획	遊 遊 遊說

- 遊說(유세): 자기 의견 또는 자기 소속 정당의 주장을 선전하며 돌아다님.
  예 강당에서 시장 후보자의 遊說가 열렸다.

3급Ⅱ	丶 ㄱ ㄱ 予 矛 柔 柔 柔
柔 부드러울 유 木부 총 9획	柔 柔 柔順

- 柔順(유순): 성질이나 태도, 표정 따위가 부드럽고 순함.
  예 그녀는 총명하고 柔順한 학생이다.

4급	中 虫 串 串 貴 貴 貴 遺 遺 遺
遺 남길 유 辵(辶)부 총 16획	遺 遺 遺産

비 遣: 보낼 견
동 失: 잃을 실

- 遺産(유산): 죽은 사람이 남겨 놓은 재산
  예 그는 자식들에게 막대한 遺産을 남겼다.

3급Ⅱ	ㄴ 纟 幺 幻 幼
幼 어릴 유 幺부 총 5획	幼 幼 幼兒

동 少: 적을 소

- 幼兒(유아): 생후 1년부터 만 6세까지의 어린아이
  예 누나는 幼兒 교육학과에 지원하였다.

4급Ⅱ	丨 冂 冂 内 肉 肉
肉 고기 육 肉부 총 6획	肉 肉 肉食

동 身: 몸 신
體: 몸 체

- 肉食(육식): 음식으로 고기를 먹음. 또는 그런 식사
  예 사자는 肉食 동물이다.

7급	丶 亠 ㄊ 云 产 育 育 育
育 기를 육 肉(月)부 총 8획	育 育 育兒

동 養: 기를 양

- 育兒(육아): 어린아이를 기름.
  예 育兒 문제로 고민하는 부부가 많다.

| 乙 새 을 | 能 능할 능 | 過 지날 과 | 不 아닐 불 | 及 미칠 급 | 一 한 일 | 說 말씀 설, 달랠 세 |
| 順 순할 순 | 産 낳을 산 | 兒 아이 아 | 食 밥/먹을 식 | | | |

| 4급II | 恩 은혜 은 心부 총 10획 | 恩 恩 恩師 | 비 思: 생각 사 / 반 怨: 원망할 원 / 동 惠: 은혜 혜 |

· 恩師(은사): 가르침을 받은 은혜로운 스승
  예) 졸업 후 몇 년 만에 恩師를 찾아뵈러 학교에 갔다.

| 6급 | 銀 은 은 金부 총 14획 | 銀 銀 銀行 |

· 銀行(은행): 예금을 받아 그 돈을 자금으로 하여 대출, 어음 거래, 증권의 인수 따위를 업무로 하는 금융 기관
  예) 현금을 인출하기 위해 銀行에 들렀다.

| 3급II | 乙 새 을 乙부 총 1획 | 乙 乙 乙巳 |

· 乙巳(을사): 육십갑자의 마흔두째
  예) 乙巳조약은 1905년 일본에 의해 강제로 체결되었다.

| 6급II | 音 소리 음 音부 총 9획 | 音 音 音樂 | 반 訓: 가르칠 훈 / 義: 옳을 의 / 동 聲: 소리 성 |

· 音樂(음악): 박자, 가락, 음성 따위를 갖가지 형식으로 조화하고 결합하여, 목소리나 악기를 통하여 사상 또는 감정을 나타내는 예술
  예) 그녀의 취미는 音樂 감상이다.

| 3급 | 吟 읊을 음 口부 총 7획 | 吟 吟 吟味 |

· 吟味(음미): 시가를 읊조리며 그 맛을 감상함. / 어떤 사물 또는 개념의 속 내용을 새겨서 느끼거나 생각함.
  예) 맛을 吟味하며 음식을 천천히 먹었다.

| 6급II | 飮 마실 음 食(飠)부 총 13획 | 飮 飮 飮酒 |

· 飮酒(음주): 술을 마심.
  예) 지나친 飮酒는 건강에 해롭다.

| 4급II | 陰 그늘 음 阜(阝)부 총 11획 | 陰 陰 陰地 | 반 陽: 볕 양 / 晴: 갤 청 / 光: 빛 광 |

· 陰地(음지): 볕이 잘 들지 아니하는 그늘진 곳
  예) 입춘이 지났지만 아직도 陰地에는 눈이 쌓여 있다.

| 7급 | 邑 고을 읍 邑부 총 7획 | 邑 邑 邑內 | 비 色: 빛 색 |

· 邑內(읍내): 읍의 구역 안
  예) 장날을 맞아 邑內는 사람들로 붐볐다.

| 3급 | 泣 울 읍 水(氵)부 총 8획 | 泣 泣 感泣 |

· 感泣(감읍): 감격하여 목메어 욺.
  예) 나는 그의 진심에 感泣하였다.

| 4급II | 應 응할 응 心부 총 17획 | 應 應 應答 | 약 応 |

· 應答(응답): 부름이나 물음에 응하여 답함.
  예) 누구도 나의 말에 應答하지 않았다.

활용 한자 확인하기

師 스승 사 行 다닐 행 巳 뱀 사 樂 노래 악 味 맛 미 酒 술 주 地 땅 지
內 안 내 感 느낄 감 答 대답 답

6급	` 一 亠 ナ ネ 衣
衣 옷 의 衣부 총 6획	衣 衣　　　衣服 동 服: 옷 복

- 衣服(의복): 옷
  예 그녀는 화려한 衣服을 입고 있다.

4급	ノ 亻 亻 广 伫 佇 依 依
依 의지할 의 人(亻)부 총 8획	依 依　　　依存 동 據: 근거 거

- 依存(의존): 다른 것에 의지하여 존재함.
  예 원자재의 대부분을 수입에 依存하고 있다.

4급Ⅱ	` ` ` ` ` ` 羊 羊 羊 義 義 義
義 옳을 의 羊부 총 13획	義 義　　　義士

- 義士(의사): 의로운 지사
  예 안중근 義士는 전세계 제국주의자들에게 경종을 울린 독립운동 가였다.

4급Ⅱ	言 言` 詳 詳 詳 詳 議 議 議
議 의논할 의 言부 총 20획	議 議　　　協議 동 論: 논할 론

- 協議(협의): 여러 사람이 모여 서로 의논함.
  예 시간이 촉박하여 사전 協議 없이 일을 진행하였다.

3급	` ㄥ ㄠ 夕 乡 矣 矣
矣 어조사 의 矢부 총 7획	矣 矣 萬 事 休 矣

- 萬事休矣(만사휴의): 모든 것이 헛수고로 돌아감을 이르는 말
  예 그가 알게 되면 이번 일은 萬事休矣다.

6급	一 厂 医 医` 医殳 医殳 醫 醫 醫
醫 의원 의 酉부 총 18획	醫 醫　　　醫師 약 医

- 醫師(의사): 의술과 약으로 병을 치료·진찰하는 것을 직업으로 삼는 사람
  예 목이 아파 醫師의 진찰을 받았다.

6급Ⅱ	` 一 亠 产 音 音 音 意 意
意 뜻 의 心부 총 13획	意 意　　　意志 동 思: 생각 사 義: 옳을 의 志: 뜻 지

- 意志(의지): 어떠한 일을 이루고자 하는 마음
  예 그녀는 意志가 강한 사람이다.

8급	一 二
二 두 이 二부 총 2획	二 二　　　二重

- 二重(이중): 두 겹. 또는 두 번 거듭되거나 겹침.
  예 이 상품은 파손을 막기 위해 二重으로 포장되어 있다.

5급Ⅱ	` Ⅴ Ⅴ 以 以
以 써 이 人부 총 5획	以 以　　　以前

- 以前(이전): 이제보다 전
  예 나는 그를 以前에 어디선가 본 적이 있다고 생각하였다.

3급Ⅱ	一 コ 已
已 이미 이 己부 총 3획	已 已　　　已往 비 己: 몸 기 巳: 뱀 사

- 已往(이왕): 지금보다 이전
  예 已往의 일은 벌써 잊었습니다.

활용 한자 확인하기

服 옷 복	存 있을 존	士 선비 사	協 화할 협	萬 일만 만	事 일 사	休 쉴 휴
師 스승 사	志 뜻 지	重 무거울 중	前 앞 전	往 갈 왕		

중학교 교육용 기초 한자 900자

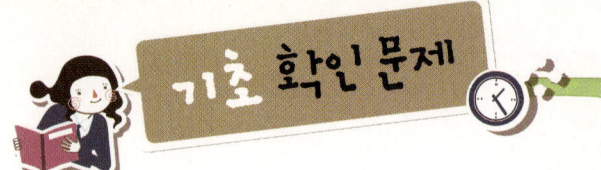

[問 01-15] 다음 漢字(한자)의 訓(훈: 뜻)과 음(음: 소리)을 쓰시오.

字 ➡ 글자 자

01 餘 (   )   02 烏 (   )   03 位 (   )
04 研 (   )   05 欲 (   )   06 油 (   )
07 英 (   )   08 勇 (   )   09 育 (   )
10 午 (   )   11 宇 (   )   12 陰 (   )
13 臥 (   )   14 尤 (   )   15 矣 (   )

[問 16-27] 다음 訓(훈: 뜻)과 음(음: 소리)에 알맞은 漢字(한자)를 쓰시오.

글자 자 ➡ 字

16 응할 응 (   )   17 너 여 (   )   18 은혜 은 (   )
19 써 이   (   )   20 잎 엽 (   )   21 임금 왕 (   )
22 오히려 유 (   )   23 나 오   (   )   24 쓸 용   (   )
25 어릴 유 (   )   26 기와 와 (   )   27 할 위   (   )

[問 28-39] 다음 漢字語(한자어)의 讀音(독음)을 쓰시오.

漢字 ➡ 한자

28 憂患 (   )   29 乙巳 (   )   30 完全 (   )
31 運行 (   )   32 熱心 (   )   33 依存 (   )
34 威嚴 (   )   35 煙氣 (   )   36 協議 (   )
37 有能 (   )   38 誤解 (   )   39 美容 (   )

[問 40-44] 다음 밑줄 친 漢字語(한자어)를 漢字(한자)로 쓰시오.

한국 ➡ 韓國

40 그녀의 서예 실력은 정평이 나 있다.   (   )
41 그는 고전 음악에 상당히 조예가 깊다. (   )
42 원고지 200자 내외로 감상문을 쓰시오. (   )
43 선생님은 내게 지각한 이유를 물으셨다. (   )
44 이 일이 영원히 끝나지 않을 것 같았다. (   )

이야기로 익히는 주요 한자어

헬렌 켈러에게 사랑을 가르친 앤 설리번

　헬렌 애덤스 켈러(Helen Adams Keller)는 많은 **作品**을 남긴 작가이자, 비참한 노동 환경에서 일하던 노동자의 **權益**을 위해 투쟁한 **政治** 활동가이기도 하다. 어린 시절의 질병이 **原因**이 되어 시각·청각 중복 장애를 지니게 된 헬렌 켈러는 **自身**의 장애로 인해 가지고 있던 언어적 문제를 앤 설리번 선생님과 **忍苦**의 노력으로 극복한 이야기로 유명하다.

　다음은 헬렌 켈러와 앤 설리번 선생님과의 일화 중 일부이다.

　어느 날 헬렌은 정원에서 꽃 한 송이를 꺾어 앤 설리번 선생님께 갖다 드렸다. 꽃을 받은 선생님은 헬렌의 손바닥에 '나는 너를 사랑한다.'라는 **文章**을 써 주었다. 사랑이라는 **文字**를 이해하지 못한 헬렌이 고개를 **左右**로 갸웃거리자 선생님은 헬렌의 손을 잡아 헬렌의 가슴에 대고 '사랑은 여기에 있다.'라는 글을 **精誠**스럽게 써 주었다.

　며칠 후, **午前**부터 먹구름이 뒤덮인 날이었다. 태양은 **全部** 구름에 가려졌고 바람이 불어 오후까지 내내 암울한 분위기가 계속되었다. 그러다 갑자기 날이 개고 해가 비치기 시작하였다. 그러자 헬렌은 기뻐하며 선생님께 물었다. "사랑이란 이런 것입니까?" 그에 대한 대답으로 선생님은 헬렌의 손바닥에 무엇인가를 써 내려갔다. "헬렌, 사랑이란 태양이 나타나기 전에 하늘에 떠 있는 구름과 같은 것이란다. 구름은 비를 내리게 하는 것이지. 너도 비를 맞아 보았지? 햇볕을 쬐고 난 뒤 비가 내리면 땅 위의 나무들과 꽃, 풀들은 정말 기뻐한단다. 비를 맞아야 쑥쑥 자라거든. 이제 사랑이 무엇인지 알겠지? 사랑이란 손에 잡히지 않는 것이지만 그것이 사람에게 주어져 있을 때, 비로소 알 수 있는 것이란다. 사랑이 없으면 **人間**에게 행복은 **存在**할 수 없단다."

　헬렌은 이렇듯 **多情**하고 **仁慈**한 앤 설리번 선생님의 가르침을 받은 덕분에 사랑을 알게 되었다. 헬렌은 암흑 속에서 단지 **慈愛**로운 설리번 선생님의 따뜻한 손길로 쓴 손바닥 글씨를 통해 사랑을 **傳達**받아, **生存**해 있는 동안 누구보다도 널리 행복을 전파하는 사람이 되었다.

주요 한자어
작품
권익, 정치
원인, 자신
인고
문장
문자, 좌우
정성
오전, 전부
인간, 존재
다정, 인자
자애
전달, 생존

5급	一 丆 丆 丆 王 耳
耳 귀 이 耳부 총 6획	耳 耳 耳目

· 耳目(이목): 귀와 눈 / 주의나 관심
  예) 그녀는 남의 耳目 때문에 아무 일도 못했다.

3급	一 丆 丆 而 而 而
而 말 이을 이 而부 총 6획	而 而 而立

· 而立(이립): 서른 살을 달리 이르는 말
  예) '而立'은 공자가 서른 살에 자립했다고 한 데서 나온 말이다.

4급	一 冂 日 田 田 田 甲 畢 異 異
異 다를 이 田부 총 11획	異 異 異見
	반 同: 한가지 동

· 異見(이견): 어떠한 의견에 대한 다른 의견. 또는 서로 다른 의견
  예) 그들은 대화로 異見을 좁혔다.

4급Ⅱ	一 二 千 禾 禾' 移 移 移 移
移 옮길 이 禾부 총 11획	移 移 移植
	동 運: 옮길 운 / 轉: 구를 전

· 移植(이식): 옮겨심기 / 살아 있는 조직이나 장기를 생체로부터 떼어 내어, 같은 개체의 다른 부분 또는 다른 개체에 옮겨 붙이는 일
  예) 그는 신장 移植 수술을 받았다.

4급Ⅱ	ノ 八 八 八 六 六 谷 谷 谷 益
益 더할 익 皿부 총 10획	益 益 權益

· 權益(권익): 권리와 그에 따르는 이익
  예) 그는 노동자의 權益 보호에 앞장섰다.

8급	ノ 人
人 사람 인 人부 총 2획	人 人 人間
	비 八: 여덟 팔 / 入: 들 입

· 人間(인간): 사람
  예) 人間은 만물의 영장이다.

4급Ⅱ	ᄀ ㄱ 弓 引
引 끌 인 弓부 총 4획	引 引 引力
	동 導: 인도할 도 / 牽: 끌 견

· 引力(인력): 공간적으로 떨어져 있는 물체끼리 서로 끌어당기는 힘
  예) 조수 간만의 차는 달의 引力 때문에 생긴다.

4급	ノ 亻 亻 仁
仁 어질 인 人(亻)부 총 4획	仁 仁 仁慈
	동 慈: 사랑 자

· 仁慈(인자): 마음이 어질고 자애로움. 또는 그 마음
  예) 그녀의 어머니는 仁慈한 분이셨다.

5급	丨 冂 冂 円 囝 因
因 인할 인 口부 총 6획	因 因 原因
	비 困: 곤할 곤 / 반 果: 실과 과 / 동 緣: 인연 연

· 原因(원인): 어떤 사물이나 상태를 변화시키거나 일으키게 하는 근본이 된 일이나 사건
  예) 실패의 原因을 분석해 보았다.

3급Ⅱ	ㄱ 刀 刃 刃 忍 忍 忍
忍 참을 인 心부 총 7획	忍 忍 忍苦

· 忍苦(인고): 괴로움을 참음.
  예) 그는 긴 세월을 忍苦하며 살고 있다.

활용 한자 확인하기

目 눈 목   立 설 립   見 볼 견   植 심을 식   權 권세 권   間 사이 간   力 힘 력
慈 사랑 자 原 언덕 원 苦 쓸 고

86 이야기로 배우는 한자 1800

4급II	認 알인 言부 총14획	丶 亠 言 訶 訶 訒 認 認 認

- 認定(인정): 확실히 그렇다고 여김.
  예) 범인은 순순히 범행을 認定하였다.

동 識: 알 식
知: 알 지

3급	寅 범/동방인 宀부 총11획	丶 宀 宀 宁 宜 宙 宙 寅

- 丙寅(병인): 육십갑자의 셋째
  예) 丙寅년은 호랑이띠 해이다.

비 黃: 누를 황

4급II	印 도장인 卩부 총6획	丶 厂 F E 印 印

- 印章(인장): 일정한 표적으로 삼기 위하여 개인 따위의 이름을 나무 따위에 새겨 문서에 찍도록 만든 물건
  예) 그들은 계약서에 印章을 찍었다.

8급	一 한일 一부 총1획	一

- 一等(일등): 으뜸가는 등급
  예) 동생은 이번 시험에서 一等을 하였다.

동 同: 한가지 동

8급	日 날일 日부 총4획	丨 冂 日 日

- 日出(일출): 해가 뜸.
  예) 새해 첫 日出을 보기 위해 동해를 찾았다.

비 曰: 가로 왈
반 月: 달 월

3급II	壬 북방임 士부 총4획	丿 二 千 壬

- 壬辰(임진): 육십갑자의 스물아홉째
  예) 이 소설은 壬辰왜란을 소재로 삼고 있다.

7급	入 들입 入부 총2획	丿 入

- 入場(입장): 장내(場內)로 들어가는 것
  예) 신부 入場이 있겠습니다.

반 出: 날 출
落: 떨어질 락
동 納: 들일 납

7급II	子 아들자 子부 총3획	丁 了 子

- 孫子(손자): 아들의 아들. 또는 딸의 아들
  예) 할머니는 어린 孫子와 산책하는 것을 낙으로 삼으신다.

반 女: 계집 녀
母: 어미 모
父: 아비 부

7급	字 글자자 子부 총6획	丶 宀 宀 宁 字

- 文字(문자): 인간의 의사소통을 위한 시각적인 기호 체계
  예) 그들은 文字 그대로 연전연승을 하였다.

7급II	自 스스로자 自부 총6획	丿 冂 白 白 自

- 自身(자신): 그 사람의 몸 또는 바로 그 사람을 이르는 말
  예) 그녀는 自身도 모르게 눈물을 흘렸다.

비 白: 흰 백
반 他: 다를 타
동 己: 몸 기

활용 한자 확인하기

定 정할 정　　丙 남녘 병　　章 글 장　　等 무리 등　　出 날 출　　辰 별 진　　場 마당 장
孫 손자 손　　文 글월 문　　身 몸 신

6급	一 十 土 耂 耂 耂 者 者 者
者 놈 자 老(耂)부 총 9획	者 者　　　　記者 약 者

- 記者(기자): 신문, 잡지, 방송 따위에 실을 기사를 취재하여 쓰거나 편집하는 사람
  예) 현장에 나가 있는 記者를 연결해 보겠습니다.

4급	ㄑ 乄 女 女 女 女' 女ㄅ 姉 姉
姉 손위 누이 자 女부 총 8획	姉 姉　　　　姉妹 반 妹: 누이 매

- 姉妹(자매): 여자끼리의 동기(同氣). 언니와 여동생 사이를 이름.
  예) 그녀들은 쌍둥이 姉妹이다.

3급Ⅱ	丷 亠 亠 亠 兹 兹 兹 慈 慈
慈 사랑 자 心부 총 13획	慈 慈　　　　慈愛 동 愛: 사랑 애 　　仁: 어질 인

- 慈愛(자애): 아랫사람에게 베푸는 도타운 사랑
  예) 그녀는 아이들을 慈愛가 가득한 눈으로 바라보았다.

6급Ⅱ	ノ 亻 亻 ㄏ 竹 作 作
作 지을 작 人(亻)부 총 7획	作 作　　　　作品

- 作品(작품): 만든 물품 / 예술 창작 활동으로 얻어지는 제작물
  예) 이것은 스페인 출신의 화가 파블로 피카소의 作品이다.

6급Ⅱ	丨 冂 冂 日 日' 旷 昨 昨 昨
昨 어제 작 日부 총 9획	昨 昨　　　　昨年 반 今: 이제 금

- 昨年(작년): 이해의 바로 앞의 해
  예) 올겨울은 昨年 겨울보다 추울 것이라고 한다.

8급	丨 ㄒ Ｆ Ｆ 丟 토 長 長
長 긴 장 長부 총 8획	長 長　　　　長壽 반 短: 짧을 단 　　幼: 어릴 유 동 久: 오랠 구

- 長壽(장수): 오래도록 삶.
  예) 대체로 여자가 남자보다 長壽한다.

6급	丶 亠 亠 立 产 产 音 音 音 童 章
章 글 장 立부 총 11획	章 章　　　　文章

- 文章(문장): 생각이나 감정을 말로 표현할 때 완결된 내용을 나타내는 최소의 단위
  예) 文章의 끝에 마침표를 찍었다.

7급Ⅱ	土 圹 圹 圹 坦 坦 坦 場 場 場
場 마당 장 土부 총 12획	場 場　　　　場所 비 陽: 볕 양

- 場所(장소): 어떤 일이 이루어지거나 일어나는 곳
  예) 그는 약속 場所에 10분 일찍 도착하였다.

4급Ⅱ	丨 丬 丬 丬ㄅ 丬' 丬ㅋ 丬夕 將 將
將 장수 장 寸부 총 11획	將 將　　　　將軍 반 兵: 병사 병 동 帥: 장수 수 약 将

- 將軍(장군): 군의 우두머리로 군을 지휘하고 통솔하는 무관
  예) 을지문덕은 고구려 영양왕 때의 將軍이다.

4급	丨 丬 丬 丬— 壮 壯
壯 장할 장 士부 총 7획	壯 壯　　　　壯觀 약 壮

- 壯觀(장관): 훌륭하고 장대한 광경
  예) 동해의 일출은 그야말로 壯觀이었다.

활용 한자 확인하기

記 기록할 기　　妹 누이 매　　愛 사랑 애　　品 물건 품　　年 해 년　　壽 목숨 수　　文 글월 문
所 바 소　　　　軍 군사 군　　觀 볼 관

6급II	一 十 才
才 재주 **재** 手부 총 3획	才　才　　才能

동 術: 재주 술
藝: 재주 예

- 才能(재능): 어떤 일을 하는 데 필요한 재주와 능력
  예) 동생은 어릴 때부터 그림에 남다른 才能을 보였다.

5급II	一 十 才 木 木 村 材
材 재목 **재** 木부 총 7획	材　材　　材料

비 林: 수풀 림

- 材料(재료): 물건을 만드는 데 들어가는 감
  예) 그녀는 천연 材料를 사용해 비누를 만들었다.

5급II	丨 冂 冂 月 目 貝 貝 貝 財 財
財 재물 **재** 貝부 총 10획	財　財　　財産

동 貨: 재물 화

- 財産(재산): 재화와 자산을 통틀어 이르는 말
  예) 그녀는 막대한 財産을 물려받았다.

6급	一 ナ 才 市 存 在
在 있을 **재** 土부 총 6획	在　在　　存在

- 存在(존재): 현실에 실제로 있음. 또는 그런 대상
  예) 인간은 사회적인 存在이다.

3급II	一 十 土 土 丰 丰 丰 栽 栽 栽
栽 심을 **재** 木부 총 10획	栽　栽　　植栽

동 植: 심을 식

- 植栽(식재): 초목을 심어 재배함.
  예) 정원에 유실수를 植栽하였다.

5급	一 厂 冂 冃 丙 再
再 두 **재** 冂부 총 6획	再　再　　再建

- 再建(재건): 허물어진 건물이나 조직 따위를 다시 일으켜 세움.
  예) 이 건물은 전쟁이 끝난 뒤에 再建된 것이다.

3급	一 十 土 士 吉 吉 吐 哉 哉
哉 어조사 **재** 口부 총 9획	哉　哉　　快哉

약 㦲

- 快哉(쾌재): 일 따위가 마음먹은 대로 잘되어 만족스럽게 여김. 또는 그럴 때 나는 소리
  예) 그는 합격 소식을 듣고 快哉를 불렀다.

5급	´ ´ ´ ´ ´ ´ 夸 夸 争
爭 다툴 **쟁** 爪(爫)부 총 8획	爭　爭　　論爭

동 競: 다툴 경
鬪: 싸움 투
약 争

- 論爭(논쟁): 서로 다른 의견을 가진 사람들이 각각 자기의 주장을 말이나 글로 논하여 다툼.
  예) 그들은 새로운 법안을 놓고 열띤 論爭을 벌였다.

3급II	⺿ ⺿ ⺿ 苎 苎 苎 萝 萝 著 著
著 나타날 **저** 艸(艹)부 총 13획	著　著　　著名

비 者: 놈 자
동 作: 지을 작

- 著名(저명): 세상에 이름이 널리 드러나 있음.
  예) 그는 著名한 건축가이다.

5급	丨 冂 冂 月 目 貝 貝 貝 貯 貯 貯 貯
貯 쌓을 **저** 貝부 총 12획	貯　貯　　貯金

동 蓄: 모을 축
積: 쌓을 적

- 貯金(저금): 돈을 모아 둠. 또는 그 돈
  예) 우리 부부는 수입의 절반을 은행에 貯金하고 있다.

활용 한자 확인하기

| 能 능할 능 | 料 헤아릴 료 | 産 낳을 산 | 存 있을 존 | 植 심을 식 | 建 세울 건 | 快 쾌할 쾌 |
| 論 논할 론 | 名 이름 명 | 金 쇠 금 | | | | |

4급II 低 낮을 저 人(亻)부 총 7획	ノ 亻 亻 仁 仟 低 低 低 低 低溫 비 底: 밑 저 抵: 막을 저	5급II 的 과녁 적 白부 총 8획	´ ´ 自 自 白 的 的 的 的 的中

• 低溫(저온): 낮은 온도
  예) 그녀는 아침마다 低溫 살균된 우유를 마신다.

• 的中(적중): 화살 따위가 목표물에 맞음.
  예) 그의 화살은 이번에도 과녁에 的中하였다.

5급 赤 붉을 적 赤부 총 7획	一 + 土 ナ 方 赤 赤 赤 赤 赤道 비 亦: 또 역	4급 適 맞을 적 辶(辶)부 총 15획	亠 产 产 商 商 滴 滴 適 適 適 適當

• 赤道(적도): 위도의 기준이 되는 선
  예) 싱가포르는 거의 赤道 상에 있다.

• 適當(적당): 정도에 알맞음.
  예) 소금을 適當히 넣어 간을 맞추었다.

4급II 敵 대적할 적 攴(攵)부 총 15획	` 亠 十 产 商 商 商 敵 敵 敵 強敵	4급II 田 밭 전 田부 총 5획	ㅣ 冂 冂 円 田 田 田 田園 비 由: 말미암을 유 반 畓: 논 답

• 強敵(강적): 강한 적수. 또는 만만찮은 상대
  예) 한국 팀은 결승에서 強敵 영국 팀과 맞붙는다.

• 田園(전원): 논과 밭이라는 뜻으로, 도시에서 떨어진 시골이나 교외(郊外)를 이르는 말
  예) 그는 田園 풍경을 화폭에 담았다.

7급II 全 온전 전 入부 총 6획	ノ 入 入 入 全 全 全 全 全部 동 完: 완전할 완	5급II 典 법 전 八부 총 8획	ㅣ 冂 冂 冂 曲 曲 典 典 典 典 法典 동 例: 법식 례 式: 법식 法: 법 법

• 全部(전부): 어떤 대상을 이루는 낱낱을 모두 합친 것
  예) 우리 반은 남녀를 합해 全部 서른 명이다.

• 法典(법전): 국가가 제정한 통일적·체계적인 성문 법규집
  예) 경국대전은 조선 시대에 간행된 法典이다.

7급II 前 앞 전 刀(刂)부 총 9획	` ` 丷 广 方 方 前 前 前 前 前 午前 반 後: 뒤 후	5급II 展 펼 전 尸부 총 10획	ㄱ 코 尸 尸 屈 屈 屈 展 展 展 展 展示 동 發: 필 발

• 午前(오전): 해가 뜰 때부터 정오까지의 시간
  예) 나는 午前 내내 집에 있었다.

• 展示(전시): 여러 가지 물품을 한곳에 벌여 놓고 보임.
  예) 최 화백의 그림들은 오늘까지 展示될 예정이다.

활용 한자 확인하기

溫 따뜻할 온   中 가운데 중   道 길 도   當 마땅 당   強 강할 강   園 동산 원   部 떼 부
法 법 법   午 낮 오   示 보일 시

6급II	罒 單 單 單 單 單 戰 戰 戰
戰 싸움 **전** 戈부 총 16획	戰 戰 戰爭 동 爭:다툴 쟁 鬪:싸움 투 약 战, 戦

- 戰爭(전쟁): 국가와 국가, 또는 교전(交戰) 단체 사이에 무력을 사용하여 싸움.
  - 예 그는 戰爭 영화를 좋아한다.

7급II	一 广 币 币 币 雨 雨 雨 電 電
電 번개 **전** 雨부 총 13획	電 電 電話

- 電話(전화): 전화기를 이용하여 말을 주고받음.
  - 예 아침 일찍 친구에게 電話를 걸었다.

4급	人 ト 乍 乍 金 金 錢 錢 錢 錢
錢 돈 **전** 金부 총 16획	錢 錢 金錢 약 銭

- 金錢(금전): 상품 교환 가치의 척도가 되며 그것의 교환을 매개하는 일반화된 수단
  - 예 친구와는 절대 金錢 거래를 하지 않는다.

5급II	亻 仁 伊 佰 佰 伸 俥 傳 傳
傳 전할 **전** 人(亻)부 총 13획	傳 傳 傳達 약 伝

- 傳達(전달): 자극, 신호, 동력 따위가 다른 기관에 전하여짐.
  - 예 소리는 진공 상태에서는 傳達되지 않는다.

5급II	竹 灬 灬 炊 笞 笞 節 節 節
節 마디 **절** 竹(⺮)부 총 15획	節 節 節氣 동 季:계절 계 약 節

- 節氣(절기): 한 해를 스물넷으로 나눈, 계절의 표준이 되는 것
  - 예 오늘은 節氣상 입동이다.

4급II	㐅 幺 糸 糸 糸 糸 絽 絕 絕
絕 끊을 **절** 糸부 총 12획	絕 絕 絕交 동 斷:끊을 단

- 絕交(절교): 서로의 교제를 끊음.
  - 예 그들은 사소한 말다툼 끝에 絕交하였다.

5급II	丶 亠 广 广 庁 店 店
店 가게 **점** 广부 총 8획	店 店 商店

- 商店(상점): 일정한 시설을 갖추고 물건을 파는 곳
  - 예 모녀가 商店에서 물건을 고르고 있다.

4급II	一 丁 扌 扌 扩 护 护 接 接 接
接 이을 **접** 手(扌)부 총 11획	接 接 接着 동 續:이을 속

- 接着(접착): 끈기 있게 붙음. 또는 끈기 있게 붙임.
  - 예 이 제품은 나무를 금속에 接着시킬 때만 사용한다.

4급	一 丁
丁 고무래/장정 **정** 一부 총 2획	丁 丁 兵丁

- 兵丁(병정): 병역에 복무하는 장정
  - 예 그는 조카에게 장난감 兵丁을 선물하였다.

3급II	丁 丁 丆 顶 顶 頂 頂 頂
頂 정수리 **정** 頁부 총 11획	頂 頂 絕頂

- 絕頂(절정): 사물의 진행이나 발전이 최고의 경지에 달한 상태
  - 예 그녀는 한때 인기 絕頂의 배우였다.

활용 한자 확인하기

爭 다툴 쟁 　話 말씀 화 　金 쇠 금 　達 통달할 달 　氣 기운 기 　交 사귈 교 　商 장사 상
着 붙을 착 　兵 병사 병 　絕 끊을 절

5급 停 머무를 정 人(亻)부 총 11획	亻 亻 亻 庁 庁 庁 停 停 停 停 停 / 停 停 / 停止 동 留: 머무를 류

- 停止(정지): 움직이고 있던 것이 멎거나 그침. 또는 중도에서 멎거나 그치게 함.
  예) 버스가 완전히 停止한 후에 하차하였다.

3급Ⅱ 井 우물 정 二부 총 4획	一 二 丼 井 / 井 井 / 井然

- 井然(정연): 짜임새와 조리가 있음.
  예) 그는 자신의 논리를 井然히 전개해 나갔다.

7급Ⅱ 正 바를 정 止부 총 5획	一 丅 下 正 正 / 正 正 / 正直 반 副: 버금 부 誤: 그르칠 오 동 直: 곧을 직

- 正直(정직): 마음에 거짓이나 꾸밈이 없이 바르고 곧음.
  예) 형은 正直해서 거짓말을 못한다.

4급Ⅱ 政 정사 정 攴(攵)부 총 9획	一 T F 下 正 正 政 政 政 / 政 政 / 政治

- 政治(정치): 나라를 다스리는 일
  예) 너도 알다시피 난 政治에 관심이 없어.

6급 定 정할 정 宀부 총 8획	' ' 宀 宀 宁 宇 定 定 / 定 定 / 固定 약 㝎

- 固定(고정): 한곳에 꼭 붙어 있거나 붙어 있게 함.
  예) 나는 선반을 벽에 固定시켰다.

3급Ⅱ 貞 곧을 정 貝부 총 9획	' 丨 卜 卢 卢 貞 貞 貞 貞 / 貞 貞 / 貞節 동 直: 곧을 직

- 貞節(정절): 여자의 곧은 절개
  예) 그녀는 남편에 대한 貞節을 지켰다.

4급Ⅱ 精 정할 정 米부 총 14획	' ' 半 米 米 米 糸 精 精 精 / 精 精 / 精誠

- 精誠(정성): 온갖 힘을 다하려는 참되고 성실한 마음
  예) 精誠이 지극하면 돌 위에도 풀이 난다.

5급Ⅱ 情 뜻 정 心(忄)부 총 11획	' 忄 忄 忄 忄 情 情 情 情 / 情 情 / 多情 동 意: 뜻 의

- 多情(다정): 정이 많음. 또는 정분이 두터움.
  예) 그들은 多情하게 손을 잡고 걸었다.

4급 靜 고요할 정 靑부 총 16획	± 靑 靑 靑 靑 靜 靜 靜 / 靜 靜 / 冷靜 반 動: 움직일 동 동 寂: 고요할 적 약 静

- 冷靜(냉정): 생각이나 행동이 감정에 좌우되지 않고 침착함.
  예) 현재 상황을 冷靜하게 판단하세요.

3급Ⅱ 淨 깨끗할 정 水(氵)부 총 11획	' ' 氵 氵 氵 浐 浐 淨 淨 / 淨 淨 / 淨化 동 潔: 깨끗할 결 약 浄

- 淨化(정화): 불순하거나 더러운 것을 깨끗하게 함.
  예) 농장에서는 축산 폐수를 淨化하여 흘려보냈다.

활용 한자 확인하기

止 그칠 지　　然 그럴 연　　直 곧을 직　　治 다스릴 치　　固 굳을 고　　節 마디 절　　誠 정성 성
多 많을 다　　冷 찰 랭　　化 될 화

| 6급II | 庭 뜰 정 广부 총 10획 | `丶 亠 广 广 户 庄 庄 庭 庭 庭` 庭 / 庭 / 校庭 · 비 延: 늘일 연 / 廷: 조정 정 |

- 校庭(교정): 학교의 마당이나 운동장
  예 방학 중이지만 校庭은 학생들로 가득했다.

| 8급 | 弟 아우 제 弓부 총 7획 | `丶 丷 丬 뇌 弟 弟 弟` 弟 / 弟 / 弟夫 · 비 第: 차례 제 / 반 兄: 형 형 / 師: 스승 사 |

- 弟夫(제부): 언니가 여동생의 남편을 이르는 말
  예 여동생이 弟夫와 함께 인사를 왔다.

| 6급II | 第 차례 제 竹(⺮)부 총 11획 | `丿 𠂉 𥫗 𥫗 𥫗 𥫗 第 第 第 第 第` 第 / 第 / 第一 · 비 弟: 아우 제 / 동 次: 버금 차 |

- 第一(제일): 여럿 가운데서 첫째가는 것 / 여럿 가운데 가장
  예 나는 과일 중에서 귤을 第一 좋아한다.

| 4급II | 祭 제사 제 示부 총 11획 | `丿 𠂉 夕 夕 𠂤 𠂤 奴 奴 祭 祭 祭` 祭 / 祭 / 祭物 · 비 際: 즈음/가 제 / 察: 살필 찰 / 동 祀: 제사 사 |

- 祭物(제물): 제사에 쓰는 음식물
  예 제사에 쓸 祭物을 정성스럽게 마련하였다.

| 4급 | 帝 임금 제 巾부 총 9획 | `丶 亠 ㅛ 亠 亠 产 产 帝 帝` 帝 / 帝 / 帝國 · 동 王: 임금 왕 |

- 帝國(제국): 황제가 다스리는 나라
  예 잉카 帝國은 에스파냐 정복자들에 의해 1532년에 멸망하였다.

| 6급II | 題 제목 제 頁부 총 18획 | `日 旦 早 早 杲 是 是 題 題 題` 題 / 題 / 主題 · 동 目: 눈 목 |

- 主題(주제): 대화나 연구 따위에서 중심이 되는 문제
  예 지금 나누고 있는 대화의 主題는 무엇입니까?

| 4급II | 除 덜 제 阜(阝)부 총 10획 | `' ⻖ 阝 阝 阶 阶 阶 陉 除 除` 除 / 除 / 除去 · 동 減: 덜 감 |

- 除去(제거): 없애 버림.
  예 옷에 묻은 얼룩을 除去하였다.

| 3급II | 諸 모두 제 言부 총 16획 | `言 言 訁 訁 訉 訉 訉 諸 諸` 諸 / 諸 / 諸君 |

- 諸君(제군): 통솔자나 지도자가 여러 명의 아랫사람을 문어적으로 조금 높여 이르는 이인칭 대명사
  예 한국의 장래는 諸君들의 어깨에 달려 있네.

| 4급II | 製 지을 제 衣부 총 14획 | `二 𠂉 𠂤 制 制 制 製 製 製 製` 製 / 製 / 製造 · 동 作: 지을 작 / 造: 지을 조 |

- 製造(제조): 공장에서 큰 규모로 물건을 만듦.
  예 한국은 선박 製造 기술이 뛰어나다.

| 3급II | 兆 억조 조 儿부 총 6획 | `丿 𠂆 ⺌ 兆 兆 兆` 兆 / 兆 / 吉兆 · 비 北: 북녘 북 / 比: 견줄 비 / 非: 아닐 비 |

- 吉兆(길조): 좋은 일이 있을 조짐
  예 이번 일은 좋은 소식이 있을 것을 암시하는 吉兆임에 틀림없다.

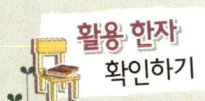

| 校 학교 교 | 夫 지아비 부 | 一 한 일 | 物 물건 물 | 國 나라 국 | 主 임금/주인 주 | 去 갈 거 |
| 君 임금 군 | 造 지을 조 | 吉 길할 길 | | | | |

4급Ⅱ	丨 冂 日 日 旦 早		
早 이를 조 日부 총 6획	早	早	早期
		반 晩: 늦을 만 동 速: 빠를 속	

- 早期(조기): 이른 시기
  예 병은 早期에 발견해야 치료가 쉽다.

4급Ⅱ	丿 一 产 牛 告 告 告 告 造 造		
造 지을 조 辶(辵)부 총 11획	造	造	改造
		동 作: 지을 작	

- 改造(개조): 좋아지게 고쳐 만들거나 바꿈.
  예 그녀는 거실을 부엌으로 改造하였다.

4급Ⅱ	丿 亻 宀 白 鳥 鳥 鳥 鳥 鳥		
鳥 새 조 鳥부 총 11획	鳥	鳥	白鳥
		비 島: 섬 도 烏: 까마귀 오	

- 白鳥(백조): 오릿과의 물새. 몸이 크고 온몸은 순백색임.
  예 '고니'라고도 불리는 白鳥는 천연기념물로 지정되어 있다.

5급Ⅱ	丶 亠 言 言 訓 訓 訓 調 調		
調 고를 조 言부 총 15획	調	調	調化
		동 和: 화할 화 均: 고를 균	

- 調和(조화): 서로 잘 어울림.
  예 이 옷은 디자인과 소재가 완벽한 調和를 이루었다.

6급	十 古 古 吉 卓 車 朝 朝 朝		
朝 아침 조 月부 총 12획	朝	朝	朝夕
		반 夕: 저녁 석 野: 들 야 暮: 저녁 모	

- 朝夕(조석): 아침과 저녁을 아울러 이르는 말
  예 나는 부모님께 朝夕으로 문안을 드린다.

4급Ⅱ	丨 冂 日 月 且 助 助		
助 도울 조 力부 총 7획	助	助	救助
		동 護: 도울 호 扶: 도울 부	

- 救助(구조): 재난 따위를 당하여 어려운 처지에 빠진 사람을 구하여 줌.
  예 물에 빠진 사람이 가까스로 救助되었다.

7급	一 二 亍 亍 示 示 和 祖 祖 祖		
祖 할아비 조 示부 총 10획	祖	祖	先祖
		반 孫: 손자 손	

- 先祖(선조): 먼 윗대의 조상
  예 이 풍습은 우리 先祖로부터 전해 내려온 것이다.

7급Ⅱ	丨 口 口 甲 甲 足 足		
足 발 족 足부 총 7획	足	足	失足

- 失足(실족): 발을 헛디딤.
  예 그는 계단을 오르다가 失足을 하였다.

6급	丶 亠 方 方 方 方 方 方 族 族 族		
族 겨레 족 方부 총 11획	族	族	民族
		비 旅: 나그네 려	

- 民族(민족): 일정한 지역에서 오랜 세월 동안 공동생활을 하면서 언어와 문화상의 공통성에 기초하여 역사적으로 형성된 사회 집단
  예 한국 전쟁은 우리 民族의 비극이다.

4급	一 ナ 才 才 存 存		
存 있을 존 子부 총 6획	存	存	生存
		반 亡: 망할 망 無: 없을 무 동 在: 있을 재	

- 生存(생존): 살아 있음. 또는 살아남음.
  예 실종자의 生存 여부를 확인하고 있다.

활용 한자 확인하기

期 기약할 기 改 고칠 개 白 흰 백 和 화할 화 夕 저녁 석 救 구원할 구 先 먼저 선
失 잃을 실 民 백성 민 生 날 생

94 이야기로 배우는 한자 1800

尊
- 4급Ⅱ
- 八 个 介 介 俏 俏 偿 尊 尊
- 높을 존
- 寸부
- 총 12획
- 반 卑: 낮을 비
- 侍: 모실 시
- 동 高: 높을 고

• 尊重(존중): 높이어 귀중하게 대함.
  예 저는 당신의 의견을 尊重합니다.

卒
- 5급Ⅱ
- 丶 亠 亡 亡 亦 卆 卒
- 마칠 졸
- 十부
- 총 8획
- 동 兵: 병사 병
- 약 卆

• 卒業(졸업): 학생이 규정에 따라 소정의 교과 과정을 마침.
  예 모교는 자기가 다니거나 卒業한 학교이다.

宗
- 4급Ⅱ
- 丶 宀 宀 宁 宇 宗 宗
- 마루 종
- 宀부
- 총 8획

• 宗孫(종손): 종가의 대를 이을 맏손자
  예 그는 정 씨 가문의 宗孫이다.

種
- 5급Ⅱ
- 二 千 千 禾 秆 秆 秆 稱 種 種
- 씨 종
- 禾부
- 총 14획

• 純種(순종): 다른 계통과 섞이지 아니한 유전적으로 순수한 계통 혹은 품종
  예 이제는 純種 진돗개를 찾아보기가 어렵다.

鍾
- 4급
- 人 乍 乍 牟 金 金 鈩 鈩 鍾 鍾
- 쇠북 종
- 金부
- 총 17획

• 打鍾(타종): 종을 치거나 때림.
  예 새해를 알리는 打鍾 소리가 울려 퍼졌다.

終
- 5급
- 人 么 幺 糸 糸 紅 終 終 終
- 마칠 종
- 糸부
- 총 11획
- 반 始: 비로소 시
- 동 結: 맺을 결
- 末: 끝 말

• 終末(종말): 계속된 일이나 현상의 맨 끝
  예 명령과 지시로 집행되던 시대는 終末을 고해야 한다.

從
- 4급
- 彳 彳 彳 伃 伃 伃 伄 從 從
- 좇을 종
- 彳부
- 총 11획
- 약 从, 従

• 順從(순종): 순순히 따름.
  예 나는 선생님의 말씀에 順從하였다.

左
- 7급Ⅱ
- 一 ナ 左 左 左
- 왼 좌
- 工부
- 총 5획
- 반 右: 오른 우

• 左右(좌우): 왼쪽과 오른쪽을 아울러 이르는 말
  예 파도에 배가 左右로 흔들렸다.

坐
- 3급Ⅱ
- 人 人 人 사 쑤 坐 坐
- 앉을 좌
- 土부
- 총 7획
- 비 座: 자리 좌
- 반 立: 설 립

• 坐視(좌시): 참견하지 아니하고 앉아서 보기만 함.
  예 우리는 그들의 곤경을 坐視해서는 안 된다.

罪
- 5급
- 口 四 罒 罒 罪 罪 罪 罪 罪
- 허물 죄
- 网(罒)부
- 총 13획
- 반 罰: 벌할 벌
- 刑: 형벌 형
- 동 過: 지날 과

• 無罪(무죄): 아무 잘못이나 죄가 없음.
  예 그는 결국 無罪로 풀려났다.

활용 한자 확인하기

重 무거울 중   業 업 업   孫 손자 손   純 순수할 순   打 칠 타   末 끝 말   順 순할 순
右 오른 우   視 볼 시   無 없을 무

중학교 교육용 기초 한자 900자

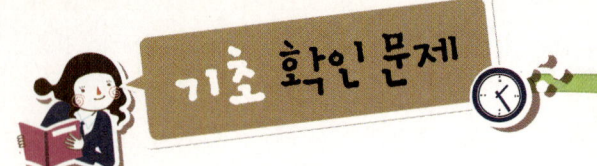

[問 01-15] 다음 漢字(한자)의 訓(훈: 뜻)과 音(음: 소리)을 쓰시오.

字 ➡ 글자 자

01 而 (   ) 02 寅 (   ) 03 祭 (   )
04 鳥 (   ) 05 慈 (   ) 06 兆 (   )
07 種 (   ) 08 壯 (   ) 09 移 (   )
10 錢 (   ) 11 栽 (   ) 12 適 (   )
13 精 (   ) 14 足 (   ) 15 店 (   )

[問 16-27] 다음 訓(훈: 뜻)과 音(음: 소리)에 알맞은 漢字(한자)를 쓰시오.

글자 자 ➡ 字

16 다를 이 (   ) 17 어제 작 (   ) 18 덜 제 (   )
19 고를 조 (   ) 20 곧을 정 (   ) 21 허물 죄 (   )
22 마칠 졸 (   ) 23 온전 전 (   ) 24 싸움 전 (   )
25 글자 자 (   ) 26 차례 제 (   ) 27 인할 인 (   )

[問 28-39] 다음 漢字語(한자어)의 讀音(독음)을 쓰시오.

漢字 ➡ 한자

28 引力 (   ) 29 絶頂 (   ) 30 固定 (   )
31 田園 (   ) 32 財産 (   ) 33 冷靜 (   )
34 入場 (   ) 35 改造 (   ) 36 宗孫 (   )
37 姉妹 (   ) 38 低溫 (   ) 39 帝國 (   )

[問 40-44] 다음 밑줄 친 漢字語(한자어)를 漢字(한자)로 쓰시오.

한국 ➡ 韓國

40 나는 남김 없이 전부 먹어 버렸다.   (   )
41 그녀의 예감은 어김없이 적중하였다.   (   )
42 그는 모든 질문에 정직하게 대답하였다.   (   )
43 친구는 끝내 약속 장소에 나타나지 않았다.   (   )
44 독수리는 날아오르기 위해 좌우 날개를 활짝 펼쳤다. (   )

이야기로 익히는 주요 한자어

명재상 황희 정승

　황희 정승은 **只今**의 국무총리에 해당하는 조선 **最高**의 관직이었던 영의정을 지낸 분으로, 유능한 정치가일 뿐만 아니라 청렴한 관리의 본보기로서 조선 왕조를 통틀어 가장 뛰어난 재상으로 꼽히고 있다. 말과 행동이 **一致**하고 성품이 **至極**히 강직해 역대 왕들의 신임을 받았지만 때로는 **主觀** 있는 **直言**으로 왕과 다른 신하들의 미움을 사서 좌천과 파직을 거듭하기도 하였다. 다방면에서 방대한 **知識**을 지닌 그는 오랜 관직 생활 동안 왕을 **忠誠**스럽게 보좌하였으며, 세종 대왕 **統治** 기간에는 왕을 도와 국가가 **昌盛**하는 데 크게 기여한 충신이다.
　다음은 황희 정승의 유명한 일화이다.

　하루는 여종들이 서로 다투어 한동안 떠들썩하다가 말다툼을 **中止**하고 한 여종이 황희 정승이 앉은 걸상을 두드리며 하소연하였다. 그 말을 들은 황희 정승이 **卽席**에서 "네 말이 옳다."고 대답하고 **冊**만 읽고 있었다. 조금 뒤에 상대방 여종이 또 와서 걸상을 두드리며 똑같은 하소연을 하였다. 그러자 황희 정승은 또 "네 말이 옳다."고 대답하였을 뿐 어느 쪽의 말도 **支持**하지 않고 돌아보지도 않았다. 마침 **近處**에서 이를 **觀察**하고 있던 황희 정승의 조카가 "둘 다 옳다고만 하시니, 숙부님의 분명치 못하심이 너무하군요."라고 하였으나, 황희 정승이 또 "네 말도 옳다."라고 하고는 글만 계속 읽을 뿐 끝내 한 마디도 없었다.

　위 일화에서는 그 배경에 주목해야 한다. 황희 정승은 재상으로서 **重大**한 직무를 수행함과 동시에 여러 **地方**의 막중한 직책을 겸하였다. 이처럼 세종 대왕은 황희 정승에게 거의 모든 **重且大**한 국정을 맡기고 의논하였다. 황희 정승은 휴일에도 국정에 필요한 자료를 수집하기 위하여 걸상에 단정히 앉아 **晝夜**로 책을 읽고 있었다. 이러한 때에 밖에서 말다툼하던 두 여종이 각각 황희 정승을 찾아와 하소연을 했다고 한다.
　두 여종은 옳고 그름을 가려 달라고 **要請**한 것이 아니고 단지 억울함을 하소연하러 온 것이었다. 황희 정승은 이를 너그럽게 받아들여 두 여종에게 똑같이 "네 말이 옳다."라고 공평하게 위로해 주었다. 또한, 옆에서 지켜보던 조카는 아직 전체적인 상황을 헤아리지 못할 나이인지라, 황희 정승은 "네 말도 옳다."라고 대답하여 스스로 판단해 볼 수 있는 기회를 준 것이다. 여종들이 소란을 피워 책 읽기에 방해가 되었을 텐데도 귀찮아하지 않고 하소연을 두 번씩이나 받아 준 황희 정승의 넓은 아량이 드러나는 일화이다.

지금, 최고

일치, 지극

주관, 직언

지식

충성, 통치

창성

중지

즉석

책

지지, 근처, 관찰

중대

지방

중차대

주야

요청

7급	`、 ー 二 キ 主`
主 임금/주인 주 丶부 총 5획	主 主 主 觀 반 客: 손객 從: 좇을 종 동 君: 임금 군

- 主觀(주관): 자기만의 견해나 관점
  - 예 형은 主觀이 뚜렷한 사람이다.

7급	`ノ 亻 亻 亻 住 住 住`
住 살 주 人(亻)부 총 7획	住 住 住 所 동 居: 살 거

- 住所(주소): 사람이 살고 있는 곳이나 기관, 회사 따위가 자리 잡고 있는 곳을 행정 구역으로 나타낸 이름
  - 예 성함과 住所를 말씀해 주세요.

3급Ⅱ	`、 ー 宀 宀 宁 宁 宙 宙`
宙 집 주 宀부 총 8획	宙 宙 宇 宙 人

- 宇宙人(우주인): 우주 비행을 위하여 특수 훈련을 받은 비행사
  - 예 그녀는 한국 최초의 宇宙人이다.

4급	`、 ー 氵 氵 沂 汧 洒 洒 酒 酒`
酒 술 주 酉부 총 10획	酒 酒 藥 酒

- 藥酒(약주): '술'을 점잖게 이르는 말
  - 예 할아버지께서는 藥酒를 즐기신다.

4급Ⅱ	`ノ 亻 ⺮ ⺮ ⺮ 竹`
竹 대 죽 竹부 총 6획	竹 竹 竹 馬

- 竹馬(죽마): 아이들이 말놀음질을 할 때에, 두 다리를 걸터타고 끌고 다니는 대막대기
  - 예 그는 나와 竹馬를 같이 타고 놀던 오랜 친구이다.

6급Ⅱ	`、 ー 氵 氵 沪 汼 注 注`
注 부을 주 水(氵)부 총 8획	注 注 注 射 비 住: 살 주

- 注射(주사): 약액을 주사기에 넣어 생물체의 조직이나 혈관 속에 직접 주입하는 일. 또는 그 기구
  - 예 병원에서 독감 예방 注射를 맞았다.

4급	`ノ ー 二 牛 牛 朱`
朱 붉을 주 木부 총 6획	朱 朱 朱 紅 동 紅: 붉을 홍

- 朱紅(주홍): 붉은빛을 띤 주황색
  - 예 감나무 가지 끝에 朱紅 빛깔의 홍시 서너 개가 달려 있다.

4급Ⅱ	`ー 十 土 キ キ 走 走`
走 달릴 주 走부 총 7획	走 走 競 走

- 競走(경주): 사람, 동물, 차량 따위가 일정한 거리를 달려 빠르기를 겨루는 일. 또는 그런 경기
  - 예 그는 100미터 競走에서 우승을 하였다.

6급	`ー コ ヨ 聿 聿 書 書 書 晝`
晝 낮 주 日부 총 11획	晝 晝 晝 夜 비 書: 글 서 반 夜: 밤 야 약 昼

- 晝夜(주야): 밤과 낮을 아울러 이르는 말
  - 예 우리는 晝夜 교대로 일한다.

8급	`、 ロ ロ 中`
中 가운데 중 丨부 총 4획	中 中 中 心 반 外: 바깥 외 동 央: 가운데 앙

- 中心(중심): 사물의 한가운데
  - 예 화살은 과녁의 中心을 정확히 꿰뚫었다.

| 觀 볼 관 | 射 쏠 사 | 所 바 소 | 紅 붉을 홍 | 宇 집 우 | 人 사람 인 | 競 다툴 경 |
| 藥 약 약 | 夜 밤 야 | 馬 말 마 | 心 마음 심 | | | |

98 이야기로 배우는 한자 1800

급수	한자	훈음	부수/획수	관련자
7급	重	무거울 중	里부 총 9획	비 童: 아이 동 / 반 輕: 가벼울 경 / 동 複: 겹칠 복

필순: 一 二 千 千 台 台 盲 重 重
예시: 重重 / 重大

- 重大(중대): 가볍게 여길 수 없을 만큼 매우 중요하고 큼.
  예) 오늘 밤 重大 발표가 있을 예정이다.

| 4급Ⅱ | 衆 | 무리 중 | 血부 총 12획 | 반 寡: 적을 과 |

필순: 丿 亻 宀 血 血 血 衆 衆 衆
예시: 衆衆 / 觀衆

- 觀衆(관중): 운동 경기 따위를 구경하기 위하여 모인 사람들
  예) 觀衆들은 숨을 죽이고 경기를 지켜보았다.

| 3급Ⅱ | 卽 | 곧 즉 | 卩부 총 9획 | 비 旣: 이미 기 / 약 即 |

필순: ノ 亻 亻 白 白 白 皀 卽 卽
예시: 卽卽 / 卽席

- 卽席(즉석): 어떤 일이 진행되는 바로 그 자리
  예) 그는 사람들의 요청에 卽席에서 노래를 불렀다.

| 5급 | 則 | 곧 즉, 법칙 칙 | 刀(刂)부 총 9획 | |

필순: 丨 冂 冂 月 目 貝 貝 則 則
예시: 則則 / 校則

- 校則(교칙): 학생이 지켜야 할 학교의 규칙
  예) 학생들은 정해진 校則을 준수하였다.

| 3급Ⅱ | 曾 | 일찍 증 | 日부 총 12획 | 비 會: 모일 회 / 약 曽 |

필순: 丷 个 个 伀 伀 血 曾 曾 曾
예시: 曾曾 / 未曾有

- 未曾有(미증유): 지금까지 한 번도 있어 본 적이 없음.
  예) 이것은 역사 이래 未曾有의 사건이다.

| 4급Ⅱ | 增 | 더할 증 | 土부 총 15획 | 반 減: 덜 감 / 동 加: 더할 가 / 약 増 |

필순: 一 十 土 圹 圹 圹 圩 增 增 增
예시: 增增 / 增加

- 增加(증가): 양이나 수치가 늚.
  예) 해마다 수출이 增加하고 있다.

| 4급 | 證 | 증거 증 | 言부 총 19획 | 약 証 |

필순: 言 言 言 言 言" 訃 諺 證 證 證
예시: 證證 / 證明

- 證明(증명): 어떤 사항이나 판단 따위에 대하여 그것이 진실인지 아닌지 증거를 들어서 밝힘.
  예) 그는 자신의 결백을 證明하였다.

| 3급 | 只 | 다만 지 | 口부 총 5획 | |

필순: 丨 冂 口 尸 只
예시: 只只 / 只今

- 只今(지금): 말하는 바로 이때
  예) 그녀는 只今 운동을 하고 있다.

| 4급Ⅱ | 支 | 지탱할 지 | 支부 총 4획 | |

필순: 一 十 ﾌ 支
예시: 支支 / 支持

- 支持(지지): 어떤 사람이나 단체 따위의 정책·의견 따위에 찬동하여 이를 위하여 힘을 씀.
  예) 회원들의 支持로 그는 회장에 당선되었다.

| 3급Ⅱ | 枝 | 가지 지 | 木부 총 8획 | 비 技: 재주 기 / 동 條: 가지 조 |

필순: 一 十 才 才 木 木 杪 枝
예시: 枝枝 / 枝葉

- 枝葉(지엽): 식물의 가지와 잎 / 본질적이거나 중요하지 아니하고 부차적인 부분
  예) 그들은 枝葉에만 매달려 중요한 사실을 놓쳤다.

활용 한자 확인하기

大 큰 대 / 觀 볼 관 / 席 자리 석 / 校 학교 교 / 未 아닐 미 / 有 있을 유 / 加 더할 가
明 밝을 명 / 今 이제 금 / 持 가질 지 / 葉 잎 엽

중학교 교육용 기초 한자 900자

5급	ㅣ ㅏ ㅑ 止
止 그칠 지 止부 총 4획	止 止 中止

- 中止(중지): 하던 일을 중도에서 그만둠.
  예) 장교는 사격 中止 명령을 내렸다.

3급Ⅱ	ゝ ㆍ 亠 之
之 갈 지 丿부 총 4획	之 之 左之右之

- 左之右之(좌지우지): 이리저리 제 마음대로 휘두르거나 다룸.
  예) 미국이 세계 경제를 左之右之하고 있다.

5급Ⅱ	ノ ト 노 누 矢 知 知 知
知 알 지 矢부 총 8획	知 知 知識 반 行: 다닐 행 동 識: 알 식

- 知識(지식): 어떤 대상에 대하여 배우거나 실천을 통하여 알게 된 명확한 인식이나 이해
  예) 독서를 통해 知識을 쌓고 있다.

7급	一 十 土 圹 圷 地
地 땅 지 土부 총 6획	地 地 地方 반 天: 하늘 천

- 地方(지방): 어느 방면의 땅 / 서울 이외의 지역
  예) 나는 낯선 地方으로의 여행을 즐긴다.

4급Ⅱ	一 十 扌 扌 抄 抄 指 指 指
指 가리킬 지 手(扌)부 총 9획	指 指 指示

- 指示(지시): 가리켜 보임. / 일러서 시킴. 또는 그 내용
  예) 그들은 상부의 指示를 기다리고 있다.

4급Ⅱ	一 十 士 壮 志 志 志
志 뜻 지 心부 총 7획	志 志 志願

- 志願(지원): 어떤 일이나 조직에 뜻을 두어 한 구성원이 되기를 바람.
  예) 그는 공군에 志願하기로 결정하였다.

4급Ⅱ	一 ㄥ ㄥ 互 至 至
至 이를 지 至부 총 6획	至 至 至極

- 至極(지극): 더할 수 없이 극진함.
  예) 그녀는 어머니에 대한 효성이 至極하다.

7급	ㄣ ㄣ ㄠ ㄠ 糸 糸 紅 紅 紙 紙
紙 종이 지 糸부 총 10획	紙 紙 白紙

- 白紙(백지): 아무것도 적지 않은 비어 있는 종이
  예) 白紙 한 장도 맞들면 낫다.

4급	一 十 扌 扌 扌 扌 拌 持 持
持 가질 지 手(扌)부 총 9획	持 持 所持 비 待: 기다릴 대 特: 특별할 특

- 所持(소지): 가지고 있는 일. 또는 그런 물건
  예) 운전을 할 때는 반드시 면허증을 所持해야 한다.

7급Ⅱ	一 十 广 古 吉 吉 直 直
直 곧을 직 目부 총 8획	直 直 直言 반 曲: 굽을 곡

- 直言(직언): 옳고 그른 것에 대하여 자신이 생각하는 바를 기탄없이 말함.
  예) 그 신하는 임금에게 直言을 서슴지 않았다.

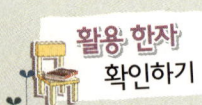
활용 한자 확인하기

| 中 가운데 중 | 左 왼 좌 | 右 오른 우 | 識 알 식 | 方 모 방 | 示 보일 시 |
| 願 원할 원 | 極 다할/극진할 극 | 白 흰 백 | 所 바 소 | 言 말씀 언 | |

3급II 辰	ー厂厂厂厉辰辰
별 진, 때 신 辰부 총 7획	辰 辰　　生辰 동 宿: 별자리 수

- 生辰(생신): '생일(生日)'을 높여 이르는 말
  예 아버지는 오늘로 쉰 번째 生辰을 맞으셨다.

4급II 眞	一ヒト斤斤首直眞眞
참 진 目부 총 10획	眞 眞　　眞理 반 假: 거짓 가 　僞: 거짓 위 동 實: 열매 실

- 眞理(진리): 참된 이치. 또는 참된 도리
  예 속담에는 眞理가 담겨 있다.

4급II 進	ノイイ个个伫佯隹隹進進
나아갈 진 辶(辶)부 총 12획	進 進　　直進 반 來: 올 래 　退: 물러날 퇴 동 出: 날 출

- 直進(직진): 곧게 나아감.
  예 왼쪽으로 돌아서 直進하면 우체국이 나옵니다.

4급 盡	フコユ中聿聿聿盡盡盡
다할 진 皿부 총 14획	盡 盡　　賣盡 약 尽

- 賣盡(매진): 하나도 남지 아니하고 모두 다 팔려 동이 남.
  예 연휴라서 그런지 극장표는 賣盡되고 없었다.

5급II 質	´´´´´斤斤斤所所所質質質
바탕 질 貝부 총 15획	質 質　　水質 동 朴: 성 박 　素: 본디/흴 소 약 貭

- 水質(수질): 물의 성질
  예 이 지역은 水質 오염이 심각한 상태이다.

6급II 集	ノイイ个作住住隹集集
모을 집 隹부 총 12획	集 集　　集合 반 配: 나눌 배 　散: 흩을 산 동 會: 모일 회

- 集合(집합): 사람들을 한곳으로 모으거나 모임.
  예 集合 장소는 학교 정문 앞이다.

3급II 執	十土キキ幸幸幸幸執執
잡을 집 土부 총 11획	執 執　　執着

- 執着(집착): 어떤 것에 늘 마음이 쏠려 잊지 못하고 매달림.
  예 그는 운동에 대한 執着이 강하다.

3급 且	1 冂 冃 月 且
또 차 一부 총 5획	且 且 　　重且大

- 重且大(중차대): 중요하고 큼.
  예 그녀는 회사에서 重且大한 임무를 맡고 있다.

4급II 次	゛冫汀次次
버금 차 欠부 총 6획	次 次　　次席 동 第: 차례 제

- 次席(차석): 수석에 다음가는 자리. 또는 그런 사람
  예 언니는 대학교에 次席으로 입학하였다.

3급II 此	1卜 lㅏ 止 此 此
이 차 止부 총 6획	此 此　　此後 비 比: 견줄 비 반 彼: 저 피

- 此後(차후): 지금부터 이후
  예 자세한 사항은 此後에 다시 논의합시다.

활용 한자 확인하기

| 生 날 생 | 理 다스릴 리 | 直 곧을 직 | 賣 팔 매 | 水 물 수 | 合 합할 합 | 着 붙을 착 |
| 重 무거울 중 | 大 큰 대 | 席 자리 석 | 後 뒤 후 | | | |

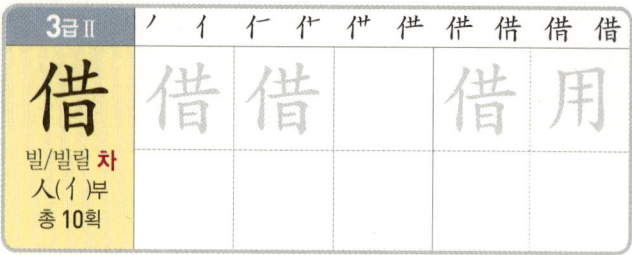

- 借(차용): 돈이나 물건 따위를 빌려서 씀.
  예 그의 이론은 많은 분야에서 借用되고 있다.

- 着用(착용): 의복, 모자, 신발 따위를 입거나, 쓰거나, 신거나 함.
  예 안전띠 着用은 선택이 아닌 필수이다.

(察, 4급II, 살필 찰, 宀부, 총 14획, 동 見:볼 견, 觀:볼 관)

- 觀察(관찰): 사물이나 현상을 주의하여 자세히 살펴봄.
  예 원준이는 천체 망원경으로 별을 觀察하였다.

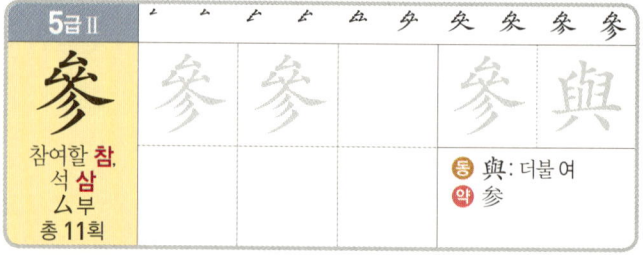

- 參與(참여): 어떤 일에 끼어들어 관계함.
  예 이번 행사에 많은 단체가 參與하였다.

(昌, 3급II, 창성할 창, 日부, 총 8획)

- 昌盛(창성): 기세가 크게 일어나 잘 뻗어 나감.
  예 한 나라의 昌盛은 국민의 의지와 노력에 달려 있다.

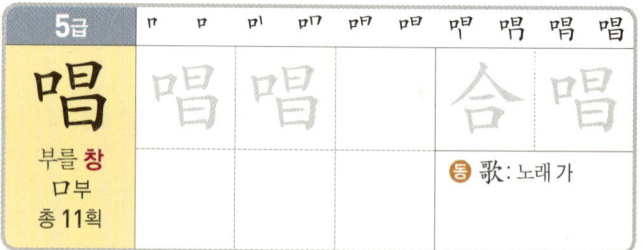

- 合唱(합창): 여러 사람이 목소리를 맞추어서 노래를 부름. 또는 그 노래.
  예 모두 함께 교가를 合唱하였다.

(窓, 6급II, 창 창, 穴부, 총 11획)

- 窓門(창문): 공기나 햇빛을 받을 수 있고, 밖을 내다볼 수 있도록 벽이나 지붕에 낸 문.
  예 환기를 위해 窓門을 활짝 열었다.

- 採取(채취): 풀, 나무, 광석 따위를 찾아 베거나 캐거나 하여 얻어 냄.
  예 이 지역에서는 모래 採取가 금지되어 있다.

(菜, 3급II, 나물 채, 艸(艹)부, 총 12획, 비 採:캘 채)

- 菜食(채식): 고기류를 피하고 주로 채소, 과일, 해초 따위의 식물성 음식만 먹음.
  예 나는 육식보다 菜食을 좋아한다.

(責, 5급II, 꾸짖을 책, 貝부, 총 11획, 비 貴:귀할 귀, 동 任:맡길 임)

- 自責(자책): 자신의 결함이나 잘못에 대하여 스스로 깊이 뉘우치고 자신을 책망함.
  예 이번 일이 잘못되었다고 해서 네가 自責할 필요는 없어.

활용 한자 확인하기

用 쓸 용　　觀 볼 관　　與 더불/줄 여　　盛 성할 성　　合 합할 합　　門 문 문　　取 취할 취
食 밥/먹을 식　　自 스스로 자

4급 冊 丨 冂 冂 冊 冊
冊 책 **책** 冂부 총 5획
- 동 書: 글 서

- 空冊(공책): 글씨를 쓰거나 그림을 그리도록 백지로 매어 놓은 책
  예) 문구점에 들러 空冊을 샀다.

3급Ⅱ 妻 一 ㄱ ㅋ ㅋ 圭 妻 妻 妻
妻 아내 **처** 女부 총 8획

- 妻家(처가): 아내의 본가
  예) 그는 妻家 식구들과 여행을 가기로 했다.

4급Ⅱ 處 丨 ㅏ ㅏ 广 虍 虍 虍 虙 處 處
處 곳 **처** 虍부 총 11획
- 약 処

- 近處(근처): 가까운 곳
  예) 우리 집 近處에는 큰 공원이 있다.

3급Ⅱ 尺 ㄱ ㄱ 尸 尺
尺 자 **척** 尸부 총 4획
- 비 戶: 집 호

- 尺度(척도): 자로 재는 길이의 표준 / 평가하거나 측정할 때 의거할 기준
  예) 재물은 행복의 尺度가 될 수 없다.

7급 千 ㄱ 二 千
千 일천 **천** 十부 총 3획
- 비 干: 방패 간
- 于: 어조사 우

- 千萬(천만): 만의 천 배가 되는 수. 또는 그런 수의
  예) 그곳의 인구가 千萬을 넘은 지 오래다.

7급 天 ㄱ 二 于 天
天 하늘 **천** 大부 총 4획
- 비 夫: 지아비 부
- 반 地: 땅 지
- 壤: 흙덩이 양

- 天下(천하): 하늘 아래 온 세상
  예) 일을 끝내자 天下를 얻은 듯 행복했다.

7급 川 ノ 丿 川
川 내 **천** 巛부 총 3획

- 河川(하천): 강과 시내를 아울러 이르는 말
  예) 공장 폐수가 河川을 오염시키고 있다.

4급 泉 ノ ⺊ 白 白 白 皁 身 泉 泉
泉 샘 **천** 水부 총 9획

- 溫泉(온천): 온천에서 목욕할 수 있게 설비가 된 장소
  예) 수안보는 溫泉으로 유명하다.

3급Ⅱ 淺 丶 氵 氵 汁 浅 浅 浅 淺 淺
淺 얕을 **천** 水(氵)부 총 11획
- 반 深: 깊을 심
- 약 浅

- 淺學(천학): 학식이 얕음. 또는 그런 사람
  예) 저 같은 淺學이 어찌 감히 그런 일을 감당하겠습니까?

5급 鐵 ㅗ ㄊ 全 全 金 鈝 鋅 鐵 鐵 鐵
鐵 쇠 **철** 金부 총 21획
- 반 石: 돌 석
- 약 鉄

- 鐵窓(철창): 쇠로 창살을 만든 창문
  예) 그는 안전을 위해 창문을 모두 鐵窓으로 바꾸었다.

활용 한자 확인하기

空 빌 공　　家 집 가　　近 가까울 근　　度 법도 도　　萬 일만 만　　下 아래 하　　河 물 하
溫 따뜻할 온　　學 배울 학　　窓 창 창

8급	一 十 十 丰 青 青 青 青			
青 푸를 청 青부 총 8획	青	青	青	年
			동 綠: 푸를 록 碧: 푸를 벽 蒼: 푸를 창	

- 青年(청년): 신체적·정신적으로 한창 성장하거나 무르익은 시기에 있는 사람
  예) 그는 장래가 유망한 青年이다.

6급Ⅱ	丶 丶 氵 氵 氵 汁 汁 浐 清 清 清			
清 맑을 청 水(氵)부 총 11획	清	清	清	明
			반 濁: 흐릴 탁 동 潔: 깨끗할 결 淑: 맑을 숙	

- 清明(청명): 날씨가 맑고 밝음. / 소리가 맑고 밝음.
  예) 지루한 장마가 끝나고 清明한 날씨가 계속되고 있다.

3급	丨 冂 日 日¹ 日⁺ 旷 晴 晴 晴			
晴 갤 청 日부 총 12부	晴	晴	快	晴

- 快晴(쾌청): 구름 한 점 없이 상쾌하도록 날씨가 맑음.
  예) 날씨가 매우 快晴하다.

4급Ⅱ	亠 亠 言 言 言 訁 訁 訁 訁 訁 請 請			
請 청할 청 言부 총 15획	請	請	要	請
			비 清: 맑을 청 情: 뜻 정	

- 要請(요청): 필요한 어떤 일이나 행동을 청함. 또는 그런 청
  예) 나는 누나에게 도움을 要請하였다.

4급	一 冂 耳 耳 耳 耵 聴 聴 聴			
聽 들을 청 耳부 총 22획	聽	聽	聽	衆
			동 聞: 들을 문 약 聴	

- 聽衆(청중): 강연이나 설교, 음악 따위를 듣기 위하여 모인 사람들
  예) 그녀의 연설은 聽衆을 사로잡았다.

6급Ⅱ	冂 冂 日 骨 骨 骨 體 體 體 體 體			
體 몸 체 骨부 총 23획	體	體	體	育
			동 身: 몸 신 약 体	

- 體育(체육): 일정한 운동 따위를 통하여 신체를 튼튼하게 단련시키는 일
  예) 내가 제일 좋아하는 과목은 體育이다.

5급	丶 亠 ネ ネ ネ 初 初			
初 처음 초 刀부 총 7획	初	初	初	步
			동 創: 비롯할 창	

- 初步(초보): 학문이나 기술 따위를 익힐 때의 그 처음 단계나 수준
  예) 이 분야에서 나는 初步나 다름없다.

7급	一 十 卝 卝 艹 艹 苎 草 草 草			
草 풀 초 艸(艹)부 총 10획	草	草	草	家

- 草家(초가): 짚이나 갈대 따위로 지붕을 인 집
  예) 노란 호박이 草家지붕 위에서 탐스럽게 익어가고 있다.

4급	一 扌 扌 扎 扣 扣 招 招			
招 부를 초 手(扌)부 총 8획	招	招	招	請
			비 昭: 밝을 소 동 聘: 부를 빙	

- 招請(초청): 사람을 청하여 부름.
  예) 그는 지인들을 집에 招請하여 잔치를 베풀었다.

8급	一 十 寸			
寸 마디 촌 寸부 총 3획	寸	寸	寸	數
			동 節: 마디 절	

- 寸數(촌수): 친족 사이의 멀고 가까운 정도를 나타내는 수. 또는 그런 관계
  예) 그와의 寸數가 어떻게 되십니까?

활용 한자 확인하기

年 해 년   明 밝을 명   快 쾌할 쾌   要 요긴할 요   衆 무리 중   育 기를 육   步 걸음 보
家 집 가   請 청할 청   數 셈 수

7급 **村** 마을 촌 木부 총 7획	一 十 才 木 村 村 村 / 村 村 漁村

- 漁村(어촌): 어민(漁民)들이 모여 사는 바닷가 마을
  예) 나는 漁村에서 태어나 漁村에서 자랐다.
  동) 里: 마을 리 / 落: 떨어질 락

| 5급 **最** 가장 최 日부 총 12획 | 1 口 日 旦 早 昌 륻 最 最 最 / 最 最 最高 |

- 最高(최고): 가장 높음.
  예) 낮 最高 기온은 35도로 예상됩니다.

| 7급 **秋** 가을 추 禾부 총 9획 | 一 二 千 才 禾 禾 秒 秋 秋 / 秋 秋 秋收 |

- 秋收(추수): 가을에 익은 곡식을 거두어들임.
  예) 농촌은 지금 秋收가 한창이다.

| 3급Ⅱ **追** 쫓을/따를 추 辵(辶)부 총 10획 | ' ⺈ ⼾ ⾃ 自 泊 追 追 / 追 追 追憶 |

- 追憶(추억): 지나간 일을 돌이켜 생각함. 또는 그런 생각
  예) 당신과의 追憶을 잊을 수가 없다.
  동) 從: 좇을 종

| 4급 **推** 밀 추 手(扌)부 총 11획 | 一 十 扌 扩 护 拚 拚 推 推 / 推 推 推理 |

- 推理(추리): 알고 있는 것을 바탕으로 알지 못하는 것을 미루어서 생각함.
  예) 그는 推理 소설을 즐겨 읽는다.
  반) 引: 끌 인

| 3급 **丑** 소 축 一부 총 4획 | ㄱ ㄲ ㄲ 丑 / 丑 丑 乙丑 |

- 乙丑(을축): 육십갑자의 둘째
  예) 乙丑년은 소띠 해이다.

| 5급 **祝** 빌 축 示부 총 10획 | 一 二 T 示 示 亦 祀 祀 祝 / 祝 祝 祝福 |

- 祝福(축복): 행복을 빎. 또는 그 행복
  예) 그들은 하객들의 祝福 속에서 결혼식을 올렸다.
  동) 慶: 경사 경

| 7급 **春** 봄 춘 日부 총 9획 | 一 二 三 声 夫 表 春 春 春 / 春 春 青春 |

- 青春(청춘): 십 대 후반에서 이십 대에 걸치는 인생의 젊은 나이 또는 그런 시절을 이르는 말
  예) 그는 육십이 넘었지만 마음만은 아직 青春이다.
  반) 秋: 가을 추

| 7급 **出** 날 출 凵부 총 5획 | 1 屮 屮 出 出 / 出 出 出席 |

- 出席(출석): 어떤 자리에 나아가 참석함.
  예) 사장을 비롯해 임직원 모두가 회의에 出席하였다.
  반) 入: 들 입 / 缺: 이지러질 결
  동) 生: 날 생

| 5급Ⅱ **充** 채울 충 儿부 총 6획 | ` 二 亠 云 充 充 / 充 充 充電 |

- 充電(충전): 축전지나 축전기에 전기 에너지를 축적하는 일
  예) 다 쓴 건전지를 充電하였다.
  동) 滿: 찰 만

활용 한자 확인하기

漁 고기 잡을 어　高 높을 고　收 거둘 수　憶 생각할 억　理 다스릴 리　乙 새 을　福 복 복
青 푸를 청　席 자리 석　電 번개 전

중학교 교육용 기초 한자 900자

4급II 忠 충성 충 心부 총 8획	丶 口 口 中 中 忠 忠 忠

• 忠告(충고): 남의 결함이나 잘못을 진심으로 타이름. 또는 그런 말
  예 그녀는 친구의 간곡한 忠告를 받아들였다.
  비 患: 근심 환
  반 逆: 거스릴 역

4급II 蟲 벌레 충 虫부 총 18획	丶 口 口 中 虫 虫 蟲 蟲

• 蟲齒(충치): 세균 따위의 영향으로 벌레가 파먹은 것처럼 이가 침식되는 질환. 또는 그 이
  예 이를 닦지 않으면 蟲齒가 생긴다.
  약 虫

4급II 取 가질 취 又부 총 8획	一 厂 丆 F E 耳 取 取

• 取得(취득): 자기 것으로 만들어 가짐.
  예 그는 외국에서 박사 학위를 取得하였다.
  반 貸: 빌릴/뀔 대
  捨: 버릴 사

3급II 吹 불 취 口부 총 7획	丶 口 口 口' 吖 吹 吹

• 吹入(취입): 공기 따위를 불어 넣음. / 레코드나 녹음기의 녹음판에 소리를 넣음.
  예 그들은 오랜 연습 끝에 첫 음반을 吹入하였다.

4급 就 나아갈 취 尢부 총 12획	丶 一 亠 亠 亠 亠 京 京 就 就 就

• 就業(취업): 일정한 직업을 잡아 직장에 나감.
  예 그는 졸업 후 중소 업체에 就業하였다.

4급II 治 다스릴 치 水(氵)부 총 8획	丶 丶 氵 汒 浐 治 治 治

• 統治(통치): 나라나 지역을 도맡아 다스림.
  예 유교는 조선의 統治 이념이었다.
  반 亂: 어지러울 란
  동 理: 다스릴 리

5급 致 이를 치 至부 총 10획	一 ㄥ ㅈ 至 至 至 到 致 致 致

• 一致(일치): 비교되는 대상들이 서로 어긋나지 아니하고 같거나 들어맞음.
  예 오랜 회의 끝에 의견의 一致를 보았다.

4급II 齒 이 치 齒부 총 15획	丨 卜 止 止 止 齒 齒 齒 齒

• 齒科(치과): 이와 그 지지 조직 및 입안의 치료 기술 따위를 연구하는 의학. 또는 병원의 그 부서
  예 충치를 치료하기 위해 齒科를 찾았다.
  약 歯

6급 親 친할 친 見부 총 16획	亠 立 ㅜ 辛 亲 亲 新 新 親 親

• 親舊(친구): 가깝게 오래 사귄 사람
  예 親舊 따라 강남 간다.

8급 七 일곱 칠 一부 총 2획	一 七

• 七夕(칠석): 음력으로 칠월 초이렛날의 밤 / 칠석이 되는 날
  예 오늘은 견우와 직녀가 일년에 한 번 만난다는 七夕이다.

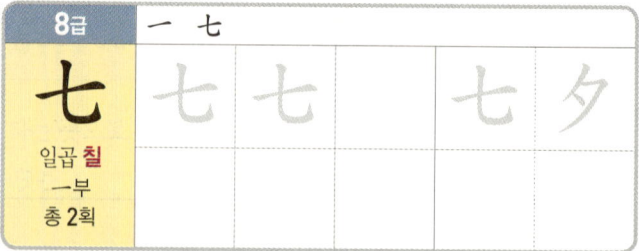

활용 한자 확인하기

告 고할 고   齒 이 치   得 얻을 득   入 들 입   業 업 업   統 거느릴 통   一 한 일
科 과목 과   舊 예 구   夕 저녁 석

4급	ノ人人ㅅ乍乍乍余金金針
針 바늘 침 金부 총 10획	針 針 分針

- 分針(분침): 시계에서 분을 가리키는 긴 바늘
  예) 동생은 시계의 分針과 시침을 정확히 11시로 맞추었다.

4급Ⅱ	ノ丨丨丨忄忄快快
快 쾌할 쾌 心(忄)부 총 7획	快 快 快適
	비 決: 결단할 결 반 鈍: 둔할 둔

- 快適(쾌적): 기분이 상쾌하고 즐거움.
  예) 그들은 快適한 환경에서 일하고 있다.

5급	ノ亻亻仂他
他 다를 타 人(亻)부 총 5획	他 他 自他

- 自他(자타): 자기와 남을 아울러 이르는 말
  예) 그는 自他가 인정하는 컴퓨터 전문가이다.

5급	一十扌打
打 칠 타 手(扌)부 총 5획	打 打 打者
	동 擊: 칠 격

- 打者(타자): 야구에서, 배트를 가지고 타석에서 공을 치는, 공격하는 편의 선수
  예) 4번 打者가 타석에 들어섰다.

4급	ノ丿月月月'月'月'肸脫脫
脫 벗을 탈 肉(月)부 총 11획	脫 脫 脫出

- 脫出(탈출): 어떤 상황이나 구속 따위에서 빠져나옴.
  예) 나는 목숨을 걸고 그들의 脫出을 도왔다.

4급	一十扌扌扌扩扩扩探探
探 찾을 탐 手(扌)부 총 11획	探 探 探究
	비 深: 깊을 심

- 探究(탐구): 진리, 학문 따위를 파고들어 깊이 연구함.
  예) 이 주제에 대해 함께 探究해 봅시다.

6급	一ナ大太
太 클 태 大부 총 4획	太 太 太陽
	비 大: 큰 대

- 太陽(태양): 태양계의 중심이 되는 항성
  예) 지구는 太陽의 주위를 공전한다.

3급Ⅱ	一二三声夫夫秦秦泰泰
泰 클 태 水(氺)부 총 10획	泰 泰 泰山
	동 平: 평평할 평

- 泰山(태산): 높고 큰 산 / 크고 많음을 비유적으로 이르는 말
  예) 할 일이 泰山인데 그는 종일 잠만 자고 있다.

5급Ⅱ	'宀宀宁宅
宅 집 택/댁 宀부 총 6획	宅 宅 住宅
	동 舍: 집 사

- 住宅(주택): 사람이 들어가 살 수 있게 지은 건물
  예) 그는 2층짜리 목조 住宅을 장만하였다.

8급	一十土
土 흙 토 土부 총 3획	土 土 國土
	비 士: 선비 사 동 地: 땅 지 壤: 흙덩이 양

- 國土(국토): 나라의 땅. 한 나라의 통치권이 미치는 지역을 이름.
  예) 그 나라는 國土에 비해 인구가 많다.

활용 한자 확인하기

| 分 나눌 분 | 適 맞을 적 | 自 스스로 자 | 者 놈 자 | 出 날 출 | 究 연구할 구 | 陽 볕 양 |
| 山 메 산 | 住 살 주 | 國 나라 국 | | | | |

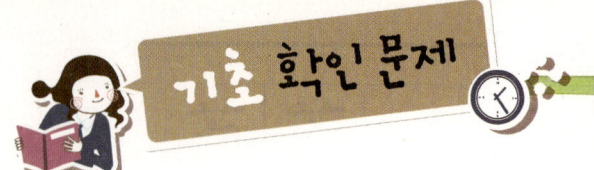

[問 01-15] 다음 漢字(한자)의 訓(훈: 뜻)과 音(음: 소리)을 쓰시오.

| 字 ➡ 글자 자 |

01 針(   )   02 主(   )   03 忠(   )
04 宅(   )   05 中(   )   06 察(   )
07 就(   )   08 志(   )   09 走(   )
10 處(   )   11 他(   )   12 紙(   )
13 指(   )   14 眞(   )   15 探(   )

[問 16-27] 다음 訓(훈: 뜻)과 音(음: 소리)에 알맞은 漢字(한자)를 쓰시오.

| 글자 자 ➡ 字 |

16 벌레 충(   )   17 알 지 (   )   18 다할 진(   )
19 붉을 주(   )   20 부를 초(   )   21 붙을 착(   )
22 이 치 (   )   23 가을 추(   )   24 부를 창(   )
25 클 태 (   )   26 모을 집(   )   27 얕을 천(   )

[問 28-39] 다음 漢字語(한자어)의 讀音(독음)을 쓰시오.

| 漢字 ➡ 한자 |

28 重大(   )   29 推理(   )   30 妻家(   )
31 校則(   )   32 出席(   )   33 至極(   )
34 草家(   )   35 此後(   )   36 注射(   )
37 最高(   )   38 快適(   )   39 竹馬(   )

[問 40-44] 다음 밑줄 친 漢字語(한자어)를 漢字(한자)로 쓰시오.

| 한국 ➡ 韓國 |

40 나는 즉석 떡볶이를 주문하였다.   (   )
41 그와의 깊은 우정은 지금도 변함없다.   (   )
42 친구는 옛 친구가 좋고 옷은 새 옷이 좋다.   (   )
43 그는 중학교에서 체육 교사로 근무 중이다.   (   )
44 김 형사는 물병에서 두 개의 지문을 채취하였다. (   )

이야기로 익히는 주요 한자어

조선 시대의 거상, 김만덕

김만덕은 조선 시대의 여성 상인이다. 김만덕이 살았던 당시에는 여성으로서는 드물게 출신지인 제주도뿐만 아니라 조선 八道에 알려진 인물이었다. | 팔도

김만덕은 어려서 부모를 잃고 12살에 고아가 되었다. 친척 집에서 겨우 목숨을 이어가던 만덕은 제주에서 特別 생산되는 品質 좋은 귤, 미역, 말총 등을 육지의 옷감, 장신구, 화장품과 교환하여 판매하는 상업에 종사하여 돈을 많이 벌었다. 농업 기술이 발전하면서 상업도 같이 발전한 18세기 조선의 시대 변화의 動向을 읽은 것이었다. 하지만 그녀는 자신이 榮華를 누리며 편안하게 사는 것은 하늘의 恩惠와 덕이라고 믿었기 때문에, 恒常 검소하게 生活하였다. | 특별, 품질 / 동향 / 영화, 은혜 / 항상, 생활

1793년 제주도에는 심각한 흉년이 계속되면서 농작물을 재배할 수 없게 되고 제주 백성들이 양식이 모자라 굶주림에 시달리게 되었다. 조정에서는 2만 섬의 구호 식량을 보내지만, 그마저도 虛無하게 풍랑에 침몰하는 불상사까지 겹쳤다. 제주 백성들이 굶어 죽을 위기에 처하자 김만덕은 斷乎히 자신의 전 재산을 털어 육지에서 쌀을 구입하여 백성들을 살려내는 데 協助하였다. 그것은 그들에게 살 수 있다는 希望을 준 것이었다. | 허무 / 단호 / 협조, 희망

김만덕의 선행을 전해 들은 정조는 김만덕의 소원을 들어주라고 하였는데, 만덕은 한양에서 궁궐을 보고 금강산을 유람하고 싶다고 하였다. 대답을 들은 정조는 당시 제주 여성은 육지에 갈 수 없다는 규칙을 깨고 김만덕의 소원을 許容하여 김만덕의 故鄕인 제주도에서 한양으로, 그리고 금강산으로 가는 길에 있는 모든 관공서가 김만덕에게 편의를 제공하도록 지시하였다. | 허용, 고향

당시 김만덕의 인기는 여자가 홀로 많은 재산을 불리는 재주를 가졌던 것과, 먹을 것을 必要로 하는 사람에게 많은 양의 곡식을 기꺼이 내놓았다는 놀라움 때문이었다. 김만덕은 당시 여성에게 주어진 限界를 거침없이 뛰어 넘었던 용기 있는 行動을 보여주었다. 그뿐 아니라 당시 활발해진 유통업에 눈을 떠 여성 기업인으로 새로운 영역을 賢明하고 창의적으로 개척해 나갔다. 김만덕은 뛰어난 기업가이자 자신의 재산을 사회에 환원한 자선 사업가로도 後世에 충분히 기릴만하다. | 필요 / 한계, 행동 / 현명 / 후세

김만덕은 평생 結婚하지 않고 독신으로 살았으며 죽기 직전 가난한 이들에게 남은 재산을 골고루 나누어 주고 양아들에게는 살아갈 정도의 적은 재산만을 남겼다고 한다. | 결혼

通 (6급)
획순: ㄱ ㄱ ㄱ 甬 甬 甬 涌 涌 通

통할 **통**
辶(辶)부
총 11획

동 達: 통달할 달
貫: 꿸 관

- 通路(통로): 통하여 다니는 길
  예) 출구 쪽으로 가는 通路를 알려 주세요.

退 (4급Ⅱ)
획순: ㄱ ㄱ ㄱ 艮 艮 艮 艮 退 退 退

물러날 **퇴**
辶(辶)부
총 10획

반 進: 나아갈 진
동 却: 물리칠 각

- 退場(퇴장): 어떤 장소에서 물러남.
  예) 질서 있게 退場하시기 바랍니다.

特 (6급)
획순: ノ 二 牛 牛 牛 牛 特 特 特 特

특별할 **특**
牛부
총 10획

비 待: 기다릴 대

- 特別(특별): 보통과 구별되게 다름.
  예) 그녀는 상대의 마음을 읽는 特別한 재능이 있다.

波 (4급Ⅱ)
획순: ㆍ ㆍ ㆍ ㆍ 氵 氵 波 波

물결 **파**
水(氵)부
총 8획

동 浪: 물결 랑

- 波高(파고): 물결의 높이
  예) 전 해상에 높은 波高가 예상됩니다.

八 (8급)
획순: ノ 八

여덟 **팔**
八부
총 2획

- 八道(팔도): 우리나라 전체를 이르는 말
  예) 그는 八道 방방곡곡을 유람하였다.

統 (4급Ⅱ)
획순: ㄴ ㄴ 幺 糸 糸 糸 統 統 統 統

거느릴 **통**
糸부
총 12획

동 合: 합할 합
領: 거느릴 령
帥: 장수 수

- 統一(통일): 나누어진 것들을 합쳐서 하나의 조직·체계 아래로 모이게 함.
  예) 남과 북은 반드시 統一이 되어야 한다.

投 (4급)
획순: 一 十 扌 扌 扌 投 投

던질 **투**
手(扌)부
총 7획

반 打: 칠 타

- 投手(투수): 야구에서, 내야의 중앙에 위치한 마운드에서 상대편의 타자가 칠 공을 포수를 향하여 던지는 선수
  예) 그는 세계 정상급 投手이다.

破 (4급Ⅱ)
획순: 一 ㄱ ㄱ 石 石 石 砂 砂 破 破

깨뜨릴 **파**
石부
총 10획

- 破産(파산): 재산을 모두 잃고 망함.
  예) 그 회사는 부실한 경영으로 破産하였다.

判 (4급)
획순: ㆍ ㆍ ㆍ ㆍ 半 半 判

판단할 **판**
刀(刂)부
총 7획

동 決: 결단할 결

- 判決(판결): 시비나 선악을 판단하여 결정함.
  예) 그는 법정에서 무죄 判決을 받았다.

貝 (3급)
획순: ㅣ ㄇ ㄇ 月 目 貝 貝

조개 **패**
貝부
총 7획

비 見: 볼 견

- 魚貝(어패): 물고기와 조개를 아울러 이르는 말
  예) 양식 중이던 魚貝류가 집단 폐사하였다.

활용 한자 확인하기

| 路 길 로 | 一 한 일 | 場 마당 장 | 手 손 수 | 別 다를/나눌 별 | 産 낳을 산 | 高 높을 고 |
| 決 결단할 결 | 道 길 도 | 魚 물고기 어 | | | | |

5급	冂 冃 冃 目 目 貝 貝 則 敗 敗
敗 패할 **패** 攴(攵)부 총 11획	敗 敗 敗北 반 勝: 이길 승 동 北: 달아날 배 亡: 망할 망

- 敗北(패배): 겨루어서 짐.
  예) 우리는 敗北를 인정하였다.

3급II	丿 丿 广 片
片 조각 **편** 片부 총 4획	片 片 破片

- 破片(파편): 깨어지거나 부서진 조각
  예) 유리컵이 깨지면서 破片이 사방으로 튀었다.

7급	丿 亻 亻 仁 仁 仁 伊 便 便
便 편할 **편**, 똥오줌 **변** 人(亻)부 총 9획	便 便 便利 동 安: 편안 안

- 便利(편리): 편하고 이로우며 이용하기 쉬움.
  예) 이 제품은 사용이 便利하다.

4급	𥫗 𥫗 𥫗 𥫗 笁 筥 筥 筥 篇 篇
篇 책 **편** 竹(𥫗)부 총 15획	篇 篇 玉篇

- 玉篇(옥편): 한자를 모아서 일정한 순서로 늘어놓고 글자 하나하나의 뜻과 음을 풀이한 책
  예) 그는 玉篇에서 모르는 한자를 찾고 있다.

7급II	一 一 八 二 平
平 평평할 **평** 干부 총 5획	平 平 平野 동 安: 편안 안 和: 화할 화 等: 무리 등

- 平野(평야): 기복이 매우 작고, 지표면이 평평하고 너른 들
  예) 그 나라는 국토의 20%가 平野이다.

4급	丨 丨' 丨' 丨' 丨' 丨' 門 門 門 閉 閉
閉 닫을 **폐** 門부 총 11획	閉 閉 閉會 반 開: 열 개

- 閉會(폐회): 집회나 회의가 끝남. 또는 의회, 전람회, 박람회 따위를 마침.
  예) 의장은 閉會를 선언하였다.

4급II	丿 ナ ナ 右 布
布 베/펼 **포**, 보시 **보** 巾부 총 5획	布 布 分布

- 分布(분포): 일정한 범위에 흩어져 퍼져 있음.
  예) 그들은 지하자원의 分布 및 매장량을 조사 중이다.

3급	一 十 扌 扌 扣 扣 扣 抱
抱 안을 **포** 手(扌)부 총 8획	抱 抱 抱卵

- 抱卵(포란): 부화하기 위하여 암새가 알을 품어 따뜻하게 하는 일
  예) 어미 새가 抱卵을 시작하였다.

4급II	日 旦 旦 显 昇 룤 暴 暴 暴 暴
暴 사나울 **폭**, 모질 **포** 日부 총 15획	暴 暴 暴力

- 暴力(폭력): 남을 거칠고 사납게 제압할 때에 쓰는, 주먹이나 발 또는 몽둥이 따위의 수단이나 힘
  예) 간디는 부당한 법은 거부하되 暴力을 사용해서는 안 된다고 하였다.

6급II	一 二 十 土 丰 圭 表 表
表 겉 **표** 衣부 총 8획	表 表 表現 반 裏: 속 리 동 皮: 가죽 피

- 表現(표현): 생각이나 느낌 따위를 언어나 몸짓 따위의 형상으로 드러내어 나타냄.
  예) 이 시는 이별의 슬픔을 表現한 작품이다.

활용 한자 확인하기

| 北 달아날 배 | 破 깨뜨릴 파 | 利 이할 리 | 玉 구슬 옥 | 野 들 야 | 會 모일 회 | 分 나눌 분 |
| 卵 알 란 | 力 힘 력 | 現 나타날 현 | | | | |

5급 II	ㅣ ㅁ ㅁ ㅁ 品 品 品 品 品
品 물건 품 口부 총 9획	品 品　　品質 동 物: 물건 물 　件: 물건 건

- 品質(품질): 물건의 성질과 바탕
  예 品質에 따라 과일의 등급이 결정된다.

6급 II	ノ 几 凡 凡 風 風 風 風 風
風 바람 풍 風부 총 9획	風 風　　風車

- 風車(풍차): 바람의 힘을 기계적인 힘으로 바꾸는 장치
  예 네덜란드는 風車로 유명한 나라이다.

4급 II	一 二 三 丰 丰 曲 曹 豊 豊
豐 풍년 풍 豆부 총 18획	豐 豐　　豐年 반 凶: 흉할 흉 동 厚: 두터울 후 약 豊

- 豐年(풍년): 곡식이 잘 자라고 잘 여물어 평년보다 수확이 많은 해
  예 올해에도 어김없이 豐年이 들었다.

3급 II	ノ 厂 广 庁 皮
皮 가죽 피 皮부 총 5획	皮 皮　　毛皮 반 骨: 뼈 골 동 革: 가죽 혁

- 毛皮(모피): 털이 그대로 붙어 있는 짐승의 가죽
  예 그녀는 毛皮로 만든 외투를 입고 있다.

3급 II	彳 彳 彳 彳 彼 彼
彼 저 피 彳부 총 8획	彼 彼　　彼此

- 彼此(피차): 저것과 이것을 아울러 이르는 말 / 이쪽과 저쪽의 양쪽
  예 힘들기는 彼此 마찬가지입니다.

5급 II	ヽ ソ 必 必 必
必 반드시 필 心부 총 5획	必 必　　必要

- 必要(필요): 반드시 요구되는 바가 있음.
  예 도움이 必要하면 언제든지 불러라.

3급	一 丆 兀 匹
匹 짝 필 匚부 총 4획	匹 匹　　匹敵

- 匹敵(필적): 능력이나 세력이 엇비슷하여 서로 맞섬.
  예 이 작품에 匹敵할 만한 작품은 없다.

5급 II	ノ ⺮ ⺮ 竹 竺 笁 筆 筆 筆
筆 붓 필 竹(⺮)부 총 12획	筆 筆　　筆記

- 筆記(필기): 글씨를 씀. / 강의, 강연, 연설 따위의 내용을 받아 적음.
  예 그녀는 강의 내용을 筆記하였다.

7급 II	一 丁 下
下 아래 하 一부 총 3획	下 下　　引下 반 上: 윗 상 동 降: 내릴 강

- 引下(인하): 물건 따위를 끌어내림. / 가격 따위를 낮춤.
  예 그 상점은 이월 상품의 가격을 引下하였다.

7급	一 丆 百 百 百 頁 夏 夏 夏
夏 여름 하 夂부 총 10획	夏 夏　　夏服 반 冬: 겨울 동

- 夏服(하복): 여름철에 입는 옷
  예 윤아는 날씨가 더워지자 夏服을 입고 등교하였다.

| 質 바탕 질 | 車 수레 차 | 年 해 년 | 毛 털 모 | 此 이 차 | 要 요긴할 요 | 敵 대적할 적 |
| 記 기록할 기 | 引 끌 인 | 服 옷 복 |

賀 (3급II) 하례할 하, 貝부, 총 12획
획순: ㄱ ㄲ 加 加 ㄲ 賀 賀 賀 賀
동: 慶 경사 경

- 祝賀(축하): 남의 좋은 일을 기뻐하고 즐거워한다는 뜻으로 인사함. 또는 그런 인사
  - 예) 그는 친구들로부터 많은 祝賀를 받았다.

何 (4급) 어찌 하, 人(亻)부, 총 7획
획순: ノ 亻 亻 亻 何 何 何

- 何如間(하여간): 어찌하든지 간에
  - 예) 何如間 이번 일은 무사히 지나가서 다행이다.

河 (5급) 물 하, 水(氵)부, 총 8획
획순: ㆍ ㆍ 氵 氵 汀 河 河 河
동: 川 내 천, 江 강 강

- 河口(하구): 강물이 바다로 흘러 들어가는 어귀
  - 예) 그 마을은 낙동강 河口에 위치하고 있다.

學 (8급) 배울 학, 子부, 총 16획
획순: ' ㆍ F F 臼 臼7 學 學 學
반: 問 물을 문
동: 習 익힐 습
약: 学

- 學校(학교): 일정한 목적 및 법규에 의하여 교사가 계속적으로 학생에게 교육을 실시하는 기관
  - 예) 등굣길에 學校 정문에서 친구를 만났다.

閑 (4급) 한가할 한, 門부, 총 12획
획순: 丨 丨 丨 門 門 門 門 門 閉 閑

- 農閑期(농한기): 농사일이 바쁘지 아니하여 겨를이 많은 때
  - 예) 그는 農閑期를 틈타 부업을 시작하였다.

寒 (5급) 찰 한, 宀부, 총 12획
획순: 宀 宀 宀 宀 审 宙 寒 寒 寒
반: 溫 따뜻할 온, 熱 더울 열
동: 冷 찰 랭

- 寒氣(한기): 추운 기운
  - 예) 교실 안에 들어서자 寒氣가 느껴졌다.

恨 (4급) 한 한, 心(忄)부, 총 9획
획순: ㆍ ㆍ 忄 忄' 忄㇀ 忄日 恨 恨 恨
동: 歎 탄식할 탄

- 怨恨(원한): 억울하고 원통한 일을 당하여 응어리진 마음
  - 예) 이번 사건은 怨恨 관계에 의한 범행이다.

限 (4급II) 한할 한, 阜(阝)부, 총 9획
획순: ㄱ ㄱ 阝 阝 阝' 阝㇀ 阝日 限 限

- 限界(한계): 사물이나 능력, 책임 따위가 실제 작용할 수 있는 범위. 또는 그런 범위를 나타내는 선
  - 예) 나는 체력의 限界에 부닥쳤다.

韓 (8급) 한국/나라 한, 韋부, 총 17획
획순: 十 古 卓 卓 卓' 朝 朝 韓 韓

- 韓屋(한옥): 우리나라 고유의 형식으로 지은 집을 양식 건물에 상대하여 이르는 말
  - 예) 그는 양옥보다는 韓屋에서 살고 싶어 한다.

漢 (7급II) 한수/한나라 한, 水(氵)부, 총 14획
획순: 氵 氵 氵 汁 汁 渼 渼 漢 漢 漢

- 漢文(한문): 한자(漢字)만으로 쓰인 문장이나 문학
  - 예) "금오신화"는 김시습이 지은 漢文 소설이다.

활용 한자 확인하기

| 祝 빌 축 | 如 같을 여 | 間 사이 간 | 口 입 구 | 校 학교 교 | 農 농사 농 | 期 기약할 기 |
| 氣 기운 기 | 怨 원망할 원 | 界 지경 계 | 屋 집 옥 | 文 글월 문 | | |

중학교 교육용 기초 한자 900자

6급	ノ 人 ム 스 合 合
合 합할 합 口부 총 6획	合 合　　　和合　반 分:나눌분

- 和合(화합): 화목하게 어울림.
  예) 그 집은 자매간에 和合이 잘된다.

3급II	' ' 忄 忄 恒 恒 恒
恒 항상 항 心(忄)부 총 9획	恒 恒　　　恒常

- 恒常(항상): 언제나 변함없이
  예) 아버지는 새벽에 恒常 운동을 하신다.

5급II	' ' 宀 宀 宇 宝 害 害 害
害 해할 해 宀부 총 10획	害 害　　　公害　반 利:이할리　동 毒:독독　損:덜손

- 公害(공해): 산업이나 교통의 발달에 따라 사람이나 생물이 입게 되는 여러 가지 피해
  예) 여러 가지 公害로 환경오염이 심각하다.

7급II	' ' 氵 氵 氵 海 海 海 海
海 바다 해 水(氵)부 총 10획	海 海　　　東海　반 空:빌공　陸:뭍륙　동 洋:큰바다양

- 東海(동해): 동쪽에 있는 바다
  예) 독도는 東海에 있는 작은 섬이다.

3급	' 一 亠 亥 亥 亥
亥 돼지 해 亠부 총 6획	亥 亥　　　癸亥

- 癸亥(계해): 육십갑자의 예순째
  예) 癸亥년에 태어난 형은 돼지띠이다.

4급II	' ケ 角 角 角 角' 解 解
解 풀 해 角부 총 13획	解 解　　　解說　동 放:놓을방　消:사라질소　散:흩을산

- 解說(해설): 문제나 사건의 내용 따위를 알기 쉽게 풀어 설명함. 또는 그런 글이나 책
  예) 그는 복잡한 내용을 알기 쉽게 解說하였다.

6급	' ヶ 彳 彳 行 行
行 다닐 행, 항렬 항 行부 총 6획	行 行　　　行動　동 動:움직일동　爲:할위

- 行動(행동): 몸을 움직여 동작을 하거나 어떤 일을 함.
  예) 나는 계획을 行動으로 옮겼다.

6급II	一 十 土 土 去 去 幸 幸
幸 다행 행 干부 총 8획	幸 幸　　　幸福　비 辛:매울신

- 幸福(행복): 복된 좋은 운수
  예) 그는 가족과 함께 幸福한 나날을 보냈다.

6급	' 亻 亻 向 向 向
向 향할 향 口부 총 6획	向 向　　　動向　반 背:등배

- 動向(동향): 사람들의 사고, 사상, 활동이나 일의 형세 따위가 움직여 가는 방향
  예) 이번 사태에 대한 민심의 動向을 파악 중이다.

4급II	' 一 千 千 禾 香 香 香
香 향기 향 香부 총 9획	香 香　　　香氣　비 番:차례번

- 香氣(향기): 꽃, 향, 향수 따위에서 나는 좋은 냄새
  예) 방에는 커피 香氣가 가득하였다.

활용 한자 확인하기

和 화할 화　　常 떳떳할 상　　公 공평할 공　　東 동녘 동　　癸 천간 계　　說 말씀 설　　動 움직일 동
福 복 복　　氣 기운 기

鄉 (4급II)
획순: 乡 乡 乡 纩 纩 纩 绅 绅 鄉 鄉
시골 **향**
邑(阝)부
총 13획
- 반 京: 서울 경
- 동 村: 마을 촌
- 약 鄕

• 故鄉(고향): 자기가 태어나서 자란 곳
예) 나의 故鄉은 서울이다.

虛 (4급II)
획순: 丨 ㄏ 广 卢 虍 虚 虚 虚 虚
빌 **허**
虍부
총 12획
- 반 實: 열매 실
- 동 空: 빌 공
- 약 虚

• 虛無(허무): 아무것도 없이 텅 빔.
예) 우리 팀은 경기에서 虛無하게 패하였다.

許 (5급)
획순: 丶 二 亖 言 言 言 訐 許 許
허락할 **허**
言부
총 11획
- 동 可: 옳을 가
- 諾: 허락할 낙

• 許容(허용): 허락하여 너그럽게 받아들임.
예) 공공장소에서는 흡연이 許容되지 않는다.

革 (4급)
획순: 一 十 廿 廿 廿 苩 苩 苩 革
가죽 **혁**
革부
총 9획

• 皮革(피혁): 날가죽과 무두질한 가죽을 아울러 이르는 말
예) 우리는 皮革 제품을 취급하지 않습니다.

現 (6급II)
획순: 一 二 干 王 玎 玡 珇 珇 現
나타날 **현**
玉(王)부
총 11획

• 現在(현재): 지금의 시간
예) 現在의 주소를 기재하여 주십시오.

賢 (4급II)
획순: 一 丁 F 臣 臣 臤 臤 臤 賢 賢
어질 **현**
貝부
총 15획
- 반 愚: 어리석을 우
- 동 良: 어질 량
- 약 贤

• 賢明(현명): 어질고 슬기로워 사리에 밝음.
예) 그녀가 그것을 택한 것은 賢明한 판단이었다.

血 (4급II)
획순: 丿 丨 白 血 血
피 **혈**
血부
총 6획

• 血肉(혈육): 피와 살을 아울러 이르는 말 / 부모, 자식, 형제 따위 한 혈통으로 맺어진 육친
예) 나에게 血肉이라곤 여동생 하나뿐이다.

協 (4급II)
획순: 一 十 忄 け 切 劦 劦 協
화할 **협**
十부
총 8획
- 동 和: 화할 화

• 協助(협조): 힘을 보태어 도움.
예) 수사에 協助해 주셔서 감사합니다.

兄 (8급)
획순: 丨 口 口 尸 兄
형 **형**
儿부
총 5획
- 반 弟: 아우 제

• 兄弟(형제): 형과 아우를 아울러 이르는 말
예) 그녀는 슬하에 아들 兄弟만 두었다.

刑 (4급)
획순: 一 二 チ 开 开 刑
형벌 **형**
刀(刂)부
총 6획
- 비 形: 모양 형
- 반 罪: 허물 죄
- 동 罰: 벌할 벌

• 減刑(감형): 형의 선고를 받은 사람의 형벌을 줄여 주는 일
예) 그는 모범수로 뽑혀 형기가 減刑되었다.

활용 한자 확인하기

| 故 연고 고 | 無 없을 무 | 容 얼굴 용 | 皮 가죽 피 | 在 있을 재 | 明 밝을 명 | 肉 고기 육 |
| 助 도울 조 | 弟 아우 제 | 減 덜 감 | | | | |

중학교 교육용 기초 한자 900자

形 모양 형
彡부 / 총 7획
필순: 一 二 チ 开 开 形 形
- 반: 影 그림자 영
- 동: 式 법 식
      容 얼굴 용

• 變形(변형): 모양이나 형태가 달라지거나 달라지게 함. 또는 그 달라진 형태
  예) 플라스틱 용기를 높은 온도로 가열하면 變形되기 쉽다.

惠 은혜 혜
心부 / 총 12획
필순: 一 亠 白 車 重 重 車 惠 惠 惠
- 동: 恩 은혜 은
      澤 못 택
- 약: 恵

• 恩惠(은혜): 고맙게 베풀어 주는 신세나 혜택
  예) 친구의 恩惠를 원수로 갚은 남성에게 법원이 중형을 선고했다.

戶 집 호
戶부 / 총 4획
필순: 一 ㄱ ㅋ 戶

• 戶口(호구): 호적상 집의 수효와 식구 수
  예) 그는 戶口 조사를 하듯 나에게 이것저것을 캐물었다.

乎 어조사 호
丿부 / 총 5획
필순: 一 ⺍ ㅛ 乎
- 비: 平 평평할 평
      呼 부를 호

• 斷乎(단호): 결심이나 태도, 입장 따위가 과단성 있고 엄격함.
  예) 나는 그의 제안을 斷乎하게 거절하였다.

呼 부를 호
口부 / 총 8획
필순: 丨 口 口 叮 叮 吘 呼 呼
- 반: 應 응할 응
      吸 마실 흡

• 呼名(호명): 이름을 부름.
  예) 呼名을 하면 큰 소리로 대답하세요.

好 좋을 호
女부 / 총 6획
필순: ㄑ 女 女 奵 奵 好
- 반: 惡 미워할 오

• 好感(호감): 좋게 여기는 감정
  예) 나는 그녀에게 점점 好感을 느끼게 되었다.

虎 범 호
虍부 / 총 8획
필순: 丨 ㅏ ㅑ 广 户 虍 虎 虎

• 虎口(호구): 어수룩하여 이용하기 좋은 사람을 비유적으로 이르는 말
  예) 네가 하자는 대로 해 주니 내가 虎口로 보이니?

號 이름 호
虍부 / 총 13획
필순: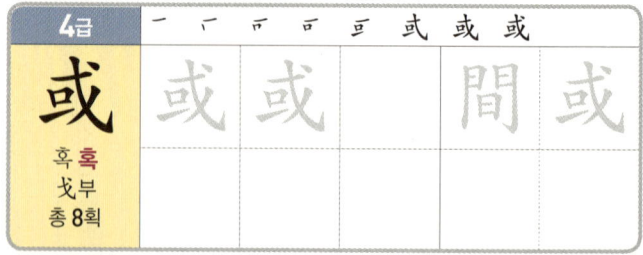
- 약: 号

• 番號(번호): 차례를 나타내거나 식별하기 위해 붙이는 숫자
  예) 당신의 차량 番號를 알려 주세요.

湖 호수 호
水(氵)부 / 총 12획
필순: 氵 汁 汁 汁 沽 沽 浒 湖 湖 湖

• 湖水(호수): 땅이 우묵하게 들어가 물이 괴어 있는 곳
  예) 다리가 湖水 건너편까지 이어져 있다.

或 혹 혹
戈부 / 총 8획
필순: 一 ㄷ 冂 冃 戓 或 或

• 間或(간혹): 어쩌다가 띄엄띄엄
  예) 현명한 그도 間或 실수할 때가 있다.

 **활용 한자 확인하기**

變 변할 변   恩 은혜 은   口 입 구   斷 끊을 단   名 이름 명   感 느낄 감   番 차례 번
水 물 수   間 사이 간

4급	ㄱ ㄥ 女 女 女' 女'' 娇 娇 婚 婚
婚 혼인할 **혼** 女부 총 11획	婚 婚　　結婚 동 姻: 혼인 인

- 結**婚**(결혼): 남녀가 정식으로 부부 관계를 맺음.
  예 그는 직장 동료와 結**婚**하였다.

4급	ㄱ ㄥ ㄠ ㄠ 糸 糸 糽 紅 紅
紅 붉을 **홍** 糸부 총 9획	紅 紅　　紅色

- **紅**色(홍색): 사람의 입술이나 피의 빛깔과 같이 짙고 선명한 색
  예 그녀는 **紅**色 치마를 입고 있다.

5급Ⅱ	ㄧ ㄧ 化 化
化 될 **화** 匕부 총 4획	化 化　　弱化 비 花: 꽃 화 동 變: 변할 변

- 弱**化**(약화): 세력이나 힘이 약해짐. 또는 그렇게 되게 함.
  예 태풍의 세력이 弱**化**하고 있다.

4급Ⅱ	ㄱ ㄥ ㄧ 化 化 貨 貨 貨 貨 貨
貨 재물 **화** 貝부 총 11획	貨 貨　　外貨 비 貸: 빌릴/꿀 대 동 財: 재물 재 　 幣: 화폐 폐

- 外**貨**(외화): 외국의 돈
  예 석유는 그 나라의 유일한 外**貨** 획득 수단이다.

7급Ⅱ	言 言 訁 訐 訐 話 話
話 말씀 **화** 言부 총 13획	話 話　　對話 동 言: 말씀 언 　 說: 말씀 설

- 對**話**(대화): 마주 대하여 이야기를 주고받음. 또는 그 이야기
  예 선우와 경희는 對**話**를 통해 오해를 풀었다.

4급	ㄱ ㄧ ㄠ ㄠ 汩 汨 汨 汨 混 混
混 섞을 **혼** 水(氵)부 총 11획	混 混　　混同 동 亂: 어지러울 란 　 雜: 섞일 잡

- **混**同(혼동): 구별하지 못하고 뒤섞어서 생각함.
  예 나는 결코 공과 사를 **混**同하지 않는다.

8급	丶 丷 少 火
火 불 **화** 火부 총 4획	火 火　　火力

- **火**力(화력): 불이 탈 때에 내는 열의 힘
  예 이 가스레인지는 **火**力이 좋아 물이 빨리 끓는다.

7급	一 十 艹 艹 花 花 花
花 꽃 **화** 艸(艹)부 총 8획	花 花　　開花

- 開**花**(개화): 풀이나 나무의 꽃이 핌.
  예 내달 초면 이곳에도 벚꽃이 開**花**할 것이다.

6급Ⅱ	丿 二 千 禾 禾 和 和 和
和 화할 **화** 口부 총 8획	和 和　　和解 반 戰: 싸움 전 동 平: 평평할 평 　 協: 화할 협

- **和**解(화해): 싸움하던 것을 멈추고 서로 가지고 있던 안 좋은 감정을 풀어 없앰.
  예 우리는 **和**解한 후 둘도 없는 단짝이 되었다.

6급	ㄱ ㄱ 聿 聿 書 書 書 書 書 畫
畫 그림 **화**, 그을 **획** 田부 총 12획	畫 畫　　油畫 비 晝: 낮 주 동 圖: 그림 도 약 画

- 油**畫**(유화): 서양화에서, 물감을 기름에 개어 그리는 그림
  예 油**畫**는 보통 천으로 된 캔버스에 그린다.

활용 한자 확인하기

結 맺을 결　同 한가지 동　色 빛 색　力 힘 력　弱 약할 약　開 열 개　外 바깥 외
解 풀 해　對 대할 대　油 기름 유

華 (4급)

필순: 一 十 艹 芒 芢 苎 莑 莑 華

- 빛날 **화**
- 艸(艹)부
- 총 12획

예시: 榮華

• 榮華(영화): 몸이 귀하게 되어 이름이 세상에 빛남.
  예 그는 부귀와 榮華를 버리고 독립운동에 나섰다.

歡 (4급)

필순: 艹 品 萨 蓶 雚 雚 歡 歡 歡

- 기쁠 **환**
- 欠부
- 총 22획

- 동 喜: 기쁠 희
- 悅: 기쁠 열
- 약 欢, 歓

예시: 歡呼

• 歡呼(환호): 기뻐서 큰 소리로 부르짖음.
  예 그는 팬들의 歡呼 속에 등장하였다.

患 (5급)

필순: 丶 口 口 口 吕 吕 串 串 患 患

- 근심 **환**
- 心부
- 총 11획

- 비 忠: 충성 충
- 동 憂: 근심 우

예시: 病患

• 病患(병환): '병(病)'의 높임말
  예 할머니의 病患을 고치기 위해 백방으로 치료제를 구하고 있다.

活 (7급Ⅱ)

필순: 丶 丶 氵 汒 汘 活 活 活

- 살 **활**
- 水(氵)부
- 총 9획

- 반 殺: 죽일 살
- 死: 죽을 사

예시: 生活

• 生活(생활): 사람이나 동물이 일정한 환경에서 활동하며 살아감.
  예 우리는 서로 生活 방식이 다르다.

黃 (6급)

필순: 一 艹 芒 岁 芐 苔 甞 黃 黃

- 누를 **황**
- 黃부
- 총 12획

예시: 黃土

• 黃土(황토): 누렇고 거무스름한 흙
  예 건강에 좋다는 이유로 黃土가 주목받고 있다.

皇 (3급Ⅱ)

필순: 丶 丶 白 白 白 白 皇 皇 皇

- 임금 **황**
- 白부
- 총 9획

- 동 王: 임금 왕
- 帝: 임금 제

예시: 皇帝

• 皇帝(황제): 왕이나 제후를 거느리고 나라를 통치하는 임금을 왕이나 제후와 구별하여 이르는 말
  예 그는 皇帝에게 충성을 맹세하였다.

回 (4급Ⅱ)

필순: 丨 冂 冂 冋 囘 回

- 돌아올 **회**
- 口부
- 총 6획

- 동 歸: 돌아갈 귀
- 轉: 구를 전
- 旋: 돌 선

예시: 回歸

• 回歸(회귀): 한 바퀴 돌아 제자리로 돌아오거나 돌아감.
  예 연어는 回歸 본능이 있다.

會 (6급Ⅱ)

필순: 人 人 人 今 令 命 命 會 會

- 모일 **회**
- 日부
- 총 13획

- 반 散: 흩을 산
- 동 社: 모일 사
- 약 会

예시: 會議

• 會議(회의): 여럿이 모여 의논함. 또는 그런 모임
  예 사장은 긴급 會議를 소집하였다.

孝 (7급Ⅱ)

필순: 一 十 土 耂 耂 孝 孝

- 효도 **효**
- 子부
- 총 7획

- 비 老: 늙을 로

예시: 孝誠

• 孝誠(효성): 마음을 다하여 부모를 섬기는 정성
  예 孝誠이 지극하면 돌 위에 꽃이 핀다.

效 (5급Ⅱ)

필순: 丶 亠 六 方 交 効 効 效 效

- 본받을 **효**
- 攴(攵)부
- 총 10획

- 약 効

예시: 效果

• 效果(효과): 어떤 목적을 지닌 행위에 의하여 드러나는 보람이나 좋은 결과
  예 두통약을 먹었으나 별 效果가 없었다.

활용 한자 확인하기

榮 영화 영   呼 부를 호   病 병 병   生 날 생   土 흙 토   帝 임금 제   歸 돌아갈 귀
議 의논할 의   誠 정성 성   果 실과 과

7급Ⅱ	後 뒤 후 / 彳부 / 총 9획	반 先: 먼저 선 / 前: 앞 전

- 後世(후세): 다음에 오는 세상. 또는 다음 세대의 사람들
  예) 그의 이름은 後世에 기억될 것이다.

4급	厚 두터울 후 / 厂부 / 총 9획	반 薄: 엷을 박

- 厚德(후덕): 덕이 후함. 또는 그런 덕
  예) 그녀는 며느리의 厚德을 자랑하고 다녔다.

6급	訓 가르칠 훈 / 言부 / 총 10획	반 學: 배울 학 / 동 敎: 가르칠 교 / 導: 인도할 도

- 敎訓(교훈): 앞으로의 행동이나 생활에 지침이 될 만한 것을 가르침. 또는 그런 가르침
  예) 고전에는 성현의 敎訓이 담겨 있다.

7급	休 쉴 휴 / 人(亻)부 / 총 6획	동 息: 쉴 식

- 休戰(휴전): 교전국이 서로 합의하여, 전쟁을 얼마 동안 멈추는 일
  예) 양국은 休戰 협상을 시작하였다.

5급Ⅱ	凶 흉할 흉 / 凵부 / 총 4획	반 吉: 길할 길 / 豊: 풍년 풍 / 동 惡: 악할 악

- 凶惡(흉악): 성질이 악하고 모짊. / 모습이 보기에 언짢을 만큼 고약함.
  예) 그의 얼굴은 凶惡하게 일그러졌다.

3급Ⅱ	胸 가슴 흉 / 肉(月)부 / 총 10획	반 背: 등 배

- 胸中(흉중): 마음속에 품고 있는 생각
  예) 그들은 胸中을 털어놓는 사이이다.

5급	黑 검을 흑 / 黑부 / 총 12획	반 白: 흰 백 / 약 黒

- 黑白(흑백): 검은색과 흰색을 아울러 이르는 말
  예) 그녀는 黑白 물방울무늬의 치마를 입고 있다.

4급Ⅱ	興 일 흥 / 臼부 / 총 16획	반 亡: 망할 망 / 동 起: 일어날 기 / 약 兴

- 興亡(흥망): 잘되어 일어남과 못되어 없어짐.
  예) 이것은 우리의 興亡이 걸린 문제이다.

4급Ⅱ	希 바랄 희 / 巾부 / 총 7획	

- 希望(희망): 앞일에 대하여 어떤 기대를 가지고 바람.
  예) 나는 미래에 대한 希望으로 용기를 냈다.

4급	喜 기쁠 희 / 口부 / 총 12획	반 怒: 성낼 노 / 悲: 슬플 비 / 동 樂: 즐길 락

- 歡喜(환희): 매우 기뻐함. 또는 큰 기쁨
  예) 그녀는 歡喜에 찬 목소리로 내게 전화를 걸었다.

활용 한자 확인하기

世 인간 세 德 큰 덕 敎 가르칠 교 戰 싸움 전 惡 악할 악 中 가운데 중 白 흰 백
亡 망할 망 望 바랄 망 歡 기쁠 환

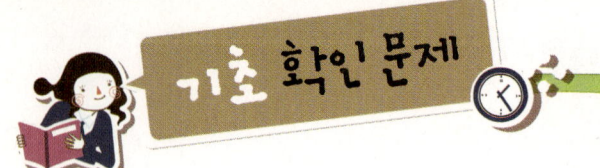

정답 252쪽

[問 01-15] 다음 漢字(한자)의 訓(훈: 뜻)과 音(음: 소리)을 쓰시오.

字 ➡ 글자 자

01 特(　　　) 02 夏(　　　) 03 篇(　　　)
04 向(　　　) 05 寒(　　　) 06 判(　　　)
07 平(　　　) 08 火(　　　) 09 海(　　　)
10 喜(　　　) 11 畫(　　　) 12 風(　　　)
13 表(　　　) 14 革(　　　) 15 虎(　　　)

[問 16-27] 다음 訓(훈: 뜻)과 音(음: 소리)에 알맞은 漢字(한자)를 쓰시오.

글자 자 ➡ 字

16 물건 품(　　　) 17 닫을 폐(　　　) 18 부를 호(　　　)
19 바랄 희(　　　) 20 가죽 피(　　　) 21 이름 호(　　　)
22 시골 향(　　　) 23 배울 학(　　　) 24 풀 해(　　　)
25 누를 황(　　　) 26 붉을 홍(　　　) 27 빛날 화(　　　)

[問 28-39] 다음 漢字語(한자어)의 讀音(독음)을 쓰시오.

漢字 ➡ 한자

28 皇帝(　　　) 29 厚德(　　　) 30 歡呼(　　　)
31 賢明(　　　) 32 虛無(　　　) 33 投手(　　　)
34 兄弟(　　　) 35 彼此(　　　) 36 外貨(　　　)
37 怨恨(　　　) 38 祝賀(　　　) 39 效果(　　　)

[問 40-44] 다음 밑줄 친 漢字語(한자어)를 漢字(한자)로 쓰시오.

한국 ➡ 韓國

40 휘발유 가격이 인하될 예정이다. (　　　)
41 그는 친구와 일본어로 대화한다. (　　　)
42 그는 자기의 패배를 인정하지 않았다. (　　　)
43 옆집 개는 낯선 사람을 보면 항상 짖는다. (　　　)
44 회장님께서는 지금 간부들과 회의하고 계십니다. (　　　)

교육과학기술부 선정

고등학교 교육용 기초 한자 900자

주제별 한자성어

매우 가까운 거리나 근소한 차이

- 五十步百步(오십보백보): 오십 보나 백 보나 달아나기는 매일반이라는 뜻으로, 정도의 차이는 있으나 본질적으로는 같은 것을 비유

> **유래**
>
> 양혜왕(梁惠王)이 맹자(孟子)에게 "심혈(心血)을 기울여 정치를 했으나 어찌 이웃 나라 백성은 줄지 않고 나의 백성은 많아지지 않습니까?"하고 물었다.
> 맹자가 "왕께서 싸움을 좋아하시니 전쟁에 비유하겠습니다. 북이 둥둥 울려 병사들의 칼날이 부딪쳤을 때 갑옷과 무기를 버리고 어떤 자는 100보를 도망하다가 멈추고 어떤 자는 50보를 도망하다가 멈췄습니다. 만일 50보 도망한 자가 100보 도망한 자를 보고 비웃는다면 어떻습니까?"하고 되물으니 양혜왕이 "100보를 도망한 것은 아니지만 이것 또한 도망한 것이니 도망한 것은 마찬가지지요."라고 대답하였다.
> 맹자는 "왕께서 이것을 아신다면 이웃 나라보다 백성이 많아지기를 바라지 마십시오."라고 하였다.

- 咫尺之間(지척지간): 매우 가까운 거리
- 指呼之間(지호지간): 손짓하여 부를 만한 가까운 거리

견문이 좁아 세상 형편을 모르는 사람

- 井中之蛙(정중지와): 우물 안의 개구리라는 뜻으로, 소견이 좁아 하나만 알고 둘은 모르는 것을 비유

> **유래**
>
> "장자(莊子)" '추수편(秋水篇)'에 다음과 같은 글이 실려 있다.
> 북해(北海)의 해신(海神)인 약(若)이 황하(黃河)의 하신(河神)인 하백(河伯)에게 말했다.
> "우물 안에 살고 있는 개구리에게 바다를 이야기해도 알지 못하는 것은 그들이 좁은 장소에 살고 있기 때문이며, 여름 벌레에게 얼음을 말해도 알지 못하는 것은 그들이 여름 한 철밖에 모르기 때문이다.
> 한 가지 일밖에 모르는 사람과 도(道)에 대해 말할 수 없는 것은 자기가 배운 것에 속박되어 있기 때문이다."

- 坐井觀天(좌정관천): 우물에 앉아서 하늘을 본다는 뜻으로, 견문이 좁음을 이름.
- 通管窺天(통관규천): 붓 대롱을 통해서 하늘을 엿봄.

아주 무식함

- 目不識丁(목불식정): 눈이 '丁' 자를 알아보지 못한다는 뜻으로, 우리 속담 "낫 놓고 기역자도 모른다."와 통하는 성어임.
- 一字無識(일자무식): 글자 한 자도 알지 못함.

환경의 중요성

- **近墨者黑**(근묵자흑): 먹을 가까이하는 사람은 검어진다는 뜻으로, 나쁜 사람과 가까이 지내면 나쁜 버릇에 물들기 쉬움을 비유적으로 이르는 말
- **橘化爲枳**(귤화위지): 회남의 귤을 회북에 옮겨 심으면 탱자가 된다는 뜻으로, 환경에 따라 사람이나 사물의 성질이 변함을 이르는 말

> **유래**
>
> 제(齊)나라의 명 재상(宰相)인 안영(晏嬰)이 초(楚)나라에 사신으로 가게 되었는데 마침 제나라 출신인 죄인이 도둑질을 한 죄로 잡혀 왔으므로 초왕이 "제나라 사람은 도둑질을 잘 하는군."하고 비웃었다.
>
> 안영은 "제가 듣기로는 귤이 회남(淮南)에서 나면 귤이 되지만, 회북(淮北)에서 나면 탱자가 된다고 합니다. 지금 백성들 중 제나라에서 나고 성장한 자는 도둑질을 하지 않습니다. 그런데 초나라로 들어오면 도둑질을 합니다. 초나라의 물과 땅이 백성들로 하여금 도둑질을 잘 하게하는 것입니다."라고 대답하여 초왕의 기를 꺾었다고 한다.

서로 모순됨

- **矛盾**(모순): 어떤 사실의 앞뒤, 또는 두 사실이 이치상 어긋나서 서로 맞지 않음을 이르는 말

> **유래**
>
> 초(楚)나라 사람 중에 방패와 창을 파는 사람이 있어 이것을 좋다고 자랑하며 말하기를
> "이 방패는 굳고 단단하여 능히 뚫을 수 없다." 하고, 또 그 창을 자랑하며 말하기를
> "이 창의 날카로움은 어떤 물건이든지 뚫지 못하는 것이 없다."고 하자, 어떤 사람이 "그러면 그대의 창으로 그대의 방패를 뚫는다면 어찌 되겠소?" 하니,
> 그 사람이 능히 대답하지 못하였다.

- **二律背反**(이율배반): 서로 모순되어 양립할 수 없는 두 개의 명제. 칸트에 의하여 널리 쓰이게 된 용어로 세계를 인식 능력에서 독립된 완결적 전체로서 받아들일 수 있을 때 이성은 필연적으로 이율배반에 빠진다고 한다.
- **自家撞着**(자가당착): 같은 사람의 말이나 행동이 앞뒤가 서로 맞지 아니하고 모순됨.

실패에 굴하지 아니함

- **百折不屈**(백절불굴): 어떠한 난관에도 결코 굽히지 않음.
- **七顚八起**(칠전팔기): 일곱 번 넘어지고 여덟 번 일어난다는 뜻으로, 여러 번 실패하여도 굴하지 아니하고 꾸준히 노력함을 이르는 말

불가능한 일

- **緣木求魚(연목구어)**: 나무에 올라가서 물고기를 구한다는 뜻으로, 도저히 불가능한 일을 굳이 하려 함을 비유적으로 이르는 말

> **유래**
> 맹자(孟子)가 제(齊)나라에 갔을 때 선왕(宣王)이 부국강병의 방법을 듣기를 청하자 이렇게 말하였다.
> "왕의 대망(大望)이란 영토를 확장하여 진(秦)과 초(楚)와 같은 대국으로 하여금 허리를 굽히게 하고, 사방의 오랑캐를 복종시키는 것이겠지요. 그러나 그런 방법은 나무에 올라 물고기를 구하려는 것[緣木求魚]과 같은 불가능한 일입니다. 연목구어는 다만 물고기를 얻지 못할 뿐 뒤탈은 없으나 이와 같이 하신다면 심신을 다해도 후에 반드시 (백성을 괴롭히고 나라를 망치는) 재앙이 있을 것입니다."

- **射魚指天(사어지천)**: 물고기를 쏘려는데 하늘에다 겨눔.
- **以卵擊石(이란격석)**: 달걀로 돌을 친다는 뜻으로, 아주 약한 것으로 강한 것에 대항하려는 어리석음을 비유적으로 이르는 말

평범한 사람들

- **甲男乙女(갑남을녀)**: 갑이란 남자와 을이란 여자라는 뜻으로, 평범한 사람들을 이르는 말
- **張三李四(장삼이사)**: 장씨(張氏)의 셋째 아들과 이씨(李氏)의 넷째 아들이라는 뜻으로, 이름이나 신분이 특별하지 아니한 평범한 사람들을 이르는 말
- **樵童汲婦(초동급부)**: 땔나무를 하는 아이와 물을 긷는 아낙네라는 뜻으로, 평범한 사람을 이르는 말
- **匹夫匹婦(필부필부)**: 한 사람의 남자와 한 사람의 여자라는 뜻으로, 신분이 낮은 일반적인 서민 남녀를 일컬음.

가혹한 정치

- **苛斂誅求(가렴주구)**: 세금을 가혹하게 거두어들이고, 무리하게 재물을 빼앗음.
- **苛政猛於虎(가정맹어호)**: 가혹한 정치는 호랑이보다 무섭다는 뜻으로, 혹독한 정치의 폐가 큼을 이르는 말

> **유래**
> 공자(孔子)가 노(魯)나라의 혼란 상태에 환멸을 느끼고 제(齊)나라로 가던 중 허술한 세 개의 무덤 앞에서 슬피 우는 여인을 만났다. 사연을 물은 즉 시아버지, 남편, 아들을 모두 호랑이가 잡아먹었다는 것이었다.
> 이에 공자가 "그렇다면 이곳을 왜 떠나지 않는가?" 하고 묻자, 여인은 "여기서 사는 것이 차라리 괜찮습니다. 다른 곳으로 가면 무거운 세금 때문에 그나마 살 수가 없습니다."라고 대답하였다.
> 이에 공자가 "가혹한 정치는 호랑이보다도 더 무섭다는 것을 알려주는 말이로다."라고 하였다.

앞날의 길흉화복은 예측하기 어려움

- 塞翁之馬(새옹지마): 변방 늙은이의 말이라는 뜻으로, 사람의 길흉화복은 예측하기 어렵다는 말

> **유래**
> 변방[塞]에 사는 늙은이[翁]가 기르던 말[馬]이 오랑캐 땅으로 달아났다가 얼마 뒤에 한 필의 준마(駿馬)를 데리고 돌아왔는데, 노인의 아들이 그 말을 타고 놀다가 떨어져 절름발이가 되었다.
> 때마침 난리가 일어나 성한 젊은이들은 모두 끌려 나가 죽었으나 절름발이인 노인의 아들은 목숨을 보전할 수 있었다.

- 轉禍爲福(전화위복): 재앙과 화난이 바뀌어 오히려 복이 됨.

한 나라의 정사를 떠받들 만한 재목

- 股肱之臣(고굉지신): 다리와 팔같이 중요한 신하라는 뜻으로, 임금이 가장 신임하는 신하를 이르는 말
- 棟梁之材(동량지재): 기둥과 들보로 쓸 만한 재목이라는 뜻으로, 한 집안이나 나라를 떠받치는 중대한 일을 맡을 만한 인재를 이르는 말
- 社稷之臣(사직지신): 나라의 안위(安危)와 존망(存亡)을 맡은 중신(重臣)
- 柱石之臣(주석지신): 나라에 중요한 구실을 하는 신하

전쟁에서 유래한 성어

- 乾坤一擲(건곤일척): 주사위를 던져 승패를 건다는 뜻으로, 운명을 걸고 단판걸이로 승부를 겨룸을 이르는 말
- 捲土重來(권토중래): 땅을 말아 일으킬 것 같은 기세로 다시 온다는 뜻으로, 한 번 실패하였으나 힘을 회복하여 다시 쳐들어옴을 이르는 말
- 背水之陣(배수지진): 강이나 바다를 등지고 치는 진. 중국 한(漢)나라의 한신이 강을 등지고 진을 쳐서 병사들이 물러서지 못하고 힘을 다하여 싸우도록 하여 조(趙)나라의 군사를 물리쳤다는 데서 유래한다.
- 臥薪嘗膽(와신상담): 불편한 섶에 몸을 눕히고 쓸개를 맛본다는 뜻으로, 원수를 갚거나 마음먹은 일을 이루기 위하여 온갖 어려움과 괴로움을 참고 견딤을 비유적으로 이르는 말

> **유래**
> 오(吳)나라 임금 부차(夫差)는 월(越)나라 임금 구천(句踐)에게 살해당한 아버지의 원수를 갚겠다고 섶에 누워 자며 맹세했고, 또 구천은 쓴 쓸개를 핥으면서 자신에게 치욕적인 패배를 안긴 부차에게 복수할 것을 잊지 않았다.

주제별 한자성어

'삼국지(三國志)'에 나오는 고사성어

- **苦肉之策(고육지책)**: 자기 몸을 상해 가면서까지 꾸며 내는 계책이라는 뜻으로, 어려운 상태를 벗어나기 위해 어쩔 수 없이 꾸며 내는 계책을 이르는 말
- **識字憂患(식자우환)**: 글자를 아는 것이 오히려 걱정을 끼친다는 뜻으로, 학식이 있는 것이 오히려 근심을 사게 됨.
- **七縱七擒(칠종칠금)**: 마음대로 잡았다 놓아주었다 함을 이르는 말

> **유래**
> 유비(劉備)가 세상을 떠난 후, 각지에서 반란이 일어나 촉(蜀)나라는 혼란에 휩싸였다.
> 제갈량이 반란군 사이에 유언비어를 퍼뜨려 자중지란(自中之亂: 같은 편끼리 하는 싸움)을 일으키도록 이간책을 사용한 결과 그들 대부분은 평정되었으나 마지막으로 맹획(孟獲)이라는 장수가 반란을 일으켰다.
> 제갈량은 맹획을 생포하였으나 그를 죽이는 것만이 능사는 아니라고 판단하여 일단 놓아주었다. 분한 마음으로 고향에 돌아간 맹획은 다시 전열을 가다듬어 반란을 일으켰고, 그때마다 번번이 제갈량에게 사로잡혔다가 도로 풀려나곤 하였다.
> 이렇게 하기를 일곱 번이나 거듭한 끝에 마침내 맹획은 제갈량에게 마음속으로 복종하여 부하가 되기를 자청하였다.

무례

- **傍若無人(방약무인)**: 곁에 사람이 없는 것처럼 아무 거리낌 없이 함부로 말하고 행동하는 태도가 있음.
- **眼下無人(안하무인)**: 눈 아래에 사람이 없다는 뜻으로, 방자하고 교만하여 다른 사람을 업신여김을 이르는 말
- **破廉恥漢(파렴치한)**: 체면이나 부끄러움을 모르는 뻔뻔스러운 사람
- **厚顔無恥(후안무치)**: 뻔뻔스러워 부끄러움이 없음.

어떤 일의 발단이나 시작

- **濫觴(남상)**: 양쯔 강(揚子江) 같은 큰 하천의 근원도 잔을 띄울 만큼 가늘게 흐르는 시냇물이라는 뜻으로, 사물의 처음이나 기원을 이르는 말

> **유래**
> 공자(孔子)가 그의 제자 자로(子路)를 훈계하기를
> "원래 양쯔 강은 민산(岷山)에서 시작되는데, 그것이 시작될 때의 물은 겨우 술잔을 띄울 만하였다. 그런데 그것이 하류로 내려오면서 물의 양도 많아지고 흐름도 빨라져서 배를 타지 않고는 강을 건널 수가 없고, 바람이라도 부는 날에는 배조차 띄울 수 없게 된다. 이는 모두 물의 양이 많아졌기 때문이니라."
> 라고 하면서 사소한 일로부터 빚어진 잘못이 나중에 감당할 수 없이 커질 수 있음을

- **破天荒(파천황)**: 이전에 아무도 하지 못한 일을 처음으로 해냄을 이르는 말
- **嚆矢(효시)**: 어떤 사물이나 현상이 시작되어 나온 맨 처음을 비유적으로 이르는 말

이야기로 익히는 주요 한자어

위험한 소원

　1812년 나폴레옹이 무모하게 러시아를 **攻擊**했다가 도리어 러시아의 **反擊**에 크게 패하여 겨우 목숨만 건져 탈출한 **事件**이 있었다. **退却**하던 나폴레옹은 부하들과도 헤어져 혼자 밤길을 도망치다 어느 집에 불이 켜 있는 것을 보고 그 집으로 달려갔다. 그 집은 시몬이라는 재단사의 집이었다.

　시몬은 **儉素**한 자신의 옷차림과 **比較**되는 화려한 옷차림의 나폴레옹이 갑자기 집으로 들이닥쳐 깜짝 놀랐지만 엉겁결에 나폴레옹을 자신의 옷장 안에 숨겨 주었다. 잠시 후 러시아의 병사들이 시몬의 집에 들이닥쳤고, 마치 **檢問**이라도 하듯이 수상한 사람을 보지 못했느냐며 시몬에게 다그쳐 물었다. 병사들은 집안 이곳저곳을 뒤지며 나폴레옹을 찾았고 이때 한 병사가 옷장 문을 열어 이불더미를 창으로 찔렀다. 러시아 병사와 자신과의 **距離**가 가까워지자 이불더미 속에 있던 나폴레옹은 **畢竟** 들켜버렸다는 생각에 몸이 **硬直**되었다. 시몬 역시 **肝腸**을 태우며 그 모습을 지켜보고 있었다. 다행히 병사들은 아무것도 발견하지 못하고 돌아갔다.

　시몬의 덕택으로 살아난 나폴레옹은 그제서야 황제로서의 위엄을 **誇示**하며 시몬에게 말했다. "나는 프랑스의 황제 나폴레옹이다. 자네가 내 목숨을 구해주었으니 네 소원 한 가지를 들어주겠다." 그러자 시몬은 비가 새는 지붕을 고쳐 달라거나 **半徑** 50미터 안에 있는 양복점이 다른 곳으로 이사가도록 해 달라는 등 작은 소원을 말하였다.

　답답한 나폴레옹이 그렇게 **簡單**한 소원 말고 좀 더 큰 소원이 없느냐고 호통을 치자 시몬은 한참을 생각하다가 "폐하께서 아까 옷장에 숨어 계실 때 정말 위험한 순간을 맞으셨습니다. 그때 폐하의 기분이 어떠했는지 궁금합니다."라고 말을 하였다. 시몬의 답을 들은 나폴레옹은 **慨歎**을 금치 못하며 마침 자신을 찾으러 온 부하들에게 "저 놈이 나를 모욕했다. 잡아다가 내일 아침 날이 밝는 대로 당장 처형해라."라고 하였다. 시몬은 **痛哭**을 하며 한 번만 용서해 달라고 목숨을 **求乞**했지만 아무도 그의 **懇請**을 들어주지 않았다.

　다음 날, 처형대에 묶인 시몬은 공포에 질려 **血管**의 피가 거꾸로 솟는 것 같았다. 목숨이 **頃刻**에 달린 그 순간 말을 탄 병사가 달려오더니 처형을 멈추라고 명령하였다. 그러면서 시몬에게 편지 한 통을 건네주었다. 나폴레옹이 쓴 그 편지에는 "이만하면 자네의 질문에 대한 훌륭한 답이 되었으리라 믿네."라고 쓰여 있었다.

공격, 반격	
사건, 퇴각	
검소, 비교	
검문	
거리, 필경	
경직, 간장	
과시	
반경	
간단	
개탄	
통곡	
구걸, 간청	
혈관	
경각	

3급II **架** 시렁 가 木부 총 9획	一 力 加 加 加 加 架 架 架

書架(서가): 문서나 책 따위를 얹어 두거나 꽂아 두도록 만든 선반
예) 어머니는 書架에서 오래된 책 한 권을 꺼내 오셨다.

| 4급 **暇** 틈/겨를 가 日부 총 13획 | 日 旷 旷 旷 昭 睭 睭 暇 暇 |

동 餘: 남을 여

餘暇(여가): 일이 없어 남는 시간
예) 그녀는 餘暇를 활용하여 봉사 활동을 하고 있다.

| 3급II **閣** 집 각 門부 총 14획 | ㅣ ㅏ ㅏ 門 門 門 門 閣 閣 |

樓閣(누각): 사방을 바라볼 수 있도록 문과 벽이 없이 다락처럼 높이 지은 집
예) 그는 樓閣에 올라 유유히 흐르는 강물을 바라보았다.

| 3급 **却** 물리칠 각 卩부 총 7획 | 一 十 土 去 去 去 却 |

비 脚: 다리 각
동 退: 물러날 퇴

退却(퇴각): 뒤로 물러감.
예) 장군은 병사들에게 退却 명령을 내렸다.

| 4급 **覺** 깨달을 각 見부 총 20획 | ' ″ ″ ″ ″ ″ 學 覺 覺 |

동 悟: 깨달을 오
感: 느낄 감
약 覚

感覺(감각): 눈, 코, 귀, 혀, 살갗을 통하여 바깥의 어떤 자극을 알아차림. / 사물에서 받는 인상이나 느낌
예) 그녀는 코의 感覺이 예민하여 여러 냄새를 구별할 수 있다.

| 4급 **刻** 새길 각 刀(刂)부 총 8획 | ' 一 亠 亥 亥 亥 刻 刻 |

동 銘: 새길 명

刻印(각인): 도장을 새김. 또는 그 도장 / 머릿속에 새겨 넣듯 깊이 기억됨. 또는 그 기억
예) 그 영화의 마지막 장면은 내 마음에 영원히 刻印될 것이다.

| 3급II **刊** 새길 간 刀(刂)부 총 5획 | 一 二 千 刊 刊 |

동 刻: 새길 각

創刊(창간): 신문, 잡지 따위의 정기 간행물의 첫 번째 호(號)를 펴냄.
예) 그녀는 청소년의 진로에 관한 잡지를 創刊하였다.

| 3급II **肝** 간 간 肉(月)부 총 7획 |) 刂 月 月 肝 肝 肝 |

肝腸(간장): 간과 창자 / '애'나 '마음'을 비유적으로 이르는 말
예) 그는 합격자 발표를 기다리느라 肝腸이 탈 지경이었다.

| 3급II **幹** 줄기 간 干부 총 13획 | 十 古 古 直 車 軒 軒 幹 幹 |

根幹(근간): 뿌리와 줄기 / 사물의 바탕이나 중심이 되는 중요한 것
예) 로마는 서양 문화의 根幹을 이루는 도시라고 할 수 있다.

| 4급 **簡** 대쪽/간략할 간 竹(⺮)부 총 18획 | ⺮ ⺮ ⺮ ⺮ ⺮ 節 節 簡 簡 |

반 煩: 번거로울 번
동 略: 간략할/약할 략

簡單(간단): 단순하고 간략함. / 간편하고 단출함. / 단순하고 손쉬움.
예) 책을 만드는 일은 생각만큼 簡單하지 않았다.

활용 한자 확인하기

書 글 서 餘 남을 여 樓 다락 루 退 물러날 퇴 感 느낄 감 印 도장 인 創 비롯할 창
腸 창자 장 根 뿌리 근 單 홑 단

3급	ㄑ ㄠ 女 奷 奵 姦 姦 姦 姦
姦 간음할 **간** 女부 총 9획	姦 姦 姦通

- 姦通(간통): 결혼하여 배우자가 있는 사람이 배우자가 아닌 사람과 성적 관계를 맺음.
- 예 그는 姦通 혐의를 강력하게 부인하였다.

3급Ⅱ	⺈ ㇌ 豸 豸' 豸7 豺 豺7 貇 貇 懇
懇 간절할 **간** 心부 총 17획	懇 懇 懇請

- 懇請(간청): 간절히 청함. 또는 그런 청
- 예 그들은 우리에게 도와줄 것을 懇請하였다.

4급Ⅱ	一 亠 Γ 彐 臣 臣' 臣⺅ 彫 監
監 볼 **감** 皿부 총 14획	監 監 監督 동 視: 볼 시 察: 살필 찰 약 监

- 監督(감독): 일이나 사람 따위가 잘못되지 아니하도록 살피어 단속함. 또는 일의 전체를 지휘함.
- 예 우리 학교는 監督 없이 시험을 치른다.

3급Ⅱ	金 釒 釒' 釒⺅ 鈰 鈰' 鈰⺅ 鑑 鑑
鑑 거울 **감** 金부 총 22획	鑑 鑑 鑑定 동 鏡: 거울 경 약 鑑

- 鑑定(감정): 사물의 특성이나 참과 거짓, 좋고 나쁨을 분별하여 판정함.
- 예 그는 가보로 내려오는 도자기의 鑑定을 전문가에게 의뢰하였다.

4급Ⅱ	亠 广 广' 户 户' 庐 庚 康 康
康 편안 **강** 广부 총 11획	康 康 健康 동 安: 편안 안

- 健康(건강): 정신적으로나 육체적으로 아무 탈이 없고 튼튼함. 또는 그런 상태
- 예 그녀는 健康을 위해 매일 규칙적으로 운동을 한다.

3급Ⅱ	丨 冂 冂' 冂⺅ 冈 冈' 冈⺅ 岡 剛
剛 굳셀 **강** 刀(刂)부 총 10획	剛 剛 剛直 동 健: 굳셀 건 堅: 굳을 견

- 剛直(강직): 굳세고 꿋꿋함.
- 예 그는 아버지를 닮아 剛直한 성품을 지녔다.

3급Ⅱ	金 釒 釘 釘' 釘⺅ 鋼 鋼 鋼
鋼 강철 **강** 金부 총 16획	鋼 鋼 鋼板

- 鋼板(강판): 강철로 만든 철판
- 예 그들은 지하 금고의 벽에 두꺼운 鋼板을 덧대었다.

3급Ⅱ	纟 糹 糹' 紅 紅' 網 網 網 網
綱 벼리 **강** 糸부 총 14획	綱 綱 要綱 동 紀: 벼리 기

- 要綱(요강): 근본이 되는 중요한 강령 / 기본이 되는 줄거리나 골자
- 예 각 대학의 입시 要綱이 발표되었다.

3급Ⅱ	ノ 人 介 介
介 낄 **개** 人부 총 4획	介 介 介入

- 介入(개입): 자신과 직접적인 관계가 없는 일에 끼어듦.
- 예 제삼자의 介入으로 일이 더욱 복잡해졌다.

3급	⺖ ⺖' 忄⺅ 忾 忾' 愾 愾 慨 慨
慨 슬퍼할 **개** 心(忄)부 총 14획	慨 慨 慨歎 비 槪: 대개 개 동 憤: 분할 분 약 慨

- 慨歎(개탄): 분하거나 못마땅하게 여겨 한탄함.
- 예 그들은 물질 만능의 사회 풍조를 慨歎하였다.

활용 한자 확인하기

通 통할 통   請 청할 청   督 감독할 독   定 정할 정   健 굳셀 건   直 곧을 직   板 널 판
要 요긴할 요 入 들 입   歎 탄식할 탄

3급II **概** 대개 개 木부 총 15획	木 术 朴 朴 朾 桉 榁 榁 概 概 / 概 概 概念 / 비 慨:슬퍼할 개 / 약 概

· 概念(개념): 어떤 사물 현상에 대한 일반적인 지식
  예 이 문제를 해결하기 위해서는 우주의 概念을 이해해야 한다.

3급II **蓋** 덮을 개 艸(艹)부 총 14획	艹 艹 艹 艹 荖 莁 莁 萫 蓋 / 蓋 蓋 覆蓋 / 약 盖

· 覆蓋(복개): 덮거나 씌우는 것 / 하천에 덮개 구조물을 씌워 겉으로 보이지 않도록 함. 또는 그 덮개 구조물
  예 覆蓋되었던 하천을 생태 하천으로 복원하였다.

3급II **距** 상거할 거 足(⻊)부 총 12획	口 日 甲 甲 趷 距 距 距 距 / 距 距 距離 / 동 離:떠날 리

· 距離(거리): 두 개의 물건이나 장소 따위가 공간적으로 떨어진 길이
  예 서울에서 부산까지의 距離는 400킬로미터가 넘는다.

4급 **拒** 막을 거 手(扌)부 총 8획	一 亅 扌 扩 扣 拒 拒 / 拒 拒 拒否 / 비 抗:겨룰 항

· 拒否(거부): 요구나 제의 따위를 받아들이지 않고 물리침.
  예 그는 우리의 도움을 단호히 拒否하였다.

4급 **據** 근거 거 手(扌)부 총 16획	扌 扩 扩 扩 扩 捎 據 據 據 / 據 據 證據 / 동 依:의지할 의 / 약 拠

· 證據(증거): 어떤 사실을 증명할 수 있는 근거
  예 검찰은 그가 범인이라는 명백한 證據를 가지고 있다.

5급 **件** 물건 건 人(亻)부 총 6획	丿 亻 亻 仁 件 件 / 件 件 事件 / 동 物:물건 물 品:물건 품

· 事件(사건): 사회적으로 문제를 일으키거나 주목을 받을 만한 뜻밖의 일
  예 이번 事件은 사소한 오해로 생긴 것이었다.

5급 **健** 굳셀 건 人(亻)부 총 11획	亻 亻 亻 亻 亻 律 健 健 健 / 健 健 健全 / 비 建:세울 건 동 強:강할 강 剛:굳셀 강

· 健全(건전): 병이나 탈이 없이 건강하고 온전함. / 사상이나 사물 따위의 상태가 한쪽으로 치우치지 않고 정상적이며 위태롭지 않음.
  예 그는 건강한 신체에 健全한 정신이 깃든다고 믿는다.

4급 **傑** 뛰어날 걸 人(亻)부 총 12획	亻 亻 仂 伊 伊 伴 俩 傑 / 傑 傑 傑作 / 동 秀:빼어날 수 俊:준걸 준

· 傑作(걸작): 매우 훌륭한 작품
  예 이 그림은 미술 사상 최고의 傑作 중 하나로 꼽힌다.

3급 **乞** 빌 걸 乙부 총 3획	丿 ノ 乞 / 乞 乞 求乞 / 동 求:구할 구

· 求乞(구걸): 돈이나 곡식, 물건 따위를 거저 달라고 빎.
  예 그 소년은 집안이 가난하여 求乞을 다녔지만 결코 희망을 잃지 않았다.

4급 **儉** 검소할 검 人(亻)부 총 15획	丿 亻 亻 仃 仒 伶 俭 儉 / 儉 儉 儉素 / 비 檢:검사할 검 / 약 倹

· 儉素(검소): 사치하지 않고 꾸밈없이 수수함.
  예 그녀는 평생을 儉素하게 생활하였다.

활용 한자 확인하기

念 생각 념 覆 덮을 부, 다시 복 離 떠날 리 否 아닐 부 證 증거 증 事 일 사
全 온전 전 作 지을 작 求 구할 구 素 본디/흴 소

劍 (3급II)
칼 검
刀(刂)부
총 15획
- 劍劍 劍術
- 비 險: 험할 험
- 약 剣
- 劍術(검술): 검을 가지고 싸우는 기술
  예) 준수는 대나무 칼로 劍術을 익히고 있다.

檢 (4급II)
검사할 검
木부
총 17획
- 檢檢 檢問
- 동 査: 조사할 사
  督: 감독할 독
- 약 検
- 檢問(검문): 검사하기 위하여 따져 물음.
  예) 그 용의자는 경찰의 檢問에 걸려 체포되었다.

格 (5급II)
격식 격
木부
총 10획
- 格格 合格
- 동 式: 법식
  規: 법규
- 合格(합격): 시험, 검사, 심사 따위에서 일정한 조건을 갖추어 어떠한 자격이나 지위 따위를 얻음.
  예) 그녀는 우수한 성적으로 시험에 合格하였다.

擊 (4급)
칠 격
手부
총 17획
- 擊擊 反擊
- 反擊(반격): 되받아 공격함.
  예) 위기에 몰렸던 적군이 反擊에 나섰다.

激 (4급)
격할 격
水(氵)부
총 16획
- 激激 激烈
- 동 烈: 매울 렬
  衝: 찌를 충
- 激烈(격렬): 말이나 행동이 세차고 사나움.
  예) 우리는 그들의 계획에 激烈하게 반대하였다.

隔 (3급II)
사이 뜰 격
阜(阝)부
총 13획
- 隔隔 間隔
- 동 間: 사이 간
- 間隔(간격): 공간적·시간적으로 벌어진 사이
  예) 이 버스는 10분 間隔으로 운행된다.

肩 (3급)
어깨 견
肉(月)부
총 8획
- 肩肩 肩章
- 肩章(견장): 군인, 등이 제복의 어깨에 붙이는, 직위나 계급을 밝히는 표장
  예) 肩章을 단 군복 차림의 장교가 문으로 들어왔다.

絹 (3급)
비단 견
糸부
총 13획
- 絹絹 本絹
- 本絹(본견): 다른 실을 섞지 아니하고 명주실로만 짠 비단
  예) 어머니는 本絹으로 새 한복을 지어 입으셨다.

遣 (3급)
보낼 견
辵(辶)부
총 14획
- 遣遣 派遣
- 비 遺: 남길 유
- ▶ 주의해야 할 필순을 표시한 것입니다.
- 派遣(파견): 일정한 임무를 주어 사람을 보냄.
  예) 사건의 취재를 위해 급히 기자를 派遣하였다.

牽 (3급)
이끌/끌 견
牛부
총 11획
- 牽牽 牽引
- 동 引: 끌 인
- 牽引(견인): 끌어서 당김.
  예) 그는 논두렁에 빠진 자동차를 牽引하였다.

활용 한자 확인하기
- 術 재주 술
- 問 물을 문
- 合 합할 합
- 反 돌이킬 반
- 烈 매울 렬
- 間 사이 간
- 章 글 장
- 本 근본 본
- 派 갈래 파
- 引 끌 인

4급II 缺 이지러질 결 缶부 총 10획	ノ ト 仁 午 缶 缶 缶 缶 缺 缺
	缺 缺　　缺 席 약 欠

- 缺席(결석): 나가야 할 자리에 나가지 않음.
  예) 누나는 감기 때문에 이틀이나 학교를 缺席하였다.

3급II 兼 겸할 겸 八부 총 10획	ノ ハ ハ 今 今 今 争 争 争 兼
	兼 兼　　兼 備

- 兼備(겸비): 두 가지 이상을 아울러 갖춤.
  예) 그는 지혜와 용기를 兼備한 훌륭한 인물이다.

3급II 謙 겸손할 겸 言부 총 17획	言 訁 訁 訁 訁 謙 謙 謙 謙 謙
	謙 謙　　謙 虛

- 謙虛(겸허): 스스로 자신을 낮추고 비우는 태도가 있음.
  예) 그녀는 선거 결과를 謙虛하게 받아들였다.

3급 竟 마침내 경 立부 총 11획	` ー 亠 立 产 咅 音 音 竟 竟
	竟 竟　　畢 竟 비 意: 뜻 의

- 畢竟(필경): 끝장에 가서는
  예) 일이 잘 되더라도 그는 畢竟 자리에서 물러났을 것이다.

4급II 境 지경 경 土부 총 14획	ナ ナ ナ 圹 圹 圹 垃 垃 境 境
	境 境　　國 境 동 界: 지경 계 域: 지경 역

- 國境(국경): 나라와 나라의 영역을 가르는 경계
  예) 수천 명의 난민들이 國境 지역으로 몰려들었다.

4급 鏡 거울 경 金부 총 19획	ノ ト 仁 午 牟 金 鈩 鏡 鏡 鏡
	鏡 鏡　　眼 鏡 동 鑑: 거울 감

- 眼鏡(안경): 시력이 나쁜 눈을 잘 보이게 하기 위하여나 바람, 먼지, 강한 햇빛 따위를 막기 위하여 눈에 쓰는 물건
  예) 형은 眼鏡을 쓰지 않으면 거의 아무것도 볼 수 없다.

3급II 頃 이랑/잠깐 경 頁부 총 11획	七 比 比 比 比 頃 頃 頃 頃 頃
	頃 頃　　頃 刻

- 頃刻(경각): 눈 깜빡할 사이. 또는 아주 짧은 시간
  예) 사고로 인해 그의 목숨이 頃刻에 달렸다.

4급 傾 기울 경 人(亻)부 총 13획	亻 亻 个 化 化 化 佰 倾 傾 傾
	傾 傾　　傾 聽 동 倒: 넘어질 도 斜: 비낄 사

- 傾聽(경청): 귀를 기울여 들음.
  예) 남의 말을 傾聽하는 사람은 어디서나 사랑받는다.

3급II 硬 굳을 경 石부 총 12획	一 プ 石 石 石 矿 矿 硬 硬
	硬 硬　　硬 直 동 强: 강할 강 堅: 굳을 견

- 硬直(경직): 몸 따위가 굳어서 뻣뻣하게 됨.
  예) 그는 경기에 대한 과도한 긴장으로 손발이 硬直되었다.

4급II 警 깨우칠 경 言부 총 20획	` ̀ ̀ ̀ 芍 芍 茍 欬 敬 警
	警 警　　警 告 동 覺: 깨달을 각 戒: 경계할 계

- 警告(경고): 조심하거나 삼가도록 미리 주의를 줌. 또는 그 주의
  예) 그는 의사의 警告에도 불구하고 계속 담배를 피웠다.

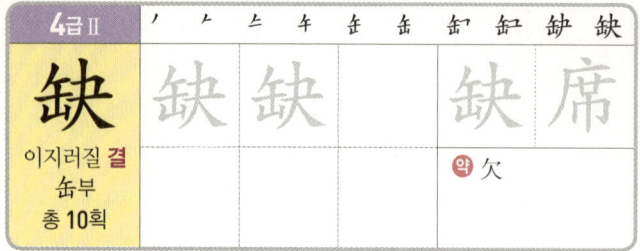

활용 한자 확인하기

席 자리 석　　備 갖출 비　　虛 빌 허　　畢 마칠 필　　國 나라 국　　眼 눈 안　　刻 새길 각
聽 들을 청　　直 곧을 직　　告 고할 고

| 3급II 徑 지름길 경 彳부 총 10획 | ノ ク 彳 彳 彳 彳 徑 徑 徑 徑
徑 徑 半徑
비 經: 지날/글 경
약 径 | 3급 卿 벼슬 경 卩부 총 12획 | ᄂ ᄂ ᄃ ᄗ ᄗ ᄳ ᄱ 卿 卿
卿 卿
卿 士 大 夫 |

· 半徑(반경): 반지름
예) 경찰은 半徑 5킬로미터 이내의 모든 상점을 수색하였다.

· 卿士大夫(경사대부): 조선 시대에, 영의정, 좌의정, 우의정 이외의 모든 벼슬아치를 통틀어 이르던 말
예) 입춘이 되면 卿士大夫는 물론 민가에서도 입춘방을 써 붙였다.

| 4급 系 이어맬 계 糸부 총 7획 | ノ ノ 幺 幺 系 系 系
系 系 系 統 | 4급II 係 맬 계 人(亻)부 총 9획 | ノ 亻 亻 亻 伢 伢 係 係 係
係 係 關 係 |

· 系統(계통): 일정한 체계에 따라 서로 관련되어 있는 부분들의 통일적 조직 / 하나의 공통적인 것에서 갈려 나온 갈래
예) 광부들은 호흡기 系統의 질병에 쉽게 노출된다.

· 關係(관계): 둘 이상의 사람, 사물, 현상 따위가 서로 관련을 맺거나 관련이 있음. 또는 그런 관련
예) 그는 이 사건에 간접적으로 關係되어 있다.

| 4급 戒 경계할 계 戈부 총 7획 | 一 二 F 开 戒 戒 戒
戒 戒 警 戒
동 懲: 징계할 징 | 3급II 械 기계 계 木부 총 11획 | 一 十 才 木 杧 杧 梳 械 械 械 械
械 械 機 械
동 機: 틀 기 |

· 警戒(경계): 뜻밖의 사고가 생기지 않도록 조심하여 단속함.
예) 장병들은 만일의 사태에 대비해 警戒를 늦추지 않고 있다.

· 機械(기계): 동력을 써서 움직이거나 일을 하는 장치
예) 그는 낡은 부품을 교체하기 위해 機械를 분해하였다.

| 4급 繼 이을 계 糸부 총 20획 | ノ ノ 幺 幺 糸 紌 紵 絥 絥 絥
繼 繼 繼 走
반 絶: 끊을 절
동 續: 이을 속
약 継 | 3급II 契 맺을 계 大부 총 9획 | 一 二 三 丰 刧 刧 却 契 契
契 契 契 約
동 約: 맺을 약 |

· 繼走(계주): 일정한 구간을 나누어 4명이 한 조가 되어 차례로 배턴을 주고받으면서 달리는 육상 경기
예) 선아는 800미터 繼走 경기의 마지막 주자이다.

· 契約(계약): 관련되는 사람이나 조직체 사이에서 서로 지켜야 할 의무에 대하여 글이나 말로 정하여 둠. 또는 그런 약속
예) 이 집은 내년 3월이면 전세 契約이 끝난다.

| 3급II 桂 계수나무 계 木부 총 10획 | 一 十 才 木 木 杧 栍 栍 桂 桂
桂 桂 桂 樹
비 柱: 기둥 주 | 3급II 啓 열 계 口부 총 11획 | ᄀ ᄏ 戶 戶 所 所 啓 啓 啓
啓 啓 啓 發
반 閉: 닫을 폐
동 開: 열 개 |

· 桂樹(계수): 계수나무. 계수나뭇과의 낙엽 활엽 교목
예) 옛날에는 달에 토끼와 桂樹가 있다고 믿었다.

· 啓發(계발): 슬기나 재능, 사상 따위를 일깨워 줌.
예) 그녀는 교육을 통해 아동의 잠재된 재능을 啓發시켰다.

활용 한자 확인하기

| 半 반 반 | 士 선비 사 | 大 큰 대 | 夫 지아비 부 | 統 거느릴 통 | 關 관계할 관 |
| 警 깨우칠 경 | 機 틀 기 | 走 달릴 주 | 約 맺을 약 | 樹 나무 수 | 發 필 발 |

4급 階 섬돌 계 阜(阝)부 총 12획	′ 阝 阝 阝 阝 阝 阝 階 階 階 / 階 階 / 位階

- 位階(위계): 벼슬의 품계 / 지위나 계층 따위의 등급
  - 예) 군대는 位階 질서가 분명한 집단이다.
  - 동) 段: 층계 단 / 層: 층 층 / 級: 등급 급

| 3급 繫 맬 계 糸부 총 19획 | 事 軎 軗 軗 鼕 鼕 鼕 繫 繫 / 繫 繫 / 連繫 |

- 連繫(연계): 어떤 일이나 사람과 관련하여 관계를 맺음.
  - 예) 우리 회사는 대학과 連繫하여 인턴 제도를 마련하였다.
  - 비) 擊: 칠 격 / 동) 束: 묶을 속 / 약) 繋

| 3급 枯 마를 고 木부 총 9획 | 一 十 才 木 木 朴 村 枯 枯 / 枯 枯 / 枯死 |

- 枯死(고사): 나무나 풀 따위가 말라 죽음.
  - 예) 오랜 가뭄으로 이 지역의 나무들이 모두 枯死하였다.
  - 비) 姑: 시어미 고 / 반) 榮: 영화 영

| 3급Ⅱ 姑 시어미 고 女부 총 8획 | ㄑ 乂 女 女 女 女 姑 姑 / 姑 姑 / 姑婦 |

- 姑婦(고부): 시어머니와 며느리를 아울러 이르는 말
  - 예) 그 집은 姑婦 사이가 좋기로 소문이 자자하다.
  - 반) 婦: 며느리 부

| 4급 庫 곳집 고 广부 총 10획 | ` 亠 广 广 广 庐 庐 庐 庙 庫 / 庫 庫 / 金庫 |

- 金庫(금고): 화재나 도난을 막기 위하여 돈, 귀중한 서류, 귀중품 따위를 간수하여 보관하는 데 쓰는 궤. 또는 창고
  - 예) 귀중품은 金庫에 보관하는 것이 안전하다.
  - 동) 倉: 곳집 창

| 4급 孤 외로울 고 子부 총 8획 | ㄱ 了 子 孑 孑 孤 孤 孤 / 孤 孤 / 孤兒 |

- 孤兒(고아): 부모를 여의거나 부모에게 버림받아 몸 붙일 곳이 없는 아이
  - 예) 한국 전쟁으로 많은 전쟁 孤兒들이 생겨났다.
  - 동) 獨: 홀로 독

| 3급Ⅱ 鼓 북 고 鼓부 총 13획 | 一 十 土 吉 吉 壴 壴 鼓 鼓 鼓 / 鼓 鼓 / 鼓舞 |

- 鼓舞(고무): 북을 치고 춤을 춤. / 힘을 내도록 격려하여 용기를 북돋움.
  - 예) 우리는 힘찬 응원으로 선수들을 鼓舞하였다.

| 3급Ⅱ 稿 원고/볏짚 고 禾부 총 15획 | 千 禾 禾 禾 禾 秆 秆 秤 稿 稿 / 稿 稿 / 脫稿 |

- 脫稿(탈고): 원고 쓰기를 마침.
  - 예) 최 작가는 소설의 脫稿를 눈앞에 두고 있다.
  - 비) 橋: 다리 교

| 3급 顧 돌아볼 고 頁부 총 21획 | ノ ラ 戸 戸 扉 雇 雇 雇 顧 顧 / 顧 顧 / 回顧 |

- 回顧(회고): 뒤를 돌아다봄. / 지나간 일을 돌이켜 생각함.
  - 예) 그녀는 지난날을 回顧하며 눈물을 흘렸다.
  - 비) 願: 원할 원

| 3급Ⅱ 哭 울 곡 口부 총 10획 | ` 口 口 口 吅 吅 吅 哭 哭 哭 / 哭 哭 / 痛哭 |

- 痛哭(통곡): 소리 높여 슬피 욺.
  - 예) 사고 소식을 듣자 그는 痛哭하기 시작하였다.
  - 비) 器: 그릇 기

활용 한자 확인하기

位 자리 위   連 이을 련   死 죽을 사   婦 며느리 부   金 쇠 금, 성 김   兒 아이 아   舞 춤출 무
脫 벗을 탈   回 돌아올 회   痛 아플 통

4급	ㄱ 了 子 孔
孔 구멍 **공** 子부 총 4획	孔 孔 　 鼻孔　동 穴: 굴 혈

- 鼻孔(비공): 콧구멍
  예) 코가 휘어 있으면 한쪽 鼻孔이 막히기 쉽다.

3급Ⅱ	ノ イ 亻 仕 仕 供 供 供
供 이바지할 **공** 人(亻)부 총 8획	供 供　供給　동 給: 줄 급 與: 줄 여

- 供給(공급): 요구나 필요에 따라 물품 따위를 제공함.
  예) 우리 농가는 신선한 채소를 소비자에게 직접 供給한다.

3급Ⅱ	一 十 卄 丗 壮 共 共 恭 恭 恭
恭 공손할 **공** 心(忄)부 총 10획	恭 恭　恭敬　동 敬: 공경 경

- 恭敬(공경): 공손히 받들어 모심.
  예) 어른을 恭敬하는 것은 우리의 중요한 미덕이다.

4급	一 丁 工 攻 攻 攻 攻
攻 칠 **공** 支(攵)부 총 7획	攻 攻　攻擊　동 擊: 칠 격 討: 칠 토 伐: 칠 벌

- 攻擊(공격): 나아가 적을 침. / 남을 비난하거나 반대하여 나섬.
  예) 적군은 모두가 잠든 새벽에 攻擊을 개시하였다.

3급Ⅱ	一 丁 工 工 巩 巩 巩 恐 恐 恐
恐 두려울 **공** 心부 총 10획	恐 恐　可恐

- 可恐(가공): 두려워하거나 놀랄만함.
  예) 핵무기는 可恐할 만한 위력을 지녔다.

3급Ⅱ	一 丁 工 干 干 青 青 青 貢 貢
貢 바칠 **공** 貝부 총 10획	貢 貢　貢獻　동 納: 들일 납

- 貢獻(공헌): 힘을 써 이바지함.
  예) 그녀는 세계 평화와 인류 복지에 큰 貢獻을 하였다.

3급Ⅱ	ㆍ ㅡ ㅗ 言 言 言 訃 訃 誇 誇
誇 자랑할 **과** 言부 총 13획	誇 誇　誇示

- 誇示(과시): 자랑하여 보임. / 사실보다 크게 나타내어 보임.
  예) 70대 노인은 마라톤을 완주하여 노익장을 誇示하였다.

3급Ⅱ	宀 宀 宀 宀 宁 宙 宙 寡 寡 寡
寡 적을 **과** 宀부 총 14획	寡 寡　寡黙　반 多: 많을 다 衆: 무리 중 동 少: 적을 소

- 寡黙(과묵): 말이 적고 침착함.
  예) 그는 寡黙하고 사려 깊은 사람이다.

3급	一 亠 六 亩 亨 亨 亨 亨 郭 郭
郭 둘레/외성 **곽** 邑(阝)부 총 11획	郭 郭　城郭

- 城郭(성곽): 예전에, 적을 막기 위하여 흙이나 돌 따위로 높이 쌓아 만든 담
  예) 왕은 적의 침입에 대비해 높은 城郭을 쌓았다.

3급Ⅱ	ㅅ 人 乍 食 食 食 館 館 館 館
館 집 **관** 食(飠)부 총 17획	館 館　會館　동 居: 살 거 약 舘

- 會館(회관): 집회나 회의 따위를 목적으로 지은 건물
  예) 주민들은 마을 會館에 모여 대책 회의를 열었다.

| 鼻 코 비 | 給 줄 급 | 敬 공경 경 | 擊 칠 격 | 可 옳을 가 | 獻 드릴 헌 | 示 보일 시 |
| 黙 잠잠할 묵 | 城 재 성 | 會 모일 회 | | | | |

고등학교 교육용 기초 한자 900자　135

4급	⺮ ⺮ ⺮ ⺮ 笞 笞 笞 管 管
管 대롱/ 주관할 관 竹(⺮)부 총 14획	管 管 血管 동 理:다스릴 리 掌:손바닥 장

• 血管(혈관): 혈액이 흐르는 관(管)
　예 심장은 血管을 통해 온몸으로 혈액을 보낸다.

3급Ⅱ	丨 口 毌 毌 甲 冊 冊 冒 貫
貫 꿸 관 貝부 총 11획	貫 貫 貫通 동 通:통할 통

• 貫通(관통): 꿰뚫어서 통함.
　예 이 도로는 마을의 중심부를 貫通한다.

3급Ⅱ	忄 忄 忄 忄 忄 惟 惟 惟 慣 慣
慣 익숙할 관 心(忄)부 총 14획	慣 慣 習慣 동 習:익힐 습

• 習慣(습관): 어떤 행위를 오랫동안 되풀이하는 과정에서 저절로 익혀진 행동 방식
　예 진호는 메모하는 習慣이 몸에 배어 있다.

3급Ⅱ	丶 宀 宀 宀 宀 宁 宕 官 冠
冠 갓 관 冖부 총 9획	冠 冠 弱冠

• 弱冠(약관): 스무 살을 달리 이르는 말 / 젊은 나이
　예 그는 弱冠에 이미 세계 정상의 축구 선수가 되었다.

3급Ⅱ	丶 宀 宀 宀 宀 宆 寍 寬 寬
寬 너그러울 관 宀부 총 15획	寬 寬 寬容 약 寛

• 寬容(관용): 남의 잘못을 너그럽게 받아들이거나 용서함. 또는 그런 용서
　예 그녀는 자신의 물건을 훔친 도둑에게 寬容을 베풀었다.

4급	金 釒 鈩 鈩 鈩 鈩 鑛 鑛 鑛
鑛 쇳돌 광 金부 총 23획	鑛 鑛 金鑛 약 鉱

• 金鑛(금광): 금을 캐내는 광산
　예 그는 평생 金鑛을 찾아 헤맸지만 모두 허사였다.

3급Ⅱ	丿 犭 犭 犭 狂 狂 狂
狂 미칠 광 犬(犭)부 총 7획	狂 狂 熱狂

• 熱狂(열광): 너무 기쁘거나 흥분하여 미친 듯이 날뜀. 또는 그런 상태
　예 가수들이 무대에 오르자 공연장은 熱狂의 도가니가 되었다.

3급	一 十 扌 扌 扩 扩 拝 挂 掛 掛
掛 걸 괘 手(扌)부 총 11획	掛 掛 掛圖

• 掛圖(괘도): 벽에 걸어 놓고 보는 학습용 그림이나 지도
　예 선생님은 단어 카드와 掛圖를 활용하여 수업을 진행하신다.

3급	土 土 圢 圢 圻 坤 塊 塊 塊
塊 흙덩이 괴 土부 총 13획	塊 塊 銀塊 비 愧:부끄러울 괴

• 銀塊(은괴): 은 덩어리
　예 그는 백 년 전 침몰한 배에서 銀塊 4백 개를 찾아냈다.

3급	忄 忄 忄 忄 忄 愧 愧 愧 愧
愧 부끄러울 괴 心(忄)부 총 13획	愧 愧 自愧 비 魂:넋 혼

• 自愧(자괴): 스스로 부끄러워함.
　예 김 노인은 평생 이루어 놓은 것이 없다고 여겨 自愧하였다.

활용 한자 확인하기

血 피 혈　　通 통할 통　　習 익힐 습　　弱 약할 약　　容 얼굴 용　　金 쇠 금, 성 김　　熱 더울 열
圖 그림 도　　銀 은 은　　自 스스로 자

006일

怪 괴이할 괴 / 心(忄)부 / 총 8획 [3급Ⅱ]
필순: 怪怪怪怪怪怪怪怪
쓰기: 怪 怪 / 怪異
- 동: 奇 기특할 기 / 異 다를 이
- 怪異(괴이): 이상야릇함.
  예) 그가 마을에 들어온 후로 怪異한 소문이 꼬리를 이었다.

郊 들 교 / 邑(阝)부 / 총 9획 [3급]
필순: 郊郊郊郊郊郊郊郊郊
쓰기: 郊 郊 / 近郊
- 동: 野 들 야
- 近郊(근교): 도시의 가까운 변두리에 있는 마을이나 들
  예) 그녀는 대도시 近郊의 한적한 마을에 살고 있다.

巧 공교할 교 / 工부 / 총 5획 [3급Ⅱ]
필순: 巧巧巧巧巧
쓰기: 巧 巧 / 巧妙
- 동: 妙 묘할 묘
- 巧妙(교묘): 솜씨나 재주 따위가 재치 있게 약삭빠르고 묘함.
  예) 그 남자는 巧妙한 속임수로 우리를 속이려고 하였다.

具 갖출 구 / 八부 / 총 8획 [5급Ⅱ]
필순: 具具具具具具具具
쓰기: 具 具 / 具色
- 동: 備 갖출 비 / 器 그릇 기
- 具色(구색): 여러 가지 물건을 고루 갖춤. 또는 그런 모양새
  예) 그 서점은 책이 분야별로 具色이 잘 갖추어져 있다.

區 구분할/지경 구 / 匸부 / 총 11획 [6급]
필순: 區區區區區區區區區區區
쓰기: 區 區 / 區別
- 약: 区
- 區別(구별): 성질이나 종류에 따라 차이가 남. 또는 성질이나 종류에 따라 갈라놓음.
  예) 두 그림이 너무 똑같아 어떤 것이 진품인지 區別하기 어렵다.

壞 무너질 괴 / 土부 / 총 19획 [3급Ⅱ]
필순: 壞壞壞壞壞壞壞壞
쓰기: 壞 壞 / 破壞
- 비: 懷 품을 회
- 약: 壞
- 破壞(파괴): 때려 부수거나 깨뜨려 헐어 버림. / 조직, 질서, 관계 따위를 와해하거나 무너뜨림.
  예) 인간의 무분별한 개발로 생태계가 破壞되고 있다.

較 견줄/비교할 교 / 車부 / 총 13획 [3급Ⅱ]
필순: 較較較較較較較較較
쓰기: 較 較 / 比較
- 比較(비교): 둘 이상의 사물을 견주어 서로 간의 유사점, 차이점, 일반 법칙 따위를 고찰하는 일
  예) 민규는 가격을 꼼꼼히 比較한 후에 물건을 구입하였다.

矯 바로잡을 교 / 矢부 / 총 17획 [3급]
필순: 矯矯矯矯矯矯矯矯矯
쓰기: 矯 矯 / 矯正
- 비: 橋 다리 교
- 동: 正 바를 정 / 直 곧을 직
- 矯正(교정): 틀어지거나 잘못된 것을 바로잡음.
  예) 지수는 가지런한 치열을 만들기 위해 치아 矯正을 하고 있다.

俱 함께 구 / 人(亻)부 / 총 10획 [3급]
필순: 俱俱俱俱俱俱俱俱俱
쓰기: 俱 俱 / 俱存
- 俱存(구존): 부모가 모두 살아 계심.
  예) 선생님은 부모님께서 俱存해 계시는지 물으셨다.

驅 몰 구 / 馬부 / 총 21획 [3급]
필순: 驅驅驅驅驅驅驅驅驅
쓰기: 驅 驅 / 驅除
- 驅除(구제): 해충 따위를 몰아내어 없앰.
  예) 그는 효과적으로 해충을 驅除할 수 있는 방법을 고안해 냈다.

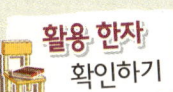
활용 한자 확인하기

| 異 다를 이 | 破 깨뜨릴 파 | 近 가까울 근 | 比 견줄 비 | 妙 묘할 묘 | 正 바를 정 | 色 빛 색 |
| 存 있을 존 | 別 다를/나눌 별 | 除 덜 제 | | | | |

고등학교 교육용 기초 한자 900자 **137**

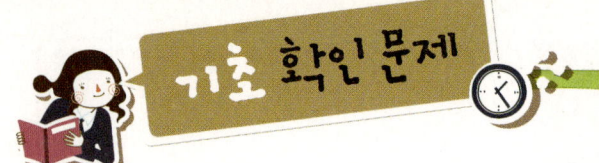

[問 01-15] 다음 漢字(한자)의 訓(훈: 뜻)과 音(음: 소리)을 쓰시오.

字 ➡ 글자 자

01 刻 (   )   02 管 (   )   03 牽 (   )
04 介 (   )   05 掛 (   )   06 係 (   )
07 契 (   )   08 具 (   )   09 絹 (   )
10 距 (   )   11 顧 (   )   12 怪 (   )
13 傑 (   )   14 劍 (   )   15 肝 (   )

[問 16-27] 다음 訓(훈: 뜻)과 音(음: 소리)에 알맞은 漢字(한자)를 쓰시오.

글자 자 ➡ 字

16 틈/겨를 가 (   )   17 빌 걸   (   )   18 들 교   (   )
19 겸할 겸   (   )   20 북 고   (   )   21 함께 구 (   )
22 강철 강   (   )   23 자랑할 과 (   )   24 시어미 고 (   )
25 막을 거   (   )   26 칠 공   (   )   27 볼 감   (   )

[問 28-39] 다음 漢字語(한자어)의 讀音(독음)을 쓰시오.

漢字 ➡ 한자

28 要綱 (   )   29 寬容 (   )   30 貫通 (   )
31 畢竟 (   )   32 破壞 (   )   33 警戒 (   )
34 半徑 (   )   35 證據 (   )   36 感覺 (   )
37 肩章 (   )   38 缺席 (   )   39 懇請 (   )

[問 40-44] 다음 밑줄 친 漢字語(한자어)를 漢字(한자)로 쓰시오.

한국 ➡ 韓國

40 그녀는 가끔 알이 없는 안경을 쓴다.   (   )
41 귀중품은 금고에 보관하는 것이 안전하다.   (   )
42 그는 열 번 만에 운전면허 시험에 합격하였다.   (   )
43 나는 건강을 위하여 규칙적인 생활을 하고 있다.   (   )
44 여러 물건의 성능을 꼼꼼히 비교해 보고 물품을 구입하였다. (   )

이야기로 익히는 주요 한자어

욕됨을 참은 선비

윤회(尹淮)가 젊었을 때의 일이다.

하루는 田畓이 이어진 시골길을 가는 途中에 虛飢가 지고 날도 저물어 여관에 묵으려고 하였으나 윤회의 생김새가 窮塞해 보였는지 주인이 머무는 것을 承諾하지 않았다. 어쩔 수 없이 윤회는 잠시라도 쉬어갈 요량으로 菊花가 피어 있는 마당의 花壇 옆에 쭈그리고 앉아 있었다. 이때 주인의 아이가 球形의 큰 진주를 가지고 나와 놀다가 마당에 떨어뜨렸는데 마침 곁에 있던 거위가 그 진주를 삼켜버렸다.

잠시 후 진주를 잃어버렸다는 아이의 말에 주인은 마당을 샅샅이 뒤졌으나 진주를 찾을 수 없게 되자 윤회가 진주를 훔친 盜賊이라는 疑懼心이 생겼다. "이 놈! 네가 구슬을 훔쳐간 것 맞지? 어쩐지 이곳에 들어올 때부터 이상하다 싶었지." 주인은 아침이 되면 관가에 알리겠다며 윤회가 逃走할 것을 대비해 그를 기둥에 묶어두었다. 윤회는 苟且한 변명 따위는 하지 않은 채 단지 "저 거위도 내 곁에 묶어두시오."라고만 하였다.

다음 날 아침, 진주를 삼켰던 거위는 배설을 하였고 윤회는 주인을 불러 거위의 배설물을 헤쳐보라고 했다. 거위의 배설물에서 잃어버린 진주가 나오자 방금 전까지만 해도 毒舌을 퍼붓던 주인은 태도가 突變하더니 죄송스러운 마음에 몸 둘 바를 몰라 하였다.

주인이 "아니, 어제 말씀을 하셨으면 도둑으로 몰리지 않았을 텐데 왜 어제는 누명을 벗기 위해 아무런 努力도 하지 않았습니까?"라며 윤회의 행동을 전혀 首肯할 수 없다는 듯이 묻자, 윤회는 "만약 어제 말을 했더라면 주인장이 반드시 거위의 배를 갈라 진주를 찾으려고 했을 것 아니오. 사람의 목숨뿐 아니라 禽獸의 목숨도 소중하기 때문에 어제 진상을 糾明하고자 하는 마음을 斷念하고 욕됨을 忍耐하며 기다린 것이오."라고 대답하였다.

* 윤회(尹淮, 1380~1436)

조선 전기의 문신. 본관은 무송(茂松). 자는 청경(淸卿), 호는 청향당(淸香堂). 문도(文度)라는 시호를 받음.

전답, 도중, 허기
궁색, 승낙
국화
화단, 구형

도적, 의구심

도주

구차

독설, 돌변

노력, 수긍

금수
규명, 단념, 인내

3급	一 十 丗 丗 芍 芍 苟 苟
苟 진실로/ 구차할 구 艸(艹)부 총 9획	苟 苟 苟且

- 苟且(구차): 살림이 몹시 가난함. / 말이나 행동이 떳떳하거나 버젓하지 못함.
  - 예) 그는 묻지도 않은 것을 苟且한 변명처럼 늘어놓았다.

3급Ⅱ	一 十 扌 扌 扚 扚 拘 拘
拘 잡을 구 手(扌)부 총 8획	拘 拘 拘束 비 狗: 개 구

- 拘束(구속): 행동이나 의사의 자유를 제한하거나 속박함.
  - 예) 그는 무엇에도 拘束받고 싶어 하지 않았다.

3급	ノ 丿 犭 犭 犳 狗 狗 狗
狗 개 구 犬(犭)부 총 8획	狗 狗 黃狗 비 拘: 잡을 구

- 黃狗(황구): 누렁이. 털빛이 누런 개
  - 예) 할아버지는 늙은 黃狗를 데리고 산책을 나서곤 하셨다.

3급Ⅱ	ノ 厂 斤 斤 丘
丘 언덕 구 一부 총 5획	丘 丘 丘陵

- 丘陵(구릉): 언덕
  - 예) 해변의 소나무는 아름다운 丘陵과 아울러 명승지로 꼽힌다.

3급	忄 忄 怊 怊 怊 怊 怊 懼 懼
懼 두려워할 구 心(忄)부 총 21획	懼 懼 疑懼

- 疑懼(의구): 의심하고 두려워함.
  - 예) 그는 사람들이 자신을 속이는 것이 아닌가 하는 疑懼가 일었다.

4급	木 木 木 桁 構 構 構 構 構
構 얽을 구 木부 총 14획	構 構 構造 비 講: 욀 강 동 造: 지을 조

- 構造(구조): 부분이나 요소가 어떤 전체를 짜 이룸. 또는 그렇게 이루어진 얼개
  - 예) 그는 이 제품의 構造와 기능에 대해 모두 파악하고 있다.

6급Ⅱ	一 二 王 王 玗 玗 球 球 球
球 공 구 玉(王)부 총 11획	球 球 地球 비 珠: 구슬 주

- 地球(지구): 태양에서 셋째로 가까운 행성. 인류가 사는 천체로, 달을 위성으로 가짐.
  - 예) 地球에는 70억 명에 이르는 인구가 살고 있다.

3급Ⅱ	一 十 丗 丗 芍 芍 菊 菊 菊
菊 국화 국 艸(艹)부 총 12획	菊 菊 菊花

- 菊花(국화): 국화과의 여러해살이풀. 주로 가을에 꽃이 핌.
  - 예) 해마다 가을이면 그윽한 菊花 향기가 마당을 가득 채운다.

5급Ⅱ	ˊ 尸 尸 尸 局 局 局
局 판 국 尸부 총 7획	局 局 局面

- 局面(국면): 어떤 일이 벌어진 장면이나 형편
  - 예) 제삼국의 개입으로 전쟁은 새로운 局面을 맞게 되었다.

4급	ˊ ⺕ 尹 君 君 君 郡 群 群
群 무리 군 羊부 총 13획	群 群 群衆 비 郡: 고을 군 동 黨: 무리 당 衆: 무리 중

- 群衆(군중): 한곳에 모인 많은 사람 / 수많은 사람
  - 예) 그는 아이를 찾기 위해 群衆 속을 헤치고 나아갔다.

활용 한자 확인하기

且 또 차   束 묶을 속   黃 누를 황   陵 언덕 릉   疑 의심할 의   造 지을 조   地 땅 지
花 꽃 화   面 낯 면   衆 무리 중

4급 屈
ㄱ ㄲ ㄹ ㅋ 屖 屈 屈 屈
屈 屈 屈服
굽힐 **굴**
尸부
총 8획
- 반 伸: 펼 신
- 동 曲: 굽을 곡
- 折: 꺾을 절

- 屈服(굴복): 힘이 모자라서 복종함.
  예 그는 어려운 환경에 屈服하지 않고 꿈을 이루기 위해 노력하였다.

4급II 宮
ㄱ ㄴ ㄷ ㄷ ㄷ ㄷ ㄷ 宮 宮
宮 宮 古宮
집 **궁**
宀부
총 10획
- 동 家: 집 가
- 殿: 전각 전

- 古宮(고궁): 옛 궁궐
  예 그녀는 古宮을 거닐며 사색하는 것을 즐긴다.

4급 窮
ㅗ ㅗ ㅗ ㅗ ㅗ 穸 穹 窮 窮 窮
窮 窮 窮塞
다할/궁할 **궁**
穴부
총 15획
- 동 困: 곤할 곤
- 極: 다할 극
- 盡: 다할 진

- 窮塞(궁색): 아주 가난함. / 말이나 태도, 행동의 이유나 근거 따위가 부족함.
  예 그는 이 일에 대해 窮塞한 변명으로 일관하였다.

4급 券
ㄱ ㄴ ㄷ ㄹ ㅂ 关 券 券
券 券 福券
문서 **권**
刀부
총 8획
- 비 卷: 책 권

- 福券(복권): 번호나 그림 따위의 특정 표시를 기입한 표(票). 추첨 따위를 통하여 일치하는 표에 대해서 상금이나 상품을 줌.
  예 그녀는 돼지꿈을 꾸었다며 福券을 한 장 샀다.

3급II 拳
ㄱ ㄴ ㄷ ㄹ 半 关 关 卷 拳 拳
拳 拳 拳銃
주먹 **권**
手부
총 10획
- 비 券: 문서 권

- 拳銃(권총): 한 손으로 다룰 수 있는 짧고 작은 총
  예 경찰은 범인을 제압하기 위해 拳銃에 실탄을 장전하였다.

3급 厥
ㄱ ㄲ ㄲ ㄷ 医 屈 屈 严 严 厥
厥 厥 厥者
그 **궐**
厂부
총 12획

- 厥者(궐자): '그'를 낮잡아 이르는 말
  예 厥者는 내게 와서 아무렇지도 않은 듯 말을 걸었다.

3급 軌
ㄱ ㄴ ㄷ ㄹ 亘 車 軋 軌
軌 軌 軌道
바퀴자국 **궤**
車부
총 9획

- 軌道(궤도): 일이 발전하는 본격적인 방향과 단계 / 행성, 혜성, 인공위성 따위가 중력의 영향을 받아 다른 천체의 둘레를 돌면서 그리는 곡선의 길
  예 지구는 타원형의 軌道를 그리며 태양 주위를 돈다.

3급II 鬼
ㄱ ㄴ ㄷ ㄷ 白 白 甶 鬼 鬼 鬼
鬼 鬼 鬼才
귀신 **귀**
鬼부
총 10획
- 동 神: 귀신 신

- 鬼才(귀재): 세상에서 보기 드물게 뛰어난 재능. 또는 그런 재능을 가진 사람
  예 그는 주식 투자의 鬼才로 불린다.

3급 龜
ㄱ ㄴ 爫 龜 龜 龜 龜 龜 龜 龜
龜 龜 龜鑑
거북 **구/귀**,
터질 **균**
龜부
총 16획
- 약 亀

- 龜鑑(귀감): 거울로 삼아 본받을 만한 모범
  예 그의 열정적인 태도는 다른 사람에게 龜鑑이 되고 있다.

3급 叫
ㅣ ㅁ ㅁ ㅁ 叫
叫 叫 絶叫
부르짖을 **규**
口부
총 5획

- 絶叫(절규): 있는 힘을 다하여 절절하고 애타게 부르짖음.
  예 그들은 자유가 아니면 죽음을 달라며 絶叫하였다.

활용 한자 확인하기

服 옷 복　　古 예 고　　塞 막힐 색, 변방 새　　福 복 복　　銃 총 총　　者 놈 자　　道 길 도
才 재주 재　　鑑 거울 감　　絶 끊을 절

5급	一 二 丰 夫 夫 扣 扣 扣 担 規
規 법 **규** 見부 총 11획	規 規　　規定 동 式: 법식 則: 법칙 칙 律: 법칙 률

- 規定(규정): 규칙으로 정함. 또는 그 정하여 놓은 것
  예 학회의 規定에 따라 회장과 이사를 선출하였다.

3급	⺰ ⺰ ⺰ ⺰ 糸 糸 糾 糾
糾 얽힐 **규** 糸부 총 8획	糾 糾　　糾明 동 結: 맺을 결 察: 살필 찰

- 糾明(규명): 어떤 사실을 자세히 따져서 바로 밝힘.
  예 연구원들은 그 병의 원인을 糾明하기 위해 노력해 왔다.

3급Ⅱ	一 ㄅ 广 芍 芍 芇 芮 菌 菌 菌
菌 버섯 **균** 艸(艹)부 총 12획	菌 菌　　殺菌

- 殺菌(살균): 세균 따위의 미생물을 죽임.
  예 빨래를 햇빛에 바짝 말리면 殺菌 효과가 있다.

3급Ⅱ	一 十 十 古 古 声 克
克 이길 **극** 儿부 총 7획	克 克　　克己 동 勝: 이길 승

- 克己(극기): 자기의 감정이나 욕심, 충동 따위를 이성적 의지로 눌러 이김.
  예 그는 강한 정신력을 기르기 위해 克己 훈련에 참가하였다.

4급	广 广 卢 卢 卢 虍 虚 虚 豦 劇
劇 심할 **극** 刀(刂)부 총 15획	劇 劇　　劇藥 비 據: 근거 거 동 甚: 심할 심

- 劇藥(극약): 독약보다는 약하나 적은 분량으로 사람이나 동물에게 위험을 줄 수 있는 약품 / 극단적인 해결 방법을 비유적으로 이르는 말
  예 회사는 영업 정상화를 위해 劇藥 처방을 내렸다.

3급	一 厂 厂 斤
斤 근/날 **근** 斤부 총 4획	斤 斤　　斤數 비 斥: 물리칠 척

- 斤數(근수): 저울에 단 무게의 수
  예 할머니는 아직도 저울로 斤數를 달아 물건을 파신다.

3급	亻 亻 俨 俨 俨 借 借 僅 僅
僅 겨우 **근** 人(亻)부 총 13획	僅 僅　　僅少

- 僅少(근소): 얼마 되지 않을 만큼 아주 적음.
  예 정 후보는 僅少한 표 차이로 시장에 당선되었다.

3급	言 言 言 言 訃 訃 訃 謹 謹
謹 삼갈 **근** 言부 총 18획	謹 謹　　謹愼

- 謹愼(근신): 말이나 행동을 삼가고 조심함.
  예 그는 부친상을 당한 터라 더욱 謹愼하며 지냈다.

3급Ⅱ	⺈ ⺈ 乍 午 金 金' 釒 鈤 錦 錦
錦 비단 **금** 金부 총 16획	錦 錦　　錦衣 비 綿: 솜 면

- 錦衣(금의): 비단옷
  예 그 부인은 錦衣를 입고 화려한 마차를 타고 다녔다.

3급Ⅱ	人 스 수 今 今 今 禽 禽 禽
禽 새 **금** 禸부 총 13획	禽 禽　　禽獸 동 鳥: 새 조

- 禽獸(금수): 날짐승과 길짐승이라는 뜻으로, 모든 짐승을 이르는 말
  예 그는 부모의 은혜를 모르는 禽獸만도 못한 인간이다.

활용 한자 확인하기

定 정할 정　明 밝을 명　殺 죽일 살, 감할 쇄　己 몸 기　藥 약 약　數 셈 수　少 적을 소
愼 삼갈 신　衣 옷 의　獸 짐승 수

琴 (3급Ⅱ)
一 二 于 王 玗 珏 珡 琴 琴
琴 琴 心琴
거문고 **금**
玉(王)부
총 12획

- 心琴(심금): 외부의 자극에 따라 미묘하게 움직이는 마음을 비유적으로 이르는 말
  - 예) 그 소설은 많은 독자들의 心琴을 울렸다.

肯 (3급)
1 十 止 止 肯 肯 肯 肯
肯 肯 首肯
즐길 **긍**
肉(月)부
총 8획

- 首肯(수긍): 옳다고 인정함.
  - 예) 우리는 그녀의 의견에 首肯할 수 없었다.

忌 (3급)
一 コ 己 己 忌 忌 忌
忌 忌 忌避
꺼릴 **기**
心부
총 7획

- 忌避(기피): 꺼리거나 싫어하여 피함.
  - 예) 출산을 忌避하는 젊은 부부들이 점점 늘어나고 있다.

欺 (3급)
一 甘 甘 甘 其 其 欺 欺 欺
欺 欺 詐欺
속일 **기**
欠부
총 12획

비) 斯: 이 사

- 詐欺(사기): 나쁜 꾀로 남을 속임.
  - 예) 그녀는 詐欺에 넘어가 모든 재산을 잃고 말았다.

騎 (3급Ⅱ)
F F 馬 馬 馬 馬' 馬奇 騎 騎
騎 騎 騎手
말탈 **기**
馬부
총 18획

- 騎手(기수): 경마에서 말을 타는 사람
  - 예) 결승선이 가까워 오자 騎手는 말에 박차를 가했다.

級 (6급)
1 幺 幺 糸 糸 糸7 糺 紉 級
級 級 等級
등급 **급**
糸부
총 10획

동) 等: 무리 등

- 等級(등급): 높고 낮음이나 좋고 나쁨 따위의 차이를 여러 층으로 구분한 단계
  - 예) 우리나라의 신용 等級이 한 단계 상승하였다.

紀 (4급)
1 幺 幺 糸 糸 糸7 紀 紀
紀 紀 世紀
벼리 **기**
糸부
총 9획

동) 綱: 벼리 강

- 世紀(세기): 백 년을 단위로 하는 기간
  - 예) 이 작품은 수 世紀에 걸쳐 논의의 대상이 되어 왔다.

旗 (7급)
、 二 方 方 方 方 𣃥 旗 旗
旗 旗 反旗
기 **기**
方부
총 14획

- 反旗(반기): 반란을 일으킨 무리가 그 표시로 드는 기 / 반대의 뜻을 나타내는 행동이나 표시
  - 예) 시민들은 40년 넘는 장기 독재에 反旗를 들었다.

奇 (4급)
一 ナ 大 太 本 추 奇 奇
奇 奇 奇特
기특할 **기**
大부
총 8획

비) 寄: 부칠 기
동) 怪: 괴이할 괴

- 奇特(기특): 말하는 것이나 행동하는 것이 신통하여 귀염성이 있음.
  - 예) 엄마는 아이가 혼자 하겠다고 애쓰는 모습이 奇特하였다.

寄 (4급)
、 宀 宀 宀 宀 宀 宍 寄 寄
寄 寄 寄生
부칠 **기**
宀부
총 11획

동) 付: 부칠 부

- 寄生(기생): 서로 다른 종류의 생물이 함께 생활하며, 한쪽이 이익을 얻고 다른 쪽이 해를 입음.
  - 예) 이 병은 쥐 등에 寄生하는 진드기에 물려서 전염된다.

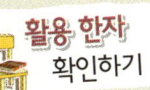
활용 한자 확인하기

| 心 마음 심 | 等 무리 등 | 首 머리 수 | 世 인간 세 | 避 피할 피 | 反 돌이킬 반 | 詐 속일 사 |
| 特 특별할 특 | 手 손 수 | 生 날 생 |

豈 어찌 기 (3급, 豆부, 총 10획)

- 豈敢毁傷(기감훼상): 부모(父母)께서 낳아 길러 주신 이 몸을 어찌 감(敢)히 훼상(毁傷)할 수 없음.

棄 버릴 기 (3급, 木부, 총 12획)
약: 弃

- 棄權(기권): 투표, 의결, 경기 따위에 참가할 수 있는 권리를 스스로 포기하고 행사하지 아니함.
  예) 이번 안건은 찬성 8표, 반대 1표, 棄權 2표로 가결되었다.

祈 빌 기 (3급Ⅱ, 示부, 총 9획)
비: 析 쪼갤 석
동: 祝 빌 축

- 祈願(기원): 바라는 일이 이루어지기를 빎.
  예) 우리는 그녀가 병에서 쾌유하기를 祈願하였다.

企 꾀할 기 (3급Ⅱ, 人부, 총 6획)
동: 望 바랄 망

- 企劃(기획): 일을 꾀하여 계획함.
  예) 우리는 새로운 상품을 企劃하기에 앞서 설문 조사를 시행하였다.

畿 경기 기 (3급Ⅱ, 田부, 총 15획)

- 京畿(경기): 서울을 중심으로 한 가까운 주위의 지방 / 경기도
  예) 京畿 북부 지역을 중심으로 많은 비가 내리고 있다.

飢 주릴 기 (3급, 食(飠)부, 총 11획)

- 虛飢(허기): 몹시 굶어서 배고픈 느낌
  예) 그는 빵 한 조각으로 虛飢를 달래야 했다.

器 그릇 기 (4급Ⅱ, 口부, 총 16획)
동: 具 갖출 구
약: 器

- 武器(무기): 전쟁에 사용되는 기구를 통틀어 이르는 말
  예) 그가 지닌 武器라고는 낡은 소총 한 자루가 전부였다.

機 틀 기 (4급, 木부, 총 16획)
동: 械 기계 계

- 器機(기기): 기구, 기계 따위를 통틀어 이르는 말
  예) 수험생은 전자 器機를 시험장에 가지고 들어갈 수 없다.

緊 긴할 긴 (3급Ⅱ, 糸부, 총 14획)
동: 要 요긴할 요
약: 紧

- 緊張(긴장): 마음을 조이고 정신을 바짝 차림.
  예) 그 배우는 너무 緊張한 나머지 대사를 모두 잊어버렸다.

那 어찌 나 (3급, 邑(阝)부, 총 7획)

- 那落(나락): 지옥 / 벗어나기 어려운 절망적인 상황을 비유적으로 이르는 말
  예) 그 소식을 듣고 그녀는 절망의 那落으로 빠져들었다.

활용 한자 확인하기

敢 감히/구태여 감 　毁 헐 훼 　傷 다칠 상 　權 권세 권 　願 원할 원 　劃 그을 획
京 서울 경 　虛 빌 허 　武 호반 무 　張 베풀 장 　落 떨어질 락

3급II	言 言 言 言 訐 訐 訣 諾 諾
諾 허락할 낙 言부 총 16획	諾 諾　　　承 諾 반 否: 아닐 부 동 許: 허락할 허

- 承諾(승낙): 청하는 바를 들어줌.
  예 그는 나의 어려운 부탁을 기꺼이 承諾하였다.

3급II	く く 女 女 如 姖 娘 娘 娘
娘 계집 낭 女부 총 10획	娘 娘　　　娘 子 동 女: 계집 녀

- 娘子(낭자): 예전에, '처녀'를 높여 이르던 말
  예 각종 국제 대회에서 한국 娘子들이 눈부시게 활약하고 있다.

3급II	一 丆 丆 丙 丙 丙 耐 耐
耐 견딜 내 而부 총 9획	耐 耐　　　忍 耐

- 忍耐(인내): 괴로움이나 어려움을 참고 견딤.
  예 그는 꿈을 이루기 위해 긴 세월을 고통 속에서 忍耐하였다.

3급II	く 女 女 奴 奴
奴 종 노 女부 총 5획	奴 奴 賣 國 奴

- 賣國奴(매국노): 사사로운 이익을 위하여 나라의 주권이나 이권을 남의 나라에 팔아먹는 행위를 하는 사람
  예 이재명은 賣國奴 이완용을 찌르고 체포되어 사형 당했다.

3급II	月 月' 月'' 胀 胀 腨 腦 腦
腦 골/뇌수 뇌 肉(月)부 총 13획	腦 腦　　　頭 腦 약 脳

- 頭腦(두뇌): 뇌 / 사물을 판단하는 슬기
  예 그녀는 명석한 頭腦를 가지고 있다.

4급	乚 纟 幺 乡 糸 糸 糸' 紌 納 納
納 들일 납 糸부 총 10획	納 納　　　容 納 반 出: 날 출 吐: 토할 토 동 獻: 드릴 헌

- 容納(용납): 너그러운 마음으로 남의 말이나 행동을 받아들임.
  예 그는 어떤 상황에서도 폭력을 容納하지 않았다.

3급	一 ナ 大 太 본 卒 奈 奈
奈 어찌 내 大부 총 8획	奈 奈 莫 無 可 奈

- 莫無可奈(막무가내): 도무지 융통성이 없고 고집이 세어 어찌할 수 없음.
  예 아무리 거절을 해도 그 사람은 莫無可奈였다.

3급II	宀 宀 宀 宁 宁 寍 寍 寧 寧
寧 편안 녕 宀부 총 14획	寧 寧　　　安 寧 동 康: 편안 강 安: 편안 안 약 寍, 寧

- 安寧(안녕): 아무 탈 없이 편안함. / 편한 사이에서, 서로 만나거나 헤어질 때 정답게 하는 인사말
  예 安寧, 우리 내일 다시 만나자.

4급II	く 女 女 奴 努 努
努 힘쓸 노 力부 총 7획	努 努　　　努 力 비 怒: 성낼 노 동 力: 힘 력

- 努力(노력): 목적을 이루기 위하여 몸과 마음을 다하여 애를 씀.
  예 행운이 온다 해도 努力하지 않으면 성공할 수 없다.

3급	忄 忄' 忄'' 忄''' 忄'''' 惱 惱 惱
惱 번뇌할 뇌 心(忄)부 총 12획	惱 惱　　　苦 惱 약 悩

- 苦惱(고뇌): 괴로워하고 번뇌함.
  예 그는 혼란과 苦惱의 세월을 이겨 내고 마음의 평화를 찾았다.

 **활용 한자 확인하기**

承 이을 승 　 容 얼굴 용 　 子 아들 자 　 莫 없을 막 　 無 없을 무 　 可 옳을 가 　 忍 참을 인
安 편안 안 　 賣 팔 매 　 國 나라 국 　 力 힘 력 　 頭 머리 두 　 苦 쓸 고

고등학교 교육용 기초 한자 900자

3급II 泥 진흙 니 水(氵)부 총 8획	` ` 氵 氵 泥 泥 泥 泥		
	泥 泥		
	雲泥之差		

- 雲泥之差(운니지차): 구름과 진흙의 차이라는 뜻으로, 서로 간의 차이가 매우 심함을 이르는 말
  예) 두 사람의 형편은 雲泥之差라고 할 만큼 크다.

3급II 茶 차 다/차 艸(艹)부 총 10획	` ` 艹 艹 艹 艾 茶 茶 茶 茶		
	茶 茶 茶道		

- 茶道(다도): 차를 달이거나 마실 때의 방식이나 예의범절
  예) 현지는 茶道에 따라 차의 향을 음미하며 마셨다.

3급II 旦 아침 단 日부 총 5획	丨 冂 日 日 旦
	旦 旦 元旦
	비 但: 다만 단 반 夕: 저녁 석

- 元旦(원단): 설날 아침
  예) 元旦에는 어른들께 세배를 한다.

4급 段 층계 단 殳부 총 9획	` 丨 丨 丨 乍 乍 段 段 段
	段 段 階段
	동 階: 섬돌 계

- 階段(계단): 사람이 오르내리기 위하여 건물이나 비탈에 만든 층층대
  예) 그는 건강을 위해 엘리베이터 대신 階段을 이용한다.

5급 壇 단 단 土부 총 16획	土 圹 圹 圹 圹 垆 垆 垆 壇 壇
	壇 壇 花壇

- 花壇(화단): 꽃을 심기 위하여 흙을 한층 높게 하여 꾸며 놓은 꽃밭
  예) 어머니는 花壇에 백일홍과 맨드라미를 심으셨다.

4급II 檀 박달나무 단 木부 총 17획	木 木 木 枦 柃 柃 栴 棆 檀 檀
	檀 檀 檀君

- 檀君(단군): 우리 민족의 시조로 받드는 태초의 임금
  예) 檀君은 환웅의 아들로 아사달에 도읍을 정하였다.

4급II 斷 끊을 단 斤부 총 18획	丨 丨 丨 丨 㡭 㡭 斷 斷 斷
	斷 斷 斷念
	반 續: 이을 속 동 切: 끊을 절 약 断

- 斷念(단념): 품었던 생각을 아주 끊어 버림.
  예) 그는 그녀를 쉽게 斷念할 수 없었다.

5급II 團 둥글 단 口부 총 14획	冂 冂 冋 冋 冋 冋 團 團 團 團
	團 團 集團
	동 圓: 둥글 원 集: 모을 집 약 団

- 集團(집단): 여럿이 모여 이룬 모임.
  예) 설문 조사에 대한 응답은 크게 두 集團으로 나뉘었다.

3급II 淡 맑을 담 水(氵)부 총 11획	` ` 氵 氵 沪 泛 浐 浐 淡 淡 淡
	淡 淡 淡水

- 淡水(담수): 민물. 강이나 호수 따위와 같이 염분이 없는 물
  예) 바닷물을 淡水로 바꾸는 설비로 물 부족이 다소 해소되었다.

4급II 擔 멜 담 手(扌)부 총 16획	扌 扌 扌 扩 扩 拧 拧 捨 擔
	擔 擔 擔當
	동 任: 맡길 임 약 担

- 擔當(담당): 어떤 일을 맡음.
  예) 그녀는 擔當 의사에게 수술에 대한 설명을 들었다.

활용 한자 확인하기

| 雲 구름 운 | 之 갈 지 | 差 다를 차 | 道 길 도 | 元 으뜸 원 | 階 섬돌 계 | 花 꽃 화 |
| 君 임금 군 | 念 생각 념 | 集 모을 집 | 水 물 수 | 當 마땅 당 | | |

3급	ノ 一 ナ 가 水 水 乑 茶 畓 畓			
畓 논 답 田부 총 9획	畓	畓	田畓	

반 田: 밭 전

- 田畓(전답): 논밭
  예 그는 田畓을 모두 팔아 암소 스무 마리를 샀다.

3급II	口 口 무 무 무 묘 밀 밞 跌 跌 踏			
踏 밟을 답 足(⻊)부 총 15획	踏	踏	踏査	

- 踏査(답사): 현장에 가서 직접 보고 조사함.
  예 우리는 고구려 유적지를 踏査하기 위해 중국으로 떠난다.

3급II	` 亠 广 广 庐 庐 庐 唐 唐 唐			
唐 당나라/ 당황할 당 口부 총 10획	唐	唐	唐突	

- 唐突(당돌): 꺼리거나 어려워하는 마음이 조금도 없이 올차고 다부짐.
  예 그는 唐突하게도 나에게 항의 편지를 보냈다.

3급II	丷 ⺌ 屶 米 米' 米广 米广 米广 糖 糖			
糖 엿 당 米부 총 16획	糖	糖	糖分	

- 糖分(당분): 당류(糖類)의 성분
  예 과다한 糖分 섭취는 골격 형성을 방해한다.

4급II	丷 ⺌ 屶 屶 屶 屶 屶 黨 黨 黨			
黨 무리 당 黑부 총 20획	黨	黨	黨論	

동 群: 무리 군
徒: 무리 도
약 党

- 黨論(당론): 정당의 의견이나 논의
  예 우리 정당은 여론을 수렴하여 黨論을 정하였다.

4급II	一 十			
帶 띠 대 巾부 총 11획	帶	帶	地帶	

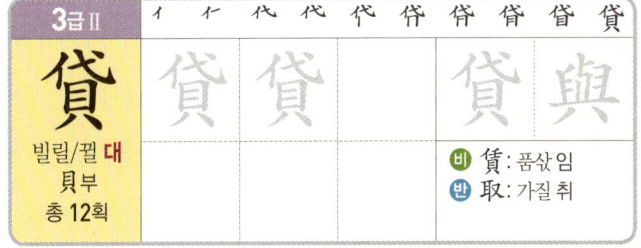

동 携: 이끌 휴

- 地帶(지대): 자연적, 또는 인위적으로 한정된 일정 구역
  예 이 마을은 地帶가 낮아 장마 때면 자주 침수된다.

3급II	士 吉 吉 吉 喜 喜 臺 臺 臺			
臺 대 대 至부 총 14획	臺	臺	舞臺	

약 台, 坮

- 舞臺(무대): 노래, 춤, 연극 따위를 하기 위하여 객석 정면에 만들어 놓은 단
  예 그 배우는 舞臺에 설 때가 가장 행복하다고 하였다.

3급II	亻 亻 代 代 代 俗 俗 貸 貸 貸			
貸 빌릴/뀔 대 貝부 총 12획	貸	貸	貸與	

비 賃: 품삯 임
반 取: 가질 취

- 貸與(대여): 빌려 줌.
  예 구청에서 주민들에게 강당을 무료로 貸與해 주었다.

4급II	了 阝 阝 阝' 阝^ 阽 阽 陊 隊 隊			
隊 무리 대 阜(阝)부 총 12획	隊	隊	軍隊	

동 部: 떼 부

- 軍隊(군대): 일정한 규율과 질서를 가지고 조직된 군인의 집단
  예 그는 軍隊에서 2년간 성실히 복무하였다.

3급II	ノ 亻 亻 代 代 代 伂 任 侄 倒			
倒 넘어질 도 人(亻)부 총 10획	倒	倒	壓倒	

비 到: 이를 도
동 傾: 기울 경

- 壓倒(압도): 눌러서 넘어뜨림. / 보다 뛰어난 힘이나 재주로 남을 눌러 꼼짝 못하게 함.
  예 우리는 백두산 천지의 장엄한 경관에 壓倒되었다.

활용 한자 확인하기

田 밭 전 査 조사할 사 突 갑자기 돌 分 나눌 분 論 논할 론 地 땅 지 舞 춤출 무
與 더불/줄 여 軍 군사 군 壓 누를 압

3급	一 ナ 才 扌 払 払 払 挑 挑
挑 돋울 도 手(扌)부 총 9획	挑 挑　挑戰　비 桃: 복숭아 도

- 挑戰(도전): 정면으로 맞서 싸움을 걺. / 어려운 사업이나 기록 경신 따위에 맞섬을 비유적으로 이르는 말
  예) 그는 끊임없이 새로운 것에 挑戰하는 것을 즐긴다.

3급Ⅱ	一 ナ 才 木 朴 朴 材 机 桃 桃
桃 복숭아 도 木부 총 10획	桃 桃　桃園　비 挑: 돋울 도

- 桃園(도원): 복사나무가 많은 정원
  예) 유비, 관우, 장비는 桃園에 모여 의형제를 맺었다.

3급	口 무 무 무 뭉 뭉 뭉 跳 跳
跳 뛸 도 足(𧾷)부 총 13획	跳 跳　跳躍

- 跳躍(도약): 몸을 위로 솟구쳐 뛰는 일 / 더 높은 단계로 발전하는 것을 비유적으로 이르는 말
  예) 그 회사는 신소재 개발로 업계 1위로 跳躍하였다.

4급	丿 亻 扎 扎 兆 兆 兆 逃 逃 逃
逃 도망할 도 辵(辶)부 총 10획	逃 逃　逃走　동 亡: 망할 망　避: 피할 피

- 逃走(도주): 도망. 피하거나 쫓기어 달아남.
  예) 용의자는 감시가 소홀한 틈을 타 逃走하였다.

3급Ⅱ	氵 汀 汀 沪 沪 沪 渡 渡 渡
渡 건널 도 水(氵)부 총 12획	渡 渡　渡河

- 渡河(도하): 강이나 내를 건넘.
  예) 2사단 장병들은 남한강 일대에서 渡河 훈련을 실시하였다.

3급Ⅱ	阝 阝 阝 阝 阝 阝 阝 陶 陶 陶
陶 질그릇 도 阜(阝)부 총 11획	陶 陶　陶工

- 陶工(도공): 옹기장이. 옹기 만드는 일을 업으로 하는 사람
  예) 젊은 陶工은 옛 방식대로 물레를 돌려 도자기를 빚었다.

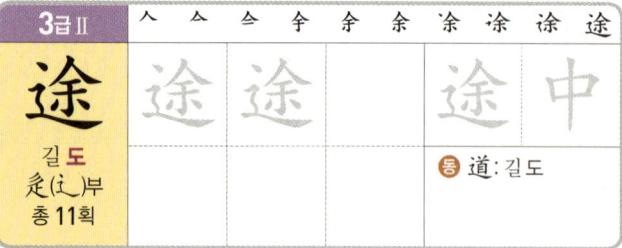

3급Ⅱ	人 ㅅ 스 今 余 余 涂 涂 途
途 길 도 辵(辶)부 총 11획	途 途　途中　동 道: 길 도

- 途中(도중): 길을 가는 중간 / 일이 계속되고 있는 과정이나 일의 중간
  예) 그들은 산에 오르는 途中에 눈보라를 만났다.

3급	禾 禾 禾 禾 稻 稻 稻 稻 稻
稻 벼 도 禾부 총 15획	稻 稻　稻作

- 稻作(도작): 벼농사
  예) 이번 전시에서는 稻作 문화의 특징과 발달 과정을 한눈에 볼 수 있다.

4급Ⅱ	⺍ 首 首 諎 諎 道 道 導 導
導 인도할 도 寸부 총 16획	導 導　先導　동 訓: 가르칠 훈　引: 끌 인

- 先導(선도): 앞장서서 이끌거나 안내함.
  예) 우리 회사는 30년 동안 이 분야를 先導해 왔다.

4급	氵 氵 汋 沙 次 次 浴 浴 盜 盜
盜 도둑 도 皿부 총 12획	盜 盜　強盜　동 賊: 도둑 적　竊: 훔칠 절

- 強盜(강도): 폭행이나 협박 따위로 남의 재물을 빼앗는 도둑. 또는 그런 행위
  예) 용감한 시민의 활약으로 은행 強盜를 검거하였다.

활용 한자 확인하기

戰 싸움 전　園 동산 원　躍 뛸 약　走 달릴 주　河 물 하　工 장인 공　中 가운데 중
作 지을 작　先 먼저 선　強 강할 강

3급	氵 氵 沪 泠 涂 涂 涂 塗 塗
塗 칠할 도 土부 총 13획	塗 塗 塗裝

- 塗裝(도장): 도료를 칠하거나 바름.
  예 우리 차는 낡아서 찌그러지고 塗裝이 벗겨진 곳도 많다.

4급Ⅱ	一 二 丰 主 圭 毒 毒 毒
毒 독 독 毋부 총 8획	毒 毒 解毒
	동 害: 해할 해 약 毒

- 解毒(해독): 몸 안에 들어간 독성 물질의 작용을 없앰.
  예 이 열매는 解毒 작용이 탁월한 것으로 알려져 있다.

4급Ⅱ	丨 卜 上 上 上 村 叔 叔 督 督
督 감독할 독 目부 총 13획	督 督 督勵
	동 檢: 검사할 검

- 督勵(독려): 감독하며 격려함.
  예 선생님은 입시를 앞둔 제자들을 督勵하였다.

3급	灬 灬 竹 竺 笛 笛 篤 篤 篤
篤 도타울 독 竹(⺮)부 총 16획	篤 篤 篤實

- 篤實(독실): 믿음이 두텁고 성실함.
  예 어머니는 새벽 기도를 거르지 않는 篤實한 신자이시다.

3급	丿 刀 月 月 厂 肟 肟 豚 豚
豚 돼지 돈 豕부 총 11획	豚 豚 養豚

- 養豚(양돈): 돼지를 먹여 기름. 또는 그 돼지
  예 이번 폭설로 養豚 농가들이 큰 피해를 입었다.

3급	亠 亠 亠 亨 亨 亨 亨 敦 敦
敦 도타울 돈 攴(攵)부 총 12획	敦 敦 敦篤
	비 孰: 누구 숙 동 厚: 두터울 후

- 敦篤(돈독): 도탑고 성실함.
  예 그 형제는 우애가 敦篤하기로 소문났다.

3급Ⅱ	丶 宀 宀 宀 空 突 突 突
突 갑자기 돌 穴부 총 9획	突 突 突變

- 突變(돌변): 뜻밖에 갑자기 달라지거나 달라지게 함. 또는 그런 변화
  예 그는 화가 나자 거칠게 突變하였다.

4급Ⅱ	丿 ㄣ 上 牟 年 金 金 釘 釘 銅
銅 구리 동 金부 총 14획	銅 銅 銅錢

- 銅錢(동전): 구리·은·니켈 또는 이들의 합금 따위로 만든, 동그랗게 생긴 모든 돈을 통틀어 이르는 말
  예 민서는 분수대에 銅錢을 던져 넣고 소원을 빌었다.

3급Ⅱ	丶 冫 冫 冫 沪 沪 沖 凍 凍
凍 얼 동 冫부 총 10획	凍 凍 凍傷

- 凍傷(동상): 추위 때문에 살갗이 얼어서 조직이 상하는 일
  예 그는 추운 겨울 무리한 산행으로 발에 凍傷이 걸렸다.

3급	丿 ㄣ 上 牟 年 金 金 釒 釛 鈍
鈍 둔할 둔 金부 총 12획	鈍 鈍 愚鈍
	비 純: 순수할 순 반 快: 쾌할 쾌 銳: 날카로울 예

- 愚鈍(우둔): 어리석고 둔함.
  예 곰은 우리가 생각하는 만큼 愚鈍한 동물이 아니다.

활용 한자 확인하기

裝 꾸밀 장　　解 풀 해　　勵 힘쓸 려　　實 열매 실　　養 기를 양　　變 변할 변　　錢 돈 전
傷 다칠 상　　愚 어리석을 우

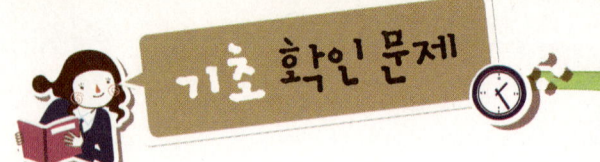

[問 01-15] 다음 漢字(한자)의 訓(훈: 뜻)과 音(음: 소리)을 쓰시오.

| 字 ➡ 글자 자 |

01 苟 ( )　　02 企 ( )　　03 腦 ( )
04 局 ( )　　05 寧 ( )　　06 叫 ( )
07 券 ( )　　08 規 ( )　　09 錦 ( )
10 稻 ( )　　11 琴 ( )　　12 肯 ( )
13 鈍 ( )　　14 督 ( )　　15 忌 ( )

[問 16-27] 다음 訓(훈: 뜻)과 音(음: 소리)에 알맞은 漢字(한자)를 쓰시오.

| 글자 자 ➡ 字 |

16 공 구　( )　　17 벼리 기 ( )　　18 잡을 구 ( )
19 도둑 도 ( )　　20 얼 동　( )　　21 귀신 귀 ( )
22 계집 낭 ( )　　23 견딜 내 ( )　　24 끊을 단 ( )
25 단 단　( )　　26 얽을 구 ( )　　27 독 독　( )

[問 28-39] 다음 漢字語(한자어)의 讀音(독음)을 쓰시오.

| 漢字 ➡ 한자 |

28 疑懼 ( )　　29 容納 ( )　　30 突變 ( )
31 屈服 ( )　　32 茶道 ( )　　33 糖分 ( )
34 棄權 ( )　　35 集團 ( )　　36 禽獸 ( )
37 承諾 ( )　　38 斤數 ( )　　39 淡水 ( )

[問 40-44] 다음 밑줄 친 漢字語(한자어)를 漢字(한자)로 쓰시오.

| 한국 ➡ 韓國 |

40 길에서 백 원짜리 <u>동전</u>을 주웠다.　( )
41 신인 선수가 챔피언에게 <u>도전</u>하였다.　( )
42 우리 팀은 <u>근소</u>한 차이로 승리하였다.　( )
43 그는 숨이 찰 때까지 <u>계단</u>을 올라갔다.　( )
44 배우들은 공연을 마치고 <u>무대</u> 뒤로 퇴장하였다. ( )

이야기로 익히는 주요 한자어

백결 선생과 방아 타령

　신라 시대 자비왕 때 경주의 남산 밑에 백결 선생이라는 선비가 있었는데 집이 너무 가난하여 굶기를 밥 먹듯이 하였고, 옷이 찢어지면 찢어진 곳을 여러 번 덧대어 기워 입어야 했다. 백결은 누더기 옷을 백 번이나 기워 입었다고 하여 사람들이 그의 **外貌**를 보고 붙여준 이름이다. | 외모

　淸廉결백한 그는 한때 **官吏**가 되어 나랏일을 **圖謀**하려고 했지만 뜻대로 되지 않자 세상과 **連絡**을 끊고 거문고를 벗 삼아 기쁠 때나 슬플 때나 항상 거문고를 탔다. | 청렴, 관리, 도모 / 연락

　어느 해 섣달그믐 때였다. **隣接**해 있는 다른 집에서는 새해를 준비한다고 떡방아 찧는 소리가 요란한데 백결 선생의 집은 당장 먹을 **糧食**도 없어 하루하루 살아갈 일이 **漠然**한 형편이었다. 집집마다 들려오는 방아 소리에 **茫然自失**하던 부인이 참다못해 "남들은 모두 방아를 찧고 있는데 우리는 아무 것도 없으니 어떻게 설을 맞으며, 조상께 **省墓**는 또 어떻게 한단 말입니까?"라고 한숨을 쉬며 말하였다. 그러자 **沈默**하고 있던 백결 선생은 "부귀는 하늘이 주는 것인데 괜히 불평하면 무엇하겠소. 내 부인을 위해 방아 찧는 소리를 내줄테니 그것으로라도 위로를 삼으시오."라고 하며 거문고를 탔는데 신기하게도 거문고에서 방아 찧는 소리가 났다. 후에 사람들이 이 곡을 '방아 타령'이라 불렀다. | 인접 / 양식 / 막연, 망연자실 / 성묘, 침묵

곰달래 마을의 전설

　아직 한강 유역이 백제 땅이었을 때 이곳에 서로를 **戀慕**하던 음소(音召)와 음월(音月)이라는 남녀가 살고 있었다. 신라의 힘이 세어져 **屢次**에 걸쳐 백제를 **侵略**해 오자 **混亂**에 빠진 백제는 전국에 군대를 소집한다는 명령을 내렸고 음소도 나라를 위해 전쟁터로 나가게 되었다. | 연모 / 누차, 침략 / 혼란

　음소는 **離別**을 앞두고 사랑하는 음월에게 "동산에 둥근 달이 떠오르면 백제가 이겨 내가 무사한 것이니 나를 기다리고, 검은 구름이 달을 가려 칠흑 같은 밤이 되면 백제가 져 내가 죽은 것이니 다른 사람을 찾아 떠나시오."라는 말을 남겼다. | 이별

　몇 달이 지나 신라와 백제의 전쟁이 끝나갈 무렵 동산에는 커다란 둥근달이 떠올랐다. 음월은 이제 사랑하는 사람과 **和睦**한 가정을 꾸릴 수 있다는 생각에 기뻐하며 눈물을 흘렸다. 그러나 기쁨도 잠시 갑자기 먹구름이 지나가면서 캄캄한 밤이 되어 버리자 모든 것이 **霧散**되었다 생각한 음월은 산 위로 올라가 스스로 목숨을 끊었다. | 화목 / 무산

　구름이 지나가고 다시 밝은 달이 나왔고 얼마 후 음소가 도착하였으나 이미 음월이 죽은 뒤였다. **血淚**를 흘리며 자신의 손으로 음월을 묻고 **冥福**을 빈 음소는 "이제 끝이로구나, 거친 세상에 음월이의 목숨이 끝났구나."라고 다시 절규하듯 외쳤다고 한다. 그래서 붙여진 것이 고음월(古音月)이며 이 고음월이 변해서 현재 서울 강서구의 곰달래가 되었다고 한다. | 혈루, 명복

3급	一 亠 屯 屯
屯 진칠 **둔** 屮부 총 4획	屯 屯 屯兵 통 陣: 진칠 진

- 屯兵(둔병): 군사가 주둔함. 또는 그 군사
  예 우리는 적군을 견제하기 위해 강의 북쪽에 屯兵하고 있었다.

3급	月 肌 胖 脟 脬 脬 脾 腾 騰
騰 오를 **등** 馬부 총 20획	騰 騰 騰落

- 騰落(등락): 물가 따위가 오르고 내림.
  예 환율이 연일 騰落을 거듭하고 있다.

4급Ⅱ	罒 罒 罗 罗 罗 羅 羅 羅
羅 벌일 **라** 网(罒)부 총 19획	羅 羅 羅列 통 列: 벌일 렬

- 羅列(나열): 죽 벌여 놓음. 또는 죽 벌여 있음. / 나란히 줄을 지음.
  예 연수는 '가'로 시작되는 한자어들을 순서대로 羅列하였다.

3급Ⅱ	幺 糸 糸 糸 紅 紗 終 終 絡 絡
絡 이을/얽을 **락** 糸부 총 12획	絡 絡 連絡 통 脈: 줄기 맥

- 連絡(연락): 어떤 사실을 상대편에게 알림. / 서로 관련을 가짐.
  예 고등학교 동창들과 連絡이 끊긴 지 3년도 넘었다.

4급	爫 爫 ⺊ 舌 舌 舌 亂 亂
亂 어지러울 **란** 乙부 총 13획	亂 亂 混亂 반 理: 다스릴 리 통 混: 섞을 혼 약 乱

- 混亂(혼란): 뒤죽박죽이 되어 어지럽고 질서가 없음.
  예 시위가 확산되면서 온 나라가 混亂에 빠졌다.

3급Ⅱ	艹 芦 芦 芦 門 門 閒 閒 蘭 蘭
蘭 난초 **란** 艸(艹)부 총 21획	蘭 蘭 蘭草

- 蘭草(난초): 난초과의 식물을 통틀어 이르는 말
  예 蘭草는 기르기가 까다로워서 정성을 많이 들여야 한다.

3급Ⅱ	木 机 机 枊 栩 栩 欄 欄 欄
欄 난간 **란** 木부 총 21획	欄 欄 欄干

- 欄干(난간): 층계, 다리, 마루 따위의 가장자리에 일정한 높이로 막아 세우는 구조물
  예 버스가 다리 欄干을 들이받고 크게 부서졌다.

4급	丨 丆 丆 丆 臣 臣 臨 臨 覽
覽 볼 **람** 見부 총 21획	覽 覽 觀覽 통 觀: 볼 관 약 覧, 覧

- 觀覽(관람): 연극, 영화, 운동 경기, 미술품 따위를 구경함.
  예 승호는 결승 경기를 觀覽하기 위해 구장으로 갔다.

3급	氵 氵 氵 沪 沪 沪 沪 濫 濫 濫
濫 넘칠 **람** 水(氵)부 총 17획	濫 濫 濫用 비 監: 볼 감 약 滥

- 濫用(남용): 일정한 기준이나 한도를 넘어서 함부로 씀.
  예 그들은 약물 濫用의 위험성에 대해 경고하였다.

3급Ⅱ	广 广 广 庐 庐 庐 庐 廊 廊
廊 사랑채/행랑 **랑** 广부 총 13획	廊 廊 舍廊 비 郎: 사내 랑

- 舍廊(사랑): 집의 안채와 떨어져 있는, 바깥주인이 거처하며 손님을 접대하는 곳
  예 주인은 그 손님을 舍廊에 묵게 하였다.

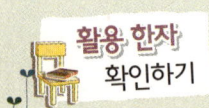

| 兵 군사 병 | 落 떨어질 락 | 列 벌일 렬 | 連 이을 련 | 混 섞을 혼 | 草 풀 초 | 干 방패 간 |
| 觀 볼 관 | 用 쓸 용 | 舍 집 사 | | | | |

略 (4급)
필순: 丨 冂 曱 田 田' 田夂 田夂 略 略

略略 省略

간략할/약할 **략**
田부
총 11획

동 簡: 간략할 간
省: 덜 생

- 省略(생략): 전체에서 일부를 줄이거나 뺌.
  예) 시간 관계상 불필요한 부분은 省略하였다.

掠 (3급)
필순: 一 十 扌 扌' 扩 护 护 掠 掠

掠掠 侵掠

노략질할 **략**
手(扌)부
총 11획

비 涼: 서늘할 량
동 侵: 침노할 침

- 侵掠(침략): 남의 나라를 불법으로 쳐들어가서 약탈함.
  예) 조선 시대에 왜구는 남쪽 해안 지역을 자주 侵掠하였다.

梁 (3급II)
필순: 丶 丶 氵 汀 汈 汈 泌 涇 梁 梁

梁梁 橋梁

들보/돌다리 **량**
木부
총 11획

동 橋: 다리 교

- 橋梁(교량): 시내나 강을 사람이나 차량이 건널 수 있게 만든 다리
  예) 이 橋梁은 보수 공사가 필요하다.

糧 (4급)
필순: 丶 丷 半 米 籵 籵 糧 糧 糧 糧

糧糧 糧食

양식 **량**
米부
총 18획

동 穀: 곡식 곡

- 糧食(양식): 생존을 위하여 필요한 사람의 먹을거리
  예) 그들은 일 년 동안 먹을 수 있는 糧食을 비축하였다.

諒 (3급)
필순: 一 言 言 言' 言+ 訂 訂 諒 諒

諒諒 諒解

살펴알/믿을 **량**
言부
총 15획

동 知: 알 지

- 諒解(양해): 남의 사정을 잘 헤아려 너그러이 받아들임.
  예) 그는 諒解를 구하고 일찍 회의장을 떠났다.

麗 (4급II)
필순: 一 币 帀 严 严 严 丽 丽 麗

麗麗 美麗

고울 **려**
鹿부
총 19획

동 美: 아름다울 미
鮮: 고울 선
약 麗

- 美麗(미려): 아름답고 고움.
  예) 그녀는 美麗한 용모와 기품을 지녔다.

慮 (4급)
필순: 一 广 厂 卢 虍 虍 唐 廑 慮

慮慮 考慮

생각할 **려**
心부
총 15획

동 考: 생각할 고
念: 생각 념
思: 생각 사

- 考慮(고려): 생각하고 헤아려 봄.
  예) 우리는 그의 제안을 신중히 考慮 중이다.

勵 (3급II)
필순: 厂 厂 厈 屈 屈 屈 厲 厲 勵

勵勵 激勵

힘쓸 **려**
力부
총 17획

동 勸: 권할 권
勉: 힘쓸 면
약 励

- 激勵(격려): 용기나 의욕이 솟아나도록 북돋워 줌.
  예) 시민들은 선수들을 激勵하기 위해 박수를 보냈다.

曆 (3급II)
필순: 一 厂 厂' 厂+ 厂木 厂林 厤 厤 曆 曆

曆曆 陰曆

책력 **력**
日부
총 16획

비 歷: 지날 력

- 陰曆(음력): 달이 지구를 한 바퀴 도는 시간을 기준으로 만든 역법
  예) 추석은 陰曆 8월 15일이다.

鍊 (3급II)
필순: 丿 𠂉 乍 牟 金 釒 釒 鋝 鍊

鍊鍊 老鍊

쇠불릴/단련할 **련**
金부
총 17획

비 練: 익힐 련
약 錬

- 老鍊(노련): 많은 경험으로 익숙하고 능란함.
  예) 그는 老鍊한 솜씨로 경주마를 다뤘다.

활용 한자 확인하기

省 살필 성, 덜 생 侵 침노할 침 橋 다리 교 食 밥/먹을 식 解 풀 해 美 아름다울 미
考 생각할 고 激 격할 격 陰 그늘 음 老 늙을 로

고등학교 교육용 기초 한자 900자

3급	忄 忄 忄 忙 忙 怜 怜 怜 憐 憐
憐 불쌍히여길 **련** 心(忄)부 총 15획	憐 憐 可憐 비 隣: 이웃 린

• 可憐(가련): 가엾고 불쌍함.
예 그녀는 可憐할 정도로 몹시 야위었다.

3급Ⅱ	耳 耳 耶 耶 聊 聯 聯 聯 聯
聯 연이을 **련** 耳부 총 17획	聯 聯 聯合 약 联

• 聯合(연합): 두 가지 이상의 사물이 서로 합동하여 하나의 조직체를 만듦. 또는 그렇게 만든 조직체
예 유럽 聯合은 27개국으로 이루어진 정치, 경제 공동체이다.

3급Ⅱ	言 結 結 結 結 絲 繆 戀 戀 戀
戀 그리워할/ 그릴 **련** 心부 총 23획	戀 戀 失戀 비 變: 변할 변 동 愛: 사랑 애 약 恋

• 失戀(실연): 연애에 실패함.
예 失戀의 상처는 시간이 지나면 치유될 것이다.

3급Ⅱ	艹 艹 芢 苗 荁 菫 蓮 蓮 蓮
蓮 연꽃 **련** 艸(艹)부 총 15획	蓮 蓮 蓮根 비 連: 이을 련

• 蓮根(연근): 연꽃의 뿌리
예 蓮根은 빈혈과 고혈압을 예방하는 데 효과가 있다.

3급Ⅱ	歹 歹 列 列 列 列 裂 裂 裂
裂 찢어질 **렬** 衣부 총 12획	裂 裂 分裂

• 分裂(분열): 찢어져 나뉨. / 집단이나 단체, 사상 따위가 갈라져 나뉨.
예 그곳은 지금 종교 분쟁으로 나라가 分裂되었다.

3급	丿 小 小 少 劣 劣
劣 못할 **렬** 力부 총 6획	劣 劣 劣勢 비 尖: 뾰족할 첨 반 優: 넉넉할 우

• 劣勢(열세): 상대편보다 힘이나 세력이 약함. 또는 그 힘이나 세력
예 그 후보는 초반의 劣勢를 극복하고 결국 승리하였다.

3급	广 广 产 序 序 廉 廉 廉 廉
廉 청렴할 **렴** 广부 총 13획	廉 廉 清廉

• 清廉(청렴): 성품과 행실이 높고 맑으며, 탐욕이 없음.
예 공직자가 清廉하지 않으면 국민의 신뢰를 얻을 수 없다.

3급	犭 犭 犭 犭 犭 獵 獵 獵 獵
獵 사냥 **렵** 犬(犭)부 총 18획	獵 獵 密獵 약 猟

• 密獵(밀렵): 허가를 받지 않고 몰래 사냥함.
예 무분별한 密獵으로 야생 동물의 숫자가 급감하고 있다.

3급Ⅱ	山 山 山 岩 岩 岩 崩 崩 嶺
嶺 고개 **령** 山부 총 17획	嶺 嶺 嶺東 비 領: 거느릴 령

• 嶺東(영동): 강원도에서 대관령 동쪽에 있는 지역
예 4시를 기해 嶺東 지방에 폭설 주의보가 내려졌다.

3급	宀 雨 雨 雨 雨 雯 雯 零 零
零 떨어질/영 **령** 雨부 총 13획	零 零 零點 동 落: 떨어질 락

• 零點(영점): 얻은 점수가 없음. / 능력이나 성과가 전혀 없음을 비유적으로 이르는 말
예 부정행위가 드러나면 시험 점수는 零點 처리된다.

활용 한자 확인하기

可 옳을 가 合 합할 합 失 잃을 실 根 뿌리 근 分 나눌 분 勢 형세 세 清 맑을 청
密 빽빽할 밀 東 동녘 동 點 점 점

靈
3급II
신령 **령**
雨부
총 24획

필순: 一 戶 币 币 雨 雨 雪 雪 霝 靈 靈

동 神: 귀신 신
약 灵, 霊

- 靈感(영감): 신령스러운 예감이나 느낌 / 창조적인 일의 계기가 되는 기발한 착상이나 자극
  - 예) 그 시인은 아이들에게서 靈感을 얻어 시를 지었다.

隸
3급
종 **례**
隶부
총 16획

필순: 士 丰 未 柰 奈 隶 隶 隶 隸 隸

- 奴隸(노예): 남의 소유물로 되어 부림을 당하는 사람
  - 예) 남북 전쟁 이후 미국의 흑인들은 奴隸에서 해방되었다.

爐
3급II
화로 **로**
火부
총 20획

필순: 火 灶 灶 炉 炉 炉 爐 爐 爐

약 炉

- 火爐(화로): 숯불을 담아 놓는 그릇
  - 예) 우리는 火爐에 찻물을 끓이며 정담을 나누었다.

祿
3급II
녹 **록**
示부
총 13획

필순: 二 亓 亓 示 衤 秫 秫 秫 祿 祿

비 綠: 푸를 록

- 貫祿(관록): 어떤 일에 대한 상당한 경력으로 생긴 위엄이나 권위
  - 예) 이번 경기는 貫祿과 패기의 대결이 될 것이다.

錄
4급II
기록할 **록**
金부
총 16획

필순: 人 스 余 金 釒 釦 釒 鈩 鈻 錄

동 記: 기록할 기
약 录

- 登錄(등록): 일정한 자격 조건을 갖추기 위하여 단체나 학교 따위에 문서를 올림.
  - 예) 그 강좌는 벌써 登錄이 마감되었다.

鹿
3급
사슴 **록**
鹿부
총 11획

필순: 亠 广 广 庐 庐 声 唐 鹿 鹿

- 鹿角(녹각): 사슴뿔
  - 예) 할머니는 鹿角, 대추, 밤 등을 넣고 삼계탕을 끓이셨다.

弄
3급II
희롱할 **롱**
廾부
총 7획

필순: 一 二 干 王 玉 弄 弄

- 愚弄(우롱): 사람을 어리석게 보고 함부로 대하거나 웃음거리로 만듦.
  - 예) 이번 일은 순전히 독자들을 愚弄하는 처사이다.

雷
3급II
우레 **뢰**
雨부
총 13획

필순: 一 戶 币 币 雨 雨 雨 雷 雷 雷

비 電: 번개 전

- 落雷(낙뢰): 벼락이 떨어짐. 또는 그 벼락
  - 예) 지난밤 落雷로 마을 입구의 은행나무가 불에 탔다.

賴
3급II
의뢰할 **뢰**
貝부
총 16획

필순: 一 一 戶 曰 申 東 郝 賴 賴 賴

- 信賴(신뢰): 굳게 믿고 의지함.
  - 예) 그는 성실한 태도로 사람들에게 信賴를 받고 있다.

了
3급
마칠 **료**
亅부
총 2획

필순: 了 了

동 終: 마칠 종

- 完了(완료): 완전히 끝마침.
  - 예) 올해 안으로 신축 공사를 完了하기로 하였다.

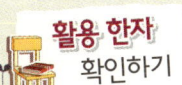 **활용 한자 확인하기**

| 感 느낄 감 | 奴 종 노 | 火 불 화 | 貫 꿸 관 | 登 오를 등 | 角 뿔 각 | 愚 어리석을 우 |
| 落 떨어질 락 | 信 믿을 신 | 完 완전할 완 | | | | |

고등학교 교육용 기초 한자 900자

3급	亻伏伏伏俏俏俏僚僚
僚 동료 료 人(亻)부 총 14획	僚 僚 同僚

- 同僚(동료): 같은 직장이나 같은 부문에서 함께 일하는 사람
  예 그의 업적은 직장 同僚들로부터 인정을 받았다.

4급	亠 亠 立 产 音 青 背 背 龍 龍
龍 용 룡 龍부 총 16획	龍 龍 龍王 약 竜

- 龍王(용왕): 바다에 살며 비와 물을 맡고 불법을 수호하는 용 가운데의 임금
  예 별주부는 龍王의 병을 고치기 위해 토끼를 찾아 나섰다.

3급	尸 尸 尸 屈 屈 居 屢 屢 屢
屢 여러 루 尸부 총 14획	屢 屢 屢次

- 屢次(누차): 여러 차례
  예 선생님은 안전의 중요성을 屢次 강조하셨다.

3급Ⅱ	木 木 杧 杧 桙 桙 槵 槵 樓 樓
樓 다락 루 木부 총 15획	樓 樓 望樓 약 楼

- 望樓(망루): 적이나 주위의 동정을 살피기 위하여 높이 지은 다락집
  예 그는 바닷가에 있는 望樓에서 순찰을 돌고 있었다.

3급Ⅱ	丨 口 口 田 甲 里 黒 黒 累 累
累 여러/자주 루 糸부 총 11획	累 累 累積

- 累積(누적): 포개어 여러 번 쌓음. 또는 포개져 여러 번 쌓임.
  예 그는 피로가 累積되어 아무런 의욕도 생기지 않았다.

3급	丶 冫 冫 沪 沪 沪 沪 沪 淚 淚
淚 눈물 루 水(氵)부 총 11획	淚 淚 催淚 약 涙

- 催淚(최루): 눈물샘을 자극하여 눈물을 흘리게 함.
  예 이 영화는 죽음을 앞둔 남자의 이야기이지만 상투적인 催淚 영화는 아니다.

3급Ⅱ	氵 氵 氵 沪 沪 沪 涓 漏 漏 漏
漏 샐 루 水(氵)부 총 14획	漏 漏 漏水

- 漏水(누수): 물이 샘. 또는 새어 나오는 물
  예 엄청난 양의 물이 상수도 漏水로 손실되고 있다.

5급Ⅱ	亠 亠 半 米 粁 粁 斸 斷 類 類
類 무리 류 頁부 총 19획	類 類 種類 동 部: 떼 부

- 種類(종류): 사물의 부문을 나누는 갈래
  예 이 상점에서는 여러 種類의 사무용품을 팔고 있다.

4급	一 亩 亩 車 車 軒 軒 輪 輪
輪 바퀴 륜 車부 총 15획	輪 輪 年輪 비 論: 논할 론

- 年輪(연륜): 나이테 / 여러 해 동안 쌓은 경험에 의하여 이루어진 숙련의 정도
  예 그 배우는 年輪이 묻어나는 연기를 선보였다.

3급Ⅱ	丶 丶 覀 覀 覀 覀 覀 粟 粟
栗 밤 률 木부 총 10획	栗 栗 黃栗 비 粟: 조 속

- 黃栗(황률): 황밤. 말려서 껍질과 보늬를 벗긴 밤
  예 이 다식은 黃栗에 꿀을 넣어 만든 것이다.

활용 한자 확인하기

同 한가지 동   王 임금 왕   次 버금 차   望 바랄 망   積 쌓을 적   催 재촉할 최   水 물 수
種 씨 종   年 해 년   黃 누를 황

率 (3급II)
필순: 亠 亡 玄 玄 玄 玄 玆 玆 率 率
비율 **률**, 거느릴 **솔**
玄부
총 11획
- 동: 領 거느릴 령 / 統 거느릴 통
- **效率**(효율): 들인 노력과 얻은 결과의 비율
  - 예) 이 신기술로 에너지 **效率**을 5% 이상 높였다.

隆 (3급II)
필순: 阝 阝' 阣 阣 阣 阣 隆 隆 隆
높을 **륭**
阜(阝)부
총 12획
- 동: 盛 성할 성 / 興 일 흥
- **隆盛**(융성): 기운차게 일어나거나 대단히 번성함.
  - 예) 통일 신라 시대에는 불교가 **隆盛**하였다.

陵 (3급II)
필순: 阝 阝' 阣 阣 阣 陵 陵 陵 陵
언덕 **릉**
阜(阝)부
총 11획
- 비: 陸 뭍 륙
- **王陵**(왕릉): 임금의 무덤
  - 예) 무령 **王陵**은 백제 제25대 무령왕과 왕비의 무덤이다.

梨 (3급)
필순: 一 二 千 禾 禾 利 利 利 梨 梨
배 **리**
木부
총 11획
- **梨花**(이화): 배꽃
  - 예) 과수원에는 눈이 내린 듯 **梨花**가 만발하였다.

吏 (3급II)
필순: 一 二 三 吏 吏 吏
벼슬아치/관리 **리**
口부
총 6획
- 비: 使 하여금/부릴 사
- 반: 民 백성 민
- **官吏**(관리): 관직에 있는 사람
  - 예) 그는 10년 과거 공부 끝에 겨우 하급 **官吏**가 되었다.

離 (4급)
필순: 亠 亠 齐 离 离 离 离 离 離 離 離
떠날 **리**
隹부
총 19획
- 반: 合 합할 합
- 동: 別 다를/나눌 별
- 약: 难
- **離別**(이별): 서로 갈리어 떨어짐.
  - 예) 현우는 친구들과의 **離別**을 아쉬워하였다.

裏 (3급II)
필순: 亠 亠 吉 亩 衷 裏 裏 裏 裏
속 **리**
衣부
총 13획
- 반: 表 겉 표
- **裏面**(이면): 뒷면 / 겉으로 나타나거나 눈에 보이지 않는 부분
  - 예) 그 문제의 **裏面**에는 복잡한 원인이 있다.

履 (3급II)
필순: 尸 尸 尸' 尸 尸 屑 屑 履 履
밟을 **리**
尸부
총 15획
- **履歷**(이력): 지금까지 거쳐 온 학업, 직업, 경험 등의 내력
  - 예) 이번에 뽑은 경력 사원들은 **履歷**이 매우 화려하다.

隣 (3급)
필순: 阝 阝' 阣 阣 阣 隣 隣 隣 隣
이웃 **린**
阜(阝)부
총 15획
- 비: 憐 불쌍히여길 련
- **隣接**(인접): 이웃하여 있음. 또는 옆에 닿아 있음.
  - 예) 가축 전염병이 **隣接** 국가들로 확산되고 있다.

臨 (3급II)
필순: 一 丁 王 王 臣 臣' 臨 臨 臨
임할 **림**
臣부
총 17획
- 약: 临
- **臨終**(임종): 죽음을 맞이함.
  - 예) 그는 **臨終** 직전까지 온화한 미소로 가족을 돌아보았다.

활용 한자 확인하기

效 본받을 효   盛 성할 성   王 임금 왕   花 꽃 화   官 벼슬 관   別 다를/나눌 별   面 낯 면
歷 지날 력   接 이을 접   終 마칠 종

3급II	亠广广广庁床府麻麻
麻 삼 마 麻부 총 11획	麻 麻 麻衣

- 麻衣(마의): 삼베로 만든 옷
  예) 신라 경순왕의 태자는 금강산에 들어가 麻衣를 입고 비참하게 여생을 보냈다고 한다.

3급II	亠广广广庁床麻麻磨磨
磨 갈 마 石부 총 16획	磨 磨 研磨

동 研: 갈 연

- 研磨(연마): 고체를 갈고 닦아서 표면을 반질반질하게 함. / 학문이나 기술 따위를 힘써 배우고 닦음.
  예) 그는 정상에 서기 위해 새로운 기술을 研磨하고 있다.

3급II	艹艹艹艹莒莫莫幕幕
幕 장막 막 巾부 총 14획	幕 幕 開幕

비 莫: 없을 막
동 帳: 장막 장

- 開幕(개막): 막을 열거나 올린다는 뜻으로, 연극이나 음악회, 행사 따위를 시작함.
  예) 화려한 불꽃을 시작으로 국제 영화제가 開幕되었다.

3급II	氵氵氵氵泮泮渶渶漠漠
漠 넓을 막 水(氵)부 총 14획	漠 漠 漠然

동 廣: 넓을 광

- 漠然(막연): 갈피를 잡을 수 없게 아득함. / 뚜렷하지 못하고 어렴풋함.
  예) 정우는 대학 생활에 대한 漠然한 기대감에 들떠있었다.

3급	忄忄忄忄悍悍慢慢慢
慢 거만할 만 心(忄)부 총 14획	慢 慢 自慢

반 勤: 부지런할 근

- 自慢(자만): 자신이나 자신과 관련 있는 것을 스스로 자랑하며 뽐냄.
  예) 자기 실력을 自慢하는 사람은 성공하기 어렵다.

3급	氵氵氵氵渨渨漫漫漫漫
漫 흩어질 만 水(氵)부 총 14획	漫 漫 散漫

동 散: 흩을 산

- 散漫(산만): 어수선하여 질서나 통일성이 없음.
  예) 운전 중에 휴대 전화를 사용하면 주의가 散漫해지기 쉽다.

3급	艹艹艹艹茫茫茫
茫 아득할 망 艸(艹)부 총 10획	茫 茫 茫然自失

- 茫然自失(망연자실): 멍하니 정신을 잃음.
  예) 그녀는 그 소식을 듣고는 茫然自失하여 몸져누웠다.

3급II	亠亡亡妄妄
妄 망령될 망 女부 총 6획	妄 妄 妄言

- 妄言(망언): 이치나 사리에 맞지 아니하고 망령되게 말함. 또는 그 말
  예) 일본 정치인들의 잇따른 妄言으로 양국 관계가 악화되었다.

3급	丨冂冂门罒罔罔
罔 없을 망 网부 총 8획	罔 罔 罔極

- 罔極(망극): 임금이나 어버이의 은혜가 한이 없음.
  예) 보잘 것 없는 신에게 이렇게 큰 지위를 내리시니 성은이 罔極하여 진실로 부끄럽습니다.

3급II	一十才才朾朾梅梅梅
梅 매화 매 木부 총 11획	梅 梅 梅實

- 梅實(매실): 매실나무의 열매
  예) 어머니는 梅實을 따다가 술을 담그셨다.

활용 한자 확인하기

衣 옷 의   研 갈 연   開 열 개   然 그럴 연   自 스스로 자   散 흩을 산   失 잃을 실
言 말씀 언   極 다할/극진할 극   實 열매 실

埋 (3급)
一 十 土 圵 圴 坦 坦 坦 埋 埋
묻을 매
土부
총 10획

- 埋沒(매몰): 보이지 아니하게 파묻히거나 파묻음.
  예 산사태로 작은 마을이 모두 埋沒되었다.

媒 (3급II)
女 女' 女" 女甘 妓 媒 媒 媒 媒 媒
중매 매
女부
총 12획

비 謀: 꾀 모

- 媒介(매개): 둘 사이에서 양편의 관계를 맺어 줌.
  예 주민들은 마을 축제를 媒介로 화합을 다졌다.

脈 (4급II)
丿 刀 月 月 厂 厂 肝 脈 脈 脈
줄기 맥
肉(月)부
총 10획

동 絡: 이을/얽을 락

- 山脈(산맥): 산봉우리가 선상(線狀)이나 대상(帶狀)으로 길게 연속되어 있는 지형
  예 태백 山脈은 우리나라의 중추를 이루고 있다.

孟 (3급II)
一 了 子 子 予 孟 孟 孟
맏 맹
子부
총 8획

- 孟春(맹춘): 초봄. 이른 봄
  예 꽃샘추위가 기승을 부리는 孟春이지만 매화와 산수유는 이미 봄을 예고하고 있었다.

猛 (3급II)
丿 犭 犭 犭 犷 犷 猛 猛 猛 猛 猛
사나울 맹
犬(犭)부
총 11획

동 勇: 날랠 용
暴: 사나울 폭, 모질 포

- 勇猛(용맹): 용감하고 사나움.
  예 정부는 勇猛하게 싸운 군인들에게 훈장을 수여하였다.

盟 (3급II)
日 日 旵 明 明 明 明 盟 盟 盟 盟 盟 盟
맹세 맹
皿부
총 13획

- 盟約(맹약): 굳게 맹세한 약속
  예 두 사람은 어떤 일이 있어도 헤어지지 않기로 盟約했다.

盲 (3급II)
丶 亠 亡 盲 盲 盲 盲 盲
소경/눈멀 맹
目부
총 8획

- 盲信(맹신): 옳고 그름을 가리지 않고 덮어놓고 믿는 일
  예 민간요법을 盲信하면 증상이 오히려 악화될 수 있다.

綿 (3급II)
幺 糸 糸 糸' 糸' 紗 紗 絎 綿 綿
솜 면
糸부
총 14획

비 錦: 비단 금

- 純綿(순면): 다른 것이 전혀 섞여 있지 않은 면
  예 아이 피부에 직접 닿는 속옷은 純綿 소재가 좋다.

滅 (3급II)
氵 氵 氵 汇 沥 沥 派 滅 滅 滅
꺼질/멸할 멸
水(氵)부
총 13획

비 減: 덜 감
반 明: 밝을 명
동 亡: 망할 망

- 全滅(전멸): 모조리 죽거나 망하거나 하여 없어짐.
  예 이순신 장군이 왜적의 전함을 全滅시켰다.

銘 (3급II)
丿 𠂉 牟 牟 金 金 釒 釒 釤 銘
새길 명
金부
총 14획

- 感銘(감명): 감격하여 마음에 깊이 새김. 또는 그 새겨진 느낌
  예 혜수는 그 소설을 읽고 깊은 感銘을 받았다.

활용 한자 확인하기

| 沒 빠질 몰 | 介 낄 개 | 山 메 산 | 春 봄 춘 | 勇 날랠 용 | 約 맺을 약 | 信 믿을 신 |
| 純 순수할 순 | 全 온전 전 | 感 느낄 감 | | | | |

3급	冖 冖 冖 冖 冥 冥 冥 冥 冥 冥
冥 어두울 명 冖부 총 10획	冥 冥 冥福 동 暗: 어두울 암

- 冥福(명복): 죽은 뒤 저승에서 받는 복
  예 조문객들은 고개 숙여 고인의 <u>冥福</u>을 빌었다.

3급	一 十 卄 卅 廿 丗 艹 草 某 某
某 아무 모 木부 총 9획	某 某 某處

- 某處(모처): 어떠한 곳
  예 두 사람은 시내 <u>某處</u>에서 비공식 만남을 가졌다.

3급II	言 言 言 訁 訁 訁 謀 謀 謀 謀
謀 꾀 모 言부 총 16획	謀 謀 圖謀

- 圖謀(도모): 어떤 일을 이루기 위하여 대책과 방법을 세움.
  예 이 모임의 목적은 회원간의 친목을 <u>圖謀</u>하는 데 있다.

4급	木 木 柞 柞 柠 桓 模 模 模 模
模 본뜰 모 木부 총 15획	模 模 模造 동 範: 법 범 倣: 본뜰 방

- 模造(모조): 이미 있는 것을 그대로 따라 하거나 본떠서 만듦. 또는 그런 것
  예 그는 그림이 <u>模造</u>인지 알아보기 위해 감정을 의뢰하였다.

3급II	' ⺈ ⺈ 豸 豸 豸 豸 豹 貌 貌
貌 모양 모 豸부 총 14획	貌 貌 外貌 동 樣: 모양 양 形: 모양 형 약 皃

- 外貌(외모): 겉으로 드러나 보이는 모양
  예 사람을 <u>外貌</u>로만 판단해서는 안 된다.

3급	艹 艹 艹 苗 苗 莫 茣 募 募
募 모을/뽑을 모 力부 총 13획	募 募 募集 비 暮: 저물 모 동 集: 모을 집

- 募集(모집): 사람이나 작품, 물품 따위를 일정한 조건 아래 널리 알려 뽑아 모음.
  예 그는 신입 회원을 <u>募集</u>하기 위해 신문 광고를 냈다.

3급II	艹 艹 艹 苗 苗 莫 菒 慕 慕 慕
慕 그릴 모 心(忄)부 총 15획	慕 慕 戀慕 비 墓: 무덤 묘 동 愛: 사랑 애

- 戀慕(연모): 이성을 사랑하여 간절히 그리워함.
  예 그는 그녀에게 숨겨왔던 <u>戀慕</u>의 정을 전하였다.

3급	ノ 亻 亻 仁 仵 侮 侮 侮 侮
侮 업신여길 모 人(亻)부 총 9획	侮 侮 受侮 비 悔: 뉘우칠 회

- 受侮(수모): 모욕을 받음.
  예 우리 팀은 예선전에서 3전 전패의 <u>受侮</u>를 당했다.

3급	丨 冂 冃 月 月 冒 冒 冒 冒
冒 무릅쓸 모 冂부 총 9획	冒 冒 冒險

- 冒險(모험): 위험을 무릅쓰고 어떠한 일을 함. 또는 그 일
  예 그들에게 아프리카 오지 여행은 목숨을 건 <u>冒險</u>이었다.

4급II	ノ 亠 牛 牛 牜 牜 牧 牧
牧 칠 목 牛부 총 8획	牧 牧 放牧

- 放牧(방목): 가축을 놓아기르는 일
  예 우리 목장은 소를 초원에 <u>放牧</u>하여 기르고 있다.

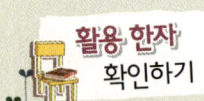

| 福 복 복 | 處 곳 처 | 圖 그림 도 | 造 지을 조 | 外 바깥 외 | 集 모을 집 | 戀 그리워할/그릴 련 |
| 受 받을 수 | 險 험할 험 | 放 놓을 방 | | | | |

3급II 睦 화목할 목 目부 총 13획	丨 冂 目 目 盯 盱 胪 胪 睦 睦 睦 睦 / 睦 睦 / 和睦
	동 和: 화할 화

• 和睦(화목): 서로 뜻이 맞고 정다움.
예 아버지는 가정이 和睦해야 모든 일이 잘된다고 하셨다.

3급II 沒 빠질 몰 水(氵)부 총 7획	丶 冫 氵 沪 汐 沒 沒 / 沒 沒 / 沈沒
	반 生: 날생 出: 날출 存: 있을 존

• 沈沒(침몰): 물속에 가라앉음.
예 그 배는 빙산에 부딪혀 바닷속으로 沈沒되었다.

3급II 夢 꿈 몽 夕부 총 14획	艹 艹 ゙ 茜 苗 茜 菡 萬 夢 夢 / 夢 夢 / 解夢
	약 梦

• 解夢(해몽): 꿈에 나타난 일을 풀어서 좋고 나쁨을 판단함.
예 그가 꾼 꿈을 解夢해 보니 왕이 될 길몽이었다.

3급II 蒙 어두울 몽 艸(艹)부 총 14획	艹 ゙ 茾 莐 夢 夢 夢 蒙 / 蒙 蒙 / 啓蒙

• 啓蒙(계몽): 지식 수준이 낮거나 인습에 젖은 사람을 가르쳐서 깨우침.
예 새마을 운동은 농촌 啓蒙 운동의 대표적인 예이다.

3급 苗 모 묘 艸(艹)부 총 14획	一 十 卄 艹 芢 芇 苗 苗 / 苗 苗 / 苗木

• 苗木(묘목): 옮겨 심는 어린나무
예 예원이는 오빠와 함께 苗木을 야산에 옮겨 심었다.

3급 廟 사당 묘 广부 총 15획	广 广 广 庁 庐 庐 廊 廊 廟 廟 / 廟 廟 / 宗廟
	약 庿, 庙

• 宗廟(종묘): 조선 시대에, 역대 임금과 왕비의 위패를 모시던 왕실의 사당
예 임금이 처음 즉위하여 宗廟에 고하는 의례를 행하였다.

4급 墓 무덤 묘 土부 총 14획	艹 艹 芒 苦 莫 莫 莫 墓 墓 / 墓 墓 / 省墓
	비 暮: 저물 모 동 墳: 무덤 분

• 省墓(성묘): 조상의 산소를 찾아가서 돌봄. 또는 그런 일
예 설, 추석, 한식에는 조상의 묘를 찾아가 省墓를 한다.

3급II 貿 무역할 무 貝부 총 12획	卩 卬 卯 卯 卯 留 貿 貿 / 貿 貿 / 貿易
	동 易: 바꿀 역

• 貿易(무역): 지방과 지방 사이에 서로 물건을 사고팔거나 교환하는 일 / 나라와 나라 사이에 서로 물품을 매매하는 일
예 두 나라는 새로운 貿易 협정 체결에 어려움을 겪고 있다.

3급 霧 안개 무 雨부 총 19획	乛 雨 零 零 零 零 霧 霧 霧 霧 / 霧 霧 / 霧散

• 霧散(무산): 안개가 걷히듯 흩어져 없어짐. 또는 그렇게 흐지부지 취소됨.
예 태풍 때문에 우리 가족의 여행 계획이 霧散되었다.

3급II 默 잠잠할 묵 黑부 총 16획	丨 日 甲 里 黑 黑 默 默 / 默 默 / 沈默
	약 黙

• 沈默(침묵): 아무 말도 없이 잠잠히 있음. 또는 그런 상태
예 긴 沈默이 흐른 뒤 그녀가 마침내 입을 열었다.

활용 한자 확인하기

和 화할 화   沈 잠길 침, 성 심   解 풀 해   啓 열 계   木 나무 목   宗 마루 종
省 살필 성, 덜 생   易 바꿀 역, 쉬울 이   散 흩을 산

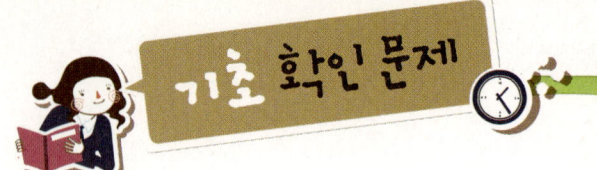

[問 01-15] 다음 漢字(한자)의 訓(훈: 뜻)과 音(음: 소리)을 쓰시오.

字 ➡ 글자 자

01 絡 (   )   02 某 (   )   03 淚 (   )
04 亂 (   )   05 輪 (   )   06 梁 (   )
07 慮 (   )   08 夢 (   )   09 沒 (   )
10 聯 (   )   11 劣 (   )   12 默 (   )
13 獵 (   )   14 模 (   )   15 梅 (   )

[問 16-27] 다음 訓(훈: 뜻)과 音(음: 소리)에 알맞은 漢字(한자)를 쓰시오.

글자 자 ➡ 字

16 묻을 매 (   )   17 어두울 명 (   )   18 무리 류 (   )
19 화로 로 (   )   20 모양 모 (   )   21 녹 록 (   )
22 새길 명 (   )   23 어두울 몽 (   )   24 사슴 록 (   )
25 밤 률 (   )   26 임할 림 (   )   27 언덕 릉 (   )

[問 28-39] 다음 漢字語(한자어)의 讀音(독음)을 쓰시오.

漢字 ➡ 한자

28 圖謀 (   )   29 激勵 (   )   30 盲信 (   )
31 省墓 (   )   32 分裂 (   )   33 媒介 (   )
34 隣接 (   )   35 登錄 (   )   36 苗木 (   )
37 欄干 (   )   38 愚弄 (   )   39 羅列 (   )

[問 40-44] 다음 밑줄 친 漢字語(한자어)를 漢字(한자)로 쓰시오.

한국 ➡ 韓國

40 영동 지방에 폭설이 내리고 있다.   (   )
41 나는 "톰 소여의 모험"을 즐겨 읽는다.   (   )
42 시간이 없으니 복잡한 절차는 생략합시다.   (   )
43 오늘 나는 남자 친구에게 이별을 선언하였다. (   )
44 용왕은 자라에게 토끼를 데려오라고 명령하였다. (   )

이야기로 익히는 주요 한자어

양반전

강원도 정선 고을에 한 **兩班**이 살고 있었다. 그는 독서를 많이 하여 **博識**하고 정직하며 어진 사람이었다. 그래서 군수가 새로 **赴任**해 오면 반드시 그를 찾아가 인사를 하곤 하였다. 그러나 이 양반은 제대로 된 **小盤** 하나 없을 만큼 너무 가난하여 관가에서 빌려주는 곡식을 타먹고 살았는데 이렇게 여러 해를 보내다 보니 어느덧 빚이 천 석에 이르게 되었다.

| 양반, 박식 |
| 부임 |
| 소반 |

그러던 어느 날 이 고을에 순찰차 들른 관찰사가 관청의 곡식 **帳簿**를 **調査**하다가 천 석이 빈 것을 발견하고는 **憤怒**하여 군수에게 그 양반을 잡아 가두라고 하였다. 군수는 그 양반이 가난해서 곡식을 **返還**할 능력이 없는 것을 잘 아는지라 차마 가두지도 못하고 그렇다고 **傍觀**할 수도 없어 **煩惱**에 시달렸다.

| 장부, 조사 |
| 분노 |
| 반환 |
| 방관, 번뇌 |

그러한 사실을 안 양반은 해결할 방도를 찾지 못해 밤낮 울기만 했고 양반의 아내는 그런 남편을 보고는 **眉間**을 찌푸리며 양반의 무능을 질타했다. 이때 이웃에 사는 어떤 부자가 평소 **卑賤**한 자신의 신분을 한탄하며 양반을 동경하던 터라 이 기회에 양반을 사서 자신도 양반 노릇을 해보고자 마음먹었다. 그래서 부자는 **祕密**리에 양반을 찾아가 자신이 천 석에 대한 비용을 관청에 **支拂**해 줄 테니 양반의 신분을 자신에게 팔라고 하였다. **切迫**한 상황에 있던 양반은 기꺼이 승낙하였고 부자는 약속대로 곡식을 갚아주고 양반의 신분을 얻게 된다.

| 미간 |
| 비천 |
| 비밀 |
| 지불 |
| 절박 |

양반이 곡식을 다 갚았다는 사실을 의아하게 생각한 군수는 양반을 찾아갔다가 상민의 옷을 입고 절을 하는 양반을 보고는 놀라서 자초지종을 물었다. **諸般** 사정을 알게 된 군수는 만약에 발생할지도 모를 **紛爭**을 대비해 부자에게 양반 신분의 매매 증서를 만들어 주기로 하고 고을 사람들을 한 곳에 모았다.

| 제반 |
| 분쟁 |

군수는 증서에 먼저 양반으로서 반드시 지켜야 할 형식적인 행동거지를 하나하나 열거하였다. "걸음은 **普通** 사람들보다 느릿느릿 걸으며 신발을 땅에 끌고, 밥을 먹을 때는 **毛髮**에 상투를 맨 채로만 밥상에 앉지 말고, 또 ……" 그러자 부자는 양반이 좋은 것인 줄 알았는데 지켜야 할 게 너무 많아 **複雜**하고 재미도 없다면서 자신에게 좀 유리하게 바꿔 달라고 하였다. 이에 군수는 이번에는 양반의 횡포를 하나하나 나열하면서 관직에도 나갈 수 있고, 상인들을 착취할 수도 있다고 한다.

| 보통 |
| 모발 |
| 복잡 |

군수의 말을 다 듣기도 전에 부자는 그런 **腐敗**한 양반은 도둑이나 다를 바 없다면서 도망쳤고 다시는 양반을 입에 올리지도 않았다고 한다.

| 부패 |

3급	` ` ⺍ ⺍ 半 米 米 迷 迷 迷
迷 미혹할 **미** 辶(辶)부 총 10획	迷 迷 迷宮

- 迷宮(미궁): 들어가면 나올 길을 쉽게 찾을 수 없게 되어 있는 곳 / 사건, 문제 따위가 얽혀서 쉽게 해결하지 못하게 된 상태
  - 예) 그 사건은 점점 迷宮 속으로 빠져 들었다.

3급	⼀ ⼁ ⼁ ⼁ ⼁ ⼁ ⼁ ⼁
眉 눈썹 **미** 目부 총 9획	眉 眉 眉間

- 眉間(미간): 두 눈썹의 사이
  - 예) 그는 다른 사람들보다 眉間이 넓다.

3급	忄 忄 忄 忄 忄 悶 悶 悶 悶
憫 민망할 **민** 心(忄)부 총 15획	憫 憫 憐憫

- 憐憫(연민): 불쌍하고 가련하게 여김.
  - 예) 그때만큼 그에게서 진한 憐憫을 느낀 적은 없었다.

3급	` ` 氵 氵 氵 泊 泊 泊
泊 머무를/ 배댈 **박** 水(氵)부 총 8획	泊 泊 宿泊

- 宿泊(숙박): 여관이나 호텔 따위에서 잠을 자고 머무름.
  - 예) 외국 관광객 유치를 위해 宿泊 시설을 확충하였다.

3급Ⅱ	⼀ ⼁ 冂 白 白 泊 泊 迫
迫 핍박할 **박** 辶(辶)부 총 9획	迫 迫 促迫 동) 急: 급할 급 약) 迫

- 促迫(촉박): 기한이 바싹 닥쳐와서 가까움.
  - 예) 시간이 促迫해서 짜여진 일정을 모두 소화하지 못했다.

3급Ⅱ	⼃ ⼂ 彳 彳 彳 微 微 微 微
微 작을 **미** 彳부 총 13획	微 微 微細 비) 徵: 부를 징 반) 顯: 나타날 현 동) 細: 가늘 세

- 微細(미세): 분간하기 어려울 정도로 아주 작음.
  - 예) 이 청소기는 微細한 먼지까지 말끔하게 흡수한다.

3급	⼁ ⼂ 匀 勾 每 每 每 敏 敏
敏 민첩할 **민** 攴(攵)부 총 11획	敏 敏 銳敏 동) 速: 빠를 속

- 銳敏(예민): 무엇인가를 느끼는 능력이나 분석하고 판단하는 능력이 빠르고 뛰어남.
  - 예) 그녀는 수면 부족으로 신경이 銳敏해져 있다.

3급	宀 宀 宀 宓 宓 宓 宓 密 蜜 蜜
蜜 꿀 **밀** 虫부 총 14획	蜜 蜜 蜜語 비) 密: 빽빽할 밀

- 蜜語(밀어): 남녀 사이의 달콤하고 정다운 이야기
  - 예) 연인들은 난간에 기대 강을 바라보며 사랑의 蜜語를 속삭였다.

4급	⼀ ⼁ 扌 扌 扌 扣 拍 拍
拍 칠 **박** 手(扌)부 총 8획	拍 拍 拍手

- 拍手(박수): 기쁨, 찬성, 환영을 나타내거나 장단을 맞추려고 두 손뼉을 마주 침.
  - 예) 공연이 끝나자 객석에서는 拍手 소리가 끊이지 않았다.

4급Ⅱ	⼀ ⼁ ⼁ 忄 忄 博 博 博 博 博 博
博 넓을 **박** 十부 총 12획	博 博 博識 동) 廣: 넓을 광

- 博識(박식): 지식이 넓고 아는 것이 많음.
  - 예) 그녀는 정치뿐만 아니라 경제에 관해서도 매우 博識하다.

활용 한자 확인하기

宮 집 궁　　細 가늘 세　　間 사이 간　　銳 날카로울 예　　憐 불쌍히여길 련　　語 말씀 어
宿 잘 숙, 별자리 수　　手 손 수　　促 재촉할 촉　　識 알 식, 기록할 지

906일

薄 (엷을 박)
艸(艹)부 / 총 17획
필순: 艹 艹 艹 茅 蒲 蒲 蓮 薄 薄
- 비) 簿: 문서 부
- 반) 厚: 두터울 후

• 薄氷(박빙): 살얼음 / 근소한 차이를 비유적으로 이르는 말
  예) 두 팀의 결승전은 연장전까지 가는 薄氷의 승부였다.

般 (가지/일반 반)
舟부 / 총 10획
필순: ノ 丿 角 月 舟 舟 舟 舟 般 般
- 비) 船: 배 선

• 諸般(제반): 어떤 것과 관련된 모든 것
  예) 이곳은 올림픽을 치르기 위한 諸般 시설들이 모두 갖추어져 있다.

盤 (소반 반)
皿부 / 총 15획
필순: ノ 丿 舟 月 舟 舟 舟 般 盤

• 小盤(소반): 자그마한 밥상
  예) 아주머니는 小盤에 따끈한 국밥을 내오셨다.

班 (나눌 반)
玉(王)부 / 총 10획
필순: 一 二 T 王 王 到 珂 珊 班 班
- 반) 常: 떳떳할 상

• 兩班(양반): 고려·조선 시대에, 지배층을 이루던 신분 / 점잖고 예의 바른 사람
  예) 그들은 족보를 사서 兩班이 된 사람들이다.

返 (돌이킬 반)
辵(辶)부 / 총 8획
필순: 一 厂 厂 反 反 沂 返 返
- 반) 往: 갈 왕

• 返還(반환): 빌리거나 차지했던 것을 되돌려 줌.
  예) 그들은 공연이 취소되자 입장료 返還을 요구하였다.

叛 (배반할 반)
又부 / 총 9획
필순: ノ ハ ゚ 半 半 半 扩 叛 叛

• 叛逆(반역): 나라와 겨레를 배반함. / 통치자에게서 나라를 다스리는 권한을 빼앗으려고 함.
  예) 그들은 독재자에 대항하여 叛逆을 일으켰다.

伴 (짝 반)
人(亻)부 / 총 7획
필순: ノ 亻 亻 伀 伀 伴 伴

• 同伴(동반): 일을 하거나 길을 가는 따위의 행동을 할 때 함께 짝을 함. 또는 그 짝
  예) 이번 송년 모임은 가족 同伴으로 진행되었다.

拔 (뽑을 발)
手(扌)부 / 총 8획
필순: 一 十 扌 扌 扩 扐 拔 拔
- 동) 選: 가릴 선

• 拔群(발군): 여럿 가운데에서 특별히 뛰어남.
  예) 그는 이번 대회에서 拔群의 실력을 발휘하였다.

髮 (터럭 발)
髟부 / 총 15획
필순: F 丨 镸 镸 髟 髟 髟 髟 髮 髮
- 동) 毛: 터럭 모

• 毛髮(모발): 사람의 몸에 난 털을 통틀어 이르는 말 / 사람의 머리털
  예) 이 제품은 毛髮에 영양을 주어 탈모를 방지한다.

芳 (꽃다울 방)
艸(艹)부 / 총 8획
필순: 一 十 艹 艹 艹 芳 芳

• 芳年(방년): 이십 세 전후의 한창 젊은 꽃다운 나이
  예) 그녀가 세상에 이름을 드러낸 것은 芳年 십팔 세 때였다.

활용 한자 확인하기

氷 얼음 빙 / 諸 모두 제 / 小 작을 소 / 兩 두 량 / 還 돌아올 환 / 逆 거스릴 역 / 同 한가지 동
群 무리 군 / 毛 터럭 모 / 年 해 년

3급 傍 곁 방 人(亻)부 총 12획	亻 亻 亻 亻 伫 伫 伫 伫 傍 傍
傍傍	傍觀

- 傍觀(방관): 어떤 일에 직접 나서서 관여하지 않고 곁에서 보기만 함.
  예) 그는 점점 늘어가는 노숙자들을 傍觀할 수 없었다.

4급 妨 방해할 방 女부 총 7획	乚 乚 女 女 妨 妨 妨
妨妨	妨害
	동 害: 해할 해

- 妨害(방해): 남의 일을 간섭하고 막아 해를 끼침.
  예) 그녀는 妨害받지 않고 혼자 있는 것을 즐긴다.

3급 倣 본뜰 방 人(亻)부 총 10획	丿 亻 亻 亻 伫 伫 伫 伫 倣 倣
倣倣	模倣
	비 傲: 거만할 오
	동 模: 본뜰 모

- 模倣(모방): 다른 것을 본뜨거나 본받음.
  예) 아이들은 어른의 행동을 模倣하면서 많은 것을 배운다.

3급 邦 나라 방 邑(阝)부 총 7획	一 二 三 丰 丰 邦 邦
邦邦	友邦
	동 國: 나라 국

- 友邦(우방): 서로 우호적인 관계를 맺고 있는 나라
  예) 나라와 나라 사이에는 영원한 友邦도 영원한 적도 없다.

5급 倍 곱 배 人(亻)부 총 10획	丿 亻 亻 亻 伫 伫 伫 倍 倍 倍
倍倍	倍加

- 倍加(배가): 갑절 또는 몇 배로 늘어남. 또는 그렇게 늘림.
  예) 작품마다 역사를 되짚어보며 감상하니 재미가 倍加되었다.

3급Ⅱ 培 북돋울 배 土부 총 11획	一 十 土 士 圹 圷 垃 培 培 培
培培	栽培
	비 倍: 곱 배

- 栽培(재배): 식물을 심어 가꿈.
  예) 그 농가는 살충제를 쓰지 않고 채소를 栽培한다.

4급Ⅱ 配 나눌/짝 배 酉부 총 10획	一 厂 斤 兀 西 西 酉 酉 酊 配
配配	配給
	동 匹: 짝 필

- 配給(배급): 나누어 줌. / 영리를 목적으로 하지 않고 상품을 나누어 주는 일
  예) 수재민들에게 식량과 모포가 配給되었다.

3급Ⅱ 排 밀칠 배 手(扌)부 총 11획	扌 扌 扌 扌 扌 扌 捍 排 排 排
排排	排出

- 排出(배출): 안에서 밖으로 밀어 내보냄.
  예) 이 공장에서 排出된 폐수가 그대로 강으로 흘러들었다.

3급Ⅱ 輩 무리 배 車부 총 15획	丨 刂 刂 非 非 非 非 非 輩 輩
輩輩	先輩
	동 徒: 무리 도
	약 輩

- 先輩(선배): 같은 분야에서, 지위나 나이·학예(學藝) 따위가 자기보다 많거나 앞선 사람
  예) 박 先輩의 연구는 후배들에게 좋은 길잡이가 되었다.

4급Ⅱ 背 등 배 肉(月)부 총 9획	丨 刂 刂 北 北 背 背 背 背
背背	背後
	반 向: 향할 향

- 背後(배후): 등의 뒤 / 어떤 대상이나 대오의 뒤쪽 / 어떤 일의 드러나지 않은 이면
  예) 그 집단은 이번 사건의 背後로 지목되었다.

활용 한자 확인하기

觀 볼 관   害 해할 해   模 본뜰 모   友 벗 우   加 더할 가   栽 심을 재   給 줄 급
出 날 출   先 먼저 선   後 뒤 후

3급II	ノ 亻 亻 亻 伯 伯 伯
伯 맏 **백** 人(亻)부 총 7획	

- 伯父(백부): 큰아버지
  예) 伯父는 할아버지와 많이 닮으셨다.

3급	火 火' 火' 灯 煩 煩 煩 煩
煩 번거로울 **번** 火부 총 13획	반 簡: 간략할 간

- 煩雜(번잡): 번거롭게 뒤섞여 어수선함.
  예) 이 시장은 물건을 사고파는 사람들로 항상 煩雜하다.

3급II	一 仁 白 白 毎 毎 敏 敏 繁 繁
繁 번성할 **번** 糸부 총 17획	비 繫: 맬 계 약 繁

- 繁昌(번창): 번화하게 창성함.
  예) 그의 뛰어난 경영 능력으로 회사가 날로 繁昌하고 있다.

3급	一 乎 番 番 番 番 番 翻 翻 翻
翻 번역할 **번** 飛부 총 21획	

- 翻譯(번역): 어떤 언어로 된 글을 다른 언어의 글로 옮김.
  예) 그녀의 소설은 60개의 언어로 翻譯되어 팔려 나갔다.

4급II	丶 冂 罒 罒 罒 罰 罰 罰 罰
罰 벌할 **벌** 网(罒)부 총 14획	반 賞: 상줄 상 동 刑: 형벌 형

- 罰金(벌금): 규약을 위반했을 때에 벌로 내게 하는 돈 / 재산형의 하나로 범죄인에게 부과하는 돈
  예) 그는 교통 법규를 위반하여 6만원의 罰金을 냈다.

4급	ノ 亻 犭 犭 犯
犯 범할 **범** 犬(犭)부 총 5획	동 侵: 침노할 침

- 犯罪(범죄): 법규를 어기고 저지른 잘못
  예) 정부는 犯罪와의 전쟁을 선포하였다.

4급	⺮ 竺 竺 笁 笁 笁 笁 節 範 範
範 법 **범** 竹(⺮)부 총 15획	동 規: 법규 典: 법 전

- 示範(시범): 모범을 보임.
  예) 승무원들이 구명조끼 착용에 대한 示範을 보이고 있다.

4급II	尸 吕 吕 辟 辟 辟 辟 壁 壁
壁 벽 **벽** 土부 총 16획	

- 壁畫(벽화): 건물이나 동굴, 무덤 따위의 벽에 그린 그림
  예) 미술반 학생들은 학교 담에 壁畫를 그려 넣기로 하였다.

3급II	一 二 千 王 王' 玜 玜 珀 珀 碧
碧 푸를 **벽** 石부 총 14획	동 青: 푸를 청 綠: 푸를 록

- 碧眼(벽안): 눈동자가 파란 눈 / 서양 사람을 이르는 말
  예) 그 碧眼의 수녀는 한국에서 40년 동안 봉사를 해왔다.

4급	一 ㇏ 亠 立 立 产 产 辛 辡 辯
辯 말씀 **변** 辛부 총 21획	비 辨: 분별할 변 동 言: 말씀 언

- 言辯(언변): 말을 잘하는 재주나 솜씨
  예) 그는 사람들의 마음을 휘어잡을 만큼 言辯이 뛰어났다.

| 父 아비 부 | 雜 섞일 잡 | 昌 창성할 창 | 譯 번역할 역 | 金 쇠 금, 성 김 | 罪 허물 죄 |
| 示 보일 시 | 畫 그림 화, 그을 획 | 眼 눈 안 | 言 말씀 언 | | |

고등학교 교육용 기초 한자 900자 **167**

3급	` 一 ㄋ 立 立 亨 亨 亨 剆 辨
辨 분별할 변 辛부 총 16획	辨 辨 辨別 비 辯: 말씀 변

・辨別(변별): 사물의 옳고 그름이나 좋고 나쁨을 가림.
  예) 필기시험으로만 지원자들을 辨別하는 것은 불가능하였다.

4급II	白 вытя 鳥 皇 臮 臱 臱 邊 邊 邊
邊 가 변 辶(辵)부 총 19획	邊 邊 海邊 동 際: 즈음/가 제 약 辺, 边

・海邊(해변): 바닷물과 땅이 서로 닿은 곳이나 그 근처
  예) 이 海邊은 모래 대신 새알처럼 둥근 돌이 펼쳐져 있다.

3급	` 一 ㄋ 立 立 立 立 竝 竝
竝 나란히 병 立부 총 10획	竝 竝 竝行 약 並

・竝行(병행): 둘 이상의 사물이 나란히 감. / 둘 이상의 일을 한꺼번에 행함.
  예) 그는 학교 수업과 회사 업무를 竝行하고 있다.

3급	一 尸 尸 尸 尸 屄 屛 屛 屛
屛 병풍 병 尸부 총 11획	屛 屛 屛風 약 屏

・屛風(병풍): 바람을 막거나 무엇을 가리거나 또는 장식용으로 방 안에 치는 물건
  예) 할머니는 오색실로 아름답게 수놓은 屛風을 쳐 놓으셨다.

4급	` 一 ㄋ 立 立 竝 普 普 普
普 넓을 보 日부 총 12획	普 普 普通

・普通(보통): 특별하지 아니하고 흔히 볼 수 있어 평범함. 또는 뛰어나지도 열등하지도 아니한 중간 정도
  예) 그곳은 普通 때 같았으면 1시간에 갈 수 있는 거리였다.

3급II	言 訁 訁 訣 訣 諩 諩 諩 譜 譜
譜 족보 보 言부 총 19획	譜 譜 族譜

・族譜(족보): 한 가문의 계통과 혈통 관계를 적어 기록한 책
  예) 우리 집안의 族譜는 전쟁 통에 불타 버렸다고 한다.

3급II	` 一 ㄋ 衤 衤 衤 衤 袹 補 補
補 기울 보 衣(衤)부 총 12획	補 補 補充

・補充(보충): 부족한 것을 보태어 채움.
  예) 동생은 방학 동안에도 補充 수업을 받기 위해 등교한다.

4급II	` 宀 宀 宀 宀 宀 宀 宀 宀 宀 寶
寶 보배 보 宀부 총 20획	寶 寶 寶物 동 珍: 보배 진 약 宝

・寶物(보물): 썩 드물고 귀한 가치가 있는 보배로운 물건
  예) 그들은 수 천 년 전에 묻힌 寶物을 찾고 있다.

3급II	月 月 月 肥 肸 肸 脜 腹 腹
腹 배 복 肉(月)부 총 13획	腹 腹 異腹 비 復: 회복할 복, 다시 부 반 背: 등 배

・異腹(이복): 아버지는 같고 어머니가 다름.
  예) 왕권을 놓고 異腹 형제끼리의 다툼이 끊이지 않았다.

4급	` 一 ㄋ 衤 衤 衤 衤 袹 袹 複
複 겹칠 복 衣(衤)부 총 14획	複 複 重複 반 單: 홑 단 동 重: 무거울 중

・重複(중복): 거듭하거나 겹침.
  예) 직원의 실수로 승차권의 예약이 重複되었다.

활용 한자 확인하기

別 다를/나눌 별 海 바다 해 行 다닐 행, 항렬 항 風 바람 풍 通 통할 통 族 겨레 족
充 채울 충 物 물건 물 異 다를 이 重 무거울 중

3급	ㅏ ㅏ
卜 점복 卜부 총 2획	卜 卜 卜債

- 卜債(복채): 점을 쳐 준 값으로 점쟁이에게 주는 돈
  예) 그는 좋은 점괘가 나와서인지 卜債가 아깝지 않았다.

3급Ⅱ	一 冖 西 西 覀 覀 覆 覆 覆
覆 덮을 부, 다시 복 襾부 총 18획	覆 覆 覆面

- 覆面(복면): 얼굴을 알아보지 못하도록 얼굴 전부 또는 일부를 헝겊 따위로 써서 가림.
  예) 그는 覆面을 벗고 자신의 얼굴을 사람들에게 드러냈다.

3급Ⅱ	' 山 山 屮 屮 岁 岁 峯 峯 峯
峯 봉우리 봉 山부 총 10획	峯 峯 高峯

- 高峯(고봉): 높은 산봉우리
  예) 우리 눈앞에는 8천 미터 高峯이 병풍처럼 우뚝 서 있었다.

3급	中 虫 虫 虹 虾 蛇 蜂 蜂 蜂
蜂 벌 봉 虫부 총 13획	蜂 蜂 養蜂

- 養蜂(양봉): 꿀을 얻기 위하여 벌을 기름.
  예) 이상 기후로 꿀 채취량이 줄어 養蜂 농가들이 어려움을 겪고 있다.

3급Ⅱ	一 十 土 圭 圭 圭 圭 封 封
封 봉할 봉 寸부 총 9획	封 封 同封

- 同封(동봉): 두 가지 이상을 같은 곳에 넣거나 싸서 봉함.
  예) 준하는 편지에 자신의 사진을 同封하여 보냈다.

3급Ⅱ	几 几 几 凡 凡 鳳 鳳 鳳 鳳
鳳 봉새 봉 鳥부 총 14획	鳳 鳳 鳳仙花

- 鳳仙花(봉선화): 봉선화과의 한해살이풀
  예) 그녀는 鳳仙花를 따서 손톱을 붉게 물들였다.

3급Ⅱ	ノ イ 仁 付 付
付 부칠 부 人(亻)부 총 5획	付 付 送付
	동 寄: 부칠 기

- 送付(송부): 편지나 물품 따위를 부치어 보냄.
  예) 아버지는 관련 서류에 도장을 찍어 은행으로 送付하였다.

3급Ⅱ	ノ ト 丛 丛 竹 竹 符 符 符
符 부호 부 竹(⺮)부 총 11획	符 符 符號

- 符號(부호): 일정한 뜻을 나타내기 위하여 따로 정하여 쓰는 기호
  예) 그는 덧셈 符號를 곱셈 符號로 잘못 적어 넣었다.

3급Ⅱ	' 阝 阝 阝 阝 阫 附 附
附 붙을 부 阜(阝)부 총 8획	附 附 附着
	동 着: 붙을 착 屬: 붙일 속

- 附着(부착): 떨어지지 아니하게 붙음. 또는 그렇게 붙이거나 닮.
  예) 우리 학교의 교복에는 이름표가 附着되어 있다.

4급Ⅱ	丶 亠 广 广 广 府 府 府
府 마을 부 广부 총 8획	府 府 政府

- 政府(정부): 입법, 사법, 행정의 삼권을 포함하는 통치 기구를 통틀어 이르는 말
  예) 그의 가족은 政府 보조금을 받아 생활하고 있다.

활용 한자 확인하기

| 債 빚 채 | 面 낯 면 | 高 높을 고 | 養 기를 양 | 同 한가지 동 | 仙 신선 선 | 花 꽃 화 |
| 送 보낼 송 | 號 이름 호 | 着 붙을 착 | 政 정사 정 | | | |

3급II	广 广 广 广 府 府 府 腐 腐
腐 썩을 부 肉부 총 14획	腐 腐　　腐敗

- 腐敗(부패): 정치, 사상, 의식 따위가 타락함. / 단백질이나 지방 따위의 유기물이 미생물의 작용에 의하여 분해되는 과정
  - 예) 여름철에는 음식물이 腐敗하기 쉽다.

4급II	一 ᄀ 戸 ᄀ 戸 戸 戸 畐 畐 副
副 버금 부 刀(刂)부 총 11획	副 副　　副業 동 次: 버금 차

- 副業(부업): 본업 외에 여가를 이용하여 갖는 직업
  - 예) 그는 副業으로 새벽에 우유 배달을 하고 있다.

3급	一 十 土 キ キ 走 走 赴 赴
赴 다다를/갈 부 走부 총 9획	赴 赴　　赴任 비 起: 일어날 기

- 赴任(부임): 임명이나 발령을 받아 근무할 곳으로 감.
  - 예) 그가 처음으로 赴任한 곳은 강릉 지점이었다.

3급II	乚 幺 幺 糸 糸 糸 糸 紛 紛
紛 어지러울 분 糸부 총 10획	紛 紛　　紛爭 비 粉: 가루 분

- 紛爭(분쟁): 말썽을 일으키어 시끄럽고 복잡하게 다툼.
  - 예) 영토 紛爭으로 두 나라의 관계가 악화되었다.

3급II	一 ナ 大 太 本 夲 奔 奔
奔 달릴 분 大부 총 8획	奔 奔　　奔走 동 走: 달릴 주

- 奔走(분주): 몹시 바쁘게 뛰어다님. / 이리저리 바쁘고 수선스러움.
  - 예) 점심시간이 되자 식당은 손님 맞기에 奔走하였다.

4급	丶 ⺈ ⺈ 角 角 負 負 負
負 질 부 貝부 총 9획	負 負　　勝負 반 勝: 이길 승 동 荷: 멜 하

- 勝負(승부): 이김과 짐.
  - 예) 그 경기는 연장전까지 가는 박빙의 勝負였다.

3급II	⺮ ⺮ 氵 氵 筥 箁 箁 箁 簿 簿
簿 문서 부 竹(⺮)부 총 19획	簿 簿　　帳簿 비 薄: 엷을 박

- 帳簿(장부): 물건의 출납이나 돈의 수지(收支) 계산을 적어 두는 책
  - 예) 그녀는 거래 내용을 帳簿에 꼼꼼히 기입하였다.

3급II	貝 貝 貝一 貝一 貝二 貝二 賦 賦
賦 부세 부 貝부 총 15획	賦 賦　　賦課 동 與: 줄 여

- 賦課(부과): 세금이나 부담금 따위를 매기어 부담하게 함.
  - 예) 자동차의 배기량이 클수록 세금이 더 많이 賦課된다.

4급	丶 ⺌ 丷 ㅗ 半 米 米 粉 粉
粉 가루 분 米부 총 10획	粉 粉　　粉末

- 粉末(분말): 딱딱한 물건을 보드라울 정도로 잘게 부수거나 갈아서 만든 것
  - 예) 그 회사는 물에 잘 녹는 粉末 세제를 개발하였다.

3급	土 ㆔ ㆔ ㆔ ㆔ 垆 垆 墳 墳 墳
墳 무덤 분 土부 총 15획	墳 墳　　古墳 비 憤: 분할 분 동 墓: 무덤 묘

- 古墳(고분): 고대에 만들어진 무덤
  - 예) 고구려의 古墳 벽화를 통해 당시의 생활상을 엿볼 수 있다.

활용 한자 확인하기

| 敗 패할 패 | 勝 이길 승 | 業 업 업 | 帳 장막 장 | 任 맡길 임 | 課 공부할/과정 과 |
| 爭 다툴 쟁 | 末 끝 말 | 走 달릴 주 | 古 예 고 | | |

憤 (4급)
- 분할 **분**
- 心(忄)부
- 총 15획
- 동 怒: 성낼 노
- 慨: 슬퍼할 개

• 憤怒(분노): 분개하여 몹시 성을 냄. 또는 그렇게 내는 성
  예 그 사건이 세상에 알려지자 온 국민이 憤怒하였다.

奮 (3급II)
- 떨칠 **분**
- 大부
- 총 16획

• 奮發(분발): 마음과 힘을 다하여 떨쳐 일어남.
  예 감독은 결승전을 앞두고 선수들의 奮發을 촉구하였다.

拂 (3급II)
- 떨칠 **불**
- 手(扌)부
- 총 8획
- 비 佛: 부처 불
- 반 受: 받을 수
- 약 払

• 先拂(선불): 일이 끝나기 전이나 물건을 받기 전에 미리 돈을 치름.
  예 우리는 한 달 치 집세를 先拂로 지불하였다.

崩 (3급)
- 무너질 **붕**
- 山부
- 총 11획
- 비 朋: 벗 붕

• 崩壞(붕괴): 무너지고 깨어짐.
  예 구조대 대원들은 崩壞된 건물 잔해에서 생존자를 찾고 있다.

批 (4급)
- 비평할 **비**
- 手(扌)부
- 총 7획
- 동 評: 평할 평

• 批判(비판): 사물의 옳고 그름을 가리어 판단하거나 밝힘.
  예 언론은 정부의 정책을 날카롭게 批判하였다.

卑 (3급II)
- 낮을 **비**
- 十부
- 총 8획
- 반 高: 높을 고

• 卑下(비하): 자기 자신을 낮춤. / 업신여겨 낮춤.
  예 그 영화는 유색 인종을 卑下하고 있다는 비난을 받았다.

婢 (3급II)
- 계집종 **비**
- 女부
- 총 11획

• 奴婢(노비): 사내종과 계집종을 아울러 이르는 말
  예 그는 주인의 목숨을 구해 준 보답으로 奴婢 신분에서 벗어났다.

碑 (4급)
- 비석 **비**
- 石부
- 총 13획

• 墓碑(묘비): 무덤 앞에 세우는 비석
  예 선생은 유언으로 무덤 앞에 墓碑를 세우지 말라고 하였다.

妃 (3급II)
- 왕비 **비**
- 女부
- 총 6획

• 王妃(왕비): 임금의 아내
  예 성품이 어진 최 참판의 딸이 王妃로 책봉되었다.

肥 (3급II)
- 살찔 **비**
- 肉(月)부
- 총 8획

• 肥滿(비만): 살이 쪄서 몸이 뚱뚱함.
  예 肥滿은 각종 성인병의 원인이 된다.

활용 한자 확인하기

怒 성낼 노   發 필 발   先 먼저 선   壞 무너질 괴   判 판단할 판   下 아래 하   奴 종 노
墓 무덤 묘   王 임금 왕   滿 찰 만

秘 (4급)
숨길 비
示부
총 10획

필순: 一 二 千 禾 禾 禾 利 利 秘 秘

동 隱: 숨을 은

- 秘密(비밀): 숨기어 남에게 드러내거나 알리지 말아야 할 일
  예) 그녀는 가장 친한 친구에게 秘密을 털어 놓았다.

費 (5급)
쓸 비
貝부
총 12획

필순: 一 二 弓 弗 弗 带 带 费 费 费

동 用: 쓸 용

- 消費(소비): 돈이나 물자, 시간, 노력 따위를 들이거나 써서 없앰.
  예) 그들은 음식을 준비하는 데 너무 많은 시간을 消費하였다.

賓 (3급)
손 빈
貝부
총 14획

비 寶: 보배 보
반 主: 주인 주
동 客: 손 객

- 來賓(내빈): 모임에 공식적으로 초대를 받고 온 사람
  예) 이번 만찬회는 각계각층의 來賓을 모시고 거행되었다.

頻 (3급)
자주 빈
頁부
총 16획

- 頻繁(빈번): 번거로울 정도로 도수(度數)가 잦음.
  예) 이곳은 지구상에서 지진이 가장 頻繁한 곳 중 하나이다.

聘 (3급)
부를 빙
耳부
총 13획

동 招: 부를 초

- 招聘(초빙): 예를 갖추어 불러 맞아들임.
  예) 우리는 실무 경험이 풍부한 전문가를 강사로 招聘하였다.

司 (3급II)
맡을 사
口부
총 5획

- 上司(상사): 자기보다 벼슬이나 지위가 위인 사람
  예) 최 대리는 上司에게 보고서를 제출하였다.

詞 (3급II)
말/글 사
言부
총 12획

- 歌詞(가사): 가곡, 가요, 오페라 따위로 불릴 것을 전제로 하여 쓰인 글
  예) 현주는 그 노래의 歌詞를 음미하며 감상하였다.

蛇 (3급II)
긴뱀 사
虫부
총 11획

- 毒蛇(독사): 이빨에 독이 있어 독액을 분비하는 뱀
  예) 그는 毒蛇에 물린 등산객을 신속하게 병원으로 이송하였다.

捨 (3급)
버릴 사
手(扌)부
총 11획

비 拾: 주을 습, 열 십
반 用: 쓸 용
　 取: 가질 취

- 取捨(취사): 쓸 것은 쓰고 버릴 것은 버림.
  예) 정보를 무조건 받아들일 것이 아니라 取捨 선택해야 한다.

邪 (3급II)
간사할 사
邑(阝)부
총 7획

반 正: 바를 정

- 邪惡(사악): 간사하고 악함.
  예) 그녀는 연극에서 邪惡한 마녀 역할을 훌륭히 해냈다.

활용 한자 확인하기

密 빽빽할 밀　　消 사라질 소　　來 올 래　　繁 번성할 번　　招 부를 초　　上 윗 상
歌 노래 가　　毒 독 독　　取 가질 취　　惡 악할 악, 미워할 오

賜
- 3급
- 줄 사
- 貝부
- 총 15획
- 필순: 冂 日 貝 貝 則 則 則 則 賜 賜
- 동: 給 줄 급
- **下賜**(하사): 임금이 신하에게, 또는 윗사람이 아랫사람에게 물건을 줌.
  - 예) 왕은 공이 큰 대신에게 말 한 필을 下賜하였다.

詐
- 3급
- 속일 사
- 言부
- 총 12획
- 필순: 丶 二 亠 言 言 訂 詐 詐 詐
- 비: 許 허락할 허
- **詐稱**(사칭): 이름, 직업, 나이, 주소 따위를 거짓으로 속여 이름.
  - 예) 그는 고위 공무원을 詐稱한 죄로 구속되었다.

沙
- 3급Ⅱ
- 모래 사
- 水(氵)부
- 총 7획
- 필순: 丶 ⺀ 氵 沙 沙 沙
- **黃沙**(황사): 누런 모래
  - 예) 올해는 몽골 지역의 가뭄으로 黃沙의 위험이 더욱 높아졌다.

查
- 5급
- 조사할 사
- 木부
- 총 9획
- 필순: 一 十 才 木 朩 杳 杳 杳 查
- 동: 檢 검사할 검 / 察 살필 찰 / 閱 볼 열
- **調查**(조사): 사물의 내용을 명확히 알기 위하여 자세히 살펴보거나 찾아봄.
  - 예) 경찰 調查 결과 그것은 단순한 소문으로 밝혀졌다.

辭
- 4급
- 말씀 사
- 辛부
- 총 19획
- 동: 說 말씀 설 / 語 말씀 어
- 약: 辞
- **辭典**(사전): 낱말을 모아서 일정한 순서로 배열하여 싣고 그 각각의 발음, 의미, 어원, 용법 따위를 해설한 책
  - 예) 영우는 어학 공부를 위해 辭典을 꼭 들고 다닌다.

斜
- 3급Ⅱ
- 비낄 사
- 斗부
- 총 11획
- 필순: 丶 ⺀ 亼 今 余 余 余 余 斜 斜
- 동: 傾 기울 경
- **斜線**(사선): 비스듬하게 비껴 그은 줄
  - 예) 그는 하얀 셔츠에 斜線 줄무늬 넥타이를 매었다.

社
- 6급Ⅱ
- 모일 사
- 示부
- 총 8획
- 필순: 一 二 丁 示 示 社 社 社
- 동: 會 모일 회
- **社會**(사회): 같은 무리끼리 모여 이루는 집단 / 공동생활을 영위하는 모든 형태의 인간 집단
  - 예) 우리는 社會의 일원으로서 역할과 책임을 다하고 있다.

似
- 3급
- 닮을/같을 사
- 人(亻)부
- 총 7획
- 필순: 丿 亻 亻 以 似 似 似
- **類似**(유사): 서로 비슷함.
  - 예) 두 물건은 類似해 보이지만 분명한 차이점을 갖고 있다.

寫
- 5급
- 베낄 사
- 宀부
- 총 15획
- 필순: 宀 宀 宀 宀 宀 宀 宿 宿 寫 寫
- 약: 写, 冩, 寫
- **寫眞**(사진): 물체의 형상을 감광막 위에 나타나도록 찍어 오랫동안 보존할 수 있게 만든 영상
  - 예) 그녀는 지갑에 늘 가족 寫眞을 가지고 다닌다.

斯
- 3급
- 이 사
- 斤부
- 총 12획
- 필순: 一 十 廿 甘 甘 其 其 其 斯 斯 斯
- **如斯如斯**(여사여사): 이러이러함.
  - 예) 그에게 저 사람이 누구냐고 물었더니 如斯如斯한 인물이라고 답하였다.

활용 한자 확인하기

- 下 아래 하
- 線 줄 선
- 稱 일컬을 칭
- 會 모일 회
- 黃 누를 황
- 類 무리 류
- 調 고를 조
- 眞 참 진
- 典 법 전
- 如 같을 여

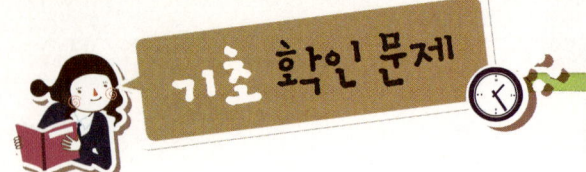

[問 01-15] 다음 漢字(한자)의 訓(훈: 뜻)과 音(음: 소리)을 쓰시오.

字 ➡ 글자 자

01 邪 (   )   02 犯 (   )   03 辨 (   )
04 腐 (   )   05 崩 (   )   06 譜 (   )
07 叛 (   )   08 肥 (   )   09 斯 (   )
10 配 (   )   11 泊 (   )   12 蜂 (   )
13 繁 (   )   14 憫 (   )   15 墳 (   )

[問 16-27] 다음 訓(훈: 뜻)과 音(음: 소리)에 알맞은 漢字(한자)를 쓰시오.

글자 자 ➡ 字

16 뽑을 발 (   )   17 눈썹 미 (   )   18 자주 빈 (   )
19 나라 방 (   )   20 넓을 박 (   )   21 벽 벽 (   )
22 등 배 (   )   23 배 복 (   )   24 비석 비 (   )
25 벌할 벌 (   )   26 부를 빙 (   )   27 점 복 (   )

[問 28-39] 다음 漢字語(한자어)의 讀音(독음)을 쓰시오.

漢字 ➡ 한자

28 微細 (   )   29 排出 (   )   30 祕密 (   )
31 竝行 (   )   32 副業 (   )   33 斜線 (   )
34 返還 (   )   35 奔走 (   )   36 類似 (   )
37 芳年 (   )   38 奴婢 (   )   39 附着 (   )

[問 40-44] 다음 밑줄 친 漢字語(한자어)를 漢字(한자)로 쓰시오.

한국 ➡ 韓國

40 그녀가 사진과 함께 편지를 보내왔다.   (   )
41 양반은 물에 빠져도 개헤엄은 안 한다.   (   )
42 숙면에 방해가 되니까 음악 좀 꺼 줄래?   (   )
43 두 팀의 경기는 좀처럼 승부가 나지 않았다.   (   )
44 그는 보통 때와 다른 옷차림으로 출근하였다. (   )

이야기로 익히는 주요 한자어

별난 독서광 김수온

　조선 세조 때 김수온(金守溫)이라는 선비가 있었다. 그의 **生涯**를 이야기할 때 책을 빼놓고는 말할 수 없을 만큼 그는 책을 좋아했고 그만큼 많은 책을 **涉獵**하였다. 그는 방문을 닫고 글을 읽으면 밖에서 어떤 **騷音**이 들려도 내다보지 않고 **休息**도 없이 책을 읽었는데 하루는 독서에 너무 집중한 나머지 소변을 보러 나오다가 떨어지는 나뭇잎을 보고 비로소 가을이 온 것을 알았다고 한다.

　그런데 김수온에게는 책을 읽는 데 이상한 버릇이 있었다. 그는 남에게 책을 빌려 오면 **能熟**한 솜씨로 한 장씩 뜯어서 소매 속에 넣고 다니면서 **暗誦**하였다. 그러다 막히는 부분이 있으면 **徐行**하며 다시 꺼내 보고 외우는 일을 **完遂**했다 싶으면 **瞬息間**에 아무데나 버리곤 하였다.

　하루는 당시 영의정이었던 신숙주(申叔舟)에게 귀한 책이 있다는 말을 듣고는 그를 찾아가 책을 빌려 달라고 하였다. 신숙주는 자기도 아끼는 책이라 **雙手**를 들고 거절을 했지만 김수온이 떼를 쓰는 바람에 어쩔 수 없이 열흘 안에 돌려받기로 **約束**을 하고 책을 빌려 주었다.

　그런데 열흘이 지나고 한 달이 지나고 몇 달이 되어도 김수온은 책을 돌려주지 않았다. 기다리다 못한 신숙주는 책을 찾으러 김수온의 집으로 갔고 방을 들어간 순간 깜짝 놀라고 말았다. **未嘗不** 김수온이 신숙주의 책을 뜯어 벽과 천장에 도배를 해 놓은 **不祥事**가 일어난 것이다.

　신숙주가 어찌 된 일인지 **昭詳**히 말해 달라고 하자 김수온은 "책을 백 번 정도 **詳細**히 읽으려면 앉아서 읽는 것보다 **中央**에 누워서 읽는 것이 편할 것 같아서 그랬소이다."라고 **容恕**를 구하기는커녕 당연하다는 듯이 태연하게 대답했다. **實狀**을 알게 된 신숙주는 화가 났지만 자신이 **損害**본 것에 대해 **報償**을 바라는 대신 김수온에게 "내가 그 책에 대해 궁금한 것이 있으면 대답이나 잘 해 주게."라고 하였다. 그리하여 김수온은 신숙주의 옆에서 신숙주가 모르는 것이 있을 때마다 대답해 주었다고 한다.

생애	
섭렵	
소음, 휴식	
능숙, 암송	
서행, 완수, 순식간	
쌍수	
약속	
미상불	
불상사	
소상	
상세, 중앙	
용서, 실상	
손해, 보상	

*김수온(金守溫, 1410~1481)
조선 초기의 문신. 본관은 영동(永同). 자는 문량(文良), 호는 괴애(乖崖).

3급II 祀 제사 **사** 示부 총 8획	祀祀　　祭祀
동 祭 : 제사 제

- 祭祀(제사): 신령이나 죽은 사람의 넋에게 음식을 바치어 정성을 나타냄. 또는 그런 의식
  예 할아버지 祭祀라 큰집에 친척들이 모두 모였다.

3급II 削 깎을 **삭** 刀(刂)부 총 9획	削削　　削除
반 增 : 더할 증
동 減 : 덜 감

- 削除(삭제): 깎아 없애거나 지워 버림.
  예 문서의 잘못된 부분은 모두 削除하였다.

3급 朔 초하루 **삭** 月부 총 10획	朔朔　　滿朔

- 滿朔(만삭): 아이 낳을 달이 다 참. 또는 달이 차서 배가 몹시 부름.
  예 그는 滿朔의 아내와 함께 출산 준비물을 사러 다녔다.

3급 嘗 맛볼 **상** 口부 총 14획	嘗嘗　　未嘗不

- 未嘗不(미상불): 아닌 게 아니라 과연
  예 예상은 했지만 막상 일이 닥치고 보니 未嘗不 난감하기만 하였다.

3급II 裳 치마 **상** 衣부 총 14획	裳裳　　衣裳

- 衣裳(의상): 겉에 입는 옷
  예 그녀는 전통 衣裳을 입고 모임에 참석하였다.

3급II 詳 자세할 **상** 言부 총 13획	詳詳　　詳細
반 略 : 간략할/약할 략

- 詳細(상세): 낱낱이 자세함.
  예 민서는 여행지에 대한 詳細한 정보를 얻기 위해 책을 샀다.

3급 祥 상서 **상** 示부 총 11획	祥祥　　不祥事

- 不祥事(불상사): 상서롭지 못한 일
  예 그는 다시는 그런 不祥事가 일어나지 않도록 하겠다는 약속을 하였다.

4급II 床 상 **상** 广부 총 7획	床床　　病床

- 病床(병상): 병든 사람이 눕는 침상
  예 두 딸은 한 달 내내 어머니의 病床을 지키며 간호하였다.

4급 象 코끼리 **상** 豕부 총 12획	象象　　象牙

- 象牙(상아): 코끼리의 엄니
  예 그는 象牙로 만든 도장을 선물로 받았다.

3급II 像 모양 **상** 人(亻)부 총 14획	像像　　想像
동 形 : 모양 형

- 想像(상상): 실제로 경험하지 않은 현상이나 사물에 대하여 마음속으로 그려 봄.
  예 불과 몇 십 년 전만 해도 우주여행은 想像도 못했다.

활용 한자 확인하기

祭 제사 제　除 덜 제　滿 찰 만　未 아닐 미　不 아닐 불/부　衣 옷 의　細 가늘 세
事 일 사　病 병 병　牙 어금니 아　想 생각 상

176 이야기로 배우는 한자 1800

桑 뽕나무 상 (3급Ⅱ, 木부, 총 10획)
필순: フ ヌ ヌ ヌ 叒 叒 桑 桑 桑 桑
- 약: 桒
- 桑葉(상엽): 뽕잎
  - 예) 桑葉은 누에의 사료로 쓰일뿐만 아니라 한약재로도 사용된다.

狀 형상 상, 문서 장 (4급Ⅱ, 犬부, 총 8획)
필순: ㅣ ㅑ 뉘 뷔 爿 狀 狀 狀
- 동: 態 모습 태
- 약: 状
- 實狀(실상): 실제의 상태나 내용
  - 예) 그녀는 무척 자신 있어 보였지만 實狀은 그렇지 않았다.

償 갚을 상 (3급Ⅱ, 人(亻)부, 총 17획)
필순: 亻 亻 伫 伫 价 偋 儥 償 償
- 비: 賞 상줄 상
- 동: 報 갚을/알릴 보
- 報償(보상): 남에게 진 빚 또는 받은 물건을 갚음. / 어떤 것에 대한 대가로 갚음.
  - 예) 그의 성공은 젊은 날 겪은 고생에 대한 報償이었다.

雙 두/쌍 쌍 (3급Ⅱ, 隹부, 총 18획)
필순: 亻 亻 伫 伫 隹 隹 雔 雙 雙
- 약: 双
- 雙手(쌍수): 오른쪽과 왼쪽의 두 손
  - 예) 우리의 제안에 그들은 雙手을 들고 환영하였다.

塞 막힐 색, 변방 새 (3급Ⅱ, 土부, 총 13획)
필순: 宀 宀 宀 宀 宆 宲 寒 寒 塞 塞
- 동: 窮 다할/궁할 궁
- 要塞(요새): 군사적으로 중요한 곳에 튼튼하게 만들어 놓은 방어 시설. 또는 그런 시설을 한 곳
  - 예) 그들은 테러에 대비해 이곳을 要塞처럼 만들어 놓았다.

索 찾을 색, 노 삭 (3급Ⅱ, 糸부, 총 10획)
필순: 一 十 十 十 索 索 索 索 索 索
- 동: 求 구할 구, 探 찾을 탐
- 檢索(검색): 책이나 컴퓨터에서 목적에 따라 필요한 자료들을 찾아내는 일
  - 예) 민수는 인터넷을 통해 필요한 자료를 檢索하였다.

敍 펼 서 (3급, 攴부, 총 11획)
필순: ㅅ ㅅ ㅆ 乑 余 余 余 糸 敍 敍
- 약: 叙
- 敍述(서술): 사건이나 생각 따위를 차례로 말하거나 적음.
  - 예) 그 보고서에는 이번 사건에 대한 자세한 상황이 敍述되어 있다.

徐 천천할 서 (3급Ⅱ, 彳부, 총 10획)
필순: 丿 彳 彳 彳 彳 彳 徐 徐 徐 徐
- 비: 除 덜 제
- 徐行(서행): 사람이나 차가 천천히 감.
  - 예) 짙은 안개로 도로의 차들이 徐行하고 있다.

庶 여러 서 (3급, 广부, 총 11획)
필순: 丶 广 广 庐 庐 庐 庐 庐 庶 庶
- 庶民(서민): 경제적으로 중류 이하의 넉넉지 못한 생활을 하는 사람
  - 예) 庶民들을 위한 임대 아파트가 많이 지어지고 있다.

恕 용서할 서 (3급Ⅱ, 心부, 총 10획)
필순: 乚 女 女 如 如 如 如 恕 恕 恕
- 비: 怒 성낼 노
- 容恕(용서): 지은 죄나 잘못한 일에 대하여 꾸짖거나 벌하지 아니하고 덮어 줌.
  - 예) 그는 무릎 꿇고 容恕를 빌었다.

활용 한자 확인하기

| 葉 잎 엽 | 實 열매 실 | 報 갚을/알릴 보 | 手 손 수 | 要 요긴할 요 | 檢 검사할 검 |
| 述 펼 술 | 行 다닐 행, 항렬 항 | 民 백성 민 | 容 얼굴 용 | | |

고등학교 교육용 기초 한자 900자

| 3급II 署 마을 서 网(罒)부 총 14획 | 필순: 罒罒罒甲罢罢罢罢罢署署 / 署 署 署長 / 비 暑: 더울 서 | 3급II 緒 실마리 서 糸부 총 15획 | 필순: 幺幺糸糸糺紵紗紗緒緒 / 緒 緒 端緒 / 약 緒 |

• 署長(서장): 경찰서나 세무서와 같이 '서' 자로 끝나는 관서의 우두머리
  예 署長은 경찰들에게 야간 순찰을 강화하라고 지시하였다.

• 端緒(단서): 어떤 문제를 해결하는 방향으로 이끌어 가는 일의 첫 부분
  예 사건 현장에서 발견된 발자국이 유일한 端緒였다.

| 3급 誓 맹세할 서 言부 총 14획 | 필순: 扌扩扩扩折折折哲哲誓誓 / 誓 誓 宣誓 | 3급 逝 갈 서 辵(辶)부 총 11획 | 필순: 一十才扩扩折折折逝逝逝 / 逝 逝 逝去 / 동 去: 갈 거 |

• 宣誓(선서): 여럿 앞에서 성실할 것을 맹세함.
  예 서연이는 출전한 선수들을 대표하여 宣誓를 하였다.

• 逝去(서거): '죽어서 세상을 떠남.'의 높임말
  예 그녀의 逝去는 한국 미술계의 커다란 손실을 의미한다.

| 3급 析 쪼갤 석 木부 총 8획 | 필순: 一十才木木机析析 / 析 析 分析 / 비 祈: 빌 기 / 동 分: 나눌 분 | 3급II 釋 풀 석 釆부 총 20획 | 필순: 釆釆釋釋釋釋釋釋釋釋 / 釋 釋 釋放 / 동 放: 놓을 방 解: 풀 해 / 약 釈 |

• 分析(분석): 얽혀 있거나 복잡한 것을 풀어서 개별적인 요소나 성질로 나눔.
  예 연구원들은 자료를 分析하여 곧 결과를 발표할 예정이다.

• 釋放(석방): 법에 의하여 구속하였던 사람을 풀어 자유롭게 하는 일
  예 그는 5년의 형기를 마치고 釋放되었다.

| 4급 宣 베풀 선 宀부 총 9획 | 필순: 丶丷宀宀宀宀官官宣宣 / 宣 宣 宣告 / 비 宜: 마땅 의 | 3급II 旋 돌 선 方부 총 11획 | 필순: 一丄方方方㫃㫃旂旋旋 / 旋 旋 旋回 / 동 回: 돌아올 회 |

• 宣告(선고): 선언하여 널리 알림.
  예 그는 의사에게 암을 宣告받았지만 결코 좌절하지 않았다.

• 旋回(선회): 둘레를 빙글빙글 돎. / 항공기가 곡선을 그리듯 진로를 바꿈.
  예 그 비행기는 착륙 허가를 기다리며 하늘을 旋回하였다.

| 3급II 禪 선 선 示부 총 17획 | 필순: 千禾禾禾禾禪禪禪禪禪 / 禪 禪 參禪 / 비 彈: 탄알 탄 / 약 禅 | 3급 涉 건널 섭 水(氵)부 총 10획 | 필순: 丶氵氵汁汁沙涉涉涉 / 涉 涉 涉獵 |

• 參禪(참선): 선사(禪師)에게 나아가 선도를 배워 닦거나, 스스로 선법을 닦아 구함.
  예 그들은 마음의 평화를 얻기 위해 參禪을 한다.

• 涉獵(섭렵): 물을 건너 찾아다닌다는 뜻으로, 많은 책을 널리 읽거나 여기저기 찾아다니며 경험함을 이르는 말
  예 승호는 여러 방면의 서적을 두루 涉獵하였다.

활용 한자 확인하기

長 긴 장   端 끝 단   去 갈 거   分 나눌 분   放 놓을 방   告 고할 고   回 돌아올 회
參 참여할 참, 석 삼   獵 사냥 렵

3급	攝 다스릴/잡을 **섭** 手(扌)부 총 21획	필순: 一 十 扌 扌 扩 扩 护 押 攝 攝

- 包**攝**(포섭): 상대편을 자기편으로 감싸 끌어들임.
  - 예) 그는 공작원에게 包**攝**되어 군사 기밀을 적에게 넘겼다.
  - 동) 理: 다스릴 리
  - 약) 摂

3급	召 부를 **소** 口부 총 5획	필순: ㄱ 刀 끼 召 召

- **召**集(소집): 단체나 조직체의 구성원을 불러서 모음.
  - 예) 회장의 지시로 간부 회의가 **召**集되었다.

3급	昭 밝을 **소** 日부 총 9획	필순: 丨 冂 冃 日 旷 旷 昭 昭 昭

- **昭**詳(소상): 분명하고 자세함.
  - 예) 그녀는 보고 들은 것들을 **昭**詳하게 기록하였다.
  - 비) 招: 부를 초

3급Ⅱ	蘇 되살아날 **소** 艸(艹)부 총 20획	필순: 艹 艹 荦 荦 荦 葯 蓙 蘇 蘇

- **蘇**生(소생): 거의 죽어 가다가 다시 살아남.
  - 예) 구조 요원이 물에 빠졌던 사람을 **蘇**生시켰다.

3급	騷 떠들 **소** 馬부 총 20획	필순: 馬 馬 馴 駅 駅 駅 騷 騷 騷

- **騷**音(소음): 불규칙하게 뒤섞여 불쾌하고 시끄러운 소리
  - 예) 주민들은 공사로 인해 극심한 **騷**音 공해에 시달리고 있다.

3급Ⅱ	燒 사를 **소** 火부 총 16획	필순: 丶 火 炉 炉 炉 炉 焙 燒 燒

- 全**燒**(전소): 남김없이 다 타 버림.
  - 예) 신속하게 출동한 소방차 덕분에 全**燒**는 면하였다.
  - 동) 燃: 탈 연
  - 약) 焼

3급Ⅱ	訴 호소할 **소** 言부 총 12획	필순: 丶 二 言 言 訂 訢 訴 訴

- 勝**訴**(승소): 소송에서 이기는 일
  - 예) 그는 긴 소송 끝에 마침내 勝**訴**하였다.

4급Ⅱ	掃 쓸 **소** 手(扌)부 총 11획	필순: 一 十 扌 扌 扩 扫 扫 扫 掃 掃

- 淸**掃**(청소): 더럽거나 어지러운 것을 쓸고 닦아서 깨끗하게 함.
  - 예) 봄을 맞아 온 가족이 집안 구석구석을 淸**掃**하였다.

3급Ⅱ	疏 소통할 **소** 疋부 총 12획	필순: 一 丁 疋 疋 疋 疋 疋 疏

- **疏**通(소통): 막히지 아니하고 잘 통함.
  - 예) 귀성길 정체가 해소되어 도로가 원활히 **疏**通되고 있다.

3급	蔬 나물 **소** 艸(艹)부 총 16획	필순: 艹 艹 艹 艹 艹 茆 茆 茆 蔬 蔬

- 菜**蔬**(채소): 밭에서 기르는 농작물
  - 예) 어머니는 옥상에 만든 텃밭에서 菜**蔬**를 기르신다.

활용 한자 확인하기

包 쌀 포　集 모을 집　詳 자세할 상　生 날 생　音 소리 음　全 온전 전　勝 이길 승
淸 맑을 청　通 통할 통　菜 나물 채

고등학교 교육용 기초 한자 900자

5급Ⅱ	一 ㄷ ㅋ 市 吏 束 束
束 묶을 **속** 木부 총 7획	束 束　　　　　約束 동 結: 맺을 결 　 約: 맺을 약

- 約束(약속): 다른 사람과 앞으로의 일을 어떻게 할 것인가를 미리 정하여 둠. 또는 그렇게 정한 내용
  예) 수현이는 約束 시간보다 늘 10분 일찍 도착한다.

3급	一 兀 兀 兀 兀 兀 兀 兀 栗 栗
粟 조 **속** 米부 총 12획	粟 粟　　　　　一粟 비 栗: 밤 률

- 一粟(일속): 한 알의 좁쌀이라는 뜻으로, 몹시 적은 양을 이르는 말
  예) 그가 수집한 자료는 전체 양에 비하면 一粟에 불과하다.

4급	尸 尸 尸 尸 屈 屈 属 属 属 屬
屬 붙일 **속** 尸부 총 21획	屬 屬　　　　　附屬 동 附: 붙을 부 약 属

- 附屬(부속): 주된 사물이나 기관에 딸려서 붙음. 또는 그렇게 딸려 붙은 사물
  예) 형이 다니는 고등학교는 대학교에 附屬되어 있다.

4급	一 十 扌 打 捐 捐 捐 捐 損 損
損 덜 **손** 手(扌)부 총 13획	損 損　　　　　損害 반 得: 얻을 득 　 益: 더할 익 동 減: 덜 감

- 損害(손해): 물질적으로나 정신적으로 밑짐. / 해를 입음.
  예) 그 회사는 이번 거래로 막대한 損害를 보았다.

4급	八 公 公 公 公 公 公頁 頌 頌
頌 칭송할/ 기릴 **송** 頁부 총 13획	頌 頌　　　　　稱頌 비 領: 거느릴 령

- 稱頌(칭송): 칭찬하여 일컬음. 또는 그런 말
  예) 그녀는 시아버지를 극진히 모셔 마을에서 稱頌이 자자하였다.

3급Ⅱ	丶 亠 宀 宀 言 言 訃 訟 訟
訟 송사할 **송** 言부 총 11획	訟 訟　　　　　訴訟

- 訴訟(소송): 재판에 의하여 원고와 피고 사이의 권리나 의무 따위의 법률 관계를 확정하여 줄 것을 법원에 요구함.
  예) 그 환자들은 병원을 상대로 訴訟을 제기하였다.

3급	丶 亠 宀 宀 言 言 訂 訴 誦 誦
誦 욀 **송** 言부 총 14획	誦 誦　　　　　暗誦

- 暗誦(암송): 글을 보지 아니하고 입으로 욈.
  예) 그는 열 편의 시를 틀리지 않고 전부 다 暗誦하였다.

3급Ⅱ	그 尸 尸 吊 吊 刷 刷
刷 인쇄할 **쇄** 刀(刂)부 총 8획	刷 刷　　　　　印刷

- 印刷(인쇄): 잉크를 사용하여 판면(版面)에 그려져 있는 글이나 그림 따위를 종이, 천 따위에 박아 냄.
  예) 이 책은 재활용 종이에 印刷한 것이다.

3급Ⅱ	丿 𠂉 𠂉 乍 乍 金 金 鉛 鎖 鎖
鎖 쇠사슬 **쇄** 金부 총 18획	鎖 鎖　　　　　閉鎖

- 閉鎖(폐쇄): 문 따위를 닫아걸거나 막아 버림.
  예) 산사태 때문에 이 도로는 閉鎖되었다.

3급Ⅱ	丶 一 亠 亡 吏 吏 衰 衰 衰
衰 쇠할 **쇠** 衣부 총 10획	衰 衰　　　　　衰弱 반 盛: 성할 성 동 弱: 약할 약

- 衰弱(쇠약): 힘이 쇠하고 약함.
  예) 그녀는 잦은 병치레와 과로로 몸이 衰弱해졌다.

 **활용 한자 확인하기**

約 맺을 약　一 한 일　附 붙을 부　害 해할 해　稱 일컬을 칭　訴 호소할 소　暗 어두울 암
印 도장 인　閉 닫을 폐　弱 약할 약

3급	｜ 冂 冃 囚 囚
囚 가둘 수 口부 총 5획	囚 囚 罪囚 비 因 : 인할 인

- 罪囚(죄수): 죄를 지어 교도소에 수감된 사람
  예 몇 명의 罪囚들이 탈옥을 시도했지만 실패하였다.

3급Ⅱ	一 卡 雨 雨 雪 雪 雪 需 需
需 쓰일/쓸 수 雨부 총 14획	需 需 需要 비 儒 : 선비 유 반 給 : 줄 급

- 需要(수요): 어떤 재화나 용역을 일정한 가격으로 사려고 하는 욕구
  예 날씨가 더워짐에 따라 냉방기의 需要가 급증하고 있다.

3급Ⅱ	′ ｢ ｢′ ｢′ 𠂤 𠂤 帥 帥
帥 장수 수 巾부 총 9획	帥 帥 總帥 비 師 : 스승 사 동 將 : 장수 장 약 帅

- 總帥(총수): 전군을 지휘하는 사람 / 어떤 집단의 우두머리
  예 작은 점원의 사원이던 그가 지금은 대기업의 總帥가 되었다.

3급Ⅱ	一 ｢ ｢ 歹 歹 歹′ 殊 殊 殊
殊 다를 수 歹부 총 10획	殊 殊 特殊 비 株 : 그루 주 동 特 : 특별할 특 異 : 다를 이

- 特殊(특수): 특별히 다름.
  예 이 운동화는 박 선수를 위해 特殊하게 제작되었다.

3급Ⅱ	｢ ｢ ｢ ｢ 陟 陟 陟 隋 隋 隨
隨 따를 수 阜(阝)부 총 16획	隨 隨 隨伴 비 墮 : 떨어질 타 약 随

- 隨伴(수반): 붙좇아서 따름. / 어떤 일과 더불어 생김.
  예 어떤 것이든 투자에는 위험 요소가 隨伴된다.

3급Ⅱ	一 冂 冃 亘 車 軒 軒 輪 輸
輸 보낼 수 車부 총 16획	輸 輸 輸出 비 輪 : 바퀴 륜 동 送 : 보낼 송

- 輸出(수출): 국내의 상품이나 기술을 외국으로 팔아 내보냄.
  예 자동차의 輸出이 작년에 비해 크게 증가하였다.

3급Ⅱ	罒 罒 嘼 嘼 嘼 嘼 嘼 嘼 獸
獸 짐승 수 犬부 총 19획	獸 獸 猛獸 약 獣

- 猛獸(맹수): 주로 육식을 하는 사나운 짐승
  예 그들은 猛獸를 촬영하기 위해 정글에서 밤을 지새웠다.

3급	月 目 目ˊ 盯 盯 盯 睡 睡 睡
睡 졸음 수 目부 총 13획	睡 睡 睡眠 비 郵 : 우편 우

- 睡眠(수면): 잠을 자는 일
  예 그는 睡眠 부족으로 눈이 충혈되었다.

3급	八 ハ 宀 豕 豕 家 家 遂 遂
遂 드디어 수 辵(辶)부 총 13획	遂 遂 完遂

- 完遂(완수): 뜻한 바를 완전히 이루거나 다 해냄.
  예 그녀는 불타는 사명감으로 주어진 임무를 完遂하였다.

3급Ⅱ	一 二 三 千 千 垂 垂 垂
垂 드리울 수 土부 총 8획	垂 垂 垂直

- 垂直(수직): 똑바로 드리우는 상태
  예 그 길 옆으로 垂直에 가까운 낭떠러지가 있었다.

활용 한자 확인하기

| 罪 허물 죄 | 要 요긴할 요 | 總 다 총 | 特 특별할 특 | 伴 짝 반 | 出 날 출 | 猛 사나울 맹 |
| 眠 잘 면 | 完 완전할 완 | 直 곧을 직 | | | | |

3급	搜 찾을 수 手(扌)부 총 13획	획순: 扌 扌 扌 扌 扚 扚 抈 抻 搜

- 搜索(수색): 구석구석 뒤지어 찾음.
  예) 경찰이 범인의 집을 搜索했지만 아무것도 찾지 못했다.
  약) 捜

| 3급II | 孰 누구 숙 子부 총 11획 | 획순: 亠 亠 吉 吉 享 享 孰 孰 孰 |

- 孰是孰非(숙시숙비): 누가 옳고 누가 그름. 또는 그것을 가림.
  예) 이 일에 대한 孰是孰非는 여론에 맡기는 것이 낫다.

| 3급II | 熟 익을 숙 火(灬)부 총 15획 | 획순: 亠 吉 吉 享 享 孰 孰 熟 |

- 能熟(능숙): 능하고 익숙함.
  예) 그 미용사는 能熟하게 손님의 머리를 매만졌다.
  비) 熱: 더울 열
  동) 練: 익힐 련

| 4급 | 肅 엄숙할 숙 聿부 총 13획 | 획순: 肀 肀 肀 肀 肀 肀 肅 肅 肅 |

- 靜肅(정숙): 조용하고 엄숙함.
  예) 그는 靜肅하고 경건한 마음으로 국립묘지를 참배하였다.
  비) 嚴: 엄할 엄
  약) 粛

| 3급II | 旬 열흘 순 日부 총 6획 | 획순: 勹 勹 勹 旬 旬 旬 |

- 中旬(중순): 한 달 가운데 11일에서 20일까지의 동안
  예) 이 달 中旬까지는 맡은 일을 모두 끝내야 한다.
  비) 句: 글귀 구

| 3급 | 殉 따라죽을 순 歹부 총 10획 | 획순: 一 ナ 歹 歹 歹 殉 殉 殉 殉 |

- 殉職(순직): 직무를 다하다가 목숨을 잃음.
  예) 소방대원 두 명이 화재 진압 중에 殉職하였다.

| 3급 | 循 돌 순 彳부 총 12획 | 획순: 彳 彳 彳 彳 彳 徊 循 循 循 |

- 循環(순환): 주기적으로 자꾸 되풀이하여 돎. 또는 그런 과정
  예) 이 버스는 남산 주변을 오가는 循環 버스이다.

| 3급 | 脣 입술 순 肉(月)부 총 11획 | 획순: 厂 厂 厂 辰 辰 辰 辰 脣 脣 脣 |

- 脣齒(순치): 입술과 이처럼 이해관계가 밀접한 둘 사이를 비유적으로 이르는 말
  예) 제조업체와 유통은 공생과 脣齒의 관계를 이루고 있다.

| 3급II | 瞬 눈깜짝일 순 目부 총 17획 | 획순: 目 目 瞬 瞬 瞬 瞬 瞬 瞬 瞬 |

- 瞬息間(순식간): 눈을 한 번 깜짝하거나 숨을 한 번 쉴 만한 아주 짧은 동안
  예) 어젯밤 폭우로 계곡물이 瞬息間에 불어났다.

| 3급II | 巡 돌/순행할 순 巛부 총 7획 | 획순: 巛 巛 巛 巡 巡 巡 |

- 巡訪(순방): 나라나 도시 따위를 차례로 돌아가며 방문함.
  예) 대통령은 중동 지역을 巡訪하기 위해 출국하였다.
  동) 回: 돌아올 회

활용 한자 확인하기

索 찾을 색, 노 삭 　 是 이/옳을 시 　 非 아닐 비 　 能 능할 능 　 靜 고요할 정 　 中 가운데 중
職 직분 직 　 環 고리 환 　 齒 이 치 　 息 쉴 식 　 間 사이 간 　 訪 찾을 방

3급Ⅱ	一 十 才 才 求 求 求 述 述
述 펼 술 辵(辶)부 총 9획	述 述 論述

· 論述(논술): 어떤 것에 관하여 의견을 논리적으로 서술함. 또는 그런 서술
  예) 이번 입시에서는 論述과 면접이 당락을 좌우할 것이다.

6급Ⅱ	ノ ノ 彳 彳 什 休 休 休 術 術
術 재주 술 行부 총 11획	術 術 美術
	동 技 : 재주 기
	藝 : 재주 예
	才 : 재주 재

· 美術(미술): 공간 및 시각의 미를 표현하는 예술
  예) 그녀는 어릴 때부터 美術에 남다른 재능을 보였다.

3급Ⅱ	氵 氵 汀 汩 汩 泪 渭 渭 濕 濕
濕 젖을 습 水(氵)부 총 17획	濕 濕 濕氣
	약 湿

· 濕氣(습기): 물기가 많아 젖은 듯한 기운
  예) 濕氣가 많은 곳에는 가전제품을 두지 않는 것이 좋다.

3급Ⅱ	一 十 亠 产 产 龍 龍 龍 襲
襲 엄습할 습 衣부 총 22획	襲 襲 逆襲

· 逆襲(역습): 상대편의 공격을 받고 있던 쪽에서 거꾸로 기회를 보아 급히 공격함.
  예) 적들은 골짜기에 숨어서 逆襲의 기회를 엿보았다.

3급Ⅱ	丶 冖 曰 目 旦 早 昇 昇
昇 오를 승 日부 총 8획	昇 昇 昇格
	반 降 : 내릴 강
	동 上 : 윗 상

· 昇格(승격): 지위나 등급 따위가 오름. 또는 지위나 등급 따위를 올림.
  예) 그는 그동안의 공로가 인정되어 장군으로 昇格되었다.

3급Ⅱ	亻 亻 什 忄 倫 僧 僧 僧 僧
僧 중 승 人(亻)부 총 14획	僧 僧 僧舞
	비 憎 : 미울 증

· 僧舞(승무): 장삼과 고깔을 걸치고 북채를 쥐고 추는 민속춤
  예) 그녀는 양 손에 북채를 쥐고 날아가듯 僧舞를 추었다.

3급	丿 ﾉ 匚 矢 矢
矢 화살 시 矢부 총 5획	矢 矢 弓矢
	비 失 : 잃을 실

· 弓矢(궁시): 활과 화살을 아울러 이르는 말
  예) 그는 한시도 弓矢를 손에서 놓은 적이 없었다.

3급Ⅱ	丿 亻 亻 什 什 侍 侍 侍
侍 모실 시 人(亻)부 총 8획	侍 侍 侍女
	비 持 : 가질 지
	반 尊 : 높을 존

· 侍女(시녀): 항상 몸 가까이에서 시중을 드는 여자
  예) 侍女 두 명이 좌우로 서서 왕비의 시중을 들었다.

4급Ⅱ	丿 亻 自 自 自 自 息 息 息
息 쉴 식 心부 총 10획	息 息 休息
	동 休 : 쉴 휴

· 休息(휴식): 하던 일을 멈추고 잠깐 쉼.
  예) 그에게는 10분간의 休息이 꿀보다 더 달콤하였다.

3급Ⅱ	丿 亽 亽 亼 余 舎 舎 舎 飾 飾
飾 꾸밀 식 食(飠)부 총 14획	飾 飾 裝飾
	동 修 : 닦을 수

· 裝飾(장식): 옷이나 액세서리 따위로 치장함. 또는 그 꾸밈새
  예) 그녀는 리본과 레이스로 裝飾된 옷을 즐겨 입는다.

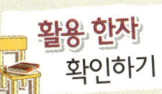
활용 한자 확인하기

論 논할 론   美 아름다울 미   氣 기운 기   逆 거스릴 역   格 격식 격   舞 춤출 무   弓 활 궁
女 계집 녀   休 쉴 휴   裝 꾸밀 장

3급	ノ亻亻伂伂伸伸
伸 펼 신 人(亻)부 총 7획	伸 伸　　伸張 반 屈: 굽힐 굴　縮: 줄일 축 동 張: 베풀 장

- 伸張(신장): 세력이나 권리 따위가 늘어남. 또는 늘어나게 함.
  예 그 나라는 올림픽을 유치할 정도로 국력이 伸張되었다.

3급	口口日月尸尸戶晨晨晨
晨 새벽 신 日부 총 11획	晨 晨　　晨星

- 晨星(신성): 샛별. '금성'을 일상적으로 이르는 말 / 장래에 큰 발전을 이룩할 만한 사람을 비유적으로 이르는 말
  예 그녀는 한국 음악계의 晨星으로 떠올랐다.

3급Ⅱ	忄忄忄忄愃愃愼愼愼
愼 삼갈 신 心(忄)부 총 13획	愼 愼　　愼重 동 重: 무거울 중

- 愼重(신중): 매우 조심스러움.
  예 강 검사는 모든 증거를 愼重하게 검토한 후에 판결을 내렸다.

3급	⼀⼀⺕⺕⺕⺕⺕尋尋
尋 찾을 심 寸부 총 12획	尋 尋　　尋訪 동 訪: 찾을 방

- 尋訪(심방): 방문하여 찾아봄.
  예 담임 선생님께서 결석한 학생의 집을 尋訪하셨다.

3급Ⅱ	宀宀宀宀宷宷宷審審
審 살필 심 宀부 총 15획	審 審　　誤審 비 番: 차례 번 동 査: 조사할 사

- 誤審(오심): 잘못 심리하거나 심판함. 또는 그런 심리나 심판
  예 그는 심판의 誤審으로 메달을 놓쳤다고 항의하였다.

3급Ⅱ	一匚牙牙
牙 어금니 아 牙부 총 4획	牙 牙　　齒牙

- 齒牙(치아): '이'를 점잖게 이르는 말
  예 탄산음료는 齒牙 건강에 좋지 않다.

3급Ⅱ	一艹艹艿艹芽芽
芽 싹 아 艸(艹)부 총 8획	芽 芽　　發芽

- 發芽(발아): 초목의 눈이 틈. / 씨앗에서 싹이 틈.
  예 어머니는 건강을 위해 發芽 현미를 드신다.

3급Ⅱ	一厂千牙牙邪邪雅雅雅
雅 맑을 아 隹부 총 12획	雅 雅　　優雅 비 稚: 어릴 치 반 俗: 풍속 속

- 優雅(우아): 고상하고 기품이 있으며 아름다움.
  예 그녀는 優雅하게 무대 위로 올라갔다.

3급Ⅱ	一丁丁エ亞亞亞亞
亞 버금 아 二부 총 8획	亞 亞　　亞流 약 亜

- 亞流(아류): 둘째가는 사람이나 사물 / 문학 예술, 학문에서 독창성이 없이 모방하는 일이나 그렇게 한 것
  예 독창성이 결여된 예술은 亞流라는 오명을 벗을 수 없다.

3급	ノ入合合合食食食餓餓
餓 주릴 아 食(飠)부 총 16획	餓 餓　　飢餓

- 飢餓(기아): 굶주림.
  예 그들은 가난과 飢餓에 허덕이고 있다.

 **활용 한자 확인하기**

張 베풀 장　　星 별 성　　重 무거울 중　　訪 찾을 방　　誤 그르칠 오　　齒 이 치　　發 필 발
優 넉넉할 우　　流 흐를 류　　飢 주릴 기

184 이야기로 배우는 한자 1800

3급	ノ 亠 亠 乍 乍 乒 岳 岳
岳 큰산 **악** 山부 총 8획	岳 岳 山岳 동 山: 메산

- 山岳(산악): 높고 험준하게 솟은 산들
  예 그 도시는 북부 山岳 지대에 위치해 있다.

3급Ⅱ	ノ 亠 亠 屮 屮 户 岸 岸
岸 언덕 **안** 山부 총 8획	岸 岸 海岸

- 海岸(해안): 바다와 육지가 맞닿은 부분
  예 태풍의 영향으로 海岸에 위치한 마을이 큰 피해를 입었다.

3급	厂 厂 厂 厂 厂 厂 雁 雁 雁
雁 기러기 **안** 隹부 총 12획	雁 雁 雁書

- 雁書(안서): 먼 곳에서 소식을 전하는 편지
  예 어머니는 전장으로 떠난 아들의 雁書를 간절히 기다렸다.

3급	言 言 訐 訐 訐 訐 謁 謁 謁
謁 뵐 **알** 言부 총 16획	謁 謁 謁見 비 渴: 목마를 갈

- 謁見(알현): 지체가 높고 귀한 사람을 찾아가 뵘.
  예 윤 판서는 궐로 들어가 임금을 謁見하였다.

4급Ⅱ	厂 厂 厂 厂 厂 厂 厭 厭 壓
壓 누를 **압** 土부 총 17획	壓 壓 壓倒 동 抑: 누를 억 약 圧

- 壓倒(압도): 눌러서 넘어뜨림. / 보다 뛰어난 힘이나 재주로 남을 눌러 꼼짝 못하게 함.
  예 우리 팀은 초반부터 상대 팀을 壓倒하였다.

3급	一 十 扌 扌 扣 扣 押
押 누를 **압** 手(扌)부 총 8획	押 押 押收

- 押收(압수): 물건의 점유를 취득하는 강제 처분 / 물건 따위를 강제로 빼앗음.
  예 세관은 신고되지 않은 고가의 물건들을 押收하였다.

3급Ⅱ	一 口 口 央 央
央 가운데 **앙** 大부 총 5획	央 央 中央 동 中: 가운데 중

- 中央(중앙): 사방의 중심이 되는 한가운데
  예 미술관 中央에는 고대 이집트의 흉상이 자리하고 있다.

3급	一 ア 歹 歹 歹 歹 殃 殃
殃 재앙 **앙** 歹부 총 9획	殃 殃 災殃 비 映: 비칠 영 동 災: 재앙 재

- 災殃(재앙): 뜻하지 아니하게 생긴 불행한 변고, 또는 천재지변으로 인한 불행한 사고
  예 지진은 가장 파괴적인 자연의 災殃 중 하나이다.

3급	丶 丶 氵 氵 汇 汇 浐 浐 浐 涯
涯 물가 **애** 水(氵)부 총 11획	涯 涯 生涯

- 生涯(생애): 살아 있는 한평생의 기간
  예 그때가 그의 生涯에서 가장 행복했던 시기였다.

3급	一 厂 厄 厄
厄 액 **액** 厂부 총 4획	厄 厄 厄運 동 災: 재앙 재

- 厄運(액운): 액을 당할 운수
  예 정월 대보름에는 나뭇더미를 쌓아 만든 달집을 태우면서 厄運이 없기를 축원한다.

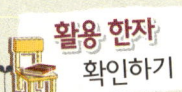
활용 한자 확인하기

山 메 산　　海 바다 해　　書 글 서　　見 볼 견, 뵈올 현　　倒 넘어질 도　　收 거둘 수
中 가운데 중　　災 재앙 재　　生 날 생　　運 옮길 운

고등학교 교육용 기초 한자 900자

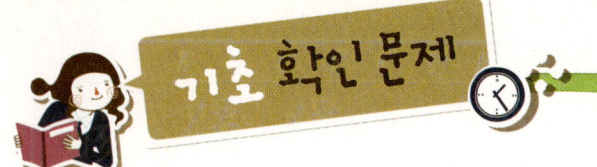

[問 01-15] 다음 漢字(한자)의 訓(훈: 뜻)과 音(음: 소리)을 쓰시오.

| 字 ➡ 글자 자 |

01 涉 (   )   02 雅 (   )   03 削 (   )
04 隨 (   )   05 釋 (   )   06 誦 (   )
07 審 (   )   08 召 (   )   09 衰 (   )
10 囚 (   )   11 謁 (   )   12 旬 (   )
13 償 (   )   14 垂 (   )   15 術 (   )

[問 16-27] 다음 訓(훈: 뜻)과 音(음: 소리)에 알맞은 漢字(한자)를 쓰시오.

| 글자 자 ➡ 字 |

16 오를 승 (   )   17 찾을 심 (   )   18 드디어 수 (   )
19 화살 시 (   )   20 덜 손   (   )   21 장수 수   (   )
22 물가 애 (   )   23 치마 상 (   )   24 조 속   (   )
25 어금니 아 (   ) 26 누를 압 (   )   27 젖을 습   (   )

[問 28-39] 다음 漢字語(한자어)의 讀音(독음)을 쓰시오.

| 漢字 ➡ 한자 |

28 猛獸 (   )   29 蘇生 (   )   30 裝飾 (   )
31 實狀 (   )   32 騷音 (   )   33 海岸 (   )
34 逝去 (   )   35 稱訟 (   )   36 要塞 (   )
37 旋回 (   )   38 靜肅 (   )   39 病床 (   )

[問 40-44] 다음 밑줄 친 漢字語(한자어)를 漢字(한자)로 쓰시오.

| 한국 ➡ 韓國 |

40 학생들이 교실을 <u>청소</u>하고 있다.   (   )
41 그는 <u>제사</u>를 지내러 고향에 내려갔다.   (   )
42 그녀는 <u>휴식</u> 시간에 교정을 산책한다.   (   )
43 눈보라로 도로의 차들이 <u>서행</u>하고 있다.   (   )
44 나쁜 버릇을 고치겠다고 부모님과 <u>약속</u>하였다. (   )

이야기로 익히는 주요 한자어

자상한 남편 퇴계

조선 시대 **儒學者** 퇴계 이황은 첫째 부인을 잃고 평소 **因緣**이 있었던 선비 권질의 딸과 다시 **婚姻**을 하였다. 그러나 권씨 부인은 다소 눈치가 없고 모자라 이황을 곤란하게 한 적이 많았다. 그러나 이황은 아내를 한결같이 아끼고 사랑하였다.

한번은 모두 제사상을 차리느라 정신없을 때 부인이 제사상에 올린 배를 치마 속에 숨기다가 **銳利**한 형수에게 들켜 꾸중을 듣게 되었다. 그때 이황이 부인의 잘못을 대신하여 정중하게 사과하며 "형수님, 죄송합니다. 앞으로 제가 잘 가르치겠습니다. 손자며느리의 잘못이니 돌아가신 할아버지께서도 귀엽게 보시고 화를 내지 않으실 겁니다."라고 하였다. 그리고는 부인이 왜 그런 행동을 했는지 **疑問**이 들어 **隱密**히 아내를 불러 배를 숨긴 이유를 물었다. 아내가 먹고 싶어 숨겼다고 하자 이황은 손수 배를 깎아 아내에게 먹으라고 잘라주었다.

또 하루는 이황이 입궐하게 되어 관복을 챙겨 입다가 **偶然**히 관복에 구멍이 뚫린 것을 발견하였다. 아내에게 급히 꿰매 달라고 부탁하자 아내는 색깔이 어울리지 않는 빨간색 헝겊을 덧대어 꿰매 주었다. 이황의 관복을 보고 다른 사람들이 놀리듯 말했지만 이황은 "붉은색이면 어떤가? 붉은색은 액운을 막는다고 하지 않나."라고 말하며 껄껄 웃었다고 한다.

	유학자, 인연
	혼인
	예리
	의문, 은밀
	우연

치마폭에 그린 그림, 신사임당

신사임당이 강릉에 살 때, 어느 날 **宴會**에 초대받아 부인들과 이야기를 나누고 있었다. 그때 마침 음식을 나르던 하녀가 **姿勢**를 고쳐 앉던 한 부인의 치맛자락에 걸려 넘어져 그만 부인의 **紫色** 치맛자락에 국을 쏟고 말았다. 그 부인은 가난하여 잔치에 참석하기 위해 다른 사람의 옷을 빌려 입고 왔는데 그 옷이 **汚染**되었으니 하녀에게 **責任**을 물을 수도 없고 걱정이 태산 같았다.

이 상황을 **凝視**하고 있던 신사임당은 그 부인에게 치마를 벗어 펼쳐 달라고 하였다. 그런 다음 붓을 들고 치마에 그림을 그리기 시작하였다. 신사임당의 붓이 **搖動**치듯 지나가자 국물로 얼룩져 있던 자리에 **多樣**한 크기의 탐스러운 포도송이가 생겨났다. **周圍**에 있던 사람들은 신사임당의 **卓越**한 실력에 모두 놀랐다.

그림이 완성되자 신사임당은 "이 치마를 시장에 내다 팔면 새 치마를 살 돈이 마련될 것입니다."라고 하였다. 그 부인은 신사임당의 말대로 치마를 팔아 새 비단 치마를 몇 벌이나 살 수 있는 **利潤**을 얻었다.

당시 신사임당의 그림은 이미 많은 사람들에게 알려져 있었기 때문에 **巨額**을 주고 그림을 사려는 사람이 많았다. 그러나 그림을 마음을 닦는 예술로 생각한 신사임당은 그림을 팔아 돈을 벌고자 하는 **慾心** 따위와는 **遙遠**하였다.

	연회
	자세
	자색
	오염
	책임
	응시
	요동
	다양
	주위, 탁월
	이윤
	거액
	욕심, 요원

4급	宀 宀 宁 安 客 客 客 額 額 額
額 이마 **액** 頁부 총 18획	額 額　　　巨 額

- 巨額(거액): 아주 많은 액수의 돈
  - 예) 그는 불우이웃을 위해 30억이 넘는 巨額을 기부하였다.

3급	一 丆 丆 丆 耳 耳 耳 耶 耶
耶 어조사 **야** 耳부 총 9획	耶 耶 有 耶 無 耶

- 有耶無耶(유야무야): 있는 듯 없는 듯 흐지부지함.
  - 예) 결국 언론의 도청 파문은 有耶無耶로 끝이 났다.

3급	呈 呈 呈 距 距 跖 躍 躍 躍
躍 뛸 **약** 足(⻊)부 총 21획	躍 躍　　　飛 躍

- 飛躍(비약): 나는 듯이 높이 뛰어오름. / 지위나 수준이 갑자기 빠른 속도로 높아지거나 향상됨.
  - 예) 자본주의가 등장하면서 인류의 삶도 飛躍적으로 발전하였다.

3급Ⅱ	土 土 圹 圹 壤 壤 壤 壤 壤
壤 흙덩이 **양** 土부 총 20획	壤 壤　　　土 壤 반) 天: 하늘 천 동) 土: 흙 토 약) 壌

- 土壤(토양): 흙 / 식물에 영양을 공급하여 자라게 할 수 있는 흙
  - 예) 우리 마을은 土壤이 비옥하여 다양한 특산물이 많이 난다.

4급	木 木 栏 栏 样 样 样 樣 樣 樣
樣 모양 **양** 木부 총 15획	樣 樣　　　多 樣

- 多樣(다양): 모양, 빛깔, 형태, 양식 따위가 여러 가지로 많음.
  - 예) 토론회를 통해 각 분야의 多樣한 의견을 들을 수 있다.

3급	一 十 才 木 杧 楊 楊 楊 楊
楊 버들 **양** 木부 총 13획	楊 楊　　　楊 柳 동) 柳: 버들 류

- 楊柳(양류): 버드나무
  - 예) 강 주변으로 楊柳가 길게 늘어서 있다.

3급Ⅱ	ノ 彳 彳 彳 卸 卸 卸 御 御 御
御 거느릴 **어** 彳부 총 11획	御 御　　　御 命 동) 領: 거느릴 령 統: 거느릴 통

- 御命(어명): 임금의 명령을 이르던 말
  - 예) 그는 御命을 받들어 전쟁터로 나아갔다.

3급Ⅱ	一 十 扌 扌 扣 抑 抑
抑 누를 **억** 手(扌)부 총 7획	抑 抑　　　抑 制 비) 仰: 우러를 앙 동) 壓: 누를 압

- 抑制(억제): 감정이나 욕망, 충동적 행동 따위를 내리눌러서 그치게 함.
  - 예) 그는 감정을 抑制하지 못하고 소리내어 울었다.

3급	一 丅 正 正 正 焉 焉 焉 焉
焉 어찌 **언** 火(灬)부 총 11획	焉 焉　　　終 焉

- 終焉(종언): 없어지거나 죽어서 존재가 사라짐.
  - 예) 그 나라는 42년간의 독재 정권이 사실상 終焉되었다.

3급	一 マ 予 予
予 나 **여** 亅부 총 4획	予 予 　　　予 一 人

- 予一人(여일인): 천자(天子)의 자칭(自稱)
  - 예) 予一人이 어찌 감히 선왕이 규정한 중요한 제도를 고칠 수 있겠소.

활용 한자 확인하기

巨 클 거　有 있을 유　無 없을 무　飛 날 비　土 흙 토　多 많을 다　柳 버들 류
命 목숨 명　制 절제할 제　終 마칠 종　一 한 일　人 사람 인

3급	｢ ｢ ｢ ｢ ｢ ｢ 血 血 輿
輿 수레 여 車부 총 17획	輿 輿 輿論 비 興:일 흥 與:더불/줄 여

- 輿論(여론): 사회 대중의 공통된 의견
  예 이번 법안에 대해서는 輿論이 매우 부정적이다.

3급Ⅱ	言 譯 譯 譯 譯 譯 譯 譯 譯
譯 번역할 역 言부 총 20획	譯 譯 通譯 약 訳

- 通譯(통역): 말이 통하지 아니하는 사람 사이에서 뜻이 통하도록 말을 옮겨 줌.
  예 그는 通譯 없이 외국인과 자유롭게 이야기할 수 있다.

3급Ⅱ	馬 馬 馬 馬 馬 馬 馬 驛 驛 驛
驛 역 역 馬부 총 23획	驛 驛 驛舍 약 駅

- 驛舍(역사): 역으로 쓰는 건물
  예 지하철이 30분간 지연되면서 驛舍 안은 큰 혼잡이 빚어졌다.

3급Ⅱ	｜ ｜ ｜ ｜ 𠂉 役 役
役 부릴 역 彳부 총 7획	役 役 兵役 동 使:부릴 사

- 兵役(병역): 국민으로서 수행하여야 하는 국가에 대한 군사적 의무
  예 대한민국의 남자들은 헌법상 兵役의 의무를 진다.

3급Ⅱ	｀ ｀ 广 广 广 广 疒 疫 疫
疫 전염병 역 疒부 총 9획	疫 疫 防疫 동 病:병 병

- 防疫(방역): 전염병이 발생하거나 유행하는 것을 미리 막는 일
  예 정부는 구제역 발생 지역을 대상으로 防疫 활동에 나섰다.

4급	｜ ｜ ｜ ｜ ｜ ｜ 土 域 域 域
域 지경 역 土부 총 11획	域 域 區域 동 境:지경 경

- 區域(구역): 갈라놓은 지역
  예 박물관은 음식물 반입이 금지된 區域이다.

4급	｜ ｜ ｜ 正 延 延 延
延 늘일 연 廴부 총 7획	延 延 延長 비 廷:조정 정

- 延長(연장): 시간이나 거리 따위를 본래보다 길게 늘림.
  예 시민들의 요구로 버스 운행 구간이 延長되었다.

4급	｜ ｜ ｜ ｜ 火 火 火 炒 炒 烐 燃 燃
燃 탈 연 火부 총 16획	燃 燃 燃料 비 然:그럴 연 동 燒:사를 소

- 燃料(연료): 연소하여 열, 빛, 동력의 에너지를 얻을 수 있는 물질을 통틀어 이르는 말
  예 경차는 유지비와 燃料가 적게 들어 인기가 많다.

3급Ⅱ	艹 ｜ 芑 芑 芑 芑 菽 菽 燕 燕
燕 제비 연 火(灬)부 총 16획	燕 燕 燕尾服

- 燕尾服(연미복): 검은 모직물로 지은 남자용의 서양식 예복
  예 예식이 시작되자 燕尾服을 입은 신랑이 먼저 입장하였다.

3급Ⅱ	｀ ｀ ｀ ｀ 氵 沿 沿 沿
沿 물따라갈/ 따를 연 水(氵)부 총 8획	沿 沿 沿革 비 鉛:납 연

- 沿革(연혁): 변천하여 온 과정
  예 대표 이사가 그 회사의 沿革을 소개하였다.

활용한자 확인하기

| 論 논할 론 | 通 통할 통 | 舍 집 사 | 兵 병사 병 | 防 막을 방 | 區 구분할/지경 구 |
| 長 긴 장 | 料 헤아릴 료 | 尾 꼬리 미 | 服 옷 복 | 革 가죽 혁 | |

4급	ノ 𠂉 𠂉 午 余 金 釒 釒 鈆 鉛 鉛
鉛 납 연 金부 총 13획	鉛 鉛 鉛筆 약 鈆

• 鉛筆(연필): 필기도구의 하나. 흑연과 점토의 혼합물을 구워 만든 가느다란 심을 속에 넣고, 겉은 나무로 둘러싸서 만듦.
  예 하얀색 도화지에 鉛筆로 가을 풍경을 그렸다.

3급Ⅱ	` 宀 宀 宀 宁 宁 宣 宴 宴 宴
宴 잔치 연 宀부 총 10획	宴 宴 宴會

• 宴會(연회): 축하, 위로, 환영, 석별 따위를 위하여 여러 사람이 모여 베푸는 잔치
  예 이 호텔은 각종 宴會 장소로 많이 이용된다.

3급Ⅱ	一 ㄇ 㠯 百 百 亘 車 車 軟 軟
軟 연할 연 車부 총 11획	軟 軟 柔軟 비 較:견줄/비교할 교

• 柔軟(유연): 부드럽고 연함.
  예 그녀는 체조 선수처럼 몸이 柔軟하다.

4급Ⅱ	氵 氵 氵 沪 浐 浐 浐 浐 演 演 演
演 펼 연 水(氵)부 총 14획	演 演 演技

• 演技(연기): 배우가 배역의 인물, 성격, 행동 따위를 표현해 내는 일
  예 그는 이번 영화에서 코믹 演技를 선보일 예정이다.

4급	幺 幺 糸 糸 糸 糸 糸 糸 綟 綟 緣
緣 인연 연 糸부 총 15획	緣 緣 因緣 동 因:인할 인

• 因緣(인연): 사람들 사이에 맺어지는 관계
  예 그들은 선후배 사이로 오래전부터 因緣을 맺어왔다.

3급	ㅣ 丨 ㄇ 門 門 門 門 閱 閱
閱 볼 열 門부 총 15획	閱 閱 閱覽 동 檢:검사할 검 查:조사할 사

• 閱覽(열람): 책이나 문서 따위를 죽 훑어보거나 조사하면서 봄.
  예 이 자료는 인터넷으로도 閱覽이 가능하다.

3급Ⅱ	` 冫 氵 氵 沈 沈 染 染 染
染 물들 염 木부 총 9획	染 染 傳染

• 傳染(전염): 병이 남에게 옮김. / 다른 사람의 습관, 분위기, 기분 따위에 영향을 받아 물이 듦.
  예 몸의 저항력이 떨어지면 감기에 傳染되기 쉽다.

3급Ⅱ	臣 臣 臤 臨 臨 臨 臨 臨 鹽
鹽 소금 염 鹵부 총 24획	鹽 鹽 鹽分 약 塩

• 鹽分(염분): 바닷물 따위에 함유되어 있는 소금기
  예 과다한 鹽分 섭취는 각종 생활 습관병의 원인이 된다.

3급	` 冫 氵 氵 氵 汀 泳 泳
泳 헤엄칠 영 水(氵)부 총 8획	泳 泳 水泳 비 詠:읊을 영

• 水泳(수영): 스포츠나 놀이로서 물속을 헤엄치는 일
  예 그는 매일 한 시간씩 水泳 연습을 한다.

3급	` 亠 宀 言 言 言 訁 訃 訃 詠 詠
詠 읊을 영 言부 총 12획	詠 詠 吟詠 비 泳:헤엄칠 영 동 歌:노래 가

• 吟詠(음영): 시가(詩歌) 따위를 읊음.
  예 선비는 자신이 지은 시를 사람들 앞에서 吟詠하였다.

| 筆 붓 필 | 會 모일 회 | 柔 부드러울 유 | 技 재주 기 | 因 인할 인 | 覽 볼 람 | 傳 전할 전 |
| 分 나눌 분 | 水 물 수 | 吟 읊을 음 | | | | |

營 (4급)
획순: 丶 ⺌ ⺍ 炒 炊 炋 營 營 營
- 경영할 영
- 火부
- 총 17획
- 동: 經 지날/글 경
- 약: 営
- **經營**(경영): 기업이나 사업 따위를 관리하고 운영함.
  - 예) 아버지는 중소기업을 經營하고 계신다.

影 (3급II)
획순: 日 旦 昌 昌 景 景 景 影 影 影
- 그림자 영
- 彡부
- 총 15획
- **影響**(영향): 어떤 사물의 효과나 작용이 다른 것에 미치는 일
  - 예) 태풍의 影響으로 전국에 많은 비가 내렸다.

映 (4급)
획순: 丨 冂 日 日 旷 旷 映 映
- 비칠 영
- 日부
- 총 9획
- 동: 照 비칠 조
- **反映**(반영): 다른 것에 영향을 받아 어떤 현상이 나타남. 또는 어떤 현상을 나타냄.
  - 예) 선거 결과는 여론이 그대로 反映되었다.

豫 (4급)
획순: マ 予 予 予 豫 豫 豫 豫 豫 豫
- 미리 예
- 豕부
- 총 16획
- 반: 決 결단할 결
- 약: 予
- **豫約**(예약): 미리 약속함. 또는 미리 정한 약속
  - 예) 휴가철을 앞두고 비행기 전 좌석의 豫約이 꽉 찼다.

譽 (3급II)
획순: 𦥑 𦥑 𦥑 𦥑 𦥑 𦥑 與 與 譽
- 기릴/명예 예
- 言부
- 총 21획
- 약: 誉
- **名譽**(명예): 세상에서 훌륭하다고 인정되는 이름이나 자랑. 또는 그런 존엄이나 품위
  - 예) 각 국 선수들은 나라의 名譽를 걸고 치열한 경쟁을 펼쳤다.

銳 (3급)
획순: 𠂉 𠂉 𠂉 𠂉 𠂉 金 金 銳 銳 銳
- 날카로울 예
- 金부
- 총 15획
- 비: 銃 총 총
- 동: 利 이할 리
- **銳利**(예리): 끝이 뾰족하거나 날이 선 상태에 있음. / 관찰이나 판단이 정확하고 날카로움.
  - 예) 심사 위원들은 참가자들에게 銳利한 질문들을 쏟아냈다.

汚 (3급)
획순: 丶 丶 氵 氵 汚 汚
- 더러울 오
- 水(氵)부
- 총 6획
- **汚染**(오염): 더럽게 물듦. 또는 더럽게 물들게 함.
  - 예) 강 주변에 汚染 물질을 배출한 업소가 무더기로 적발되었다.

嗚 (3급)
획순: 丨 口 口 口' 吖 吖 呜 嗚 嗚 嗚
- 슬플 오
- 口부
- 총 13획
- 비: 鳴 울 명
- **嗚呼**(오호): 슬플 때나 탄식할 때 내는 소리
  - 예) 嗚呼라! 농촌의 현실을 직접 눈으로 보니 씁쓸하기만 하다.

娛 (3급)
획순: 乚 女 女 女 妒 妒 娛 娛 娛 娛
- 즐길 오
- 女부
- 총 10획
- 비: 誤 그르칠 오
- 동: 樂 즐길 락
- **娛樂**(오락): 쉬는 시간에 여러 가지 방법으로 기분을 즐겁게 하는 일
  - 예) 온 가족이 함께 즐길 수 있는 건전한 娛樂거리가 필요하다.

傲 (3급)
획순: 亻 亻 亻 仁 仕 佳 佳 俳 傲 傲
- 거만할 오
- 人(亻)부
- 총 13획
- 비: 倣 본뜰 방
- **傲氣**(오기): 능력은 부족하면서도 남에게 지기 싫어하는 마음
  - 예) 그 선수는 傲氣가 생겨 더욱 열심히 훈련에 임했다.

활용 한자 확인하기
- 經 지날/글 경
- 響 울릴 향
- 反 돌이킬 반
- 約 맺을 약
- 名 이름 명
- 利 이할 리
- 染 물들 염
- 呼 부를 호
- 樂 즐길 락, 노래 악
- 氣 기운 기

3급Ⅱ	犭 犭 犭 犭 犭 狞 狱 獄 獄 獄
獄 옥 **옥** 犬(犭)부 총 14획	獄 獄　　投獄

- 投獄(투옥): 옥에 가둠.
  예) 안중근 의사는 이토 히로부미를 저격한 혐의로 감옥에 投獄되었다.

3급	扌 扌 扩 扩 挸 挸 挸 擁 擁 擁
擁 낄 **옹** 手(扌)부 총 16획	擁 擁　　抱擁

- 抱擁(포옹): 사람을 또는 사람끼리 품에 껴안음.
  예) 40년 만에 만난 모자는 抱擁한 채 흐느끼며 울었다.

3급	丨 口 日 田 田 甼 畏 畏 畏
畏 두려워할 **외** 田부 총 9획	畏 畏　　敬畏

- 敬畏(경외): 공경하면서 두려워함.
  예) 인디언들은 부모로부터 자연을 사랑하고 敬畏하는 법을 배운다.

3급	扌 扌 扌 扌 扌 抔 抔 挥 搖 搖
搖 흔들 **요** 手(扌)부 총 13획	搖 搖　　搖動
	비 謠: 노래 요 동 動: 움직일 동 약 揺

- 搖動(요동): 흔들리어 움직임. 또는 흔들어 움직임.
  예) 파도가 밀려오면서 배가 좌우로 심하게 搖動쳤다.

4급Ⅱ	言 言 訁 訡 謡 謡 謡 謠 謠
謠 노래 **요** 言부 총 17획	謠 謠　　歌謠
	동 歌: 노래 가 약 謡

- 歌謠(가요): 대중가요. 널리 대중이 즐겨 부르는 노래
  예) 라디오를 틀자 최근 유행하는 歌謠가 흘러 나왔다.

- 老翁(노옹): 늙은 남자
  예) 이 책의 저자는 놀랍게도 90세가 넘는 老翁이었다.

3급Ⅱ	糹 糹 糹 糹 糹 紒 絽 絽 緩 緩
緩 느릴 **완** 糸부 총 15획	緩 緩　　緩和
	반 急: 급할 급

- 緩和(완화): 긴장된 상태나 급박한 것을 느슨하게 함.
  예) 편안한 마음으로 눈을 감고 있으면 긴장감 緩和에 도움이 된다.

3급	月 肝 肝 肝 肝 腰 腰 腰 腰
腰 허리 **요** 肉(月)부 총 13획	腰 腰　　腰痛

- 腰痛(요통): 허리와 엉덩이 부위가 아픈 증상
  예) 걷기는 가벼운 운동이라 腰痛 환자들에게도 큰 무리가 없다.

- 遙遠(요원): 아득히 멂.
  예) 우리가 그들처럼 업계 최고의 자리에 오르기까지는 遙遠해 보인다.

3급Ⅱ	冫 冫 父 各 谷 谷 欲 欲 慾
慾 욕심 **욕** 心부 총 15획	慾 慾　　慾心
	비 欲: 하고자할 욕

- 慾心(욕심): 분수에 넘치게 무엇을 탐내거나 누리고자 하는 마음
  예) 그녀는 음식에 대한 慾心이 유난히 많다.

활용 한자 확인하기

投 던질 투　　老 늙을 로　　抱 안을 포　　和 화할 화　　敬 공경 경　　痛 아플 통　　動 움직일 동
遠 멀 원　　歌 노래 가　　心 마음 심

3급Ⅱ 辱 욕될 욕 辰부 총 10획	一 厂 厂 戶 戶 辰 辰 辱 辱
	반 榮 : 영화 영

- 困辱(곤욕): 심한 모욕. 또는 참기 힘든 일
  예) 그 배우는 개인 정보 유출로 困辱을 치뤘다.

3급 庸 떳떳할 용 广부 총 11획	一 广 户 户 户 庐 肩 肩 肩 庸
	동 常 : 떳떳할 상

- 庸劣(용렬): 사람이 변변하지 못하고 졸렬함.
  예) 그의 행동은 庸劣하고 비겁하였다.

3급Ⅱ 羽 깃 우 羽부 총 6획	丨 丨 刁 刃 羽 羽
	項羽壯士

- 項羽壯士(항우장사): 항우 같은 장사라는 뜻으로, 힘이 아주 센 사람을 비유적으로 이르는 말
  예) 제아무리 項羽壯士라도 흘러가는 세월을 막을 수는 없다.

4급 郵 우편 우 邑(阝)부 총 11획	一 二 千 壬 乒 垂 垂 垂´ 郵 郵
	郵票

- 郵票(우표): 우편 요금을 낸 표시로 우편물에 붙이는 증표
  예) 올림픽 유치를 기념하기 위해 郵票가 발행되었다.

3급Ⅱ 愚 어리석을 우 心부 총 13획	丨 口 日 日 月 禺 禺 禺 愚
	愚直

- 愚直(우직): 어리석고 고지식함.
  예) 그는 한 길만 고집하는 愚直한 사람이다.

3급Ⅱ 偶 짝 우 人(亻)부 총 11획	亻 亻 亻 伊 伊 俚 俚 偶 偶 偶
	偶然

- 偶然(우연): 아무런 인과 관계가 없이 뜻하지 아니하게 일어난 일
  예) 우리가 이곳에서 만난 것은 결코 偶然이 아니다.

4급 優 넉넉할 우 人(亻)부 총 17획	亻 亻 亻 伊 伊 優 優 優 優
	優等 반 劣 : 못할 렬

- 優等(우등): 우수한 등급 / 성적 따위가 우수한 것. 또는 그런 성적
  예) 누나는 초, 중, 고를 優等으로 졸업한 수재였다.

3급Ⅱ 韻 운 운 音부 총 19획	丶 亠 亠 音 音 音 韻 韻 韻 韻
	餘韻

- 餘韻(여운): 아직 가시지 않고 남아 있는 운치
  예) 연극 무대의 막은 내려졌지만 감동의 餘韻은 아직도 남아 있다.

4급Ⅱ 員 인원 원 口부 총 10획	丨 口 口 尸 目 員 員 員 員
	減員 약 貟

- 減員(감원): 사람 수를 줄임. 또는 그 사람 수
  예) 그 회사는 올해 100명의 직원을 減員하기로 결정하였다.

4급 源 근원 원 水(氵)부 총 13획	氵 氵 汀 沅 沅 沅 涄 源 源
	根源 비 原 : 언덕 원

- 根源(근원): 물줄기가 나오기 시작하는 곳/사물이 비롯되는 근본이나 원인
  예) 스트레스와 피로는 만병의 根源이다.

활용 한자 확인하기

| 困 곤할 곤 | 劣 못할 렬 | 項 항목 항 | 壯 장할 장 | 士 선비 사 | 票 표 표 | 直 곧을 직 |
| 然 그럴 연 | 等 무리 등 | 餘 남을 여 | 減 덜 감 | 根 뿌리 근 | | |

4급	扌 扌 扌 扌 扩 护 护 捋 援 援
援 도울 **원** 手(扌)부 총 12획	援 援 應 援 비 暖: 따뜻할 난 동 救: 구원할 구

· 應援(응원): 운동 경기 따위에서, 선수들이 힘을 낼 수 있도록 도와주는 일 / 곁에서 성원함. 또는 호응하여 도와줌.
  예 야구 팬들이 경기장을 가득 매우고 應援을 펼치고 있다.

5급	⺕ ⺕ ⺕ ⺕ ⺕ 陀 陀 陀 院 院
院 집 **원** 阜(阝)부 총 10획	院 院 病 院

· 病院(병원): 병자를 진찰, 치료하는 데에 필요한 설비를 갖추어 놓은 곳
  예 할머니께서 갑자기 쓰러지셔서 病院에 실려 가셨다.

3급Ⅱ	一 十 土 耂 耂 走 走 走 走 越
越 넘을 **월** 走부 총 12획	越 越 卓 越

· 卓越(탁월): 남보다 두드러지게 뛰어남.
  예 그녀는 그림을 보는 안목이 卓越하다.

3급Ⅱ	丿 冂 冂 田 田 甲 甲 胃 胃
胃 밥통 **위** 肉(月)부 총 9획	胃 胃 胃 腸

· 胃腸(위장): 위(胃)와 창자를 아울러 이르는 말
  예 나는 胃腸이 약해서 음식을 먹으면 소화가 잘 안 된다.

3급Ⅱ	言 言 訂 訂 詚 詚 謂 謂 謂 謂
謂 이를 **위** 言부 총 16획	謂 謂 所 謂

· 所謂(소위): 이른바
  예 그는 남들이 말하는 所謂 명문 대학을 졸업하였다.

4급	丨 冂 冂 門 門 門 周 周 圍 圍
圍 에워쌀 **위** 口부 총 12획	圍 圍 包 圍 비 園: 동산 원 　 圓: 둥글 원 약 囲

· 包圍(포위): 주위를 에워쌈.
  예 범인들은 차량을 이용해 도주하다 결국 경찰에 包圍되었다.

3급	糸 紅 紅 紅 紅 紅 緯 緯 緯 緯
緯 씨 **위** 糸부 총 15획	緯 緯 緯 度 반 經: 지날/글 경

· 緯度(위도): 지구 위의 위치를 나타내는 좌표축 중에서 가로로 된 것
  예 캐나다는 지리적으로 우리나라보다 緯度가 높은 곳에 있다.

4급Ⅱ	彳 彳 彳 彳 律 律 律 律 衛
衛 지킬 **위** 行부 총 15획	衛 衛 護 衛 동 保: 지킬 보 　 守: 지킬 수

· 護衛(호위): 따라다니며 곁에서 보호하고 지킴.
  예 각국 정상들은 경호원들의 護衛를 받으며 회의장으로 들어섰다.

3급	一 十 卉 吉 吉 韋 韋 韋 違 違
違 어긋날 **위** 辵(辶)부 총 13획	違 違 違 反

· 違反(위반): 법률, 명령, 약속 따위를 지키지 않고 어김.
  예 운전자가 교통 법규를 違反할 경우 범칙금과 함께 벌점이 부과된다.

4급	一 二 千 禾 禾 委 委 委
委 맡길 **위** 女부 총 8획	委 委 委 任 비 季: 계절 계 동 任: 맡길 임

· 委任(위임): 어떤 일을 책임 지워 맡김. 또는 그 책임
  예 구단주는 신임 감독에게 전권을 委任하기로 약속하였다.

활용 한자 확인하기

應 응할 응 　 病 병 병 　 卓 높을 탁 　 腸 창자 장 　 所 바 소 　 包 쌀 포 　 度 법도 도, 헤아릴 탁
護 도울 호 　 反 돌이킬 반 　 任 맡길 임

4급	尸 尸 尸 屄 屄 尉 尉 尉 慰
慰 위로할 위 心부 총 15획	慰 慰 慰勞

• 慰勞(위로): 따뜻한 말이나 행동으로 괴로움을 덜어 주거나 슬픔을 달래 줌.
  예 그에게는 지금 따뜻한 慰勞와 격려가 필요하다.

3급Ⅱ	亻 亻 亻 亻 伶 伶 伶 伪 僞
僞 거짓 위 人(亻)부 총 14획	僞 僞 僞造
반 眞: 참 진
동 虛: 빌 허
약 偽

• 僞造(위조): 어떤 물건을 속일 목적으로 꾸며 진짜처럼 만듦.
  예 경찰은 유명 상표를 僞造한 혐의로 그를 체포하였다.

3급Ⅱ	丨 亻 亇 纠 纠 纠 纠 幽 幽
幽 그윽할 유 幺부 총 9획	幽 幽 幽明

• 幽明(유명): 어둠과 밝음을 아울러 이르는 말 / 저승과 이승을 아울러 이르는 말
  예 그 배우는 안타깝게도 62세에 幽明을 달리하였다.

3급	忄 忄 忄 忄 忄 忄 怊 怊 惟 惟
惟 생각할 유 心(忄)부 총 11획	惟 惟 惟獨
동 思: 생각 사

• 惟獨(유독): 많은 것 가운데 홀로 두드러지게
  예 올 겨울은 惟獨 눈이 많이 내렸다.

3급Ⅱ	幺 糸 糸 糸 糸 糸 紂 緋 維 維
維 벼리 유 糸부 총 14획	維 維 維持

• 維持(유지): 어떤 상태나 상황을 그대로 보존하거나 변함없이 계속하여 지탱함.
  예 충분한 수면은 건강한 생활 維持에 매우 중요하다.

4급	乙 乙 乙 乙 买 买 乳
乳 젖 유 乙부 총 8획	乳 乳 牛乳
비 孔: 구멍 공

• 牛乳(우유): 소의 젖
  예 나는 칼슘이 부족해지지 않도록 매일 牛乳를 마신다.

4급	亻 亻 亻 俨 俨 俨 僵 僵 儒 儒
儒 선비 유 人(亻)부 총 16획	儒 儒 儒學
동 士: 선비 사

• 儒學(유학): 중국의 공자를 시조(始祖)로 하는 전통적인 학문
  예 그는 어려서 할아버지께 儒學을 배워 문장에 능했다.

3급Ⅱ	` ㇀ ㇀ 礻 礻 礻 衤 衤 衫 裕
裕 넉넉할 유 衣(衤)부 총 12획	裕 裕 餘裕
동 足: 발 족

• 餘裕(여유): 물질적·공간적·시간적으로 넉넉하여 남음이 있는 상태
  예 출발 시간까지는 아직 30분 정도의 餘裕가 있다.

3급Ⅱ	亠 亠 言 言 言 計 計 誘 誘 誘
誘 꾈 유 言부 총 14획	誘 誘 誘致

• 誘致(유치): 꾀어서 데려옴. / 행사나 사업 따위를 이끌어 들임.
  예 대형 마트들의 고객 誘致 경쟁이 갈수록 치열해지고 있다.

3급	人 入 介 介 介 兪 兪 愈 愈 愈
愈 나을 유 心부 총 13획	愈 愈 愈甚

• 愈甚(유심): 더욱 심함.
  예 그는 계단을 내려갈 때면 무릎의 통증이 愈甚하다고 하였다.

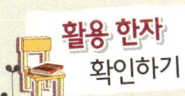
활용 한자 확인하기

勞 일할 로 　 造 지을 조 　 明 밝을 명 　 獨 홀로 독 　 持 가질 지 　 牛 소 우 　 學 배울 학
餘 남을 여 　 致 이를 치 　 甚 심할 심

3급II 悠 멀 유 心부 총 11획	亻 亻' 亻'' 竹 攸 攸 悠 悠 悠
	悠 悠 悠久

- 悠久(유구): 아득하게 오램.
  예) 우리는 悠久한 역사를 간직한 경주로 여행을 떠났다.

3급 閏 윤달 윤 門부 총 12획	丨 冂 冂 門 門 門 門 閏 閏
	閏 閏 閏年

- 閏年(윤년): 윤달이나 윤일이 든 해
  예) 閏年은 4년에 한 번씩 돌아온다.

3급II 潤 불을 윤 水(氵)부 총 15획	氵 氵' 氵'' 氵''' 潤 潤 潤 潤 潤
	潤 潤 利潤

- 利潤(이윤): 장사 따위를 하여 남은 돈
  예) 그는 주식 투자로 많은 利潤을 남겼다.

4급 隱 숨을 은 阜(阝)부 총 17획	阝 阝' 阝'' 阝''' 隱 隱 隱 隱
	隱 隱 隱密

- 반 現: 나타날 현
- 동 祕: 숨길 비
- 약 隱, 隐

- 隱密(은밀): 숨어 있어서 겉으로 드러나지 아니함.
  예) 그 기업에 대한 세무 조사가 隱密하게 진행되었다.

3급II 淫 음란할 음 水(氵)부 총 11획	丶 丶 氵 氵' 氵'' 氵''' 淫 淫 淫
	淫 淫 淫亂

- 淫亂(음란): 음탕하고 난잡함.
  예) 그는 淫亂 동영상을 불법 유통한 혐의로 조사를 받았다.

3급 凝 엉길 응 冫부 총 16획	冫 冫' 冫'' 凝 凝 凝 凝 凝
	凝 凝 凝視

- 凝視(응시): 눈길을 모아 한 곳을 똑바로 바라봄.
  예) 충격을 받은 그녀는 멍하니 한곳을 凝視하고 있었다.

3급 宜 마땅 의 宀부 총 8획	丶 丶 宀 宀' 宀'' 宜 宜 宜
	宜 宜 便宜

- 비 且: 또차
- 동 當: 마땅당
- 약 宐

- 便宜(편의): 형편이나 조건 따위가 편하고 좋음.
  예) 관광객들의 안전과 便宜를 위해 등산로를 재정비하였다.

4급 儀 거동 의 人(亻)부 총 15획	亻 亻' 亻'' 儀 儀 儀 儀 儀 儀
	儀 儀 禮儀

- 禮儀(예의): 존경의 뜻을 표하기 위하여 예로써 나타내는 말투나 몸가짐
  예) 부모와 자식 간에도 禮儀를 지켜야 한다.

4급 疑 의심할 의 疋부 총 14획	匕 匕' 뵷 뵷' 疑 疑 疑 疑
	疑 疑 疑問

- 疑問(의문): 의심스럽게 생각함. 또는 그런 문제나 사실
  예) 그녀는 疑問 나는 점을 모아 선생님께 여쭈어 보았다.

3급 夷 오랑캐 이 大부 총 6획	一 二 三 弓 夷 夷
	夷 夷 東夷

- 비 吏: 벼슬아치/관리 리

- 東夷(동이): 예전에, 중국에서 동쪽의 오랑캐라는 뜻으로 동쪽에 사는 민족을 낮잡아 이르던 말
  예) 중국은 동쪽의 활을 잘 쏘는 민족이라 하여 우리나라를 東夷라고 불렀다.

활용 한자 확인하기

久 오랠 구 年 해 년 利 이할 리 密 빽빽할 밀 亂 어지러울 란 視 볼 시
便 편할 편, 똥오줌 변 禮 예도 례 問 물을 문 東 동녘 동

3급II	ㄱ ㄲ 孖 㓪 羽 羽 翌 翌 翼 翼
翼 날개 익 羽부 총 17획	翼 翼 右翼

- 右翼(우익): 새나 비행기 따위의 오른쪽 날개 / 보수적이거나 국수적인 경향. 또는 그런 단체
  - 예) 그는 정치에 있어서는 右翼적인 성향이 강하다.

3급	ㄥ 乂 女 奻 奼 姐 姻 姻 姻
姻 혼인 인 女부 총 9획	姻 姻 婚姻 동 婚: 혼인할 혼

- 婚姻(혼인): 남자와 여자가 부부가 되는 일
  - 예) 과거에 비해 평균 婚姻 연령이 점점 높아지고 있다.

3급II	ㄱ ㄴ ㅁ 乡 免 免 兔 逸 逸 逸
逸 편안할 일 辵(辶)부 총 12획	逸 逸 安逸 동 安: 편안 안

- 安逸(안일): 편안하고 한가로움. 또는 편안함만을 누리려는 태도
  - 예) 감독은 젊은 선수들의 安逸한 정신 상태를 지적해왔다.

5급II	ノ イ 仁 仁 仟 任
任 맡길 임 人(亻)부 총 6획	任 任 責任 동 委: 맡길 위

- 責任(책임): 맡아서 해야 할 임무나 의무
  - 예) 이번 사고의 責任은 전적으로 나에게 있다.

3급II	ノ イ 任 任 侏 侑 賃 賃 賃
賃 품삯 임 貝부 총 13획	賃 賃 賃貸 비 貨: 재물 화 貸: 빌릴/꿀 대

- 賃貸(임대): 돈을 받고 자기의 물건을 남에게 빌려 줌.
  - 예) 건물주는 건물 전체를 복지관에 무상으로 賃貸해 주었다.

3급	ㅡ ㅛ ㅛ ㅛ 쓰 兹 兹 兹
兹 이 자 艸(艹)부 총 10획	兹 兹 今兹

- 今兹(금자): 올해
  - 예) 할머니는 서울에 오신 지 今兹로 십 년이 되신다.

3급II	ㅣ ㅏ ㅕ 止 此 此 紫 紫 紫
紫 자줏빛 자 糸부 총 11획	紫 紫 紫色

- 紫色(자색): 자주색. 짙은 남빛을 띤 붉은색
  - 예) 어머니는 紫色 고구마로 음료를 만들어 주셨다.

4급	ㅡ ヽ ㅋ ㅕ ㅕ 次 次 資 資
資 재물 자 貝부 총 13획	資 資 資本 동 財: 재물 재 貨: 재물 화

- 資本(자본): 장사나 사업 따위의 기본이 되는 돈
  - 예) 그 영화사는 資本이 충분하지 않았다.

4급	ヽ ソ ナ ヵ 次 次 姿 姿
姿 모양 자 女부 총 9획	姿 姿 姿勢 동 貌: 모양 모

- 姿勢(자세): 몸을 움직이거나 가누는 모양 / 사물을 대할 때 가지는 마음가짐
  - 예) 이 체조는 구부정한 姿勢를 똑바로 잡아주는 데 효과가 있다.

3급	ヽ ソ ナ ヵ 次 次 恣 恣 恣
恣 마음대로/ 방자할 자 心부 총 10획	恣 恣 放恣

- 放恣(방자): 어려워하거나 조심스러워하는 태도가 없이 무례하고 건방짐.
  - 예) 동생의 放恣한 행동이 나를 화나게 만들었다.

활용 한자 확인하기

| 右 오른 우 | 婚 혼인할 혼 | 安 편안 안 | 責 꾸짖을 책 | 貸 빌릴/꿀 대 | 今 이제 금 | 色 빛 색 |
| 本 근본 본 | 勢 형세 세 | 放 놓을 방 | | | | |

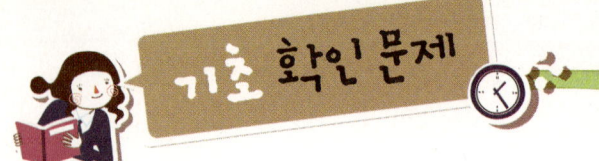

[問 01-15] 다음 漢字(한자)의 訓(훈: 뜻)과 音(음: 소리)을 쓰시오.

| 字 ➡ 글자 자 |

01 額 (   )   02 詠 (   )   03 悠 (   )
04 凝 (   )   05 偶 (   )   06 玆 (   )
07 沿 (   )   08 姻 (   )   09 郵 (   )
10 違 (   )   11 豫 (   )   12 遙 (   )
13 染 (   )   14 汚 (   )   15 員 (   )

[問 16-27] 다음 訓(훈: 뜻)과 音(음: 소리)에 알맞은 漢字(한자)를 쓰시오.

| 글자 자 ➡ 字 |

16 욕심 욕 (   )   17 재물 자 (   )   18 잔치 연 (   )
19 버들 양 (   )   20 에워쌀 위 (   ) 21 그림자 영 (   )
22 늙은이 옹 (   ) 23 거짓 위 (   )   24 욕될 욕 (   )
25 맡길 임 (   )   26 즐길 오 (   )   27 생각할 유 (   )

[問 28-39] 다음 漢字語(한자어)의 讀音(독음)을 쓰시오.

| 漢字 ➡ 한자 |

28 右翼 (   )   29 反映 (   )   30 放恣 (   )
31 敬畏 (   )   32 隱密 (   )   33 庸劣 (   )
34 演技 (   )   35 慰勞 (   )   36 護衛 (   )
37 土壤 (   )   38 疑問 (   )   39 便宜 (   )

[問 40-44] 다음 밑줄 친 漢字語(한자어)를 漢字(한자)로 쓰시오.

| 한국 ➡ 韓國 |

40 병사가 차렷 <u>자세</u>를 취한 채 서 있다.   (   )
41 나는 아침마다 <u>우유</u>를 한 잔씩 마신다.   (   )
42 그는 희귀한 <u>우표</u>를 많이 가지고 있다.   (   )
43 나는 <u>수영</u>뿐만 아니라 축구도 좋아한다.   (   )
44 의학이 발달함에 따라 인간의 평균 수명도 <u>연장</u>되었다. (   )

이야기로 익히는 주요 한자어

경향 방죽의 유래

　조선 시대 중엽, 光州의 한 마을에 이생원이라는 사람이 살고 있었다. 어느 해 여름 한두 방울 떨어지던 빗방울이 漸次 굵어지더니 갑자기 많은 비가 내려 마을 앞 개천의 둑이 터지게 되었다. 水災로 인해 터진 둑에서는 물이 폭포처럼 쏟아져 나왔고 마침 亭子에서 暫時 비를 피하던 이생원은 흙탕물 위로 무언가 떠내려가는 것을 발견하게 되었다. 자세히 보니 그것은 개미집이었고 이생원은 가까스로 개미집을 건져 개미떼를 操心스럽게 땅으로 옮겨 주었다. | 광주
점차
수재
정자, 잠시
조심

　그런 일이 있은 지 며칠 후부터 이생원의 집에는 원인 모르게 쌀이 쌓이기 시작하더니 어느 새 마당 한 구석을 가득 채웠다. 이상하게 생각한 이생원은 누가 그런 것인지 몰래 숨어 追跡해 보려고 했으나 사람의 그림자는 찾아 볼 수도 없었다. | 추적

　반면 이웃집의 곡식 貯藏 창고에서는 이상하게도 쌀이 조금씩 없어지더니 마침내 蒸發이라도 한 것처럼 창고가 텅 비게 되었다. 관가에서는 이생원이 곡식을 竊盜한 것이라 보고 그를 잡아다가 그 이유를 물었다. 이생원은 그동안 벌어진 일을 모두 이야기하였고 개미들이 은혜에 보답하기 위해 그리 한 것을 알게 된 관가에서는 이생원을 벌할 수가 없었다. | 저장
증발, 절도

　그 후 이생원은 장마가 지면 개미집이 물에 잠길 것을 염려하여 튼튼하게 堤防을 쌓아두었는데 이것이 광주 계림동에 있었던 '경향 방죽'이라고 한다. | 제방

사람의 마음을 움직인 방정환

　방정환 선생이 어느 날 밤늦게까지 책을 읽고 있었다. 그런데 갑자기 창문이 열리더니 검은 服裝의 강도가 칼을 들이밀며 들어왔다. "돈을 내놓지 않으면 刺傷을 입혀 죽여 버리겠다." 잠시 靜寂이 흘렀지만 곧 방 선생은 "돈이 필요하면 그냥 달라고 하면 되지, 왜 칼까지 들이대고 그러시오."라며 抵抗하거나 놀라는 기색도 없이 일어나더니 당시로서는 큰돈이었던 390원을 내주었다. "이것이 내가 가진 전부이니 가지고 가시오." | 복장, 자상
정적
저항

　강도는 방 선생의 底意를 몰라 불안한 마음에 얼른 돈을 가지고 나오려는데 이번에는 방 선생이 소리를 쳤다. "이보시오, 돈을 줬으면 고맙다고 인사라도 하고 가야할 것 아니오?" 깜짝 놀란 강도는 "그래, 고맙다."라고 말을 하고는 달아났다. | 저의

　하지만 강도는 근처를 지나가던 制服을 입은 경찰에게 붙잡혔고, 날이 밝자 경찰은 강도를 데리고 방정환의 집으로 찾아왔다. "이 사람이 어젯밤에 선생님 집에서 강도질을 했다고 陳述하여 확인 차 왔습니다." 그러자 방정환은 "저 사람은 강도가 아닙니다. 돈이 필요하다고 하기에 사정이 딱한 것 같아 내가 그에게 돈을 주었습니다. 돈을 주니까 고맙다고 인사까지 하고 갔는데 강도라니요?"라고 하였다. | 제복
진술

　경찰은 방 선생의 主張이 다소 의심스러웠지만 어쩔 수 없이 강도를 풀어주었다. 그제서야 강도는 자신의 잘못을 뉘우치며 용서를 빌었다. "앞으로는 나쁜 짓 하지 않고 법을 遵守하며 바르게 살겠습니다." | 주장
준수

- 刺傷(자상): 칼 따위의 날카로운 것에 찔려서 입은 상처
  예) 그녀는 오른쪽 팔에 刺傷을 입은 채 쓰러져 있었다.

- 參酌(참작): 이리저리 비추어 보아서 알맞게 고려함.
  예) 판사는 여러 상황을 參酌하여 그에게 벌금형을 내렸다.

3급	爵	벼슬 작 / 爪(灬)부 / 총 18획
	爵 爵 伯爵	동 官: 벼슬 관

- 伯爵(백작): 다섯 등급으로 나눈 귀족의 작위 가운데 셋째 작위
  예) 그녀는 영국 伯爵 가문의 셋째 딸로 태어났다.

4급	殘	남을 잔 / 歹부 / 총 12획
	殘 殘 殘額	동 餘: 남을 여 / 약 残

- 殘額(잔액): 나머지 액수
  예) 이 상품권은 60% 이상 구매 시 殘額이 현금으로 환불된다.

3급II	潛	잠길 잠 / 水(氵)부 / 총 15획
	潛 潛 潛在	

- 潛在(잠재): 겉으로 드러나지 않고 속에 잠겨 있거나 숨어 있음.
  예) 유통 업계가 다양한 마케팅을 통해 潛在 고객 확보에 나섰다.

3급II	暫	잠깐 잠 / 日부 / 총 15획
	暫 暫 暫時	

- 暫時(잠시): 짧은 시간
  예) 우리는 산을 오르다 바위에 기대어 暫時 휴식을 취하였다.

4급	雜	섞일 잡 / 隹부 / 총 18획
	雜 雜 雜念	동 混: 섞을 혼 / 약 雑

- 雜念(잡념): 여러 가지 잡스러운 생각
  예) 걱정과 雜念 때문에 공부에 집중이 안 된다.

3급II	丈	어른 장 / 一부 / 총 3획
	丈 丈 丈母	동 夫: 지아비 부

- 丈母(장모): 아내의 어머니
  예) 丈母는 사위가 온다고 씨암탉까지 잡았다.

- 主張(주장): 자기의 의견이나 주의를 굳게 내세움. 또는 그런 의견이나 주의
  예) 그들은 한 치의 양보도 없이 자기 主張만 내세웠다.

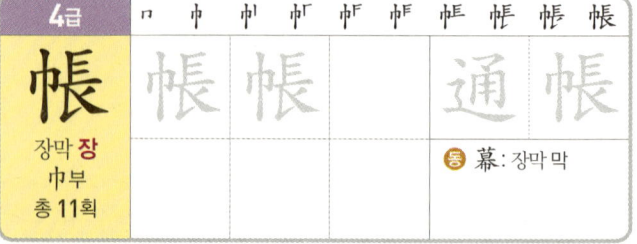

- 通帳(통장): 금융 기관에서, 예금한 사람에게 출납의 상태를 적어 주는 장부
  예) 어머니는 매월 용돈을 通帳으로 넣어 주신다.

활용 한자 확인하기

| 傷 다칠 상 | 參 참여할 참, 석 삼 | 伯 맏 백 | 額 이마 액 | 在 있을 재 | 時 때 시 |
| 念 생각 념 | 母 어미 모 | | 主 임금/주인 주 | 通 통할 통 | |

莊 (3급II) 씩씩할 장, 艸(艹)부, 총 11획
- 비: 壯 장할 장
- 약: 荘
- 莊嚴(장엄): 씩씩하고 웅장하며 위엄 있고 엄숙함.
  - 예) 백두산 천지의 모습은 언제 보아도 莊嚴하다.

裝 (4급) 꾸밀 장, 衣부, 총 13획
- 약: 装
- 服裝(복장): 옷차림
  - 예) 저녁 식사 후 우리는 가벼운 服裝으로 산책에 나섰다.

獎 (4급) 장려할 장, 大부, 총 14획
- 동: 勸 권할 권 / 勵 힘쓸 려
- 약: 奨
- 勸獎(권장): 권하여 장려함.
  - 예) 삼촌이 쓴 책이 청소년 勸獎 도서로 선정되었다.

墻 (3급) 담 장, 土부, 총 16획
- 越墻(월장): 담을 넘음.
  - 예) 그는 자신의 집 열쇠가 없어 越墻하다 경찰에 붙잡혔다.

葬 (3급II) 장사지낼 장, 艸(艹)부, 총 13획
- 火葬(화장): 죽은 사람을 불에 살라 장사 지냄.
  - 예) 고인의 뜻에 따라 시신은 火葬한 후 강에 뿌려졌다.

粧 (3급II) 단장할 장, 米부, 총 12획
- 化粧(화장): 화장품을 바르거나 문질러 얼굴을 곱게 꾸밈.
  - 예) 언니는 化粧을 안 한 얼굴이 더 어려 보인다.

掌 (3급II) 손바닥 장, 手(扌)부, 총 12획
- 동: 管 대롱/주관할 관
- 管掌(관장): 일을 맡아서 주관함.
  - 예) 그는 오랫동안 특허 업무를 管掌해 왔다.

藏 (3급II) 감출 장, 艸(艹)부, 총 18획
- 비: 臟 오장 장
- 약: 蔵
- 貯藏(저장): 물건이나 재화 따위를 모아서 간수함.
  - 예) 할머니는 수확한 깨를 털어 항아리에 貯藏해 두셨다.

臟 (3급II) 오장 장, 肉(月)부, 총 22획
- 비: 藏 감출 장
- 약: 臓
- 臟器(장기): 내장의 여러 기관
  - 예) 뇌사에 빠진 청년이 자신의 臟器를 환자들에게 기증하였다.

障 (4급II) 막을 장, 阜(阝)부, 총 14획
- 故障(고장): 기구나 기계가 제대로 움직이지 못하게 되는 기능상의 장애
  - 예) 열차가 출발한 지 얼마 되지 않아 에어컨이 故障났다.

활용 한자 확인하기

嚴 엄할 엄 | 服 옷 복 | 勸 권할 권 | 越 넘을 월 | 火 불 화 | 化 될 화 | 管 대롱/주관할 관
貯 쌓을 저 | 器 그릇 기 | 故 연고 고

4급	月 刀 刀 刀 胛 肥 胆 腸 腸 腸
腸 창자 **장** 肉(月)부 총 13획	腸 腸 　 大腸 비 場: 마당 장 　 陽: 볕 양 　 揚: 날릴 양

- 大腸(대장): 큰창자. 작은창자의 끝에서부터 항문에 이르는 소화 기관
  예 병원에서 大腸 내시경 검사를 받았다.

3급Ⅱ	士 * 井 岁 丰 耂 耂 耂 耂 裁 裁 裁
裁 옷마를 **재** 衣부 총 12획	裁 裁 　 裁判 비 栽: 심을 재

- 裁判(재판): 옳고 그름을 따져 판단함. / 구체적인 소송 사건을 해결하기 위하여 법원 또는 법관이 공권적 판단을 내리는 일
  예 그가 이번 裁判에서 이길 가능성은 거의 없어 보인다.

3급	' ' 宀 宀 宀 宇 宰 宰 宰 宰
宰 재상 **재** 宀부 총 10획	宰 宰 　 主宰

- 主宰(주재): 어떤 일을 중심이 되어 맡아 처리함.
  예 대통령 主宰로 긴급 장관 회의가 열렸다.

3급Ⅱ	一 寸 扌 扩 扩 扩 抵 抵
抵 막을 **저** 手(扌)부 총 8획	抵 抵 　 抵抗 비 低: 낮을 저 동 抗: 겨룰 항

- 抵抗(저항): 어떤 힘이나 조건에 굽히지 아니하고 거역하거나 버팀.
  예 시위 참가자들이 경찰의 진압에 抵抗하고 있다.

3급Ⅱ	扌 扩 扩 扩 护 拎 摘 摘 摘 摘
摘 딸 **적** 手(扌)부 총 14획	摘 摘 　 指摘 비 滴: 물방울 적

- 指摘(지적): 꼭 집어서 가리킴. / 허물 따위를 드러내어 폭로함.
  예 선생님께서 나의 잘못된 행동에 대해 指摘하셨다.

5급	' '' '' 巛 巛 ㅆ 災
災 재앙 **재** 火부 총 7획	災 災 　 火災 동 禍: 재앙 화 　 殃: 재앙 앙 　 厄: 액 액

- 火災(화재): 불이 나는 재앙. 또는 불로 인한 재난
  예 겨울철은 날씨가 건조하여 火災의 위험이 높다.

3급Ⅱ	士 * 吉 吉 言 査 車 載 載 載
載 실을 **재** 車부 총 13획	載 載 　 記載

- 記載(기재): 문서 따위에 기록하여 올림.
  예 신청서에 記載 사항을 빠짐없이 적어 넣었다.

4급	' 一 广 户 庄 庄 底 底
底 밑 **저** 广부 총 8획	底 底 　 底意

- 底意(저의): 겉으로 드러나지 아니한, 속에 품은 생각
  예 그녀가 이번 일을 왜 서두르는지 그 底意를 모르겠다.

3급	氵 氵 氵 氵 沪 淆 滴 滴 滴
滴 물방울 **적** 水(氵)부 총 14획	滴 滴 　 滴水 비 摘: 딸 적

- 滴水(적수): 떨어지는 물방울
  예 滴水가 집채만한 바위도 뚫을 수 있다.

3급Ⅱ	宀 宀 宀 宀 宇 宇 宋 宗 寂
寂 고요할 **적** 宀부 총 11획	寂 寂 　 閑寂 동 靜: 고요할 정

- 閑寂(한적): 한가하고 고요함.
  예 이 영화의 첫 장면은 어느 閑寂한 시골 마을에서 시작된다.

활용 한자 확인하기

大 큰 대　　火 불 화　　判 판단할 판　　記 기록할 기　　主 임금/주인 주　　意 뜻 의　　抗 겨룰 항
水 물 수　　指 가리킬 지　　閑 한가할 한

籍 (4급)
- 문서 **적**
- 竹(𥫗)부
- 총 20획
- 필순: ⺮ ⺮⺮ ⺮ 耤 耤 耤 籍 籍 籍
- 예시: 除籍
- 동: 書 글 서 / 典 법 전

• **除籍**(제적): 학적, 당적 따위에서 이름을 지워 버림.
  예) 그는 출석 일수가 모자라 학교에서 除籍당했다.

賊 (4급)
- 도둑 **적**
- 貝부
- 총 13획
- 필순: 丨 冂 月 目 貝 貝' 貯 賊 賊 賊
- 예시: 海賊
- 동: 盜 도둑 도

• **海賊**(해적): 배를 타고 다니면서, 다른 배나 해안 지방을 습격하여 재물을 빼앗는 강도
  예) 이곳은 海賊이 자주 출몰하는 위험 지역으로 알려져 있다.

跡 (3급II)
- 발자취 **적**
- 足(⻊)부
- 총 13획
- 필순: 口 日 昌 跁 跁 跡 跡 跡
- 예시: 追跡

• **追跡**(추적): 도망하는 사람의 뒤를 밟아서 쫓음.
  예) 경찰의 끈질긴 追跡 끝에 범인이 붙잡혔다.

積 (4급)
- 쌓을 **적**
- 禾부
- 총 16획
- 필순: 一 二 千 禾 禾' 秅 秬 秬 積 積
- 예시: 積金
- 동: 貯 쌓을 저 / 蓄 모을 축 / 累 여러 루

• **積金**(적금): 금융 기관에 일정 금액을 일정 기간 동안 불입한 다음에 찾는 저금
  예) 배낭여행을 가기 위해 매달 10만원씩 積金을 넣고 있다.

績 (4급)
- 길쌈 **적**
- 糸부
- 총 17획
- 필순: 𠃋 𠃌 幺 糸 糸' 紀 紀 績 績
- 예시: 成績
- 비: 積 쌓을 적

• **成績**(성적): 하여 온 일의 결과로 얻은 실적 / 학생들이 배운 지식, 기능, 태도 따위를 평가한 결과
  예) 이번 기말고사에서는 成績이 많이 올랐다.

專 (4급)
- 오로지 **전**
- 寸부
- 총 11획
- 필순: 一 二 亠 㐂 甫 車 車 専 専 専 專
- 예시: 專攻

• **專攻**(전공): 어느 한 분야를 전문적으로 연구함. 또는 그 분야
  예) 삼촌은 대학에서 한문학을 專攻하였다.

轉 (4급)
- 구를 **전**
- 車부
- 총 18획
- 필순: 亘 車 車 軻 軻 軻 轉 轉 轉
- 예시: 運轉
- 동: 移 옮길 이 / 回 돌아올 회
- 약: 転

• **運轉**(운전): 기계나 자동차 따위를 움직여 부림.
  예) 運轉 중 휴대 전화 사용은 매우 위험하다.

殿 (3급II)
- 전각 **전**
- 殳부
- 총 13획
- 필순: 一 二 尸 尸' 屈 展 展 殿 殿
- 예시: 宮殿
- 동: 宮 집 궁

• **宮殿**(궁전): 임금이 거처하는 집
  예) 베르사유 宮殿은 파리의 자랑거리 중 하나이다.

切 (5급II)
- 끊을 **절**, 온통 **체**
- 刀부
- 총 4획
- 필순: 一 七 切 切
- 예시: 切開
- 동: 斷 끊을 단

• **切開**(절개): 째거나 갈라서 벌림. / 치료를 위하여 몸의 일부를 째어서 엶.
  예) 레이저 수술을 통해 切開 없이도 디스크 수술이 가능하다.

折 (4급)
- 꺾을 **절**
- 手(扌)부
- 총 7획
- 필순: 一 十 扌 扌' 抄 折 折
- 예시: 骨折
- 비: 祈 빌 기

• **骨折**(골절): 뼈가 부러짐.
  예) 그는 교통사고로 두 다리가 骨折되었다.

활용 한자 확인하기
- 除 덜 제
- 海 바다 해
- 追 쫓을/따를 추
- 金 쇠 금, 성 김
- 成 이룰 성
- 攻 칠 공
- 運 옮길 운
- 宮 집 궁
- 開 열 개
- 骨 뼈 골

3급	竊 竊 竊 竊 竊 竊 竊 竊 竊 竊
竊 훔칠 **절** 穴부 총 22획	竊 竊 竊 盜 동 盜: 도둑 도 약 窃

- 竊盜(절도): 남의 물건을 몰래 훔침. 또는 그런 사람
  예 빈집을 대상으로 하는 竊盜 사건이 증가하고 있다.

4급	ㅣ ㅏ ㅑ 占 占
占 점령할/ 점칠 **점** 卜부 총 5획	占 占 獨 占 비 店: 가게 점

- 獨占(독점): 혼자서 모두 차지함.
  예 그 화장품은 우리 회사에서 獨占 판매하고 있다.

4급	ㅁ 日 日 甲 里 黑 黑 黙 點
點 점 **점** 黑부 총 17획	點 點 觀 點 약 点, 奌

- 觀點(관점): 사물이나 현상을 관찰할 때, 그 사람이 보고 생각하는 태도나 방향 또는 처지
  예 사람마다 제시된 문제에 대한 觀點이 다를 수 있다.

3급II	氵 氵 沪 沪 沪 淖 漸 漸 漸
漸 점점 **점** 水(氵)부 총 14획	漸 漸 漸 次

- 漸次(점차): 차례를 따라 조금씩
  예 오후가 되니 날씨가 漸次 풀리기 시작하였다.

3급	虫 虾 虸 蚆 蛘 蜨 蝴 蝶 蝶
蝶 나비 **접** 虫부 총 15획	蝶 蝶 蝶 泳

- 蝶泳(접영): 수영 방법의 한 가지. 버터플라이 수영법
  예 그는 세계선수권대회 200m 蝶泳에서 금메달을 차지하였다.

3급II	丶 亠 亠 古 吉 吉 亭 亭
亭 정자 **정** 亠부 총 9획	亭 亭 亭 子

- 亭子(정자): 경치가 좋은 곳에 놀거나 쉬기 위하여 지은 집
  예 우리는 亭子에 앉아서 준비해 온 도시락을 먹었다.

3급	丶 亠 亠 言 言 言 訂
訂 바로잡을 **정** 言부 총 9획	訂 訂 訂 正

- 訂正(정정): 글자나 글 따위의 잘못을 고쳐서 바로잡음.
  예 신문사는 바로 이번 사건에 대한 訂正 기사를 내보냈다.

3급II	ㅡ 二 千 壬 任 廷 廷
廷 조정 **정** 廴부 총 7획	廷 廷 法 廷 비 延: 늘일 연

- 法廷(법정): 법원이 소송 절차에 따라 송사를 심리하고 판결하는 곳
  예 그들은 法廷에서 진실이 꼭 가려질 것이라고 믿고 있었다.

4급II	二 千 禾 禾 禾 和 和 程 程 程
程 한도/길 **정** 禾부 총 12획	程 程 旅 程

- 旅程(여정): 여행의 과정이나 일정
  예 우리는 일주일 간의 旅程을 마치고 집으로 돌아왔다.

3급II	丿 彳 彳 彳 行 征 征
征 칠 **정** 彳부 총 8획	征 征 遠 征 동 伐: 칠 벌

- 遠征(원정): 먼 곳으로 싸우러 나감. / 먼 곳으로 운동 경기 따위를 하러 감. / 연구, 탐험, 조사 따위를 위하여 먼 곳으로 떠남.
  예 우리나라 대표 팀이 일본과의 遠征 경기에서 크게 이겼다.

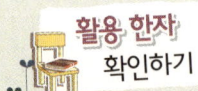

활용 한자 확인하기

盜 도둑 도　　獨 홀로 독　　觀 볼 관　　次 버금 차　　泳 헤엄칠 영　　子 아들 자　　正 바를 정
法 법 법　　旅 나그네 려　　遠 멀 원

204 이야기로 배우는 한자 1800

4급 整 가지런할 정 攵(攴)부 총 16획
필순: 一 丁 申 東 東 束 敕 敕 敕 整

- **整理(정리)**: 흐트러지거나 혼란스러운 상태에 있는 것을 한데 모으거나 치워서 질서 있는 상태가 되게 함.
  - 예) 책상을 整理하는 데 하루가 꼬박 걸렸다.
- 동 齊: 가지런할 제

4급Ⅱ 提 끌 제 手(扌)부 총 12획
필순: 扌 扌 护 押 押 押 押 捍 提

- **提案(제안)**: 의안으로 내놓음. 또는 그 의안
  - 예) 그 배우는 감독의 출연 提案을 흔쾌히 받아들였다.

3급 堤 둑 제 土부 총 12획
- **堤防(제방)**: 물가에 흙이나 돌, 콘크리트 따위로 쌓은 둑
  - 예) 이번 홍수로 둑과 저수지의 堤防이 무너졌다.
- 비 提: 끌 제

4급Ⅱ 制 절제할 제 刀(刂)부 총 8획
- **制限(제한)**: 일정한 한도를 정하거나 그 한도를 넘지 못하게 막음. 또는 그렇게 정한 한계
  - 예) 이곳은 청소년의 출입이 制限된 지역이다.

4급Ⅱ 際 즈음/가 제 阜(阝)부 총 14획
- **國際(국제)**: 나라 사이에 관계됨. / 여러 나라에 공통됨. / 여러 나라가 모여서 이루거나 함.
  - 예) 요리사인 삼촌은 각종 國際 대회에서 수상한 경력이 있다.
- 동 邊: 가 변

3급Ⅱ 齊 가지런할 제 齊부 총 14획
- **齊唱(제창)**: 여러 사람이 다 같이 큰 소리로 외침. / 같은 가락을 두 사람 이상이 동시에 노래함.
  - 예) 모두 자리에서 일어나 교가를 齊唱하였다.
- 비 濟: 건널 제
- 약 斉

4급Ⅱ 濟 건널 제 水(氵)부 총 17획
- **救濟(구제)**: 자연적인 재해나 사회적인 피해를 당하여 어려운 처지에 있는 사람을 도와줌.
  - 예) 이 일로 피해를 입은 사람들을 救濟하기 위한 조치가 필요하다.
- 동 救: 구원할 구
- 약 済

3급 弔 조상할 조 弓부 총 4획
- **弔問(조문)**: 남의 죽음에 대하여 슬퍼하는 뜻을 드러내어 상주(喪主)를 위문함.
  - 예) 그의 빈소에는 弔問 행렬이 끊이지 않았다.
- 비 弟: 아우 제
- 반 慶: 경사 경

3급 燥 마를 조 火부 총 17획
- **乾燥(건조)**: 말라서 습기가 없음.
  - 예) 방안이 乾燥해지지 않도록 가습기를 틀어 놓았다.
- 비 操: 잡을 조

5급 操 잡을 조 手(扌)부 총 16획
- **操心(조심)**: 잘못이나 실수가 없도록 말이나 행동에 마음을 씀.
  - 예) 빗길에는 운전을 操心해야 한다.

활용 한자 확인하기

- 理 다스릴 리
- 案 책상 안
- 防 막을 방
- 限 한할 한
- 國 나라 국
- 唱 부를 창
- 救 구원할 구
- 問 물을 문
- 乾 하늘/마를 건
- 心 마음 심

照 비칠 조
- 3급II
- 火(灬)부
- 총 13획
- 획순: 丨 冂 冃 日 日^ 日刀 昭 昭 昭 照
- 熟語: 照明
- 동: 映 비칠 영
- **照明(조명)**: 광선으로 밝게 비춤. 또는 그 광선
- 예) 실내의 照明이 너무 밝아 눈이 부시다.

條 가지 조
- 4급
- 木부
- 총 11획
- 획순: 丿 亻 亻 亻^ 亻丨 攸 攸 條 條
- 熟語: 條件
- 동: 枝 가지 지
- 약: 条
- **條件(조건)**: 어떤 일을 이루게 하거나 이루지 못하게 하기 위하여 갖추어야 할 상태나 요소
- 예) 그는 수영 선수로서 유리한 신체 條件을 가지고 있다.

潮 조수/밀물 조
- 4급
- 水(氵)부
- 총 15획
- 획순: 氵 氵 汁 汁 沽 沽 淖 淖 淖 潮
- 熟語: 風潮
- 비: 朝 아침 조
- **風潮(풍조)**: 바람과 조수(潮水)를 아울러 이르는 말. 또는 바람에 따라 흐르는 조수 / 시대에 따라 변하는 세태
- 예) 기초 질서를 가볍게 여기는 風潮를 고쳐 나가야 한다.

租 조세 조
- 3급II
- 禾부
- 총 10획
- 획순: 丿 二 千 禾 禾 禾刀 租 租 租 租
- 熟語: 租稅
- 동: 稅 세금 세
- **租稅(조세)**: 국가 또는 지방 공공 단체가 필요한 경비로 사용하기 위하여 국민이나 주민으로부터 거두어들이는 돈
- 예) 국민들의 租稅 부담이 작년보다 늘어났다.

組 짤 조
- 4급
- 糸부
- 총 11획
- 획순: 丿 纟 纟 纟 糸 糸刀 紀 紀 組 組
- 熟語: 組織
- 동: 織 짤 직
- **組織(조직)**: 특정한 목적을 달성하기 위하여 여러 개체나 요소를 모아서 체계 있는 집단을 이룸. 또는 그 집단
- 예) 사장은 활기차고 명랑한 組織 문화를 만들고자 노력하였다.

拙 졸할 졸
- 3급
- 手(扌)부
- 총 8획
- 획순: 一 丨 扌 扌 扣 扫 拙 拙
- 熟語: 拙速
- **拙速(졸속)**: 어설프고 빠름. 또는 그런 태도
- 예) 이번 법안의 拙速 처리에 대한 비난이 쏟아지고 있다.

縱 세로 종
- 3급II
- 糸부
- 총 17획
- 획순: 糸 糸^ 紒 紒 絆 絆 縱 縱 縱 縱
- 熟語: 操縱
- 약: 縦
- **操縱(조종)**: 비행기나 선박, 자동차 따위의 기계를 다루어 부림.
- 예) 인간의 뇌파를 이용해 로봇을 操縱하는 기술이 개발되었다.

佐 도울 좌
- 3급
- 人(亻)부
- 총 7획
- 획순: 丿 亻 亻^ 亻^ 佐 佐 佐
- 熟語: 補佐
- 비: 左 왼 좌
- **補佐(보좌)**: 상관을 도와 일을 처리함.
- 예) 그는 10년째 사장을 최측근에서 補佐하고 있다.

座 자리 좌
- 4급
- 广부
- 총 10획
- 획순: 丶 亠 广 广 庐 庐 座 座 座 座
- 熟語: 座席
- 비: 坐 앉을 좌
- 동: 席 자리 석
- **座席(좌석)**: 앉을 수 있게 마련된 자리
- 예) 공연의 모든 座席이 매진되었다.

舟 배 주
- 3급
- 舟부
- 총 6획
- 획순: 丿 亻 力 力 月 舟
- 熟語: 一葉片舟
- **一葉片舟(일엽편주)**: 한 척의 조그마한 배
- 예) 호수 위에는 一葉片舟가 두둥실 떠 있다.

활용 한자 확인하기

| 明 밝을 명 | 件 물건 건 | 風 바람 풍 | 稅 세금 세 | 織 짤 직 | 速 빠를 속 | 操 잡을 조 |
| 補 기울 보 | 席 자리 석 | 一 한 일 | 葉 잎 엽 | 片 조각 편 | | |

4급	ノ 刀 刀 円 円 冃 周 周
周 두루 주 口부 총 8획	周 周　　周圍　　동 圍: 에워쌀 위

- 周圍(주위): 어떤 곳의 바깥 둘레 / 어떤 사물이나 사람을 둘러싸고 있는 것. 또는 그 환경
  - 예 周圍를 아무리 둘러보아도 화장실을 찾을 수 없었다.

5급Ⅱ	` ノ 丿 州 州 州
州 고을 주 巛부 총 6획	州 州　　光州　　동 郡: 고을 군

- 光州(광주): 전라남도의 중앙부에 있는 시
  - 예 어머니는 光州에서 유년 시절을 보내셨다.

3급Ⅱ	一 十 才 木 木 木 杧 柊 柱
柱 기둥 주 木부 총 9획	柱 柱　　支柱　　비 桂: 계수나무 계

- 支柱(지주): 어떠한 물건이 쓰러지지 아니하도록 버티어 괴는 기둥 / 정신적·사상적으로 의지할 수 있는 근거나 힘을 비유적으로 이르는 말
  - 예 그는 대표 팀의 정신적 支柱로서 큰 역할을 하고 있다.

3급Ⅱ	一 二 干 王 王 玎 玎 珡 珠
珠 구슬 주 玉(王)부 총 10획	珠 珠　　眞珠　　동 玉: 구슬 옥

- 眞珠(진주): 조개·대합·전복 따위의 조가비나 살 속에 생기는 딱딱한 덩어리
  - 예 선생님은 眞珠로 장식된 머리띠를 하고 계셨다.

4급Ⅱ	` ; 氵 氵 氵 汫 汼 淮 進 準
準 준할 준 水(氵)부 총 13획	準 準　　基準　　약 準

- 基準(기준): 기본이 되는 표준
  - 예 방송을 앞두고 심사위원들이 심사 基準을 공개하였다.

3급Ⅱ	一 十 才 木 木 木 栏 栐 株
株 그루 주 木부 총 10획	株 株　　株式

- 株式(주식): 주식회사의 자본을 구성하는 단위
  - 예 그는 株式에 돈을 투자했다가 큰 손해를 보았다.

3급Ⅱ	` ; 氵 氵 氵 泖 洲 洲 洲
洲 물가 주 水(氵)부 총 9획	洲 洲　　滿洲　　비 州: 고을 주

- 滿洲(만주): 중국 둥베이(東北) 지방을 이르는 말
  - 예 그의 할아버지는 일제 시대 때 滿洲에서 독립운동을 하셨다.

3급Ⅱ	一 二 三 声 夫 走 秦 奏 奏
奏 아뢸 주 大부 총 9획	奏 奏　　演奏　　비 奉: 받들 봉 / 泰: 클 태

- 演奏(연주): 악기를 다루어 곡을 표현하거나 들려주는 일
  - 예 그녀는 기타를 演奏하며 감미로운 노래를 불렀다.

3급Ⅱ	金 金 鉾 鋳 鋳 鑄 鑄 鑄
鑄 쇠불릴 주 金부 총 22획	鑄 鑄　　鑄造　　약 鋳

- 鑄造(주조): 녹인 쇠붙이를 거푸집에 부어 물건을 만듦.
  - 예 10원짜리 동전을 鑄造하는 데 10원보다 더 많은 돈이 든다.

3급	ノ 亻 亻 亻 伂 伂 俊 俊 俊
俊 준걸 준 人(亻)부 총 9획	俊 俊　　俊秀　　동 傑: 뛰어날 걸

- 俊秀(준수): 재주와 슬기, 풍채가 빼어남.
  - 예 그는 180센티미터가 넘는 키에 俊秀한 외모를 가지고 있다.

활용 한자 확인하기

| 圍 에워쌀 위 | 式 법 식 | 光 빛 광 | 滿 찰 만 | 支 지탱할 지 | 演 펼 연 | 眞 참 진 |
| 造 지을 조 | 基 터 기 | 秀 빼어날 수 | | | | |

고등학교 교육용 기초 한자 900자

3급	丷 兮 酋 酋 酋 尊 尊 尊 尊 遵
遵 좇을 **준** 辵(辶)부 총 16획	遵 遵　　遵 守

• 遵守(준수): 전례나 규칙, 명령 따위를 그대로 좇아서 지킴.
　예 안전 수칙을 遵守한다면 사고는 일어나지 않을 것이다.
　동 守: 지킬 수

3급Ⅱ	丿 亻 亻 仁 伂 仲
仲 버금 **중** 人(亻)부 총 6획	仲 仲　　仲 裁

• 仲裁(중재): 분쟁에 끼어들어 쌍방을 화해시킴.
　예 정부의 仲裁로 노사 간의 협상이 극적으로 이루어졌다.

3급Ⅱ	忄 忄 忄 忄 忄 忄 忄 忄 忄 僧
憎 미울 **증** 心(忄)부 총 15획	憎 憎　　憎 惡

• 憎惡(증오): 아주 사무치게 미워함. 또는 그런 마음
　예 일그러진 그의 얼굴에는 憎惡가 가득하였다.
　반 愛: 사랑 애
　동 惡: 미워할 오

3급	貝 貯 貯 貯 貯 贈 贈 贈 贈
贈 줄 **증** 貝부 총 19획	贈 贈　　寄 贈

• 寄贈(기증): 선물이나 기념으로 남에게 물품을 거저 줌.
　예 할머니는 평생 모은 재산을 대학에 寄贈하셨다.
　반 答: 대답 답
　동 給: 줄 급
　　 與: 줄 여

3급Ⅱ	丶 亠 广 广 广 疒 疒 疒 症 症
症 증세 **증** 疒부 총 10획	症 症　　症 勢

• 症勢(증세): 병을 앓을 때 나타나는 여러 가지 상태나 모양
　예 그는 감기 症勢가 심해져 병원에 입원하였다.

3급Ⅱ	艹 艹 芏 芏 茅 茅 茅 茅 蒸 蒸
蒸 찔 **증** 艸(艹)부 총 14획	蒸 蒸　　蒸 發

• 蒸發(증발): 어떤 물질이 액체 상태에서 기체 상태로 변함. 또는 그런 현상
　예 기온이 높아지면 蒸發하는 물의 양도 많아진다.
　약 烝

3급Ⅱ	丶 冫 氵 汋 池 池
池 못 **지** 水(氵)부 총 6획	池 池　　貯 水 池

• 貯水池(저수지): 물을 모아 두기 위하여 하천이나 골짜기를 막아 만든 큰 못
　예 오랜 가뭄으로 貯水池가 바닥을 드러냈다.

4급	丶 亠 亠 言 言 言 言 計 計 誌
誌 기록할 **지** 言부 총 14획	誌 誌　　雜 誌

• 雜誌(잡지): 일정한 이름을 가지고 호를 거듭하며 정기적으로 간행하는 출판물
　예 호기심이 많은 동생은 과학 雜誌를 즐겨 본다.

4급	丿 广 矢 矢 知 知 知 智 智
智 지혜/슬기 **지** 日부 총 12획	智 智　　智 略

• 智略(지략): 어떤 일이나 문제든지 명철하게 포착하고 분석·평가하며 해결 대책을 능숙하게 세우는 뛰어난 슬기와 계략
　예 그 감독은 智略이 뛰어난 지도자라는 평을 듣고 있다.
　반 愚: 어리석을 우
　동 慧: 슬기로울 혜

3급	尸 尸 尽 尽 屖 犀 犀 遲 遲 遲
遲 더딜/늦을 **지** 辵(辶)부 총 16획	遲 遲　　遲 刻

• 遲刻(지각): 정해진 시각보다 늦게 출근하거나 등교함.
　예 선생님은 遲刻한 학생들에게 청소를 시키셨다.
　반 速: 빠를 속
　약 迟

활용한자 확인하기

守 지킬 수　　裁 옷마를 재　　惡 악할 악, 미워할 오　　寄 부칠 기　　勢 형세 세　　發 필 발
貯 쌓을 저　　水 물 수　　雜 섞일 잡　　略 간략할/약할 략　　刻 새길 각

職 (4급II)
필순: 耳 耳 耳 耶 耶 職 職 職
- 직분 **직**
- 耳부
- 총 18획

• 職員(직원): 일정한 직장에 근무하는 사람을 통틀어 이르는 말
  예) 그 호텔은 職員을 대상으로 서비스 향상 교육을 실시하였다.

織 (4급)
필순: 幺 糹 糸 紀 絆 絆 織 織 織
- 짤 **직**
- 糸부
- 총 18획
- 비) 識: 알 식
- 職: 직분 직

• 毛織(모직): 털실로 짠 피륙
  예) 날씨가 추워져 毛織으로 된 코트를 꺼내 입었다.

振 (3급II)
필순: 一 寸 扌 扩 扩 护 拆 振 振
- 떨칠 **진**
- 手(扌)부
- 총 10획

• 振動(진동): 흔들려 움직임. / 냄새 따위가 아주 심하게 나는 상태
  예) 공공장소에서는 휴대 전화를 振動으로 해 놓아야 한다.

鎭 (3급II)
필순: 丿 亠 乍 金 金 釒 釕 鎭 鎭
- 진압할 **진**
- 金부
- 총 18획

• 鎭壓(진압): 강압적인 힘으로 억눌러 진정시킴.
  예) 소방관들이 아파트에서 발생한 화재를 鎭壓하고 있다.

陣 (4급)
필순: 丿 阝 阝 阝 阝 阣 阺 陣 陣
- 진칠 **진**
- 阜(阝)부
- 총 10획

• 陣營(진영): 정치적·사회적·경제적으로 구분된 서로 대립되는 세력의 어느 한쪽
  예) 이번 사건을 두고 보수와 진보 陣營의 반응이 엇갈렸다.

陳 (3급II)
필순: 丿 阝 阝 阝 阝 阣 陣 陳 陳
- 베풀/묵을 **진**
- 阜(阝)부
- 총 11획
- 비) 陣: 진칠 진
- 동) 列: 벌일 렬

• 陳列(진열): 여러 사람에게 보이기 위하여 물건을 죽 벌여 놓음.
  예) 이 가게는 상품이 잘 陳列되어 있다.

珍 (4급)
필순: 一 一 т 王 玙 玙 珍 珍
- 보배 **진**
- 玉(王)부
- 총 9획
- 동) 寶: 보배 보
- 약) 珎

• 珍貴(진귀): 보배롭고 보기 드물게 귀함.
  예) 골동품 시장에는 珍貴한 물건들이 많이 있다.

震 (3급II)
필순: 一 雨 雨 雨 雫 雫 震 震 震
- 우레 **진**
- 雨부
- 총 15획

• 餘震(여진): 큰 지진이 일어난 다음에 얼마 동안 잇따라 일어나는 작은 지진
  예) 계속되는 餘震은 피해 상황을 더욱 악화시켰다.

秩 (3급II)
필순: 一 二 千 禾 禾 禾 秒 秒 秩
- 차례 **질**
- 禾부
- 총 10획
- 동) 序: 차례 서

• 秩序(질서): 혼란 없이 순조롭게 이루어지게 하는 사물의 순서나 차례
  예) 관객들은 직원의 안내에 따라 秩序 있게 밖으로 대피하였다.

疾 (3급II)
필순: 丶 亠 广 疒 疒 疒 疒 疾 疾
- 병 **질**
- 疒부
- 총 10획
- 동) 病: 병 병
- 患: 근심 환

• 疾病(질병): 몸의 온갖 병
  예) 각종 疾病을 예방하기 위해서는 손을 깨끗이 씻어야 한다.

활용 한자 확인하기

員 인원 원   毛 터럭 모   動 움직일 동   壓 누를 압   營 경영할 영   列 벌일 렬   貴 귀할 귀
餘 남을 여   序 차례 서   病 병 병

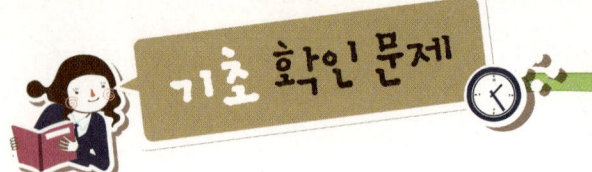

[問 01-15] 다음 漢字(한자)의 訓(훈: 뜻)과 音(음: 소리)을 쓰시오.

字 ➡ 글자 자

01 爵 (   )   02 占 (   )   03 池 (   )
04 職 (   )   05 征 (   )   06 仲 (   )
07 疾 (   )   08 寂 (   )   09 拙 (   )
10 腸 (   )   11 殿 (   )   12 株 (   )
13 災 (   )   14 丈 (   )   15 宰 (   )

[問 16-27] 다음 訓(훈: 뜻)과 音(음: 소리)에 알맞은 漢字(한자)를 쓰시오.

글자 자 ➡ 字

16 증세 증 (   )   17 도둑 적 (   )   18 좇을 준 (   )
19 점점 점 (   )   20 구를 전 (   )   21 조세 조 (   )
22 장막 장 (   )   23 옷마를 재 (   )   24 점 점 (   )
25 담 장 (   )   26 보배 진 (   )   27 베풀 장 (   )

[問 28-39] 다음 漢字語(한자어)의 讀音(독음)을 쓰시오.

漢字 ➡ 한자

28 風潮 (   )   29 憎惡 (   )   30 弔問 (   )
31 記載 (   )   32 亭子 (   )   33 陣營 (   )
34 積金 (   )   35 法廷 (   )   36 故障 (   )
37 骨折 (   )   38 救濟 (   )   39 刺傷 (   )

[問 40-44] 다음 밑줄 친 漢字語(한자어)를 漢字(한자)로 쓰시오.

한국 ➡ 韓國

40 길이 미끄러우니 조심하십시오.   (   )
41 그녀의 특기는 바이올린 연주이다.   (   )
42 매달 그의 집에는 자동차 관련 잡지가 배달된다.   (   )
43 잠시만 기다리시면 담당자를 연결해 드리겠습니다. (   )
44 그들은 이번 대회에서 기대 이상의 좋은 성적을 거두었다. (   )

이야기로 익히는 주요 한자어

아사달과 아사녀

삼국 시대 백제 사비성에 이름난 석공 아사달이 살고 있었다. 그는 아사녀와 華燭을 밝힌 지 얼마 되지 않아 신라로 떠나게 되었다. 그때 신라에서는 불국사 建築이 이루어지고 있었는데 김대성의 推薦으로 그곳에 石塔을 만들러 가게 된 것이다.

고향을 떠난 아사달은 3년 동안 徹夜도 마다하지 않으며 基礎부터 차근차근 탑 만드는 일에 몸과 마음을 바쳤다. 열심히 일한 덕분에 석탑의 완성 시기도 예상보다 短縮될 듯 보였다.

아사달이 3년이 되도록 돌아오지 않자 남편이 그리워 苦痛스러워 하던 아사녀는 남편을 만나기 위해 신라로 찾아갔다. 하지만 把守를 보던 군사가 탑이 완성될 때까지는 아무도 만날 수 없다면서 아사녀에게 길을 내주지 않았다. 할 수 없이 아사녀는 날마다 불국사 앞을 서성거리며 멀리서나마 남편을 보려고 層階를 올라가 보는 등 여러 妙策을 짜냈으나 끝내 아사달을 만날 수는 없었다.

아사녀의 모습이 너무 危殆해 보였는지 이를 보다 못한 주지 스님이 아사녀에게 "여기서 얼마 떨어지지 않는 곳에 자그마한 연못이 있는데 정성을 다해 부처님께 빈다면 탑 공사가 끝나는 대로 탑의 그림자가 透明한 못에 비칠 것이오. 그러면 남편도 만날 수 있을 것이오."라고 말해 주었다. 아사녀는 곧바로 연못으로 달려가 몇날 며칠 연못을 바라보며 아사달을 만나게 해달라고 부처님께 빌고 또 빌었다. 하지만 탑의 그림자는 보이지 않았다.

그러던 어느 날 연못을 들여다보던 아사녀의 눈에 석가탑의 그림자가 보였다. 아사녀는 너무 기쁜 나머지 남편의 이름을 부르며 연못 속으로 뛰어들었다. 수면에는 蒼空의 흰 구름 사이로 불국사가 비치고 있을 뿐 석가탑은 보이지 않았는데 아사녀가 이를 석가탑으로 錯覺해 그만 이런 慘事가 일어난 것이다.

마침내 탑을 완성한 아사달은 아사녀가 연못에서 기다리고 있다는 이야기를 듣고 급히 그곳으로 달려갔다. 그러나 아내의 모습은 볼 수 없었다. 沈痛한 마음으로 아내를 찾아 헤매던 아사달은 커다란 바위에 아사녀의 肖像을 새기기 시작하였다. 괴로움을 吐露하며 아사달이 새긴 아사녀의 모습은 점점 인자한 미소를 머금고 있는 부처상이 되어 갔다.

아사녀와 부처의 모습이 한데 어우러진 불상이 완성되는 날 아사달도 연못에 몸을 던지는 選擇을 하고 말았다. 후대의 사람들은 이 연못을 '영지'라 부르고, 끝내 그림자를 비추지 않은 석가탑을 '무영탑'이라고도 불렀다.

	화촉
	건축
	추천, 석탑
	철야, 기초
	단축
	고통
	파수
	층계, 묘책
	위태
	투명
	창공
	착각, 참사
	침통
	초상
	토로
	선택

3급	ㄑ ㄨ 女 女 妒 妒 妒 姪 姪
姪 조카 **질** 女부 총 9획	姪 姪　　姪女 반 叔: 아재비 숙

- 姪女(질녀): 조카딸
  예) 작은아버지는 姪女인 나를 매우 예뻐하신다.

3급II	彳 彳' 彳"彳" 彳뿔 彳뿔 徨 徨 徵
徵 부를 **징** 彳부 총 15획	徵 徵　　追徵 비 微: 작을 미 동 收: 거둘 수 약 徵

- 追徵(추징): 부족한 것을 뒤에 추가하여 징수함.
  예) 그는 3천만 원의 세금을 追徵당했다.

3급	彳 彳' 彳" 彳뿔 徨 徵 徵 懲 懲
懲 징계할 **징** 心부 총 19획	懲 懲　　懲戒 동 戒: 경계할 계

- 懲戒(징계): 허물이나 잘못을 뉘우치도록 나무라며 경계함. / 부정이나 부당한 행위에 대하여 제재를 가함.
  예) 경기 중 심판을 폭행한 선수에게 강력한 懲戒가 내려졌다.

4급	` ´ ´´ ㅗㅗ 뽁 꽃 差 差 差
差 다를 **차** 工부 총 10획	差 差　　差異 동 別: 다를 / 나눌 별 　 異: 다를 이

- 差異(차이): 서로 같지 아니하고 다름. 또는 그런 정도나 상태
  예) 같은 물건인데도 매장마다 조금씩 가격 差異가 난다.

3급II	ノ ㅏ 느 乍 金 金 釒 釒 錯 錯
錯 어긋날 **착** 金부 총 16획	錯 錯　　錯覺 동 誤: 그르칠 오

- 錯覺(착각): 어떤 사물이나 사실을 실제와 다르게 지각하거나 생각함.
  예) 사람들은 종종 그를 외국인으로 錯覺하였다.

3급	一 十 扌 扌 扌' 护 护 护 捉 捉
捉 잡을 **착** 手(扌)부 총 10획	捉 捉　　捕捉 비 促: 재촉할 촉

- 捕捉(포착): 꼭 붙잡음. / 요점이나 요령을 얻음. / 어떤 기회나 정세를 알아차림.
  예) 지리산에 설치된 무인 카메라에 수달의 모습이 捕捉되었다.

3급II	ノ ㅗ 뽈 뽈 뽁 꽃 꽃 替 替 贊
贊 도울 **찬** 貝부 총 19획	贊 贊　　贊反 반 反: 돌이킬 반 약 賛

- 贊反(찬반): 찬성과 반대를 아울러 이르는 말
  예) 학생들은 贊反으로 나뉘어 토론을 벌였다.

4급	言 言 訁 訁 訁 訁 訁 誅 讚 讚
讚 기릴 **찬** 言부 총 26획	讚 讚　　禮讚 동 譽: 기릴 예 약 讃

- 禮讚(예찬): 훌륭한 것, 좋은 것, 아름다운 것을 존경하고 찬양함.
  예) 사람들은 한복을 선이 아름다운 옷이라고 禮讚하였다.

3급	忄 忄' 忄" 忄" 忄" 悾 悾 惨 惨
慘 참혹할 **참** 心(忄)부 총 14획	慘 慘　　慘事 동 悲: 슬플 비 약 惨

- 慘事(참사): 비참하고 끔찍한 일
  예) 산사태로 인해 많은 사람이 죽는 慘事가 일어났다.

3급	亘 車 車 軒 軒 斬 斬 慙 慙
慙 부끄러울 **참** 心부 총 15획	慙 慙　　慙愧 비 暫: 잠깐 잠

- 慙愧(참괴): 매우 부끄러워함.
  예) 그는 얼굴과 목소리에 慙愧의 빛을 띠었다.

女 계집 녀　　追 쫓을/따를 추　　戒 경계할 계　　異 다를 이　　覺 깨달을 각　　捕 잡을 포
反 돌이킬 반　　禮 예도 례　　事 일 사　　愧 부끄러울 괴

3급Ⅱ	ノ 人 人 ヘ 今 今 今 今 倉 倉
倉 곳집 **창** 人부 총 10획	倉　倉　　倉庫 비 蒼: 푸를 창 동 庫: 곳집 고

- 倉庫(창고): 물건이나 자재를 저장하거나 보관하는 건물
  예 그는 팔고 남은 물건들을 倉庫에 쌓아 두었다.

3급Ⅱ	⺿ ⺿ ⺿ 苎 苎 苓 苍 苍 蒼 蒼
蒼 푸를 **창** 艸(⺿)부 총 14획	蒼　蒼　　蒼空 동 青: 푸를 청

- 蒼空(창공): 맑고 푸른 하늘
  예 그녀는 패러글라이딩을 타고 한 마리 새처럼 蒼空을 누볐다.

3급Ⅱ	ノ ⺅ ⺅ ⺅⺅ 平 采 采 彩 彩
彩 채색 **채** 彡부 총 11획	彩　彩　　彩色 동 光: 빛 광 色: 빛 색

- 彩色(채색): 여러 가지의 고운 빛깔 / 그림 따위에 색을 칠함.
  예 학생들이 칙칙한 벽을 산뜻한 벽화로 彩色하였다.

3급Ⅱ	ノ ⺈ ⺈⺈ 竺 竺 竺 竺 笛 第 策
策 꾀 **책** 竹(⺮)부 총 12획	策　策　　妙策 동 計: 셀 계

- 妙策(묘책): 매우 교묘한 꾀
  예 학교는 불법 주차를 막기 위한 갖가지 妙策을 짜냈다.

3급Ⅱ	一 ⼁ 扌 扌 扌 拓 拓 拓
拓 넓힐 **척** 手(扌)부 총 8획	拓　拓　　開拓

- 開拓(개척): 거친 땅을 일구어 논이나 밭과 같이 쓸모 있는 땅으로 만듦. / 새로운 영역, 운명, 진로 따위를 처음으로 열어 나감.
  예 그 회사는 동유럽, 남미 등 새로운 시장 開拓에 나섰다.

4급Ⅱ	ノ 人 人 ヘ 今 今 今 倉 倉 創
創 비롯할 **창** 刀(刂)부 총 12획	創　創　　創業 동 始: 비로소 시 初: 처음 초

- 創業(창업): 나라나 왕조 따위를 처음으로 세움. / 사업 따위를 처음으로 이루어 시작함.
  예 대학 졸업을 앞둔 형은 취업대신 創業을 선택하였다.

3급	申 申 申 甲 甲 甲 畅 暢 暢
暢 화창할 **창** 日부 총 14획	暢　暢　　流暢

- 流暢(유창): 말을 하거나 글을 읽는 것이 물 흐르듯이 거침이 없음.
  예 외국 배우가 수상 소감을 한국어로 流暢하게 말하였다.

3급Ⅱ	⺅ ⺅ ⺅ 仕 仕 倩 倩 倩 債 債
債 빚 **채** 人(⺅)부 총 13획	債　債　　負債

- 負債(부채): 남에게 빚을 짐. 또는 그 빚
  예 그는 3년 전 사업 실패로 지금도 負債에 시달리고 있다.

3급	一 厂 ⼁ 斤 斤
斥 물리칠 **척** 斤부 총 5획	斥　斥　　排斥 비 斤: 근/날 근

- 排斥(배척): 따돌리거나 거부하여 밀어 내침.
  예 그들은 상대의 의견은 排斥하고 자신의 주장만 내세웠다.

3급Ⅱ	厂 厂 厂 厅 戚 戚 戚 戚 戚
戚 친척 **척** 戈부 총 11획	戚　戚　　親戚 비 咸: 다 함

- 親戚(친척): 친족과 외척을 아울러 이르는 말
  예 오랜만에 만난 親戚들과 정답게 웃으며 이야기를 나누었다.

활용 한자 확인하기

| 庫 곳집 고 | 業 업 업 | 空 빌 공 | 流 흐를 류 | 色 빛 색 | 負 질 부 | 妙 묘할 묘 |
| 排 밀칠 배 | 開 열 개 | 親 친할 친 | | | | |

3급II 賤 천할 천 貝부 총 15획	冂 冃 甲 貝 貝' 貝² 賎 賤 賤 賤
	賤 賤　　　　賤待 비 淺: 얕을 천 / 반 貴: 귀할 귀 / 약 賎

- 賤待(천대): 업신여기어 천하게 대우하거나 푸대접함.
  예 능력이 뛰어나도 여성이라는 이유로 賤待를 받던 때가 있었다.

3급II 踐 밟을 천 足(⻊)부 총 15획	口 구 무 무 무 무 무 践 踐 踐
	踐 踐　　　實踐 비 賤: 천할 천 / 약 践

- 實踐(실천): 생각한 바를 실제로 행함.
  예 그녀는 평소 꾸준한 이웃 사랑을 實踐해 왔다.

3급II 遷 옮길 천 辵(辶)부 총 16획	一 覀 覀 覀 覀 覀 票 票 票 遷
	遷 遷　　變遷 약 迁

- 變遷(변천): 세월이 흐름에 따라 바뀌고 변함.
  예 이 전시에서는 한글의 變遷 과정을 한눈에 볼 수 있다.

3급 薦 천거할 천 艸(艹)부 총 17획	艹 艹 芦 芦 芦 芦 薦 薦
	薦 薦　　推薦

- 推薦(추천): 어떤 조건에 적합한 대상을 책임지고 소개함.
  예 이 책은 청소년 推薦 도서로 선정되었다.

3급II 哲 밝을 철 口부 총 10획	一 十 扌 扩 折 折 折 折 哲 哲
	哲 哲　　明哲

- 明哲(명철): 총명하고 사리에 밝음.
  예 그는 사고의 충격으로 明哲한 판단이 불가능해 보였다.

3급II 徹 통할 철 彳부 총 15획	彳 彳 彳 产 育 育 徹 徹 徹
	徹 徹　　徹夜 동 通: 통할 통

- 徹夜(철야): 잠을 자지 않고 밤을 보냄.
  예 행사를 앞두고 관계자들은 몇 주 전부터 徹夜 작업을 해 왔다.

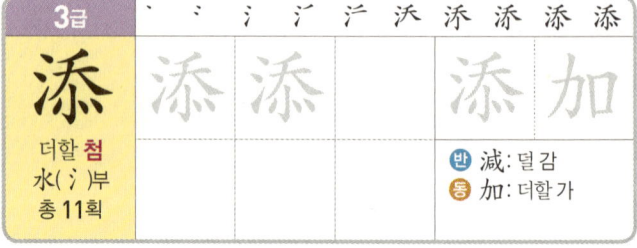

3급 尖 뾰족할 첨 小부 총 6획	亅 丨 小 少 尖 尖
	尖 尖　　尖端 동 端: 끝 단

- 尖端(첨단): 물체의 뾰족한 끝 / 시대 사조, 학문, 유행 따위의 맨 앞장
  예 이 병원은 물리 치료를 위한 尖端 의료 장비를 갖추고 있다.

3급 添 더할 첨 水(氵)부 총 11획	丶 冫 氵 氵 沃 添 添 添 添
	添 添　　添加 반 減: 덜 감 / 동 加: 더할 가

- 添加(첨가): 이미 있는 것에 덧붙이거나 보탬.
  예 이 비누는 방부제를 添加하지 않아 보관 기간이 짧다.

3급 妾 첩 첩 女부 총 8획	丶 丷 亠 立 产 妾 妾
	妾 妾　　小妾

- 小妾(소첩): 부인이 남편을 상대하여 자기를 낮추어 이르던 일인칭 대명사
  예 서방님, 부디 小妾의 마음을 헤아려 주십시오.

4급 廳 관청 청 广부 총 25획	丶 广 厂 庐 庐 庐 廳 廳 廳
	廳 廳　　廳舍 비 聽: 들을 청 / 약 厅

- 廳舍(청사): 관청의 사무실로 쓰는 건물
  예 廳舍를 방문하는 시민들을 위한 휴식 공간이 마련되었다.

활용 한자 확인하기

待 기다릴 대　　實 열매 실　　變 변할 변　　推 밀 추　　明 밝을 명　　夜 밤 야　　端 끝 단
加 더할 가　　小 작을 소　　舍 집 사

3급	一 夫 夫 扶 扶 扶 替 替 替
替 바꿀 체 日부 총 12획	替 替 交替

동 代: 대신 대

- 交替(교체): 사람이나 사물을 다른 사람이나 사물로 대신함.
  예 감독은 후반 10분에 선수 두 명을 交替하였다.

3급Ⅱ	氵 氵 氵 沪 沪 泄 泄 滯 滯
滯 막힐 체 水(氵)부 총 14획	滯 滯 停滯

- 停滯(정체): 사물이 발전하거나 나아가지 못하고 한자리에 머물러 그침.
  예 나들이 차량들로 주요 고속 도로 곳곳이 停滯되고 있다.

3급	ヨ 聿 聿 聿 隶 隶 隶 逮
逮 잡을 체 辵(辶)부 총 12획	逮 逮 逮捕

- 逮捕(체포): 형법에서, 사람의 신체에 대하여 직접적이고 현실적인 구속을 가하여 행동의 자유를 빼앗는 일
  예 경찰은 범인을 현장에서 바로 逮捕하였다.

3급	一 厂 厂 严 庐 虎 虒 遞 遞
遞 갈릴 체 辵(辶)부 총 14획	遞 遞 郵遞局

- 郵遞局(우체국): 지식 경제부에 딸려 우편물의 인수, 배달과 우편환, 전신환 등의 업무를 맡아보는 기관
  예 오전에 郵遞局에 들러 소포를 보냈다.

3급Ⅱ	丨 丨 小 个 肖 肖 肖
肖 닮을/같을 초 肉(月)부 총 7획	肖 肖 不肖

- 不肖(불초): 아버지를 닮지 않았다는 뜻으로, 못나고 어리석은 사람을 이르는 말 / 아들이 부모를 상대하여 자기를 낮추어 이르는 말
  예 아버님, 不肖한 자식을 용서해 주십시오.

3급Ⅱ	土 キ キ 丰 走 赳 起 超 超
超 뛰어넘을 초 走부 총 12획	超 超 超過

- 超過(초과): 일정한 수나 한도 따위를 넘음.
  예 정원이 超過하자 엘리베이터에서 경고음이 울렸다.

3급	一 十 扌 扌 扌 抄 抄
抄 뽑을 초 手(扌)부 총 7획	抄 抄 抄錄

비 秒: 분초 초

- 抄錄(초록): 필요한 부분만을 뽑아서 적음. 또는 그런 기록
  예 내일 오전까지 논문 抄錄을 제출해야 한다.

3급Ⅱ	石 石 石 矿 礎 礎 礎 礎
礎 주춧돌 초 石부 총 18획	礎 礎 基礎

- 基礎(기초): 사물이나 일 따위의 기본이 되는 토대
  예 이 수업은 수학의 基礎가 부족한 학생들을 위한 것이다.

3급	一 二 千 禾 禾 利 利 秒 秒
秒 분초 초 禾부 총 9획	秒 秒 秒速

비 抄: 뽑을 초

- 秒速(초속): 1초를 단위로 하여 잰 속도. 1초 동안의 진행 거리로 나타냄.
  예 秒速 40m가 넘는 강풍으로 곳곳에 엄청난 피해가 발생하였다.

3급Ⅱ	丿 亻 亻 个 俨 伊 促 促
促 재촉할 촉 人(亻)부 총 9획	促 促 督促

동 急: 급할 급

- 督促(독촉): 행동을 빨리하도록 재촉함.
  예 그는 나에게 빌려간 돈을 갚으라고 督促하였다.

활용 한자 확인하기

| 交 사귈 교 | 停 머무를 정 | 捕 잡을 포 | 郵 우편 우 | 局 판 국 | 不 아닐 불/부 | 過 지날 과 |
| 錄 기록할 록 | 基 터 기 | 速 빠를 속 | 督 감독할 독 | | | |

3급	燭 촛불 촉 火부 총 17획

火 灯 灯 灯 灯 烔 烱 燭 燭 燭

燭 燭 華燭

- 華燭(화촉): 빛깔을 들인 밀초. 흔히 혼례 의식에 씀.
  예 그녀는 오는 10월에 2살 연상의 회사원과 華燭을 밝힌다.

3급Ⅱ	觸 닿을 촉 角부 총 20획

角 角 角 觕 觸 觸 觸 觸 觸

觸 觸 感觸

약 触

- 感觸(감촉): 외부의 자극이 피부 감각을 통하여 전해지는 느낌
  예 이 수건은 피부에 닿는 感觸이 매우 부드럽다.

4급Ⅱ	銃 총 총 金부 총 14획

人 乍 全 余 金 金 釒 鈁 銃

銃 銃 銃傷

- 銃傷(총상): 총에 맞아 생긴 상처
  예 그는 육이오 전쟁 당시 다리에 銃傷을 입었다.

4급Ⅱ	總 다 총 糸부 총 17획

幺 糸 糸 紝 紳 絤 總 總

總 總 總額

약 總, 総

- 總額(총액): 전체의 액수
  예 그 선수가 1년 동안 받은 상금의 總額은 20억 원이 넘는다.

3급	聰 귀밝을 총 耳부 총 17획

耳 耴 耵 耶 耼 聊 聰 聰 聰

聰 聰 聰明

동 明: 밝을 명
약 聡, 聪

- 聰明(총명): 보거나 들은 것을 오래 기억하는 힘이 있음. / 썩 영리하고 재주가 있음.
  예 나는 어려서부터 聰明하다는 이야기를 많이 들었다.

3급Ⅱ	催 재촉할 최 人(亻)부 총 13획

亻 俨 俨 俨 俨 催 催 催 催

催 催 開催

- 開催(개최): 모임이나 회의 따위를 주최하여 엶.
  예 이번 행사는 성공적으로 開催되었다.

3급	抽 뽑을 추 手(扌)부 총 8획

一 十 扌 扌 扣 扣 抽 抽

抽 抽 抽出

- 抽出(추출): 전체 속에서 어떤 물건, 생각, 요소 따위를 뽑아냄.
  예 이 화장품에는 과일에서 抽出한 비타민이 들어 있다.

3급	醜 추할 추 酉부 총 17획

酉 酉' 酉人 酉人 酉人 酉鬼 醜 醜

醜 醜 醜態

반 美: 아름다울 미

- 醜態(추태): 더럽고 지저분한 태도나 짓
  예 그는 술에 취해 醜態를 부리다 가게에서 쫓겨났다.

3급Ⅱ	畜 짐승 축 田부 총 10획

丶 亠 玄 玄 玄 畜 畜 畜 畜

畜 畜 家畜

비 蓄: 모을 축

- 家畜(가축): 집에서 기르는 짐승. 소, 말, 돼지, 닭, 개 따위를 통틀어 이름.
  예 그는 전염병으로 소와 돼지 등 많은 家畜을 잃었다.

4급Ⅱ	蓄 모을 축 艸(艹)부 총 14획

艹 芊 茅 荟 荟 荟 荟 蓄 蓄

蓄 蓄 貯蓄

동 積: 쌓을 적

- 貯蓄(저축): 절약하여 모아 둠.
  예 이모는 매달 수입의 절반을 貯蓄하고 있다.

활용 한자 확인하기

華 빛날 화　感 느낄 감　傷 다칠 상　額 이마 액　明 밝을 명　開 열 개　出 날 출
態 모습 태　家 집 가　貯 쌓을 저

4급 II
築 쌓을 축
竹(⺮)부
총 16획

필순: ⺮ 竺 竺 竺 筑 筑 笁 築 築 築

築 築 建築

동 構: 얽을 구

- 建築(건축): 집, 성, 다리 등을 세우거나 쌓아 만드는 일
  예) 내년부터 아파트 建築 공사가 본격적으로 시작된다.

4급
縮 줄일 축
糸부
총 17획

필순: 纟 纟 纟 紤 紤 紣 紣 縮 縮

縮 縮 短縮

반 伸: 펼 신

- 短縮(단축): 시간이나 거리 따위가 짧게 줄어듦. 또는 그렇게 줄임.
  예) 그는 이번 대회에서 자신의 종전 기록을 10분가량 短縮하였다.

3급
臭 냄새 취
自부
총 10획

필순: ノ 丨 冂 白 白 自 臭 臭 臭 臭

臭 臭 惡臭

- 惡臭(악취): 나쁜 냄새
  예) 숯을 신발장 안에 넣어두면 惡臭를 제거할 수 있다.

4급
趣 뜻 취
走부
총 15획

필순: 土 キ 丰 走 走 走 起 起 趣 趣

趣 趣 趣味

동 意: 뜻 의

- 趣味(취미): 전문적으로 하는 것이 아니라 즐기기 위하여 하는 일
  예) 나는 趣味로 마술을 배우고 있다.

4급 II
測 헤아릴 측
水(氵)부
총 12획

필순: 丶 氵 氵 沉 沉 沉 汨 汨 測 測

測 測 推測

동 度: 헤아릴 탁

- 推測(추측): 미루어 생각하여 헤아림.
  예) 의사들은 그 병이 바이러스에 의한 것이라고 推測하였다.

3급
逐 쫓을 축
辵(辶)부
총 11획

필순: 一 丆 丏 豕 豕 豕 豖 逐 逐 逐

逐 逐 逐出

비 遂: 드디어 수

- 逐出(축출): 쫓아내거나 몰아냄.
  예) 경기 도중 폭력을 휘두른 선수가 대표 팀에서 逐出되었다.

3급 II
衝 찌를 충
行부
총 15획

필순: 彳 彳 彳 袹 袹 裲 裲 衝 衝 衝

衝 衝 衝突

동 激: 격할 격

- 衝突(충돌): 서로 맞부딪치거나 맞섬.
  예) 택시와 승용차가 정면으로 衝突하였다.

3급 II
醉 취할 취
酉부
총 15획

필순: 一 厂 襾 襾 酉 酉 酉 酔 醉 醉

醉 醉 心醉

약 酔

- 心醉(심취): 어떤 일이나 사람에 깊이 빠져 마음을 빼앗김.
  예) 그녀는 한때 클래식 음악에 心醉해 있었다.

3급 II
側 곁 측
人(亻)부
총 11획

필순: 亻 亻 亻 们 侣 侣 但 側 側 側

側 側 側近

- 側近(측근): 곁의 가까운 곳
  예) 그는 사장을 側近에서 모시는 비서이다.

4급
層 층 층
尸부
총 15획

필순: 一 コ 尸 尸 尸 屄 屄 屄 層 層

層 層 層階

동 階: 섬돌 계

- 層階(층계): 걸어서 층 사이를 오르내릴 수 있도록 턱이 지게 만들어 놓은 설비
  예) 할머니는 層階를 오를 때면 숨이 차다고 하셨다.

활용 한자 확인하기

建 세울 건 　 出 날 출 　 短 짧을 단 　 突 갑자기 돌 　 惡 악할 악, 미워할 오 　 心 마음 심
味 맛 미 　 近 가까울 근 　 推 밀 추 　 階 섬돌 계

고등학교 교육용 기초 한자 900자

3급II	ノ 亻 亻 亻 仕 佔 佔 値 値 値
値 값 **치** 人(亻)부 총 10획	동 價: 값 가

- 價值(가치): 사물이 지니고 있는 쓸모
  - 예 이 조각상은 예술적 價值가 매우 높은 것으로 평가된다.

4급II	一 ㄇ 罒 罒 罒 罒 罒 置 置
置 둘 **치** 网(罒)부 총 13획	비 直: 곧을 직

- 位置(위치): 일정한 곳에 자리를 차지함. 또는 그 자리
  - 예 우리 집은 학교와 가까운 곳에 位置하고 있다.

3급II	一 Γ F F E 耳 耳 耳 耳 耻
恥 부끄러울 **치** 心부 총 10획	비 取: 가질 취

- 恥部(치부): 남에게 드러내고 싶지 아니한 부끄러운 부분
  - 예 우리는 서로의 恥部까지 알고 있는 절친한 사이이다.

3급II	氵 氵 汁 洓 洓 漆 漆 漆 漆 漆
漆 옷 **칠** 水(氵)부 총 14획	

- 漆黑(칠흑): 옻칠처럼 검고 광택이 있음. 또는 그런 빛깔
  - 예 별도 달도 없는 산골의 밤은 漆黑같이 어두웠다.

4급II	ノ 亻 亻 亻 伊 伊 伊 侵 侵
侵 침노할 **침** 人(亻)부 총 9획	동 犯: 범할 범 掠: 노략질할 략

- 侵害(침해): 침범하여 해를 끼침.
  - 예 CCTV의 설치로 사생활 侵害에 대한 우려도 높아지고 있다.

3급II	丶 丶 氵 氵 沪 沪 浐 浸 浸 浸
浸 잠길 **침** 水(氵)부 총 10획	

- 浸透(침투): 액체 따위가 스며들어 뱀. / 세균이나 병균 따위가 몸속에 들어옴.
  - 예 수술 부위에 세균이 浸透하지 못하도록 특히 신경 써야 한다.

4급	宀 宀 宀 疒 疒 痆 痂 寢 寢
寢 잘 **침** 宀부 총 14획	동 宿: 잘 숙

- 就寢(취침): 잠자리에 들어 잠을 잠.
  - 예 就寢 전에는 음식을 먹지 않는 것이 좋다.

3급II	丶 丶 氵 氵 氵 沙 沈
沈 잠길 **침**, 성 **심** 水(氵)부 총 7획	

- 沈沒(침몰): 물속에 가라앉음.
  - 예 배가 沈沒하여 많은 사람이 목숨을 잃었다.

3급	一 十 才 木 朾 朾 枕 枕
枕 베개 **침** 木부 총 8획	비 沈: 잠길 침, 성 심

- 木枕(목침): 나무토막으로 만든 베개
  - 예 할아버지는 항상 木枕을 베고 주무신다.

4급	二 千 禾 禾 秆 秆 稱 稱 稱 稱
稱 일컬을 **칭** 禾부 총 14획	동 名: 이름 명 약 称

- 稱讚(칭찬): 좋은 점이나 착하고 훌륭한 일을 높이 평가함. 또는 그런 말
  - 예 '稱讚은 고래도 춤추게 한다.'는 말이 있다.

활용 한자 확인하기

價 값 가　　位 자리 위　　部 떼 부　　黑 검을 흑　　害 해할 해　　透 사무칠 투　　就 나아갈 취
沒 빠질 몰　　木 나무 목　　讚 기릴 찬

3급	妥 온당할 타 女부 총 7획	필순: 妥		妥協

- 妥協(타협): 어떤 일을 서로 양보하여 협의함.
  예) 노사는 대화와 妥協을 통해 문제를 해결하였다.

3급	隋 떨어질 타 土부 총 15획	필순: 隋		隋落
		동 落: 떨어질 락 약 堕		

- 隋落(타락): 올바른 길에서 벗어나 잘못된 길로 빠지는 일
  예) 그는 자기도 모르게 부패와 隋落의 늪으로 빠져들었다.

3급	濁 흐릴 탁 水(氵)부 총 16획	필순		混濁
		반 淸: 맑을 청 동 混: 섞을 혼		

- 混濁(혼탁): 불순물이 섞이어 깨끗하지 못하고 흐림.
  예) 겨울철에는 다른 계절보다 실내 공기가 混濁해지기 쉽다.

3급	托 맡길 탁 手(扌)부 총 6획	필순		依托

- 依托(의탁): 어떤 것에 몸이나 마음을 의지하여 맡김.
  예) 그 할머니는 몸을 依托할 자식도 없었다.

3급	濯 씻을 탁 水(氵)부 총 17획	필순		洗濯
		비 曜: 빛날 요 동 洗: 씻을 세		

- 洗濯(세탁): 더러운 옷이나 피륙 따위를 물에 빠는 일
  예) 니트는 중성 세제를 사용해 5분 내외로 빨리 洗濯해야 한다.

5급	卓 높을 탁 十부 총 8획	필순		卓見
		동 越: 넘을 월 高: 높을 고		

- 卓見(탁견): 두드러진 의견이나 견해
  예) 그는 풍부한 경험과 卓見을 갖춘 전문 경영인이다.

5급	炭 숯 탄 火부 총 9획	필순		炭鑛
		반 氷: 얼음 빙		

- 炭鑛(탄광): 석탄을 캐내는 광산
  예) 중국의 한 炭鑛에서 폭발 사고가 발생하였다.

4급	歎 탄식할 탄 欠부 총 15획	필순		感歎
		비 歡: 기쁠 환 難: 어려울 난		

- 感歎(감탄): 마음속 깊이 느끼어 탄복함.
  예) 산 정상에서 일출을 보니 저절로 感歎이 나왔다.

4급	彈 탄알 탄 弓부 총 15획	필순		防彈
		약 弾		

- 防彈(방탄): 날아오는 탄알을 막음.
  예) 대통령은 防彈 장치를 한 차를 타고 있다.

3급	誕 낳을/거짓 탄 言부 총 14획	필순		誕生

- 誕生(탄생): 사람이 태어남. 특히 귀인에 대하여 쓰는 말
  예) 크리스마스는 종교적으로 예수의 誕生을 기념하는 날이다.

활용 한자 확인하기

協 화할 협   落 떨어질 락   混 섞을 혼   依 의지할 의   洗 씻을 세   見 볼 견, 뵈올 현
鑛 쇳돌 광   感 느낄 감   防 막을 방   生 날 생

3급Ⅱ	一 ナ 木 木 本
奪 빼앗을 **탈** 大부 총 14획	奪 奪 奪還 비 奮: 떨칠 분

- 奪還(탈환): 빼앗겼던 것을 도로 빼앗아 찾음.
  예 그 팀은 5년 만에 정규 리그 우승을 奪還하였다.

3급	人 八 今 令 含 含 貪 貪
貪 탐낼 **탐** 貝부 총 11획	貪 貪 貪慾 비 貧: 가난할 빈

- 貪慾(탐욕): 지나치게 탐하는 욕심.
  예 그는 貪慾에 눈이 멀어 자기 자식까지 버렸다.

3급Ⅱ	一 十 土 圹 坎 坎 塔 塔 塔
塔 탑 **탑** 土부 총 13획	塔 塔 石塔

- 石塔(석탑): 석재를 이용하여 쌓은 탑
  예 미륵사지 石塔은 백제 무왕 때 만들어 세운 것이다.

3급Ⅱ	氵 氵 汀 沪 沪 沪 湯 湯 湯
湯 끓을 **탕** 水(氵)부 총 12획	湯 湯 湯藥 비 場: 마당 장

- 湯藥(탕약): 달여서 마시는 한약
  예 한방에서는 질병을 치료하기 위해 湯藥을 처방한다.

3급	ㄴ ㅿ 厶 台 台 台 怠 怠 怠
怠 게으를 **태** 心부 총 9획	怠 怠 怠慢 반 勤: 부지런할 근

- 怠慢(태만): 열심히 하려는 마음이 없고 게으름.
  예 그는 업무 怠慢으로 해고되었다.

3급Ⅱ	一 厂 歹 歹 殆 殆 殆 殆
殆 거의 **태** 歹부 총 9획	殆 殆 危殆 동 危: 위태할 위

- 危殆(위태): 어떤 형세가 마음을 놓을 수 없을 만큼 위험함.
  예 매연이 사람들의 건강을 危殆롭게 하고 있다.

4급Ⅱ	ㄴ 厶 今 自 自 能 能 態
態 모습 **태** 心부 총 14획	態 態 態度 동 樣: 모양 양 狀: 형상 상 形: 모양 형

- 態度(태도): 몸의 동작이나 몸을 거두는 모양새 / 어떤 사물이나 상황 따위를 대하는 자세
  예 나는 선생님께 수업 態度가 좋다고 칭찬을 받았다.

3급Ⅱ	氵 氵 汀 沪 沪 潭 潭 澤 澤
澤 못 **택** 水(氵)부 총 16획	澤 澤 惠澤 비 擇: 가릴 택 약 沢

- 惠澤(혜택): 은혜와 덕택을 아울러 이르는 말
  예 수험표만 있으면 다양한 할인 惠澤을 받을 수 있다.

4급	扌 扌 扩 押 押 押 择 擇 擇
擇 가릴 **택** 手(扌)부 총 16획	擇 擇 選擇 동 選: 가릴 선 採: 캘 채 약 択

- 選擇(선택): 여럿 가운데서 필요한 것을 골라 뽑음.
  예 우리는 각자의 취향에 따라 물건을 選擇하였다.

3급Ⅱ	ㅣ 口 口 마 吐
吐 토할 **토** 口부 총 6획	吐 吐 吐露 반 納: 들일 납

- 吐露(토로): 마음에 있는 것을 죄다 드러내어서 말함.
  예 그는 친구에 대한 불만을 직접 吐露하였다.

활용 한자 확인하기

還 돌아올 환 慾 욕심 욕 石 돌 석 藥 약 약 慢 거만할 만 危 위태할 위
度 법도 도, 헤아릴 탁 惠 은혜 혜 選 가릴 선 露 이슬 로

討 (4급)
칠 **토** / 言부 / 총 10획
필순: 討討討討討討討討討討
- 비 計: 셀 계
- 동 伐: 칠 벌
- 동 攻: 칠 공

• 討論(토론): 어떤 문제에 대하여 여러 사람이 각각 의견을 말하며 논의함.
  예) 우리는 읽은 책의 내용을 토대로 자유롭게 討論을 펼쳤다.

痛 (4급)
아플 **통** / 疒부 / 총 12획
- 苦痛(고통): 몸이나 마음의 괴로움과 아픔
  예) 그는 불면증으로 인해 苦痛을 호소하며 병원을 찾았다.

透 (3급Ⅱ)
사무칠 **투** / 辵(辶)부 / 총 11획
- 동 通: 통할 통

• 透明(투명): 물 따위가 속까지 환히 비치도록 맑음.
  예) 어머니는 말린 꽃을 透明한 유리병에 담아 놓으셨다.

鬪 (4급)
싸움 **투** / 鬥부 / 총 20획
- 동 戰: 싸움 전
- 동 爭: 다툴 쟁

• 鬪志(투지): 싸우고자 하는 굳센 마음
  예) 오늘 경기에서는 젊은 선수들의 鬪志가 대단했다.

派 (4급)
갈래 **파** / 水(氵)부 / 총 9획
- 비 脈: 줄기 맥

• 派生(파생): 사물이 어떤 근원으로부터 갈려 나와 생김.
  예) 많은 질병이 환경 오염으로부터 派生된다.

播 (3급)
뿌릴 **파** / 手(扌)부 / 총 15획

• 傳播(전파): 전하여 널리 퍼뜨림.
  예) 독감은 전염성이 강해 한번 유행하면 빠른 속도로 傳播된다.

罷 (3급)
마칠 **파** / 网(罒)부 / 총 15획
- 비 能: 능할 능
- 態: 모습 태

• 罷免(파면): 잘못을 저지른 사람에게 직무나 직업을 그만두게 함.
  예) 그는 거래처로부터 뇌물을 받은 혐의로 罷免당했다.

頗 (3급)
자못 **파** / 頁부 / 총 14획
- 비 額: 이마 액

• 偏頗(편파): 공정하지 못하고 어느 한쪽으로 치우쳐 있음.
  예) 감독은 심판의 偏頗 판정에 강하게 항의하였다.

把 (3급)
잡을 **파** / 手(扌)부 / 총 7획

• 把守(파수): 경계하여 지킴.
  예) 장군은 병사들에게 성을 把守하라는 명령을 내렸다.

板 (5급)
널 **판** / 木부 / 총 8획

• 氷板(빙판): 물이나 눈 따위가 얼어서 미끄럽게 된 바닥
  예) 밤사이 기온이 내려가면서 눈길이 그대로 氷板이 되었다.

활용 한자 확인하기

| 論 논할 론 | 苦 쓸 고 | 明 밝을 명 | 志 뜻 지 | 生 날 생 | 傳 전할 전 | 免 면할 면 |
| 偏 치우칠 편 | 守 지킬 수 | 氷 얼음 빙 | | | | |

고등학교 교육용 기초 한자 900자

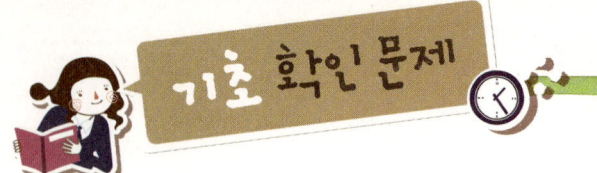

정답 253쪽

[問 01-15] 다음 漢字(한자)의 訓(훈: 뜻)과 音(음: 소리)을 쓰시오.

字 ➡ 글자 자

01 貪 (　　　　) 02 侵 (　　　　) 03 捉 (　　　　)
04 徵 (　　　　) 05 痛 (　　　　) 06 廳 (　　　　)
07 拓 (　　　　) 08 澤 (　　　　) 09 踐 (　　　　)
10 妾 (　　　　) 11 逮 (　　　　) 12 漆 (　　　　)
13 尖 (　　　　) 14 礎 (　　　　) 15 總 (　　　　)

[問 16-27] 다음 訓(훈: 뜻)과 音(음: 소리)에 알맞은 漢字(한자)를 쓰시오.

글자 자 ➡ 字

16 곁 측　 (　　　　) 17 탄알 탄 (　　　　) 18 채색 채 (　　　　)
19 가릴 택　 (　　　　) 20 취할 취 (　　　　) 21 조카 질 (　　　　)
22 널 판　 (　　　　) 23 닿을 촉 (　　　　) 24 더할 첨 (　　　　)
25 일컬을 칭 (　　　　) 26 기릴 찬 (　　　　) 27 값 치　 (　　　　)

[問 28-39] 다음 漢字語(한자어)의 讀音(독음)을 쓰시오.

漢字 ➡ 한자

28 位置 (　　　　) 29 誕生 (　　　　) 30 明哲 (　　　　)
31 偏頗 (　　　　) 32 沈沒 (　　　　) 33 不肖 (　　　　)
34 吐露 (　　　　) 35 惡臭 (　　　　) 36 稱讚 (　　　　)
37 抽出 (　　　　) 38 慘事 (　　　　) 39 建築 (　　　　)

[問 40-44] 다음 밑줄 친 漢字語(한자어)를 漢字(한자)로 쓰시오.

한국 ➡ 韓國

40 그는 가축을 기르고 있다. (　　　　)
41 빨래는 세탁 바구니에 넣어 주세요. (　　　　)
42 창고에 책이 산더미처럼 쌓여 있었다. (　　　　)
43 이론과 실천 사이에는 큰 차이가 있다. (　　　　)
44 이번 시합에서 나는 간발의 차이로 그를 이겼다. (　　　　)

이야기로 익히는 주요 한자어

루즈벨트 대통령의 값싼 재판

미국의 제26대 대통령 루즈벨트는 어느 날 **出版**된 한 잡지를 보다가 자신이 형편없는 술주정뱅이라고 **評價**된 기사가 실린 것을 보았다. 깜짝 놀란 그는 비서관을 불러 이 상황을 어떻게 처리하는 것이 좋을지 물었다. 비서관은 당장 해당 잡지의 **販賣**를 금지하고 사장과 기자를 불러 혼을 내주자고 하였다. 하지만 루즈벨트는 그건 자신의 권력을 이용해 그들을 **威脅**하는 것 밖에 안 된다며 "명예 **毁損**으로 손해 배상을 청구하겠네." 라고 하였다.

얼마 뒤 재판이 열리게 되자 많은 방청객들이 법정을 가득 메웠고 판사와 배심원들의 신중한 논의 끝에 판결이 내려졌다. "잡지사는 **確實**한 근거도 없는 내용을 진실인 것처럼 꾸며 개인에게 정신적 **被害**를 입히고 명예를 훼손시킨 것이 인정되니, 대통령에게 손해 배상금을 지불하시오." 판결이 내려지자 이 **狀況**을 지켜보던 방청석이 술렁이기 시작하였다.

그때 판사의 말이 이어졌다. "대통령이 요구한 손해 배상금은 1달러입니다." 비서관은 실망스러운 목소리로 대통령에게 그 이유를 물었다. "손해 배상이 내게 무슨 의미가 있겠나. **核心**은 진실이라네. 이제 진실이 밝혀졌으니 **巷**間에 떠돌던 나에 대한 **偏見**도 사라질 테니 나는 그것으로 만족하네."

| 출판 |
| 평가 |
| 판매 |
| 위협, 훼손 |
| 확실 |
| 피해 |
| 상황 |
| 핵심, 항간, 편견 |

외모 콤플렉스를 극복한 톨스토이

1828년 부유한 **環境**에서 태어나 1910년 **肺炎**으로 세상을 떠난 톨스토이는 자라면서 자신의 못생긴 외모에 심한 콤플렉스를 가지게 되었다. 그는 눈은 작고 움푹 들어갔으며 입술은 두꺼웠고 팔다리는 길어서 자신이 오랑우탄처럼 **嫌惡**스럽게 생겼다고 생각했다. 친구들은 그의 외모를 보고 놀려대기 일쑤였고 그럴 때마다 사람들을 **忌避**하고 소심해지는 자신을 느꼈다.

자신은 **缺陷** 있는 외모 때문에 행복하게 살 수 없을 것이라는 생각 때문에 점점 정신이 **荒廢**해진 톨스토이는 날마다 "신이 있다면 저에게 **加護**를 베풀어 주세요. 제 외모를 아름답게 변화시켜 주시면 모든 것을 바쳐 신을 기쁘게 해드리겠습니다."라며 간절히 기도를 드렸다. 하지만 간절한 기도에도 불구하고 그에게는 아무런 변화도 일어나지 않았다. 그러다 자신이 글쓰기에 남다른 소질이 있다는 사실을 발견하게 되면서 톨스토이는 삶에 대한 사고를 **轉換**하게 된다.

점점 문학에 대한 천재적인 소질을 **發揮**하기 시작한 그는 어느 날 오랫동안 자신의 정신을 **疲弊**하게 만들어온 외모 콤플렉스를 단숨에 해결할 만한 **智慧**로운 답을 얻었다. "사람의 아름다움은 외모에 있는 것이 아니다. 진정한 미는 내면의 아름다움에 있다. 이웃에 대한 사랑과 깨끗한 인격이 모여 아름다움을 만들어 낸다." 이를 깨닫게 된 톨스토이는 더 이상 외모 때문에 고민하지 않게 되었다.

| 환경, 폐렴 |
| 혐오 |
| 기피 |
| 결함 |
| 황폐, 가호 |
| 전환 |
| 발휘 |
| 피폐, 지혜 |

3급	販 팔 판 貝부 총 11획	ㅁ ㅁ ㅁ 目 目 貝 貝 貯 販 販

販販　　販賣
비 敗: 패할 패
동 賣: 팔 매

- 販賣(판매): 상품 따위를 팖.
  예) 오픈 기념으로 스웨터를 50% 할인된 가격으로 販賣한다.

3급II	版 판목 판 片부 총 8획	ノ ノ ㅏ 片 片 片 版 版

版版　　出版
비 叛: 배반할 반

- 出版(출판): 서적이나 회화 따위를 인쇄하여 세상에 내놓음.
  예) 그의 자서전은 다음 달에 出版될 예정이다.

3급II	編 엮을 편 糸부 총 15획	糸 紀 紀 紀 紀 紆 紆 絹 絹 編 編

編編　　改編

- 改編(개편): 책이나 과정 따위를 고쳐 다시 엮음. / 조직 따위를 고쳐 편성함.
  예) 각 방송사가 가을을 맞아 대대적인 改編에 들어갔다.

3급	遍 두루 편 辵(辶)부 총 13획	ㅏ ㅏ 户 户 扁 扁 扁 遍 遍 遍

遍遍　　遍歷

- 遍歷(편력): 이곳저곳을 널리 돌아다님. / 여러 가지 경험을 함.
  예) 그 모델은 화려한 남성 遍歷으로 유명하다.

3급II	偏 치우칠 편 人(亻)부 총 11획	ノ 亻 亻 亻 亻 俨 俨 偏 偏 偏

偏偏　　偏見
비 編: 엮을 편

- 偏見(편견): 공정하지 못하고 한쪽으로 치우친 생각
  예) 우리 사회는 아직도 장애우에 대한 偏見이 심하다.

4급	評 평할 평 言부 총 12획	ㆍ 二 亠 言 言 言 言 訒 評 評

評評　　評價
동 批: 비평할 비

- 評價(평가): 물건값을 헤아려 매김. / 사물의 가치나 수준 따위를 평함. 또는 그 가치나 수준
  예) 그 물건은 품질과 디자인 면에서 좋은 評價를 받았다.

3급II	肺 허파 폐 肉(月)부 총 9획	ノ 刀 月 月 月` 月ˊ 肸 肺 肺

肺肺　　肺炎

- 肺炎(폐렴): 폐에 생기는 염증
  예) 동생이 급성 肺炎으로 병원에 입원하였다.

3급II	廢 폐할/버릴 폐 广부 총 15획	广 广 庐 庐 庐 廃 廃 廢 廢

廢廢　　廢品
반 置: 둘 치
동 亡: 망할 망
약 廃

- 廢品(폐품): 못 쓰게 되어 버린 물품
  예) 廢品도 재활용하면 소중한 자원이 된다.

3급II	弊 폐단/해질 폐 廾부 총 15획	ノ 冂 内 内 甬 甬 蔽 蔽 弊

弊弊　　疲弊
비 幣: 화폐 폐

- 疲弊(피폐): 지치고 쇠약하여짐.
  예) 오랜 전쟁과 가난으로 그들의 삶은 더욱 疲弊해졌다.

3급	蔽 덮을 폐 艸(艹)부 총 16획	艹 艹 莎 萨 苔 菅 萮 蔽 蔽

蔽蔽　　隱蔽

- 隱蔽(은폐): 덮어 감추거나 가리어 숨김.
  예) 그는 자기 잘못을 隱蔽하기 위해서 상대방을 계속 헐뜯었다.

| 賣 팔 매 | 出 날 출 | 改 고칠 개 | 歷 지날 력 | 見 볼 견, 뵈올 현 | 價 값 가 | 炎 불꽃 염 |
| 品 물건 품 | 疲 피곤할 피 | 隱 숨을 은 | | | | |

3급	⺌ 巾 尚 尚 敝 敝 幣 幣
幣 화폐 폐 巾부 총 15획	비: 弊: 폐단/해질 폐 동: 錢: 돈 전 貨: 재물 화

• 僞幣(위폐): 진짜처럼 보이게 만든 가짜 지폐
  예) 서울에서 5만 원권 僞幣가 발견돼 경찰이 조사에 나섰다.

4급Ⅱ	ノ ㄅ ㄅ 勺 包
包 쌀 포 勹부 총 5획	동: 含: 머금을 함

• 包容(포용): 남을 너그럽게 감싸 주거나 받아들임.
  예) 그는 다른 사람을 너그럽게 包容할 줄 아는 사람이다.

4급	ノ 丿 月 月 肿 肟 胸 胞 胞
胞 세포 포 肉(月)부 총 9획	

• 同胞(동포): 한 부모에게서 태어난 형제자매 / 같은 나라 또는 같은 민족의 사람을 다정하게 이르는 말
  예) 연변에는 중국 同胞들이 많이 살고 있다.

3급	ノ ㄅ 今 今 今 食 釣 釣 飽 飽
飽 배부를 포 食(飠)부 총 14획	

• 飽和(포화): 더 이상의 양을 수용할 수 없이 가득 참.
  예) 이 도시의 인구는 飽和 상태에 이르렀다.

3급Ⅱ	ㆍ ㆍ ㆍ 氵 汀 汀 沉 浦 浦
浦 개 포 水(氵)부 총 10획	비: 捕: 잡을 포

• 浦口(포구): 배가 드나드는 개의 어귀
  예) 대게 잡이에 나섰던 배가 浦口로 들어왔다.

3급Ⅱ	一 十 扌 扩 折 折 捐 捕 捕
捕 잡을 포 手(扌)부 총 10획	비: 浦: 개 포

• 捕獲(포획): 적병을 사로잡음. / 짐승이나 물고기를 잡음.
  예) 동물원을 탈출한 곰이 구조대원들에게 捕獲되었다.

4급	ㆍ 火 灯 炉 炉 煤 爆 爆 爆
爆 불터질 폭 火부 총 19획	

• 爆發(폭발): 불이 일어나며 갑작스럽게 터짐.
  예) 이번 화재의 원인은 가스 爆發로 밝혀졌다.

3급	巾 巾 巾 巾 幅 幅 幅 幅
幅 폭 폭 巾부 총 12획	

• 增幅(증폭): 사물의 범위가 늘어나 커짐. 또는 사물의 범위를 넓혀 크게 함.
  예) 드라마의 결말에 대한 시청자들의 궁금증이 增幅되고 있다.

4급Ⅱ	一 戶 両 両 西 栗 票 票 票
票 표 표 示부 총 11획	

• 投票(투표): 선거를 하거나 가부를 결정할 때에 투표용지에 의사를 표시하여 일정한 곳에 내는 일. 또는 그런 표
  예) 선거관리위원장이 1차 投票 결과를 발표하였다.

4급	木 木 栌 栌 桓 桓 桓 標 標
標 표할 표 木부 총 15획	비: 漂: 떠다닐 표

• 標示(표시): 표를 하여 외부에 드러내 보임.
  예) 그는 가족들의 생일을 달력에 標示하였다.

 **활용 한자 확인하기**

僞 거짓 위　　容 얼굴 용　　同 한가지 동　　和 화할 화　　口 입 구　　獲 얻을 획　　發 필 발
增 더할 증　　投 던질 투　　示 보일 시

3급 漂 (떠다닐 표) 水(氵)부 총 14획
필순: 氵氵氵沪沪沪酒酒漂漂漂
비 標: 표할 표

- 漂流(표류): 물 위에 떠서 정처 없이 흘러감.
  예 그 어선은 엔진 고장으로 漂流하다 해경에 구조되었다.

4급 疲 (피곤할 피) 疒부 총 10획
필순: 丶亠广疒疒疒疲疲疲
동 勞: 일할 로
困: 곤할 곤

- 疲困(피곤): 몸이나 마음이 지치어 고달픔.
  예 오늘따라 그의 얼굴이 더욱 疲困해 보였다.

3급Ⅱ 被 (입을 피) 衣(衤)부 총 10획
필순: 丶亠衤衤衤衤衤被被
(없음)

- 被害(피해): 생명이나 신체, 재산, 명예 따위에 손해를 입음.
  예 태풍으로 被害를 입은 지역에 도움의 손길이 이어졌다.

4급 避 (피할 피) 辵(辶)부 총 17획
필순: 尸尸辟辟辟辟辟避
동 逃: 도망할 도

- 待避(대피): 위험이나 피해를 입지 않도록 일시적으로 피함.
  예 아파트에서 불이 나 주민들이 긴급하게 待避하였다.

3급Ⅱ 畢 (마칠 필) 田부 총 11획
필순: 口曰田田甼甼畢畢畢
(없음)

- 畢生(필생): 살아 있는 동안 / 생명의 마지막까지 다함.
  예 올림픽 금메달로 그녀는 畢生의 꿈을 이루었다.

3급Ⅱ 荷 (멜 하) 艸(艹)부 총 11획
필순: 丶一艹艹艹芍荷荷荷
비 何: 어찌 하
동 負: 질 부

- 出荷(출하): 짐이나 상품 따위를 내어보냄.
  예 딸기가 본격적으로 出荷되기 시작하였다.

3급Ⅱ 鶴 (학 학) 鳥부 총 21획
필순: 一ナ雀雀雀雀雀雀雀鶴鶴
(없음)

- 鶴髮(학발): 두루미의 깃털처럼 희다는 뜻으로, 하얗게 센 머리 또는 그런 사람을 이르는 말
  예 鶴髮의 한 노인이 굽혔던 허리를 폈다.

3급 旱 (가물 한) 日부 총 7획
필순: 丶口曰旦旱旱旱
비 早: 이를 조

- 旱災(한재): 가뭄으로 인하여 생기는 재앙
  예 旱災로 농작물이 모두 말라 죽었다.

3급Ⅱ 汗 (땀 한) 水(氵)부 총 6획
필순: 丶丶氵氵汗汗
(없음)

- 汗蒸(한증): 높은 온도로 몸을 덥게 하여 땀을 내어서 병을 다스리는 일
  예 汗蒸을 하면 온 몸에 피가 잘 돌게 된다.

3급Ⅱ 割 (벨 할) 刀(刂)부 총 12획
필순: 丶宀宀宇害害害害割
동 分: 나눌 분

- 割引(할인): 일정한 값에서 얼마를 뺌.
  예 회원은 割引된 가격으로 물건을 구입할 수 있다.

활용 한자 확인하기

流 흐를 류 困 곤할 곤 害 해할 해 待 기다릴 대 生 날 생 出 날 출 髮 터럭 발
災 재앙 재 蒸 찔 증 引 끌 인

3급	ノ厂厂厂厂厂咸咸咸
咸 다 함 口부 총 9획	咸 咸 / 咸興差使

- 咸興差使(함흥차사): 심부름을 가서 오지 아니하거나 늦게 온 사람을 이르는 말
  - 예) 그는 올 때가 지났는데 아직까지 咸興差使이다.

3급Ⅱ	ノ人人今今含含
含 머금을 함 口부 총 7획	含 含 / 含量 包: 쌀포

- 含量(함량): 물질이 어떤 성분을 포함하고 있는 분량
  - 예) 패스트푸드, 인스턴트 식품 등에는 소금 含量이 많다.

3급Ⅱ	３阝阝阝阝陷陷陷陷
陷 빠질 함 阜(阝)부 총 11획	陷 陷 / 缺陷 起: 일어날 기

- 缺陷(결함): 부족하거나 완전하지 못하여 흠이 되는 부분
  - 예) 그 건물은 안전 진단에서 구조적 缺陷이 발견되었다.

3급	一十廾廾井共共共巷
巷 거리 항 己부 총 9획	巷 巷 / 巷間 街: 거리 가

- 巷間(항간): 일반 사람들 사이
  - 예) 그는 巷間에 떠도는 소문에 대해 직접 해명하였다.

4급Ⅱ	氵氵汁汁汁洪洪洪港港
港 항구 항 水(氵)부 총 12획	港 港 / 空港

- 空港(공항): 항공 수송을 위하여 사용하는 공공용 비행장
  - 예) 空港은 외국 여행을 떠나는 사람들로 북적였다.

3급Ⅱ	工工玎玎項項項項項
項 항목 항 頁부 총 12획	項 項 / 事項

- 事項(사항): 일의 항목이나 내용
  - 예) 수술 후에는 주의 事項을 잘 지켜야 한다.

4급	一十才才扩抗
抗 겨룰 항 手(扌)부 총 7획	抗 抗 / 抗拒 航: 배 항 / 拒: 막을 거

- 抗拒(항거): 순종하지 아니하고 맞서서 반항함.
  - 예) 시민들은 독재와 부정부패에 抗拒하였다.

4급Ⅱ	ノ了力力舟舟舟舟航航
航 배 항 舟부 총 10획	航 航 / 航海 抗: 겨룰 항 / 船: 배 선

- 航海(항해): 배를 타고 바다 위를 다님.
  - 예) 오늘은 파도가 심해 航海가 어렵다.

3급	一 ヽ 亠 乊 玄 玄 奚 奚 奚 奚
奚 어찌 해 大부 총 10획	奚 奚 / 奚暇

- 奚暇(해가): 어느 겨를
  - 예) 奚暇에 이 일을 다 끝낼지 앞이 캄캄하기만 하다.

3급	一ㅗ亠言言言訁訁該該
該 갖출/마땅 해 言부 총 13획	該 該 / 該博 當: 마땅 당

- 該博(해박): 여러 방면으로 학식이 넓음.
  - 예) 그녀는 역사에 대해 該博한 지식을 가지고 있다.

활용 한자 확인하기

典 일 흥	差 다를 차	使 하여금/부릴 사	量 헤아릴 량	缺 이지러질 결	間 사이 간
空 빌 공	事 일 사	拒 막을 거	海 바다 해	暇 틈/겨를 가	博 넓을 박

4급	一 十 才 木 木 杧 杧 杉 核 核
核 씨 **핵** 木부 총 10획	核 核　　核 心

- 核心(핵심): 사물의 가장 중심이 되는 부분
  예) 그의 주장은 대부분 核心에서 벗어난 것이었다.

3급Ⅱ	乡 乡 幺 乡 乡 乡 乡 乡 乡 響
響 울릴 **향** 音부 총 22획	響 響　　音 響

- 音響(음향): 물체에서 나는 소리와 그 울림
  예) 우리 극장은 최고의 音響 시설을 갖추고 있다.

3급	一 ㆍ 宀 宁 亨 亨 亨 享
享 누릴 **향** 亠부 총 8획	享 享　　享 年 비 亨: 형통할 형

- 享年(향년): 한평생 살아 누린 나이. 죽을 때의 나이를 말할 때 씀.
  예) 애플의 창시자 스티브잡스는 享年 56세의 나이로 사망하였다.

3급	一 ㄷ 币 币 百 亘 車 車 軒
軒 집 **헌** 車부 총 10획	軒 軒 烏 竹 軒

- 烏竹軒(오죽헌): 강원도 강릉시 죽헌동에 있는, 이율곡이 태어난 집
  예) 수학여행을 온 학생들이 烏竹軒을 둘러보고 있다.

4급	宀 宀 宁 宲 宲 宮 憲 憲 憲
憲 법 **헌** 心부 총 16획	憲 憲　　憲 法 동 法: 법 법

- 憲法(헌법): 국가 통치 체제의 기초에 관한 각종 근본 법규의 총체
  예) 표현의 자유는 憲法으로 보장되어 있다.

3급Ⅱ	广 严 庐 虐 虐 虐 虐 獻 獻
獻 드릴 **헌** 犬부 총 20획	獻 獻　　貢 獻 동 納: 들일 납 　奉: 받들 봉 약 献

- 貢獻(공헌): 힘을 써 이바지함.
  예) 그는 자신의 역할을 훌륭히 소화하며 팀 승리에 貢獻하였다.

4급	ㅜ ㅏ ㄱ ㅏ 阝 阝 阞 險 險 險
險 험할 **험** 阜(阝)부 총 16획	險 險　　險 難 비 檢: 검사할 검 　儉: 검소할 검 약 険

- 險難(험난): 지세가 다니기에 위험하고 어려움. / 험하여 고생스러움.
  예) 산 속으로 들어가면 바로 險難한 오르막길이 펼쳐진다.

4급Ⅱ	ㅣ 厂 F F 馬 馬 馬 駘 駘 驗
驗 시험 **험** 馬부 총 23획	驗 驗　　經 驗 동 試: 시험 시 약 験

- 經驗(경험): 자신이 실제로 해 보거나 겪어 봄. 또는 거기서 얻은 지식이나 기능
  예) 그녀는 수많은 실패를 經驗했지만 끝까지 포기하지 않았다.

3급Ⅱ	丶 亠 亠 玄 玄
玄 검을 **현** 玄부 총 5획	玄 玄　　玄 關 반 素: 본디/흴 소 동 妙: 묘할 묘

- 玄關(현관): 건물의 출입문이나 건물에 붙이어 따로 달아낸 문간
  예) 우리 집 玄關에는 커다란 거울이 있다.

3급	ㄥ 幺 幺 糸 糸 糸 紝 紝 絃
絃 줄 **현** 糸부 총 11획	絃 絃 絃 樂 器

- 絃樂器(현악기): 현을 켜거나 타서 소리를 내는 악기
  예) 이 곡의 처음 부분은 絃樂器들로만 연주한다.

| 心 마음 심 | 音 소리 음 | 年 해 년 | 烏 까마귀 오 | 竹 대 죽 | 法 법 법 | 貢 바칠 공 |
| 難 어려울 난 | 經 지날/글 경 | 關 관계할 관 | 樂 즐길 락, 노래 악 | 器 그릇 기 | | |

3급 縣
고을 현 / 糸부 / 총 16획
필순: 目 且 旦 県 県 県 県 縣 縣 縣
동: 郡 고을 군
약: 県

- 縣監(현감): 조선 시대에 둔, 작은 현(縣)의 벼슬
  예) 그는 문과에 급제하여 장수 縣監을 지냈다.

3급Ⅱ 懸
달 현 / 心부 / 총 20획
필순: 目 且 旦 県 県 県 県 縣 縣 懸

- 懸隔(현격): 사이가 많이 벌어져 있음. 또는 차이가 매우 심함.
  예) 이 문제에 대한 우리 둘의 의견 차이는 懸隔하다.

4급 顯
나타날 현 / 頁부 / 총 23획
필순: 目 旦 显 㬎 㬎 㬎 㬎 顯 顯 顯
반: 微 작을 미
동: 現 나타날 현
약: 顕

- 顯達(현달): 벼슬, 명성, 덕망이 높아서 이름이 세상에 드러남.
  예) 그는 15세에 문과에 합격하여 문장으로 크게 顯達하였다.

3급Ⅱ 穴
굴 혈 / 穴부 / 총 5획
필순: 丶 宀 宀 宂 穴
동: 孔 구멍 공

- 穴居(혈거): 동굴 속에서 삶. 또는 그런 동굴
  예) 선사 시대 사람들은 대부분 穴居 생활을 하였다.

3급 嫌
싫어할 혐 / 女부 / 총 13획
필순: 女 女 女 女 女 姅 娝 嫌 嫌
동: 惡 미워할 오

- 嫌惡(혐오): 싫어하고 미워함.
  예) 주민들은 嫌惡 시설이라는 이유로 화장터의 건설을 반대하였다.

3급Ⅱ 脅
위협할 협 / 肉(月)부 / 총 10획
필순: 丿 力 办 劦 劦 劦 脅 脅 脅

- 威脅(위협): 힘으로 으르고 협박함.
  예) 비만은 현대인들의 건강을 威脅하는 무서운 적이다.

3급 亨
형통할 형 / 亠부 / 총 7획
필순: 丶 亠 亠 亠 吉 亨 亨
비: 享 누릴 향

- 亨通(형통): 모든 일이 뜻과 같이 잘되어 감.
  예) 가정이 화목하면 만사가 亨通이다.

3급 螢
반딧불 형 / 虫부 / 총 16획
필순: 丶 艹 艹 炏 炏 炏 炏 螢 螢

- 螢光燈(형광등): 진공 유리관 속에 수은과 아르곤을 넣고 안쪽 벽에 형광 물질을 바른 방전등
  예) 螢光燈을 켜자 방안이 밝아졌다.

3급Ⅱ 衡
저울대 형 / 行부 / 총 16획
필순: 彳 彳 彳 衎 衎 衎 衝 衝 衡
비: 衝 찌를 충

- 均衡(균형): 어느 한쪽으로 기울거나 치우치지 아니하고 고른 상태
  예) 그는 몸의 均衡을 잡지 못하고 넘어졌다.

3급Ⅱ 慧
슬기로울 혜 / 心부 / 총 15획
필순: 三 丰 丯 彗 彗 彗 彗 慧 慧 慧
동: 智 지혜/슬기 지

- 智慧(지혜): 사물의 이치를 빨리 깨닫고 사물을 정확하게 처리하는 정신적 능력
  예) 고전에는 조상들의 삶의 智慧가 담겨 있다.

활용 한자 확인하기

| 監 볼 감 | 隔 사이뜰 격 | 達 통달할 달 | 居 살 거 | 惡 악할 악, 미워할 오 | 威 위엄 위 |
| 通 통할 통 | 光 빛 광 | 燈 등 등 | 均 고를 균 | 智 지혜/슬기 지 | |

3급	ノ 八 八 兮				3급	一 丆 万 互			
兮 어조사 혜 八부 총 4획	兮	兮	歸去來兮		互 서로 호 二부 총 4획	互	互	相互	
							동 相: 서로 상		

- 歸去來兮(귀거래혜): 돌아가자꾸나!
  예 歸去來兮! 전원이 황폐해지려하니 어찌 돌아가지 않겠는가?

- 相互(상호): 상대가 되는 이쪽과 저쪽 모두
  예 회원 相互 간의 친목을 위한 자리가 마련되었다.

3급Ⅱ	一 十 十 古 古 古 胡 胡 胡				3급Ⅱ	丶 冫 氵 氵 浐 浩 浩 浩 浩 浩			
胡 되 호 肉(月)부 총 9획	胡	胡	胡亂		浩 넓을 호 水(氵)부 총 10획	浩	浩	浩然	

- 胡亂(호란): 호인(胡人)들이 일으킨 난리 / 병자호란
  예 16~17세기 조선은 왜란과 胡亂이 잇따라 일어났다.

- 浩然(호연): 넓고 큼.
  예 날마다 진보하여 큰그릇이 되려거든 浩然한 기상을 길러라.

3급	一 亠 亠 古 古 高 高 亳 亳 亳 毫				3급Ⅱ	亠 亠 古 古 高 亭 亭 亭 豪 豪 豪			
毫 터럭 호 毛부 총 11획	毫	毫	秋毫		豪 호걸 호 豕부 총 14획	豪	豪	豪雨	
			동 毛: 터럭 모						

- 秋毫(추호): 가을철에 털갈이하여 새로 돋아난 짐승의 가는 털 / 매우 적거나 조금인 것을 비유적으로 이르는 말
  예 나는 그를 의심한 적이 秋毫도 없다.

- 豪雨(호우): 줄기차게 내리는 크고 많은 비
  예 계속된 豪雨로 피해가 속출하고 있다.

4급Ⅱ	言 訁 訐 詳 誹 誹 謹 謹 護 護				3급Ⅱ	一 丆 式 戓 或 或 或 惑 惑 惑			
護 도울 호 言부 총 21획	護	護	保護		惑 미혹할 혹 心부 총 12획	惑	惑	誘惑	
			동 保: 지킬 보 扶: 도울 부						

- 保護(보호): 위험이나 곤란 따위가 미치지 아니하도록 잘 보살펴 돌봄.
  예 어린이 保護 구역에서는 차량 운행 속도를 줄여야 한다.

- 誘惑(유혹): 꾀어서 정신을 혼미하게 하거나 좋지 아니한 길로 이끎.
  예 극장에서는 다양한 이벤트로 어린이 관객들을 誘惑하였다.

3급	一 厂 F 氏 氏 昏 昏 昏				3급Ⅱ	二 云 云 动 动 动 魂 魂 魂			
昏 어두울 혼 日부 총 8획	昏	昏	昏睡		魂 넋 혼 鬼부 총 14획	魂	魂	鬪魂	
			반 明: 밝을 명				비 塊: 흙덩이 괴 愧: 부끄러울 괴		

- 昏睡(혼수): 정신없이 잠이 듦. / 의식을 잃고 인사불성이 되는 일
  예 어머니는 사흘이나 昏睡상태에 있었다.

- 鬪魂(투혼): 끝까지 투쟁하려는 기백
  예 그녀는 붕대를 감고 무대에 올라 부상 鬪魂을 발휘하였다.

활용 한자 확인하기

歸 돌아갈 귀　去 갈 거　來 올 래　相 서로 상　亂 어지러울 란　然 그럴 연
秋 가을 추　雨 비 우　保 지킬 보　誘 꾈 유　睡 졸음 수　鬪 싸움 투

3급II	ノ ク ク 勿 勿 忽 忽 忽
忽 갑자기 **홀** 心부 총 8획	忽 忽　　疏忽

- 疏忽(소홀): 대수롭지 아니하고 예사로움.
  - 예) 건강 검진을 疏忽히 하다보면 오히려 큰 병을 키울 수 있다.

3급II	ヽ 氵 氵 汁 洪 洪 洪 洪
洪 넓을 **홍** 水(氵)부 총 9획	洪 洪　　洪水

- 洪水(홍수): 큰물
  - 예) 그 나라는 석 달간 이어진 洪水로 큰 피해를 입었다.

3급	一 ㄱ 弓 弘 弘
弘 클 **홍** 弓부 총 5획	弘 弘　　弘報

- 弘報(홍보): 널리 알림. 또는 그 소식이나 보도
  - 예) 이번에 출시된 신제품에 대한 대대적인 弘報가 이루어졌다.

3급	氵 氵 氵 沪 沪 沪 鴻 鴻 鴻
鴻 기러기 **홍** 鳥부 총 17획	鴻 鴻　　鴻毛

- 鴻毛(홍모): 기러기의 털이라는 뜻으로, 매우 가벼운 사물을 이르는 말
  - 예) 그는 나라를 위해 자신의 목숨을 鴻毛와 같이 가볍게 여겼다.

3급	一 二 千 千 禾
禾 벼 **화** 禾부 총 5획	禾 禾　　禾苗

- 禾苗(화묘): 볏모. 옮겨 심기 위하여 기른 벼의 싹
  - 예) 그는 온실에서 키우고 있는 禾苗를 정성껏 돌보았다.

3급II	一 千 禾 禾 利 秆 秆 秆 禍 禍
禍 재앙 **화** 示부 총 14획	禍 禍　　禍根 반) 福: 복 복 동) 災: 재앙 재

- 禍根(화근): 재앙의 근원
  - 예) 이번 산사태는 무분별하게 나무를 베어버린 것이 禍根이었다.

4급II	一 丆 石 石 矿 碇 碇 確 確
確 굳을 **확** 石부 총 15획	確 確　　確實 동) 固: 굳을 고

- 確實(확실): 틀림없이 그러함.
  - 예) 오늘 경기에서는 우리의 승리가 確實하다.

3급	禾 禾 禾 秆 秆 秆 稚 穫 穫
穫 거둘 **확** 禾부 총 19획	穫 穫　　收穫 동) 收: 거둘 수

- 收穫(수확): 익은 농작물을 거두어들임. 또는 거두어들인 농작물
  - 예) 농부가 收穫한 벼를 말리고 있다.

3급	扌 扩 扩 护 护 擴 擴 擴 擴
擴 넓힐 **확** 手(扌)부 총 18획	擴 擴　　擴張 약) 拡

- 擴張(확장): 범위, 규모, 세력 따위를 늘려서 넓힘.
  - 예) 그들은 해외 시장으로 사업을 擴張할 계획이다.

3급	ノ 九 丸
丸 둥글 **환** 丶부 총 3획	丸 丸　　彈丸

- 彈丸(탄환): 탄알. 총이나 포에 재어서 목표물을 향하여 쏘아 보내는 물건
  - 예) 그의 몸에서는 4발의 彈丸이 발견되었다.

| 疏 소통할 소 | 水 물 수 | 報 갚을/알릴 보 | 毛 터럭 모 | 苗 모 묘 | 根 뿌리 근 | 實 열매 실 |
| 收 거둘 수 | 張 베풀 장 | 彈 탄알 탄 | | | | |

3급Ⅱ	扌 扌 扩 扩 护 护 抡 换 换
換 바꿀 환 手(扌)부 총 12획	換 換 轉換

- 轉換(전환): 다른 방향이나 상태로 바뀌거나 바꿈.
  - 예) 그녀는 주말에 교외로 나가 기분 轉換을 하였다.

4급	王 珏 珏 珏 珏 瑠 環 環 環
環 고리 환 玉(王)부 총 17획	環 環 環境

- 環境(환경): 생물에게 직접·간접으로 영향을 주는 자연적 조건이나 사회적 상황 / 생활하는 주위의 상태
  - 예) 環境 보호는 생활 속 작은 실천으로부터 시작된다.

3급Ⅱ	口 四 四 四 罒 景 景 景 景 還
還 돌아올 환 辵(辶)부 총 17획	還 還 還拂 동) 歸: 돌아갈 귀

- 還拂(환불): 이미 지불한 돈을 되돌려 줌.
  - 예) 관객들은 공연이 취소되자 입장료 還拂을 요구하였다.

4급	ㆍ ㆍ ㆍ 冫 氵 冴 況 況
況 상황 황 水(氵)부 총 8획	況 況 狀況

- 狀況(상황): 일이 되어 가는 과정이나 형편
  - 예) 그는 여러 가지 불리한 狀況에서도 경기를 포기하지 않았다.

3급Ⅱ	一 艹 艹 艹 艹 荒 荒 荒
荒 거칠 황 艸(艹)부 총 10획	荒 荒 荒廢

- 荒廢(황폐): 집, 토지, 삼림 따위가 거칠어져 못 쓰게 됨.
  - 예) 지진이 났던 지역은 여전히 荒廢한 모습이었다.

3급Ⅱ	ㆍ ㆍ 忄 忄 忄 忄 悔 悔 悔
悔 뉘우칠 회 心(忄)부 총 10획	悔 悔 後悔 비) 侮: 업신여길 모 동) 恨: 한 한

- 後悔(후회): 이전의 잘못을 깨치고 뉘우침.
  - 예) 지난 일은 後悔해도 아무 소용이 없다.

3급Ⅱ	忄 忄 忄 忄 忄 悰 悰 悰 懷 懷
懷 품을 회 心(忄)부 총 19획	懷 懷 感懷 비) 壞: 무너질 괴 약) 懐

- 感懷(감회): 지난 일을 돌이켜 볼 때 느껴지는 회포
  - 예) 그는 자신이 태어난 나라에 오니 感懷가 새롭다고 하였다.

3급Ⅱ	犭 犭 犭 犭 犭 獲 獲 獲 獲
獲 얻을 획 犬(犭)부 총 17획	獲 獲 獲得 비) 護: 도울 호 동) 得: 얻을 득

- 獲得(획득): 얻어 내거나 얻어 가짐.
  - 예) 그녀는 높이뛰기에서 금메달을 獲得하였다.

3급Ⅱ	ㄱ ㅋ 聿 聿 書 書 書 畵 畵 劃
劃 그을 획 刀(刂)부 총 14획	劃 劃 計劃

- 計劃(계획): 앞으로 할 일의 절차, 방법, 규모 따위를 미리 헤아려 작정함. 또는 그 내용
  - 예) 우리 가족은 머리를 맞대고 여름휴가 計劃을 짰다.

3급Ⅱ	木 木 杧 杧 柑 柑 柑 橫 橫 橫
橫 가로 횡 木부 총 16획	橫 橫 橫領

- 橫領(횡령): 공금이나 남의 재물을 불법으로 차지하여 가짐.
  - 예) 그는 공금을 橫領한 혐의로 경찰에 체포되었다.

활용 한자 확인하기

轉 구를 전 境 지경 경 拂 떨칠 불 狀 형상 상, 문서 장 廢 폐할/버릴 폐 後 뒤 후
感 느낄 감 得 얻을 득 計 셀 계 領 거느릴 령

曉

3급 ｜ 丨 冂 日 日 日 町 曉 曉 曉 曉
새벽 **효**
日부
총 16획

曉 曉　　曉星

- 비 燒: 사를 소
- 약 暁

- 曉星(효성): 샛별. 금성을 이르는 말 / 매우 드문 존재를 비유적으로 이르는 말
  예 '금성'은 曉星, 개밥바라기 등 다양한 이름을 가지고 있다.

侯

3급 ｜ ノ 亻 亻 厃 疒 厈 侯 侯 侯
제후 **후**
人(亻)부
총 9획

侯 侯　　諸侯

- 비 候: 기후 후

- 諸侯(제후): 봉건 시대에 일정한 영토를 가지고 그 영내의 백성을 지배하는 권력을 가지던 사람
  예 諸侯는 천자에게 일정한 영토를 받았다.

候

4급 ｜ ノ 亻 亻 厃 疒 厈 疟 候 候 候
기후 **후**
人(亻)부
총 10획

候 候　　氣候

- 비 侯: 제후 후

- 氣候(기후): 기온, 비, 눈, 바람 따위의 대기(大氣) 상태
  예 대설, 한파와 같은 이상 氣候로 농작물의 피해가 심각하다.

毀

3급 ｜ ′ ′ ′ 白 白 皇 皀 皀 毁 毁
헐 **훼**
殳부
총 13획

毀 毀　　毀損

- 毀損(훼손): 체면이나 명예를 손상함. / 헐거나 깨뜨려 못 쓰게 만듦.
  예 지난 밤 폭우로 문화재의 일부가 毀損되었다.

揮

4급 ｜ 一 亅 扌 扌 扌 扩 扝 捊 揮 揮 揮
휘두를 **휘**
手(扌)부
총 12획

揮 揮　　發揮

- 發揮(발휘): 재능, 능력 따위를 떨치어 나타냄.
  예 그는 가족을 위해 숨겨둔 요리 솜씨를 發揮하였다.

輝

3급 ｜ 丨 业 ⺍ ⺍ ⺍ 炸 焆 焆 焆 煇 輝
빛날 **휘**
車부
총 15획

輝 輝　　光輝

- 동 光: 빛 광
- 　 明: 밝을 명

- 光輝(광휘): 환하고 아름답게 눈이 부심. 또는 그 빛
  예 가게에는 온갖 장식들이 光輝롭게 빛나고 있었다.

携

3급 ｜ 一 亅 扌 扌 扌 扩 拌 推 推 携 携
이끌 **휴**
手(扌)부
총 13획

携 携　　携帶

- 동 帶: 띠 대

- 携帶(휴대): 손에 들거나 몸에 지니고 다님.
  예 이 노트북은 작고 가벼워 携帶하기 편하다.

吸

4급 II ｜ 丨 口 口 叮 吸 吸
마실 **흡**
口부
총 7획

吸 吸　　吸煙

- 동 飮: 마실 음

- 吸煙(흡연): 담배를 피움.
  예 吸煙은 본인 뿐 아니라 주변 사람의 건강까지 위협한다.

稀

3급 II ｜ 一 二 千 禾 禾 秆 秆 秆 稀 稀
드물 **희**
禾부
총 12획

稀 稀　　稀貴

- 동 少: 적을 소
- 　 貴: 귀할 귀

- 稀貴(희귀): 드물어서 매우 진귀함.
  예 수목원에는 稀貴한 식물들이 많이 있었다.

戱

3급 II ｜ 广 卢 卢 虍 虍 虗 虛 戱 戱
놀이 **희**
戈부
총 17획

戱 戱　　戱弄

- 동 遊: 놀 유
- 약 戯, 戏

- 戱弄(희롱): 말이나 행동으로 실없이 놀림.
  예 그는 상대를 戱弄하는 듯한 어투로 말하였다.

활용 한자 확인하기

| 星 별 성 | 諸 모두 제 | 氣 기운 기 | 損 덜 손 | 發 필 발 | 光 빛 광 | 帶 띠 대 |
| 煙 연기 연 | 貴 귀할 귀 | 弄 희롱할 롱 | | | | |

3급II 訣
訣 이별할 결
言부
총 11획

訣別

- 비 決: 결단할 결
- 快: 쾌할 쾌
- 동 別: 나눌 별

• 訣別(결별): 기약 없는 이별을 함. 또는 그런 이별 / 관계나 교제를 영원히 끊음.
　예) 그들 부부는 성격 차이로 訣別을 선언하였다.

4급 筋
筋 힘줄 근
竹(⺮)부
총 12획

筋肉

• 筋肉(근육): 힘줄과 살을 통틀어 이르는 말
　예) 그의 筋肉은 강철과 같이 단단하였다.

5급 汽
汽 물 끓는 김 기
水(氵)부
총 7획

汽車

• 汽車(기차): 기관차에 여객차나 화물차를 연결하여 궤도 위를 운행하는 차량
　예) 우리는 출발 10분 전에 간신히 汽車를 탔다.

5급 朗
朗 밝을 랑
月부
총 11획

明朗

- 동 明: 밝을 명

• 明朗(명랑): 흐린 데 없이 밝고 환함. / 유쾌하고 활발함.
　예) 동생은 明朗하게 노래를 불렀다.

3급II 紋
紋 무늬 문
糸부
총 10획

指紋

• 指紋(지문): 손가락 끝마디 안쪽에 있는 살갗의 무늬. 또는 그것이 남긴 흔적
　예) 형사는 범행 현장에서 범인의 指紋을 채취하였다.

3급II 森
森 수풀 삼
木부
총 12획

森林

- 동 林: 수풀 림

• 森林(삼림): 나무가 많이 우거진 숲
　예) 시에서는 森林의 벌목을 금지하고 있다.

3급II 阿
阿 언덕 아
阜(阝)부
총 8획

阿附

• 阿附(아부): 남의 비위를 맞추어 알랑거림.
　예) 내 눈에는 그의 행동이 상사에 대한 阿附로 비쳤다.

4급 液
液 진 액
水(氵)부
총 11획

液體

- 비 夜: 밤 야

• 液體(액체): 일정한 부피는 가졌으나 일정한 형태를 가지지 못한 물질
　예) 液體는 고체에 비하여 응집력이 약하다.

5급 曜
曜 빛날 요
日부
총 18획

曜日

• 曜日(요일): 일주일의 각 날을 이르는 말
　예) 오늘은 무슨 曜日이지?

3급II 蹟
蹟 자취 적
足(⻊)부
총 18획

古蹟

• 古蹟(고적): 옛 문화를 보여 주는 건물이나 물건이 있던 터
　예) 하루 종일 경주시 주변에 있는 古蹟들을 구경하였다.

활용 한자 확인하기

| 別 다를/나눌 별 | 肉 고기 육 | 車 수레 거/차 | 明 밝을 명 | 指 가리킬 지 | 林 수풀 림 | 附 붙을 부 |
| 體 몸 체 | 日 날 일 | 古 예 고 | | | | |

3급II **笛** 피리 **적** 竹(⺮)부 총 11획	ノ ト ト ⺮ ⺮ ⺮ ⺮ 竺 笛 笛 笛

- 警笛(경적): 주의나 경계를 하도록 소리를 울리는 장치. 또는 그 소리
  예 자동차 한 대가 警笛을 울리며 지나갔다.

5급 **週** 주일 **주** 辵(辶)부 총 12획	) 刀 刀 月 円 用 周 周 周 凋 调 週

- 每週(매주): 각각의 주마다
  예 나는 每週 책을 한 권씩 읽는다.

3급II **稚** 어릴 **치** 禾부 총 13획	一 二 千 千 禾 禾 利 利 利 秆 秆 稚 稚

- 幼稚園(유치원): 학령이 안 된 어린이의 심신 발달을 위한 교육 시설
  예 동생은 幼稚園을 졸업하고 초등학교에 들어간다.

3급II **兔** 토끼 **토** 儿부 총 8획	⺅ 刀 刀 留 甾 兔 兔 兔

- 犬兔之爭(견토지쟁): 개와 토끼의 다툼이라는 뜻으로, 두 사람의 싸움에 제삼자가 이익을 봄을 이르는 말
  예 '어부지리(漁父之利)'는 '犬兔之爭'과 비슷한 의미의 성어이다.

4급II **砲** 대포 **포** 石부 총 10획	一 丆 石 石 石 石 旬 砲 砲 砲

- 大砲(대포): 화약의 힘으로 포탄을 멀리 내쏘는 무기
  예 적군의 공격에 아군은 大砲로 반격하였다.

3급II **楓** 단풍 **풍** 木부 총 13획	一 十 木 木 朷 机 机 枫 枫 枫 枫 楓 楓

- 丹楓(단풍): 기후 변화로 식물의 잎이 붉은빛이나 누런빛으로 변하는 현상. 또는 그렇게 변한 잎
  예 가을이 되자 곳곳에 丹楓이 곱게 물들었다.

4급 **灰** 재 **회** 火부 총 6획	一 ナ 灰 灰 灰 灰

- 灰色(회색): 재의 빛깔과 같이 흰빛을 띤 검정
  예 나는 지금 灰色 양말을 신고 있다.

활용 한자 확인하기

警 깨우칠 경　每 매양 매　幼 어릴 유　園 동산 원　犬 개 견　之 갈 지　爭 다툴 쟁
大 큰 대　丹 붉을 단　色 빛 색

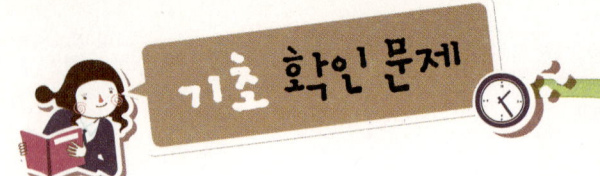

정답 253쪽

[問 01-15] 다음 漢字(한자)의 訓(훈: 뜻)과 音(음: 소리)을 쓰시오.

字 ➡ 글자 자

01 悔 (　　　　)　　02 豪 (　　　　)　　03 軒 (　　　　)
04 侯 (　　　　)　　05 票 (　　　　)　　06 弊 (　　　　)
07 脅 (　　　　)　　08 抗 (　　　　)　　09 環 (　　　　)
10 浦 (　　　　)　　11 畢 (　　　　)　　12 橫 (　　　　)
13 惑 (　　　　)　　14 浩 (　　　　)　　15 輝 (　　　　)

[問 16-27] 다음 訓(훈: 뜻)과 音(음: 소리)에 알맞은 漢字(한자)를 쓰시오.

글자 자 ➡ 字

16 두루 편 (　　　　)　17 빠질 함 (　　　　)　18 누릴 향 (　　　　)
19 잡을 포 (　　　　)　20 형통할 형 (　　　　)　21 클 홍 (　　　　)
22 기후 후 (　　　　)　23 거칠 황 (　　　　)　24 어두울 혼 (　　　　)
25 피할 피 (　　　　)　26 저울대 형 (　　　　)　27 재앙 화 (　　　　)

[問 28-39] 다음 漢字語(한자어)의 讀音(독음)을 쓰시오.

漢字 ➡ 한자

28 洪水 (　　　　)　29 被害 (　　　　)　30 還拂 (　　　　)
31 相互 (　　　　)　32 販賣 (　　　　)　33 毀損 (　　　　)
34 携帶 (　　　　)　35 貢獻 (　　　　)　36 稀貴 (　　　　)
37 險難 (　　　　)　38 音響 (　　　　)　39 出荷 (　　　　)

[問 40-44] 다음 밑줄 친 漢字語(한자어)를 漢字(한자)로 쓰시오.

한국 ➡ 韓國

40 감기가 악화되어 폐렴이 되었다.　(　　　　)
41 친구는 핵심에서 벗어난 질문을 하였다.　(　　　　)
42 비행기는 밤이 늦어서야 공항에 도착하였다.　(　　　　)
43 그 가게에서는 물건값을 50% 할인하여 판매한다.　(　　　　)
44 그는 이번 시합에서 자신의 실력을 유감없이 발휘하였다. (　　　　)

[問 001-045] 다음 漢字語의 讀音을 쓰시오.

001 乃至(　　　) 002 矯正(　　　)
003 翁主(　　　) 004 搜索(　　　)
005 世襲(　　　) 006 緩衝(　　　)
007 象徵(　　　) 008 補佐(　　　)
009 脈絡(　　　) 010 凡常(　　　)
011 昏睡(　　　) 012 特殊(　　　)
013 華燭(　　　) 014 享年(　　　)
015 漆黑(　　　) 016 稀代(　　　)
017 飽和(　　　) 018 蒼茫(　　　)
019 天涯(　　　) 020 鑑賞(　　　)
021 兼備(　　　) 022 忌避(　　　)
023 嗚呼(　　　) 024 但只(　　　)
025 夢想(　　　) 026 密語(　　　)
027 弱冠(　　　) 028 白眉(　　　)
029 媒介(　　　) 030 赴任(　　　)
031 拾得(　　　) 032 免罪(　　　)
033 騷音(　　　) 034 紛糾(　　　)
035 永訣(　　　) 036 左遷(　　　)
037 威脅(　　　) 038 表裏(　　　)
039 疾走(　　　) 040 依託(　　　)
041 齊唱(　　　) 042 錯視(　　　)
043 取捨(　　　) 044 片道(　　　)
045 僅少(　　　)

[問 046-072] 다음 漢字의 訓과 音을 쓰시오.

046 逝(　　　) 047 棄(　　　)
048 鳳(　　　) 049 詞(　　　)
050 紋(　　　) 051 拓(　　　)
052 恒(　　　) 053 顧(　　　)
054 姪(　　　) 055 絃(　　　)
056 斥(　　　) 057 宜(　　　)
058 愈(　　　) 059 蛇(　　　)
060 狂(　　　) 061 懇(　　　)
062 誇(　　　) 063 雷(　　　)
064 奔(　　　) 065 譜(　　　)
066 衰(　　　) 067 丈(　　　)
068 雙(　　　) 069 僧(　　　)
070 己(　　　) 071 鑄(　　　)
072 借(　　　)

[問 073-077] 다음 訓과 音을 가진 漢字를 쓰시오.

073 밝을 명(　　　) 074 남을 여(　　　)
075 가지 제(　　　) 076 나눌 배(　　　)
077 겹칠 복(　　　)

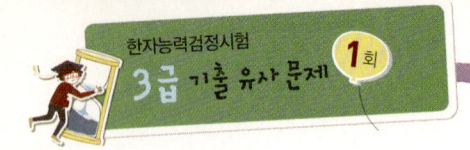

[問 078-097] 다음 밑줄 친 漢字語를 漢字(正字)로 쓰시오.

078 최 감독의 이번 공연은 연일 <u>성황</u>을 이루고 있다.
(　　　　　)

079 그는 조류의 <u>습성</u>과 생태를 연구하고 있다.
(　　　　　)

080 소방관은 <u>위험</u>을 무릅쓰고 건물 안에 갇힌 시민을 구했다.
(　　　　　)

081 각 당의 대표들이 전국을 돌아다니며 <u>유세</u>하고 있다.
(　　　　　)

082 그녀는 호주머니에서 백 원짜리 <u>동전</u> 세 개를 꺼냈다.
(　　　　　)

083 두 사람은 친구들의 <u>축복</u>을 받으며 결혼하였다.
(　　　　　)

084 <u>품질</u>도 좋고 가격도 적당한 신발을 구입하였다.
(　　　　　)

085 깨끗이 <u>청소</u>된 교실을 보니 기분이 좋았다.
(　　　　　)

086 비가 온다던 일기 예보가 <u>적중</u>하였다.
(　　　　　)

087 외세의 <u>침략</u>에 대비하여 국방을 튼튼히 해야 한다.
(　　　　　)

088 그는 이번 사건의 주모자로 나를 <u>지목</u>하였다.
(　　　　　)

089 단풍이 곱게 물든 설악산은 그야말로 <u>장관</u>이었다.
(　　　　　)

090 그 회사는 이번에 상당한 규모의 <u>흑자</u>를 냈다.
(　　　　　)

091 노동조합은 파업을 <u>감행</u>하기로 결정하였다.
(　　　　　)

092 시스템에 접속하려면 <u>암호</u>를 입력하십시오.
(　　　　　)

093 우리 팀은 결승전에서 강력한 우승 후보와 <u>경기</u>해야 한다.
(　　　　　)

094 나는 그와의 관계 <u>개선</u>을 위하여 부단히 노력하였다.
(　　　　　)

095 그들은 각고의 <u>노력</u> 끝에 성공을 거두었다.
(　　　　　)

096 출근 시간대라서 빈 택시를 잡기가 <u>용이</u>하지 않았다.
(　　　　　)

097 '유제품'은 우유를 <u>가공</u>하여 만든 식품을 통틀어 이르는 말이다.
(　　　　　)

[問 098-107] 다음 빈칸에 訓이 같은 漢字(正字)를 써넣어 單語를 완성하시오.

098 (　　)降　　099 該(　　)

100 (　　)歸　　101 歡(　　)

102 皇(　　)　　103 愼(　　)

104 願(　　)　　105 安(　　)

106 (　　)促　　107 都(　　)

[問 108-112] 다음 漢字語 中 첫소리가 長音으로 발음되는 것의 번호를 쓰시오.

108 ① 播種 ② 八景 ③ 宗家 ④ 咸池 (　　)

109 ① 君臨 ② 巷間 ③ 環狀 ④ 冬至 (　　)

110 ① 仲媒 ② 簡單 ③ 漫畫 ④ 末期 (　　)

111 ① 掛念 ② 幅廣 ③ 汚名 ④ 才能 (　　)

112 ① 旱害 ② 貞淑 ③ 宮女 ④ 土龍 (　　)

[問 113-122] 다음 漢字와 反對(相對)되는 漢字를 써넣어 單語를 완성하시오.

113 (　　) ↔ 防　　114 需 ↔ (　　)

115 (　　) ↔ 損　　116 皮 ↔ (　　)

117 遲 ↔ (　　)　　118 (　　) ↔ 邪

119 向 ↔ (　　)　　120 啓 ↔ (　　)

121 實 ↔ (　　)　　122 (　　) ↔ 應

[問 123-132] 다음 빈칸에 알맞은 漢字(正字)를 써넣어 四字成語를 완성하시오.

123 大(　　)晩成

124 佳人薄(　　)

125 衆寡不(　　)

126 博學多(　　)

127 送舊迎(　　)

128 縱橫(　　)盡

129 羊頭狗(　　)

130 (　　)載一遇

131 脣亡齒(　　)

132 勿失好(　　)

[問 133-137] 다음 漢字의 部首를 쓰시오.

133 御(　　)　　134 術(　　)

135 州(　　)　　136 恭(　　)

137 某(　　)

[問 138-142] 다음 漢字語의 同音語를 쓰되 주어진 뜻풀이에 맞는 것을 漢字(正字)로 쓰시오.

138 甘受-(　　): 책의 저술이나 편찬 따위를 지도하고 감독함.

139 散亂-(　　): 알을 낳음.

140 傾斜-(　　): 축하할 만한 기쁜 일

141 制止-(　　): 종이를 만듦.

142 高架-(　　): 비싼 가격

[問 143-147] 다음 漢字語의 뜻을 각각 10음절 이내로 쓰시오.

143 賀客(　　)

144 屢次(　　)

145 硬度(　　)

146 貫通(　　)

147 消滅(　　)

[問 148-150] 다음 漢字의 略字는 正字로, 正字는 略字로 쓰시오.

148 争(　　)

149 残(　　)

150 師(　　)

정답은 254쪽에 있습니다

한자능력검정시험 3급 기출 유사 문제 2회

[問 001-045] 다음 漢字語의 讀音을 쓰시오.

001 肖像(　　　)　　002 崩壞(　　　)
003 赴任(　　　)　　004 肥滿(　　　)
005 星宿(　　　)　　006 稚拙(　　　)
007 僞幣(　　　)　　008 卿相(　　　)
009 榮譽(　　　)　　010 擁護(　　　)
011 諒解(　　　)　　012 貢獻(　　　)
013 掃除(　　　)　　014 公薦(　　　)
015 肯定(　　　)　　016 若干(　　　)
017 郊外(　　　)　　018 確率(　　　)
019 寡占(　　　)　　020 架橋(　　　)
021 盟誓(　　　)　　022 諸侯(　　　)
023 胃腸(　　　)　　024 仲裁(　　　)
025 貸借(　　　)　　026 謙虛(　　　)
027 誕辰(　　　)　　028 潤澤(　　　)
029 昇天(　　　)　　030 侵奪(　　　)
031 朗誦(　　　)　　032 忽然(　　　)
033 奏請(　　　)　　034 頻繁(　　　)
035 包攝(　　　)　　036 魂靈(　　　)
037 嫌疑(　　　)　　038 奔忙(　　　)
039 陳腐(　　　)　　040 生果(　　　)
041 族譜(　　　)　　042 親戚(　　　)
043 廉恥(　　　)　　044 庸劣(　　　)
045 忍耐(　　　)

[問 046-072] 다음 漢字의 訓과 音을 쓰시오.

046 倫(　　　)　　047 泊(　　　)
048 尙(　　　)　　049 塊(　　　)
050 悔(　　　)　　051 糖(　　　)
052 凡(　　　)　　053 拔(　　　)
054 軟(　　　)　　055 亦(　　　)
056 尊(　　　)　　057 申(　　　)
058 豊(　　　)　　059 搜(　　　)
060 醉(　　　)　　061 卜(　　　)
062 龜(　　　)　　063 濕(　　　)
064 緖(　　　)　　065 落(　　　)
066 邦(　　　)　　067 泣(　　　)
068 尾(　　　)　　069 叫(　　　)
070 燭(　　　)　　071 拂(　　　)
072 妄(　　　)

[問 073-077] 다음 訓과 音을 가진 漢字를 쓰시오.

073 고요할 정(　　　)　　074 맞을 영(　　　)
075 기쁠 환(　　　)　　076 일컬을 칭(　　　)
077 엄숙할 숙(　　　)

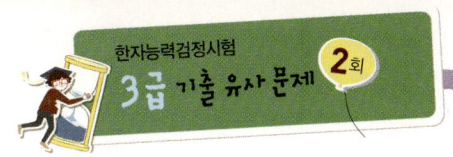

[問 078-097] 다음 밑줄 친 漢字語를 漢字(正字)로 쓰시오.

078 일요일이면 책을 읽는 것이 그녀의 유일한 <u>취미</u>였다. ( )

079 거실로 사용 중인 이곳은 원래 <u>침실</u>이었다. ( )

080 뜻이 맞는 친구들과 함께 독서회를 <u>조직</u>하였다. ( )

081 <u>여권</u>을 발급받기 위해 사진관에서 사진을 찍었다. ( )

082 그는 너무나도 바빠서 <u>여가</u> 활동을 할 겨를이 없었다. ( )

083 많은 야생 동물들이 밀렵으로 멸종 <u>위기</u>에 처해 있다. ( )

084 그녀는 잃어버린 돈을 찾아 준 대가로 <u>거액</u>의 사례금을 받았다. ( )

085 새로운 <u>복장</u> 규정에 의하면 넥타이는 선택이다. ( )

086 그는 좀 더 젊어 보이려고 <u>가발</u>을 쓴다. ( )

087 인생은 짧고 <u>예술</u>은 길다. ( )

088 석탄·코르크·연탄·장작·숯 등은 고체 <u>연료</u>이다. ( )

089 그 나라 국민들의 <u>평균</u> 수명은 70세이다. ( )

090 나는 그녀의 <u>쾌활</u>한 성격에 반했다. ( )

091 어머니께서 <u>보온</u> 도시락을 준비해 주셨다. ( )

092 이번 <u>연휴</u>에는 해외로 여행을 떠나는 사람이 많을 것이다. ( )

093 그는 급여 <u>통장</u>을 개설하기 위해 은행을 찾았다. ( )

094 많은 기업들이 중국으로 공장을 <u>이전</u>하고 있다. ( )

095 폭발 사고로 <u>탄광</u> 안에 갇혔던 광부들이 극적으로 구조되었다. ( )

096 지금은 신입생 추가 <u>등록</u> 기간이다. ( )

097 할아버지 산소에 <u>벌초</u>를 하러 갔다. ( )

[問 098-107] 다음 빈칸에 訓이 같은 漢字(正字)를 써넣어 單語를 완성하시오.

098 ( )猛　　099 祭( )

100 宜( )　　101 超( )

102 宮( )　　103 模( )

104 農( )　　105 ( )久

106 高( )　　107 逝( )

[問 108-112] 다음 漢字語 중 첫소리가 長音으로 발음되는 것의 번호를 쓰시오.

108 ①魚類 ②恒常 ③弓道 ④里數 ( )

109 ①晴雨 ②感動 ③羅城 ④房門 ( )

110 ①陵谷 ②負擔 ③漂流 ④玄米 ( )

111 ①譯者 ②渡江 ③掌甲 ④涉獵 ( )

112 ①泥土 ②稅關 ③厄運 ④許多 ( )

[問 113-122] 다음 漢字와 反對(相對)되는 漢字를 써넣어 單語를 완성하시오.

113 贈 ↔ (　　　)　　114 因 ↔ (　　　)

115 是 ↔ (　　　)　　116 (　　　) ↔ 圓

117 吏 ↔ (　　　)　　118 殺 ↔ (　　　)

119 陰 ↔ (　　　)　　120 (　　　) ↔ 刑

121 (　　　) ↔ 打　　122 離 ↔ (　　　)

[問 123-132] 다음 빈칸에 알맞은 漢字(正字)를 써넣어 四字成語를 완성하시오.

123 同價(　　　)裳

124 (　　　)令暮改

125 昏(　　　)晨省

126 (　　　)在頃刻

127 (　　　)學阿世

128 單刀(　　　)入

129 吾(　　　)三尺

130 擧(　　　)齊眉

131 鶴首苦(　　　)

132 塞翁之(　　　)

[問 133-137] 다음 漢字의 部首를 쓰시오.

133 徐(　　　)　　134 革(　　　)

135 廷(　　　)　　136 霧(　　　)

137 版(　　　)

[問 138-142] 다음 漢字語의 同音語를 쓰되 주어진 뜻풀이에 맞는 것을 漢字(正字)로 쓰시오.

138 畫題-(　　　): 이야기의 제목

139 援助-(　　　): 첫 대의 조상 / 어떤 일을 처음으로 시작한 사람

140 睡眠-(　　　): 물의 겉면

141 遲刻-(　　　): 알아서 깨달음.

142 車線-(　　　): 최선의 다음

[問 143-147] 다음 漢字語의 뜻을 각각 10음절 이내로 쓰시오.

143 鋼板(　　　　　　　　)

144 禍根(　　　　　　　　)

145 未畢(　　　　　　　　)

146 完了(　　　　　　　　)

147 邪惡(　　　　　　　　)

[問 148-150] 다음 漢字의 略字는 正字로, 正字는 略字로 쓰시오.

148 會(　　　)

149 圧(　　　)

150 勞(　　　)

정답은 254쪽에 있습니다

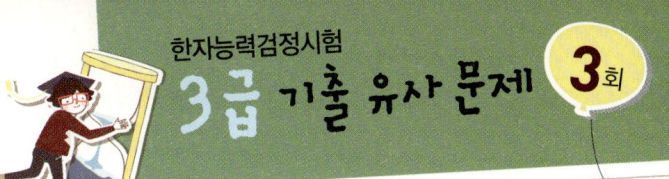

한자능력검정시험 3급 기출 유사문제 3회

[問 001-045] 다음 漢字語의 讀音을 쓰시오.

001 尖端(　　)　　002 濁流(　　)
003 滿了(　　)　　004 錯誤(　　)
005 慘狀(　　)　　006 驅逐(　　)
007 偏頗(　　)　　008 埋葬(　　)
009 汚染(　　)　　010 暢達(　　)
011 茫漠(　　)　　012 幼稚(　　)
013 遲延(　　)　　014 侯爵(　　)
015 顯著(　　)　　016 緊迫(　　)
017 謀叛(　　)　　018 暴騰(　　)
019 枯渴(　　)　　020 胡蝶(　　)
021 寄贈(　　)　　022 姻戚(　　)
023 鴻雁(　　)　　024 便易(　　)
025 怠慢(　　)　　026 謁見(　　)
027 禪僧(　　)　　028 提訴(　　)
029 奴婢(　　)　　030 豚舍(　　)
031 丘陵(　　)　　032 罷業(　　)
033 弓矢(　　)　　034 竝設(　　)
035 汽笛(　　)　　036 癸丑(　　)
037 看護(　　)　　038 裁判(　　)
039 遵守(　　)　　040 煩雜(　　)
041 妥協(　　)　　042 擁衛(　　)
043 循環(　　)　　044 竊念(　　)
045 虛勢(　　)

[問 046-072] 다음 漢字의 訓과 音을 쓰시오.

046 麥(　　)　　047 漆(　　)
048 蒸(　　)　　049 傾(　　)
050 廳(　　)　　051 遍(　　)
052 供(　　)　　053 折(　　)
054 燥(　　)　　055 續(　　)
056 館(　　)　　057 睦(　　)
058 威(　　)　　059 丙(　　)
060 臥(　　)　　061 屢(　　)
062 構(　　)　　063 遣(　　)
064 崇(　　)　　065 零(　　)
066 螢(　　)　　067 僚(　　)
068 苗(　　)　　069 滴(　　)
070 佐(　　)　　071 敏(　　)
072 敍(　　)

[問 073-077] 다음 訓과 音을 가진 漢字를 쓰시오.

073 우편 우(　　)　　074 의원 의(　　)
075 노래 요(　　)　　076 나무 수(　　)
077 진 액 (　　)

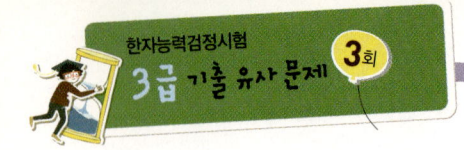

[問 078-097] 다음 밑줄 친 漢字語를 漢字(正字)로 쓰시오.

078 친구는 아무 말도 없이 일주일 동안이나 학교를 <u>결석</u>하였다. (　　)

079 옛날에는 깊은 산속에 <u>은거</u>한 선비들이 많았다. (　　)

080 당시의 일을 생각하면 <u>분통</u>이 터져 견딜 수가 없다. (　　)

081 그는 황제의 <u>밀서</u>를 받고 계획을 즉시 실행에 옮겼다. (　　)

082 구름이 걷히고 한라산이 웅장한 <u>자태</u>를 드러냈다. (　　)

083 조선 시대에는 <u>유교</u>를 국가의 통치 이념으로 삼았다. (　　)

084 리듬 <u>체조</u>는 로스앤젤레스 올림픽 경기에서 정식 종목으로 채택되었다. (　　)

085 기술자들은 본격적인 공사에 착수하기 전에 토지를 <u>측량</u>하였다. (　　)

086 <u>근면</u>과 정직이 그녀의 성공 요인이다. (　　)

087 그는 오랜 고민 끝에 사업의 규모를 <u>축소</u>하였다. (　　)

088 그 부족은 물과 풀밭을 찾아 옮겨 다니면서 <u>유목</u> 생활을 한다. (　　)

089 사회가 각박해지면서 <u>범죄</u>가 날이 갈수록 늘어나고 있다. (　　)

090 유감스럽게도 귀하가 지원한 자리는 이미 <u>충원</u>되었습니다. (　　)

091 <u>감독</u>은 전체 팀원들을 불러 모았다. (　　)

092 그는 몇 번의 <u>시도</u> 끝에 대통령에 당선되었다. (　　)

093 직원들의 <u>건의</u>에 따라 휴게실을 설치하기로 하였다. (　　)

094 두 사람 사이에 한바탕 <u>설전</u>이 오갔다. (　　)

095 악천후로 인해 출발 날짜가 내일로 <u>변경</u>되었다. (　　)

096 그녀들은 항상 붙어 다녀서 마치 <u>자매</u>처럼 보였다. (　　)

097 변호사는 승소하기 위해 더 많은 <u>증거</u>가 필요하였다. (　　)

[問 098-107] 다음 빈칸에 訓이 같은 漢字(正字)를 써넣어 單語를 완성하시오.

098 (　)濯　　099 貌(　)

100 乞(　)　　101 裕(　)

102 輿(　)　　103 段(　)

104 (　)拾　　105 巧(　)

106 (　)割　　107 牽(　)

[問 108-112] 다음 漢字語 중 첫소리가 長音으로 발음되는 것의 번호를 쓰시오.

108 ①票決 ②用品 ③財産 ④巖盤 (　　)

109 ①兼備 ②鈍感 ③冊床 ④他國 (　　)

110 ①批評 ②災殃 ③歷史 ④豆腐 (　　)

111 ①博士 ②涙管 ③殆半 ④氷河 (　　)

112 ①驛前 ②竝行 ③不敗 ④徹夜 (　　)

[問 113-122] 다음 漢字와 反對(相對)되는 漢字를 써넣어 單語를 완성하시오.

113 物 ↔ (　　　)　　114 巨 ↔ (　　　)

115 寒 ↔ (　　　)　　116 斷 ↔ (　　　)

117 煩 ↔ (　　　)　　118 榮 ↔ (　　　)

119 詳 ↔ (　　　)　　120 空 ↔ (　　　)

121 (　　　) ↔ 賤　　122 (　　　) ↔ 昔

[問 123-132] 다음 빈칸에 알맞은 漢字(正字)를 써넣어 四字成語를 완성하시오.

123 附和雷(　　　)

124 騷人墨(　　　)

125 (　　　)三暮四

126 鷄(　　　)狗盜

127 (　　　)實相符

128 錦(　　　)還鄕

129 深思熟(　　　)

130 孤(　　　)奮鬪

131 沙(　　　)樓閣

132 左衝(　　　)突

[問 133-137] 다음 漢字의 部首를 쓰시오.

133 宅(　　　)　　134 臺(　　　)

135 着(　　　)　　136 輩(　　　)

137 雅(　　　)

[問 138-142] 다음 漢字語의 同音語를 쓰되 주어진 뜻풀이에 맞는 것을 漢字(正字)로 쓰시오.

138 脚色-(　　　): 갖가지 빛깔

139 排水-(　　　): 어떤 수의 갑절이 되는 수

140 記述-(　　　): 사물을 잘 다룰 수 있는 방법이나 능력

141 綠陰-(　　　): 소리를 기록함.

142 內査-(　　　): 회사 따위에 찾아옴.

[問 143-147] 다음 漢字語의 뜻을 각각 10음절 이내로 쓰시오.

143 毁傷(　　　　　　　　　)

144 忽待(　　　　　　　　　)

145 佳作(　　　　　　　　　)

146 淸淨(　　　　　　　　　)

147 享有(　　　　　　　　　)

[問 148-150] 다음 漢字의 略字는 正字로, 正字는 略字로 쓰시오.

148 団(　　　)

149 坚(　　　)

150 寶(　　　)

정답은 255쪽에 있습니다

부수 한눈에 보기

1 부수의 뜻

'부수(部首)'란, 자전(字典)에서 한자를 찾는 데 필요한 기본 글자로 한자의 뜻과 관련이 깊습니다. 한자의 부수를 알면 자전에서 한자를 찾을 때 편리할 뿐 아니라 한자의 뜻도 쉽게 파악할 수 있습니다.

2 부수의 이름과 위치

부수는 한자에서 놓이는 위치에 따라 각기 이름이 다르다.

이름	위치	예
변	글자의 왼쪽 부분	清
방	글자의 오른쪽 부분	朝
머리	글자의 윗부분	安
발	글자의 아랫부분	光
엄호	글자의 위와 왼쪽을 싸는 부분	尺
받침	글자의 왼쪽과 아래를 싸는 부분	道
몸 (에운담)	글자의 둘레를 감싸는 부분	四, 間
제부수	글자 자체가 부수인 것	人

3 부수의 종류

1획
- 一 한일
- 丨 뚫을곤
- 丶 점주
- 丿 삐침별
- 乙(乚) 새을
- 亅 갈고리궐

2획
- 二 두이
- 亠 돼지해머리
- 人(亻) 사람인
- 儿 어진사람인발
- 入 들입
- 八 여덟팔
- 冂 멀경
- 冖 민갓머리
- 冫 이수변
- 几 안석궤
- 凵 위터진입구
- 刀(刂) 칼도
- 力 힘력
- 勹 쌀포
- 匕 비수비
- 匚 터진입구
- 匸 터진에운담
- 十 열십
- 卜 점복
- 卩(㔾) 병부절방
- 厂 민엄호
- 厶 마늘모
- 又 또우

3획
- 口 입구
- 囗 큰입구
- 土 흙토
- 士 선비사
- 夂 뒤져올치
- 夊 천천히걸을쇠
- 夕 저녁석
- 大 큰대
- 女 계집녀
- 子 아들자
- 宀 갓머리
- 寸 마디촌
- 小 작을소
- 尢(兀,尣) 절름발이왕
- 尸 주검시
- 屮 왼손좌
- 山 메산
- 巛(川) 개미허리
- 工 장인공
- 己 몸기
- 巾 수건건
- 干 방패간
- 幺 작을요
- 广 엄호
- 廴 민책받침
- 廾 밑스물입
- 弋 주살익
- 弓 활궁
- 彐(彑) 터진가로왈
- 彡 터럭삼
- 彳 두인변

4획
- 心(忄,㣺) 마음심
- 戈 창과
- 戶 지게호
- 手(扌) 손수
- 支 지탱할지
- 攴(攵) 등글월문
- 文 글월문
- 斗 말두
- 斤 날근
- 方 모방
- 无(旡) 없을무
- 日 날일
- 曰 가로왈
- 月 달월

木	나무목	禾	벼화	豸	발없는벌레치	髟	터럭발밑
欠	하품흠	穴	구멍혈	貝	조개패	鬥	싸울투
止	그칠지	立	설립	赤	붉을적	鬯	술창
歹	죽을사	● **6획**		走	달아날주	鬲	솥력
殳	갖은등글월문	竹	대죽	足(⻊)	발족	鬼	귀신귀
毋	말무	米	쌀미	身	몸신	● **11획**	
比	견줄비	糸	실사	車	수레거	魚	물고기어
毛	터럭모	缶	장군부	辛	매울신	鳥	새조
氏	각시씨	网(罒)	그물망	辰	별진	鹵	소금밭로
气	기운기	羊(⺶)	양양	辵(⻌)	책받침	鹿	사슴록
水(氵,氺)	물수	羽	깃우	邑(⻏)	고을읍	麥	보리맥
火(灬)	불화	老(耂)	늙을로	酉	닭유	麻	삼마
爪(爫)	손톱조	而	말이을이	釆	분별할변	● **12획**	
父	아비부	耒	쟁기뢰	里	마을리	黃	누를황
爻	점괘효	耳	귀이	● **8획**		黍	기장서
爿	장수장변	聿	붓율	金	쇠금	黑	검을흑
片	조각편	肉(⺼)	고기육	長(镸)	길장	黹	바느질할치
牙	어금니아	臣	신하신	門	문문	● **13획**	
牛(牜)	소우	自	스스로자	阜(⻖)	언덕부	黽	맹꽁이맹
犬(犭)	개견	至	이를지	隶	미칠이	鼎	솥정
● **5획**		臼	절구구	隹	새추	鼓	북고
玄	검을현	舌	혀설	雨	비우	鼠	쥐서
玉(王)	구슬옥	舛	어그러질천	靑	푸를청	● **14획**	
瓜	오이과	舟	배주	非	아닐비	鼻	코비
瓦	기와와	艮	머무를간	● **9획**		齊	가지런할제
甘	달감	色	빛색	面	낯면	● **15획**	
生	날생	艸(⺿)	초두	革	가죽혁	齒	이치
用	쓸용	虍	범호밑	韋	다룬가죽위	● **16획**	
田	밭전	虫	벌레충	韭	부추구	龍	용룡
疋	필필	血	피혈	音	소리음	龜	거북귀(구)
疒	병질엄	行	다닐행	頁	머리혈	● **17획**	
癶	필발머리	衣(衤)	옷의	風	바람풍	龠	피리약
白	흰백	襾	덮을아	飛	날비		
皮	가죽피	● **7획**		食(飠)	밥식		
皿	그릇명	見	볼견	首	머리수		
目	눈목	角	뿔각	香	향기향		
矛	창모	言	말씀언	● **10획**			
矢	화살시	谷	골곡	馬	말마		
石	돌석	豆	콩두	骨	뼈골		
示(礻)	보일시	豕	돼지시	高	높을고		
禸	짐승발자국유						

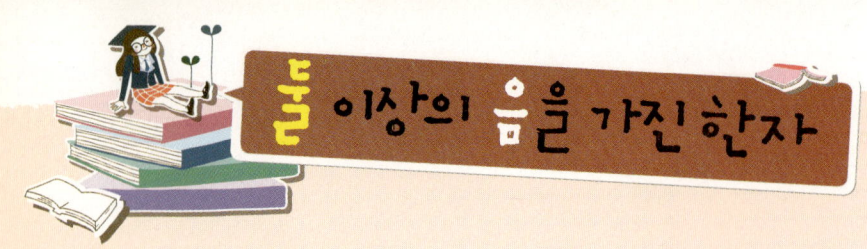

● 색 글자는 시험에 자주 출제되는 한자입니다.

| 降 | 내릴 강 | ➡ 下降(하강): 높은 곳에서 아래로 향하여 내려옴. |
| | 항복할 항 | ➡ 投降(투항): 적에게 항복함. |

| 車 | 수레 거 | ➡ 人力車(인력거): 사람이 끄는, 바퀴가 두 개 달린 수레 |
| | 수레 차 | ➡ 車庫(차고): 자동차, 기차, 전차 따위의 차량을 넣어 두는 곳 |

| 見 | 볼 견 | ➡ 見聞(견문): 보고 들음. |
| | 뵈올 현 | ➡ 謁見(알현): 지체가 높고 귀한 사람을 찾아가 뵘. |

| 更 | 고칠 경 | ➡ 變更(변경): 다르게 바꾸어 새롭게 고침. |
| | 다시 갱 | ➡ 更生(갱생): 거의 죽을 지경에서 다시 살아남. |

| 告 | 고할 고 | ➡ 報告(보고): 일에 관한 내용이나 결과를 말이나 글로 알림. |
| | 고할 곡 | ➡ 出必告(출필곡): 밖에 나갈 일이 있을 때마다 부모에게 가는 곳을 아룀. |

| 金 | 쇠 금 | ➡ 純金(순금): 다른 금속이 섞이지 아니한 순수한 금 |
| | 성 김 | ➡ 金氏(김씨) |

| 茶 | 차 다 | ➡ 茶道(다도): 차를 달이거나 마실 때의 방식이나 예의범절 |
| | 차 차 | ➡ 綠茶(녹차): 푸른빛이 그대로 나도록 말린 부드러운 찻잎. 또는 그것을 우린 물 |

| 度 | 법도 도 | ➡ 禮度(예도): 예의와 법도를 아울러 이르는 말 |
| | 헤아릴 탁 | ➡ 度地(탁지): 토지(土地)를 측량함. |

| 讀 | 읽을 독 | ➡ 讀書(독서): 책을 읽음. |
| | 구절 두 | ➡ 吏讀(이두): 한자의 음과 뜻을 빌려 우리말을 적은 표기법 |

| 洞 | 골 동 | ➡ 洞長(동장): 한 동네의 우두머리 |
| | 밝을 통 | ➡ 洞察(통찰): 예리한 관찰력으로 사물을 꿰뚫어 봄. |

樂	즐길 락	➡ 苦樂(고락): 괴로움과 즐거움을 아울러 이르는 말
	노래 악	➡ 樂譜(악보): 음악의 곡조를 일정한 기호를 써서 기록한 것
	좋아할 요	➡ 樂山樂水(요산요수): 산수(山水)의 자연을 즐기고 좋아함.

| 率 | 비율 률 | ➡ 比率(비율): 다른 수나 양에 대한 어떤 수나 양의 비(比) |
| | 거느릴 솔 | ➡ 引率(인솔): 여러 사람을 이끌고 감. |

| 復 | 회복할 복 | ➡ 光復(광복): 빼앗긴 주권을 도로 찾음. |
| | 다시 부 | ➡ 復活(부활): 죽었다가 다시 살아남. |

| 覆 | 덮을 부 | ➡ 覆肉(부육): 천지가 만물을 덮어 기름. |
| | 다시 복 | ➡ 覆刻(복각): 판각본을 거듭 펴내는 경우에 원형을 모방하여 다시 판각함. |

| 北 | 북녘 **북** | ➡ 北極(북극): 자침(磁針)이 가리키는 북쪽 끝 |
| | 달아날 **배** | ➡ 敗北(패배): 겨루어서 짐. |

| 殺 | 죽일 **살** | ➡ 殺蟲(살충): 벌레나 해충을 죽임. |
| | 감할/빠를 **쇄** | ➡ 減殺(감쇄): 줄어 없어짐. |

| 狀 | 형상 **상** | ➡ 狀態(상태): 사물·현상이 놓여 있는 모양이나 형편 |
| | 문서 **장** | ➡ 賞狀(상장): 상을 주는 뜻을 표하여 주는 증서 |

| 塞 | 막힐 **색** | ➡ 閉塞(폐색): 닫혀서 막힘. |
| | 변방 **새** | ➡ 塞翁之馬(새옹지마): 인생의 길흉화복은 변화가 많아서 예측하기가 어렵다는 말 |

| 索 | 찾을 **색** | ➡ 搜索(수색): 구석구석 뒤지어 찾음. |
| | 노 **삭** | ➡ 鐵索(철삭): 철사를 꼬아서 만든 줄 |

說	말씀 **설**	➡ 發說(발설): 입 밖으로 말을 냄.
	달랠 **세**	➡ 遊說(유세): 자기 의견 또는 자기 소속 정당의 주장을 선전하며 돌아다님.
	기쁠 **열**	➡ 說樂(열락): 기뻐하고 즐거워함.

| 省 | 살필 **성** | ➡ 反省(반성): 자신의 언행에 대하여 잘못이나 부족함이 없는지 돌이켜 봄. |
| | 덜 **생** | ➡ 省略(생략): 전체에서 일부를 줄이거나 뺌. |

| 宿 | 잘 **숙** | ➡ 宿所(숙소): 집을 떠난 사람이 임시로 묵는 곳 |
| | 별자리 **수** | ➡ 星宿(성수): 모든 별자리의 별들 |

| 拾 | 주울 **습** | ➡ 拾得(습득): 주워서 얻음. |
| | 열 **십** | ➡ 拾萬(십만): 만의 열 배가 되는 수 |

| 識 | 알 **식** | ➡ 常識(상식): 사람들이 보통 알고 있거나 알아야 하는 지식 |
| | 기록할 **지** | ➡ 標識(표지): 표시나 특징으로 어떤 사물을 다른 것과 구별하게 함. |

| 食 | 밥/먹을 **식** | ➡ 食事(식사): 끼니로 음식을 먹음. |
| | 밥 **사** | ➡ 簞食(단사): 대나무로 만든 밥그릇에 담은 밥 |

| 惡 | 악할 **악** | ➡ 善惡(선악): 착한 것과 악한 것을 아울러 이르는 말 |
| | 미워할 **오** | ➡ 憎惡(증오): 아주 사무치게 미워함. |

| 若 | 같을 **약** | ➡ 若此(약차): 이와 같이 |
| | 반야 **야** | ➡ 般若(반야): 대승 불교에서, 만물의 참다운 실상을 깨닫고 불법을 꿰뚫는 지혜 |

| 易 | 바꿀 **역** | ➡ 交易(교역): 주로 나라와 나라 사이에서 물건을 사고팔고 하여 서로 바꿈. |
| | 쉬울 **이** | ➡ 容易(용이): 아주 쉬움. |

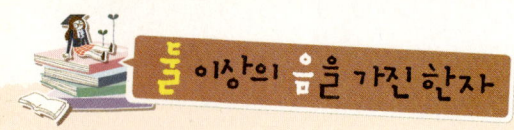 둘 이상의 음을 가진 한자

| 著 | 나타날 **저** | ➡ 顯著(현저): 뚜렷이 드러남. |
| | 붙을 **착** | ➡ 著押(착압): 자기의 성명이나 직함 아래에 도장 대신 일정한 자형(字形)을 씀. |

| 切 | 끊을 **절** | ➡ 切斷(절단): 자르거나 베어서 끊음. |
| | 온통 **체** | ➡ 一切(일체): 모든 것 |

| 諸 | 모두 **제** | ➡ 諸國(제국): 여러 나라 |
| | 어조사 **저** | ➡ 忽諸(홀저): 소멸(消滅)하는 모양 |

| 辰 | 별 **진** | ➡ 辰星(진성): 태양에서 첫 번째로 가까운 행성. 수성 |
| | 때 **신** | ➡ 生辰(생신): 생일을 높여 이르는 말 |

| 參 | 참여할 **참** | ➡ 參與(참여): 어떤 일에 끼어들어 관계함. |
| | 석 **삼** | ➡ 參十(삼십): 십의 세 배가 되는 수 |

| 拓 | 넓힐 **척** | ➡ 開拓(개척): 거친 땅을 일구어 논이나 밭과 같이 쓸모 있는 땅으로 만듦. |
| | 박을 **탁** | ➡ 拓本(탁본): 금석에 새긴 글씨나 그림 따위를 박아냄. 또는 박아낸 종이 |

| 推 | 밀 **추** | ➡ 推測(추측): 미루어 생각하여 헤아림. |
| | 밀 **퇴** | ➡ 推敲(퇴고): 글을 지을 때 여러 번 생각하여 고치고 다듬음. |

| 則 | 법칙 **칙** | ➡ 法則(법칙): 반드시 지켜야만 하는 규범 |
| | 곧 **즉** | ➡ 然則(연즉): '그러면', '그런즉'의 뜻을 나타내는 접속 부사 |

| 便 | 편할 **편** | ➡ 便安(편안): 편하고 걱정 없이 좋음. |
| | 똥오줌 **변** | ➡ 便所(변소): 대소변을 보도록 만들어 놓은 곳 |

| 布 | 베/펼 **포** | ➡ 布衣(포의): 베로 지은 옷 |
| | 보시 **보** | ➡ 布施(보시): 자비심으로 남에게 재물이나 불법을 베풂. |

| 暴 | 사나울 **폭** | ➡ 亂暴(난폭): 행동이 몹시 거칠고 사나움. |
| | 모질 **포** | ➡ 暴惡(포악): 사납고 악함. |

| 合 | 합할 **합** | ➡ 合算(합산): 합하여 계산함. |
| | 홉 **홉** | ➡ 一合(일홉): 한 되의 10분의 1로 약 180㎖에 해당한다. |

| 行 | 다닐 **행** | ➡ 步行(보행): 걸어 다님. |
| | 항렬 **항** | ➡ 行列(항렬): 같은 혈족의 직계에서 갈라져 나간 계통 사이의 대수 관계를 나타내는 말 |

| 畫 | 그림 **화** | ➡ 畫家(화가): 그림 그리는 것을 직업으로 하는 사람 |
| | 그을 **획** | ➡ 畫順(획순): 글씨를 쓸 때 획을 긋는 순서 |

정답

기초 확인 문제

24쪽

01 노래 가 02 목마를 갈 03 고칠 개 04 들 거
05 볕 경 06 계절 계 07 높을 고 08 사귈 교
09 임금 군 10 깨끗할 결 11 손 객 12 공부할/과정 과
13 곤할 곤 14 지날 과 15 구원할 구 16 輕
17 口 18 建 19 觀 20 國
21 結 22 佳 23 校 24 橋
25 敎 26 看 27 光 28 영구
29 각종 30 견고 31 감소 32 구절
33 개근 34 곡선 35 허가 36 관복
37 경로 38 거주 39 보고 40 上京
41 漢江 42 溪谷 43 物價 44 開放

36쪽

01 고을 군 02 올 래 03 하여금 령 04 농사 농
05 헤아릴 량 06 동녘 동 07 알 란 08 큰 덕
09 콩 두 10 가까울 근 11 섬 도 12 생각 념
13 줄 급 14 기록할 기 15 따뜻할 난 16 丹
17 堂 18 力 19 貴 20 獨
21 男 22 基 23 燈 24 登
25 短 26 良 27 卷 28 해군
29 대표 30 기립 31 말단 32 황금
33 남극 34 내지 35 수도 36 각도
37 연결 38 이득 39 동리 40 練習
41 當然 42 空氣 43 平均 44 能力

48쪽

01 거느릴 령 02 망할 망 03 바랄 망 04 놓을 방
05 설 립 06 복 복 07 늙을 로 08 쌀 미
09 법 법 10 버들 류 11 성 박 12 칠 벌
13 인륜 륜 14 힘쓸 면 15 울 명 16 卯
17 面 18 杯 19 問 20 無
21 病 22 步 23 尾 24 萬
25 料 26 里 27 房 28 이익
29 탈모 30 미남 31 신록 32 예식
33 수묵 34 경매 35 생명 36 과반
37 별미 38 발전 39 무성 40 所聞
41 每事 42 反對 43 滿足 44 防止

60쪽

01 엎드릴 복 02 바 소 03 사기 사 04 도울 부
05 아닐 부 06 사사 사 07 인간 세 08 장사 상
09 얼음 빙 10 더울 서 11 적을 소 12 뱀 사
13 견줄 비 14 줄 선 15 셈 산 16 盛
17 席 18 尙 19 非 20 雪
21 本 22 絲 23 仕 24 說
25 傷 26 星 27 船 28 거부
29 세분 30 부분 31 불만 32 선두
33 대비 34 출산 35 사제 36 성의
37 적색 38 살충 39 추석 40 韓服
41 書店 42 成功 43 事業 44 最善

72쪽

01 풍속 속 02 약할 약 03 아이 아 04 손 수
05 큰 바다 양 06 개 술 07 지킬 수 08 나 여
09 빼어날 수 10 어두울 암 11 매울 신 12 억 억
13 들 야 14 시험 시 15 집 실 16 深
17 魚 18 勝 19 安 20 臣
21 愁 22 壽 23 識 24 松
25 愛 26 習 27 視 28 시장
29 소재 30 홍안 31 야간 32 한약
33 시인 34 순진 35 정신 36 엄선
37 수하 38 숙녀 39 수업 40 讓步
41 失望 42 宿所 43 乘客 44 時計

84쪽

01 남을 여 02 까마귀 오 03 자리 위 04 갈 연
05 하고자 할 욕 06 기름 유 07 꽃부리 영 08 날랠 용
09 기를 육 10 낮 오 11 집 우 12 그늘 음
13 누울 와 14 더욱 우 15 어조사 의 16 應
17 汝 18 恩 19 以 20 葉
21 王 22 猶 23 吾 24 用
25 幼 26 瓦 27 爲 28 우환
29 을사 30 완전 31 운행 32 열심
33 의존 34 위엄 35 연기 36 협의
37 유능 38 오해 39 미용 40 書藝
41 音樂 42 內外 43 理由 44 永遠

정답 **251**

정답

96쪽

01 말 이을 이 02 범/동방 인 03 제사 제 04 새 조
05 사랑 자 06 억조 조 07 씨 종 08 장할 장
09 옮길 이 10 돈 전 11 심을 재 12 맞을 적
13 정할 정 14 발 족 15 가게 점 16 異
17 昨 18 除 19 調 20 貞
21 罪 22 卒 23 全 24 戰
25 字 26 第 27 因 28 인력
29 절정 30 고정 31 전원 32 재산
33 냉정 34 입장 35 개조 36 종손
37 자매 38 저온 39 제국 40 全部
41 的中 42 正直 43 場所 44 左右

108쪽

01 바늘 침 02 임금/주인 주 03 충성 충 04 집 택/댁
05 가운데 중 06 살필 찰 07 나아갈 취 08 뜻 지
09 달릴 주 10 곳 처 11 다를 타 12 종이 지
13 가리킬 지 14 참 진 15 찾을 탐 16 蟲
17 知 18 盡 19 朱 20 招
21 着 22 齒 23 秋 24 唱
25 太 26 集 27 淺 28 중대
29 추리 30 처가 31 교칙 32 출석
33 지극 34 초가 35 차후 36 주사
37 최고 38 쾌적 39 죽마 40 卽席
41 只今 42 親舊 43 體育 44 採取

120쪽

01 특별할 특 02 여름 하 03 책 편 04 향할 향
05 찰 한 06 판단할 판 07 평평할 평 08 불 화
09 바다 해 10 기쁠 희 11 그림 화, 그을 획
12 바람 풍 13 겉 표 14 가죽 혁 15 범 호
16 品 17 閉 18 呼 19 希
20 皮 21 號 22 鄕 23 學
24 解 25 黃 26 紅 27 華
28 황제 29 후덕 30 환호 31 현명
32 허무 33 투수 34 형제 35 피차
36 외화 37 원한 38 축하 39 효과
40 引下 41 對話 42 敗北 43 恒常
44 會議

138쪽

01 새길 각 02 대롱/주관할 관 03 이끌/끌 견
04 낄 개 05 걸 괘 06 맬 계 07 맺을 계
08 갖출 구 09 비단 견 10 상거할 거 11 돌아볼 고
12 괴이할 괴 13 뛰어날 걸 14 칼 검 15 간 간
16 暇 17 乞 18 郊 19 兼
20 鼓 21 俱 22 鋼 23 誇
24 姑 25 拒 26 攻 27 監
28 요강 29 관용 30 관통 31 필경
32 파괴 33 경계 34 반경 35 증거
36 감각 37 견장 38 결석 39 간청
40 眼鏡 41 金庫 42 合格 43 健康
44 比較

150쪽

01 진실로/구차할 구 02 꾀할 기 03 골/뇌수 뇌
04 판 국 05 편안 녕 06 부르짖을 규 07 문서 권
08 법 규 09 비단 금 10 벼 도 11 거문고 금
12 즐길 긍 13 둔할 둔 14 감독할 독 15 꺼릴 기
16 球 17 紀 18 拘 19 盜
20 凍 21 鬼 22 娘 23 耐
24 斷 25 壇 26 構 27 毒
28 의구 29 용납 30 돌변 31 굴복
32 다도 33 당분 34 기권 35 집단
36 금수 37 승낙 38 근수 39 담수
40 銅錢 41 挑戰 42 僅少 43 階段
44 舞臺

162쪽

01 이을/얽을 락 02 아무 모 03 눈물 루 04 어지러울 란
05 바퀴 륜 06 들보/돌다리 량 07 생각할 려
08 꿈 몽 09 빠질 몰 10 연이을 련 11 못할 렬
12 잠잠할 묵 13 사냥 렵 14 본뜰 모 15 매화 매
16 埋 17 冥 18 類 19 爐
20 貌 21 祿 22 銘 23 蒙
24 鹿 25 栗 26 臨 27 陵
28 도모 29 격려 30 맹신 31 성묘
32 분열 33 매개 34 인접 35 등록
36 묘목 37 난간 38 우롱 39 나열
40 嶺東 41 冒險 42 省略 43 離別
44 龍王

252 이야기로 배우는 한자 1800

174쪽

- 01 간사할 사
- 02 범할 범
- 03 분별할 변
- 04 썩을 부
- 05 무너질 붕
- 06 족보 보
- 07 배반할 반
- 08 살찔 비
- 09 이 사
- 10 나눌/짝 배
- 11 머무를/배댈 박
- 12 벌 봉
- 13 번성할 번
- 14 민망할 민
- 15 무덤 분
- 16 拔
- 17 眉
- 18 頻
- 19 邦
- 20 博
- 21 壁
- 22 背
- 23 腹
- 24 碑
- 25 罰
- 26 聘
- 27 卜
- 28 미세
- 29 배출
- 30 비밀
- 31 병행
- 32 부업
- 33 사선
- 34 반환
- 35 분주
- 36 유사
- 37 방년
- 38 노비
- 39 부착
- 40 寫眞
- 41 兩班
- 42 妨害
- 43 勝負
- 44 普通

186쪽

- 01 건널 섭
- 02 맑을 아
- 03 깎을 삭
- 04 따를 수
- 05 풀 석
- 06 욀 송
- 07 살필 심
- 08 부를 소
- 09 쇠할 쇠
- 10 가둘 수
- 11 욀 알
- 12 열흘 순
- 13 갚을 상
- 14 드리울 수
- 15 재주 술
- 16 昇
- 17 尋
- 18 遂
- 19 矢
- 20 損
- 21 帥
- 22 涯
- 23 裳
- 24 粟
- 25 牙
- 26 壓
- 27 濕
- 28 맹수
- 29 소생
- 30 장식
- 31 실상
- 32 소음
- 33 해안
- 34 서거
- 35 칭송
- 36 요새
- 37 선회
- 38 정숙
- 39 병상
- 40 清掃
- 41 祭祀
- 42 休息
- 43 徐行
- 44 約束

198쪽

- 01 이마 액
- 02 읊을 영
- 03 멸 유
- 04 엉길 응
- 05 짝 우
- 06 이 자
- 07 물따라갈/따를 연
- 08 혼인 인
- 09 우편 우
- 10 어긋날 위
- 11 미리 예
- 12 멸 요
- 13 물들 염
- 14 더러울 오
- 15 인원 원
- 16 慾
- 17 資
- 18 宴
- 19 楊
- 20 圍
- 21 影
- 22 翁
- 23 僞
- 24 辱
- 25 任
- 26 娛
- 27 惟
- 28 우익
- 29 반영
- 30 방자
- 31 경외
- 32 은밀
- 33 용렬
- 34 연기
- 35 위로
- 36 호위
- 37 토양
- 38 의문
- 39 편의
- 40 姿勢
- 41 牛乳
- 42 郵票
- 43 水泳
- 44 延長

210쪽

- 01 벼슬 작
- 02 점령할/점칠 점
- 03 못 지
- 04 직분 직
- 05 칠 정
- 06 버금 중
- 07 병 질
- 08 고요할 적
- 09 졸할 졸
- 10 창자 장
- 11 전각 전
- 12 그루 주
- 13 재앙 재
- 14 어른 장
- 15 재상 재
- 16 症
- 17 賊
- 18 遵
- 19 漸
- 20 轉
- 21 租
- 22 帳
- 23 製
- 24 點
- 25 墻
- 26 珍
- 27 張
- 28 풍조
- 29 증오
- 30 조문
- 31 기재
- 32 정자
- 33 진영
- 34 적금
- 35 법정
- 36 고장
- 37 골절
- 38 구제
- 39 자상
- 40 操心
- 41 演奏
- 42 雜誌
- 43 暫時
- 44 成績

222쪽

- 01 탐낼 탐
- 02 침노할 침
- 03 잡을 착
- 04 부를 징
- 05 아플 통
- 06 관청 청
- 07 넓힐 척
- 08 못 택
- 09 밝을 천
- 10 첩 첩
- 11 잡을 체
- 12 옻 칠
- 13 뾰족할 첨
- 14 주춧돌 초
- 15 다 총
- 16 側
- 17 彈
- 18 彩
- 19 擇
- 20 醉
- 21 姪
- 22 板
- 23 觸
- 24 添
- 25 稱
- 26 讚
- 27 値
- 28 위치
- 29 탄생
- 30 명철
- 31 편파
- 32 침몰
- 33 불초
- 34 토로
- 35 악취
- 36 칭찬
- 37 추출
- 38 참사
- 39 건축
- 40 家畜
- 41 洗濯
- 42 倉庫
- 43 實踐
- 44 差異

236쪽

- 01 뉘우칠 회
- 02 호걸 호
- 03 집 헌
- 04 제후 후
- 05 표 표
- 06 폐단/해질 폐
- 07 위협할 협
- 08 겨룰 항
- 09 고리 환
- 10 개 포
- 11 마칠 필
- 12 가로 횡
- 13 미혹할 혹
- 14 넓을 호
- 15 빛날 휘
- 16 遍
- 17 陷
- 18 享
- 19 捕
- 20 亨
- 21 弘
- 22 候
- 23 荒
- 24 昏
- 25 避
- 26 衡
- 27 禍
- 28 홍수
- 29 피해
- 30 환불
- 31 상호
- 32 판매
- 33 훼손
- 34 휴대
- 35 공헌
- 36 희귀
- 37 험난
- 38 음향
- 39 출하
- 40 肺炎
- 41 核心
- 42 空港
- 43 割引
- 44 發揮

정답

3급 기출 유사 문제

1회
237~239쪽

001 내지 002 교정 003 옹주 004 수색
005 세습 006 완충 007 상징 008 보좌
009 맥락 010 범상 011 혼수 012 특수
013 화촉 014 향년 015 칠흑 016 희대
017 포화 018 창망 019 천애 020 감상
021 겸비 022 기피 023 오호 024 단지
025 몽상 026 밀어 027 약관 028 백미
029 매개 030 부임 031 습득 032 면죄
033 소음 034 분규 035 영결 036 좌천
037 위협 038 표리 039 질주 040 의탁
041 제창 042 착시 043 취사 044 편도
045 근소 046 갈 서 047 버릴 기 048 봉새 봉
049 말/글 사 050 무늬 문 051 넓힐 척 052 항상 항
053 돌아볼 고 054 조카 질 055 줄 현 056 물리칠 척
057 마땅 의 058 나을 유 059 긴뱀 사 060 미칠 광
061 간절할 간 062 자랑할 과 063 우레 뢰 064 달릴 분
065 족보 보 066 쇠할 쇠 067 어른 장 068 두/쌍 쌍
069 중 승 070 이미 이 071 쇠불릴 주 072 빌/빌릴 차
073 明 074 餘 075 際 076 配
077 複 078 盛況 079 習性 080 危險
081 遊說 082 銅錢 083 祝福 084 品質
085 淸掃 086 的中 087 侵掠 088 指目
089 壯觀 090 黑字 091 敢行 092 暗號
093 競技 094 改善 095 努力 096 容易
097 加工 098 下 099 當 100 回
101 喜 102 王 103 重 104 望
105 全 106 急 107 市 108 ①
109 ② 110 ③ 111 ③ 112 ①
113 攻 114 給 115 增 116 骨
117 速 118 正 119 背 120 閉
121 否 122 呼 123 器 124 命
125 敵 126 識 127 新 128 無
129 肉 130 千 131 寒 132 機
133 彳 134 行 135 巛 136 心
137 木 138 監修 139 産卵 140 慶事
141 製紙 142 高價 143 축하하는 손님
144 여러 차례 145 물체의 단단한 정도
146 꿰뚫어서 통함. 147 사라져 없어짐.
148 爭 149 殘 150 師

2회
240~242쪽

001 초상 002 붕괴 003 부임 004 비만
005 성수 006 치졸 007 위폐 008 경상
009 영예 010 옹호 011 양해 012 공헌
013 소제 014 공천 015 긍정 016 약간
017 교외 018 확률 019 과점 020 가교
021 맹서 022 제후 023 위장 024 중재
025 대차 026 겸허 027 탄신 028 윤택
029 승천 030 침탈 031 낭송 032 홀연
033 주청 034 빈번 035 포섭 036 혼령
037 혐의 038 분망 039 진부 040 생률
041 족보 042 친척 043 염치 044 용렬
045 인내 046 인륜 륜 047 머무를/배댈 박
048 오히려 상 049 흙덩이 괴 050 뉘우칠 회 051 엿 당
052 무릇 범 053 뽑을 발 054 연할 연 055 또 역
056 높을 존 057 납 신 058 풍년 풍 059 찾을 수
060 취할 취 061 점 복 062 거북 구/귀, 터질 균
063 젖을 습 064 실마리 서 065 떨어질 락 066 나라 방
067 울 읍 068 꼬리 미 069 부르짖을 규
070 촛불 촉 071 떨칠 불 072 망령될 망 073 靜
074 迎 075 歡 076 稱 077 肅
078 趣味 079 寢室 080 組織 081 旅券
082 餘暇 083 危機 084 巨額 085 服裝
086 假髮 087 藝術 088 燃料 089 平均
090 快活 091 保溫 092 連休 093 通帳
094 移轉 095 炭鑛 096 登錄 097 伐草
098 勇 099 祀 100 當 101 過
102 殿 103 倣 104 耕 105 永
106 卓 107 去 108 ④ 109 ②
110 ② 111 ③ 112 ② 113 答
114 果 115 非 116 方 117 民
118 活 119 陽 120 罪 121 投
122 合 123 紅 124 朝 125 定
126 命 127 曲 128 直 129 鼻
130 案 131 待 132 馬 133 彳
134 革 135 攵 136 雨 137 片
138 話題 139 元祖 140 水面 141 知覺
142 次善 143 강철로 만든 철판 144 재앙의 근원
145 아직 끝내지 못함. 146 완전히 끝마침.
147 간사하고 악함. 148 会 149 壓
150 労

254 이야기로 배우는 한자 1800

3회
243~245쪽

001 첨단	002 탁류	003 만료	004 착오
005 참상	006 구축	007 편파	008 매장
009 오염	010 창달	011 망막	012 유치
013 지연	014 후작	015 현저	016 긴박
017 모반	018 폭등	019 고갈	020 호접
021 기증	022 인척	023 홍안	024 편이
025 태만	026 알현	027 선승	028 제소
029 노비	030 돈사	031 구릉	032 파업
033 궁시	034 병설	035 기적	036 계축
037 간호	038 재판	039 준수	040 번잡
041 타협	042 옹위	043 순환	044 절념
045 허세	046 보리 맥	047 옻 칠	048 찔 증
049 기울 경	050 관청 청	051 두루 편	052 이바지할 공
053 꺾을 절	054 마를 조	055 이을 속	056 집 관
057 화목할 목	058 위엄 위	059 남녘 병	060 누울 와
061 여러 루	062 얽을 구	063 보낼 견	064 높을 숭
065 떨어질/영 령		066 반딧불 형	067 동료 료
068 모 묘	069 물방울 적	070 도울 좌	071 민첩할 민
072 펼 서	073 郵	074 醫	075 謠
076 樹	077 液	078 缺席	079 隱居
080 憤痛	081 密書	082 姿態	083 儒敎
084 體操	085 測量	086 勤勉	087 縮小
088 遊牧	089 犯罪	090 充員	091 監督
092 試圖	093 建議	094 舌戰	095 變更
096 姉妹	097 證據	098 洗	099 樣
100 求	101 足	102 地	103 階
104 收	105 妙	106 分	107 引
108 ②	109 ②	110 ①	111 ②
112 ②	113 心	114 細	115 暑
116 續	117 簡	118 辱	119 略
120 陸	121 貴	122 今	123 同
124 客	125 朝	126 鳴	127 名
128 衣	129 考	130 軍	131 上
132 右	133 宀	134 至	135 目
136 車	137 佳	138 各色	139 倍數
140 技術	141 錄音	142 來社	
143 헐어 상하게 함.		144 소홀히 대접함.	
145 매우 뛰어난 작품.		146 맑고 깨끗함.	
147 누리어 가짐.		148 團	149 堅
150 宝			

漢字能力檢定試驗 3級 豫想 問題

1회

001 도전	002 흉상	003 삭막	004 누관
005 효성	006 심방	007 발군	008 교묘
009 촉매	010 구박	011 주화	012 징조
013 혼미	014 파다	015 비율	016 재배
017 섭리	018 병풍	019 형통	020 도작
021 앙모	022 과당	023 회오	024 저술
025 유곡	026 휘광	027 물경	028 우롱
029 맹렬	030 아편	031 호접	032 체포
033 마멸	034 총수	035 답습	036 빈도
037 돈사	038 순장	039 양도	040 수필
041 건조	042 척후	043 상실	044 반야
045 방관	046 싹 아	047 원망할 원	048 꽃다울 방
049 읊을 영	050 세금 세	051 구리 동	052 견딜 내
053 희롱할 롱	054 갓 관	055 어조사 의	056 넓을 보
057 비칠 영	058 천간 무	059 갈릴 체	060 함께 구
061 긴할 긴	062 왕비 비	063 닭 계	064 얼 동
065 쾌할 쾌	066 아플 통	067 재 회	068 탈 연
069 물가 주	070 바로잡을 교		071 허물 죄
072 비낄 사	073 築	074 脈	075 困
076 掃	077 屈	078 關係	079 外勤
080 本籍	081 飛行	082 隱退	083 引用
084 年輪	085 眞品	086 印朱	087 興味
088 到達	089 經費	090 福券	091 聲優
092 投資	093 賣盡	094 亂暴	095 專念
096 初步	097 兩班	098 毛	099 利
100 病	101 老	102 厚	103 玉
104 亡	105 放	106 序	107 匹
108 ②	109 ④	110 ①	111 ②
112 ①	113 縮	114 京	115 捨
116 乘	117 閑	118 早	119 美
120 難	121 慶	122 尊	123 宿
124 會	125 苦	126 口	127 山
128 境	129 無	130 案	131 足
132 五	133 片	134 大	135 巾
136 糸	137 犬	138 虛構	139 祝客
140 期間	141 知覺	142 砲手	143 굶주림
144 감각이 예민함.		145 서로 비슷함.	
146 몫을 갈라 나눔.		147 옥에 가둠.	148 単
149 佛	150 與		

정답 255

정답

2회

001 진정	002 잠시	003 간청	004 순간
005 횡포	006 우둔	007 지불	008 강녕
009 상아	010 함축	011 연거	012 타락
013 읍소	014 급습	015 기약	016 절규
017 호칭	018 음영	019 서론	020 진노
021 탁월	022 여유	023 삭풍	024 우아
025 재액	026 단지	027 확충	028 초석
029 필수	030 측면	031 해동	032 사양
033 검역	034 대체	035 홍유	036 준걸
037 금오	038 정이	039 분석	040 반품
041 속미	042 악모	043 양류	044 근량
045 고한	046 혀 설	047 어찌 언	048 맏 맹
049 싫어할 혐	050 잠길 잠	051 병풍 병	052 씨 핵
053 마을 서	054 모습 태	055 도타울 돈	056 역 역
057 시내 계	058 떠다닐 표	059 줄 현	060 꾀 책
061 밝을 소	062 짝 우	063 종 노	064 불터질 폭
065 무늬 문	066 뜰 부	067 용서할 서	068 토할 토
069 적을 과	070 허리 요	071 잔 배	072 쇠북 종
073 歎	074 類	075 均	076 樣
077 賊	078 牧童	079 加味	080 區域
081 別個	082 鐵絲	083 劇場	084 全額
085 素朴	086 目標	087 成就	088 普通
089 省略	090 許容	091 賢明	092 血管
093 忠告	094 條件	095 豫習	096 混雜
097 精密	098 仁	099 招	100 庫
101 橋	102 硏	103 墓	104 送
105 侵	106 神	107 比	108 ②
109 ③	110 ③	111 ④	112 ④
113 婦	114 田	115 夕	116 背
117 學	118 使	119 閉	120 武
121 否	122 悲	123 卵	124 會
125 齒	126 水	127 官	128 孤
129 虛	130 讀	131 思	132 識
133 肉	134 土	135 日	136 隷
137 皿	138 代辯	139 製紙	140 復權
141 各色	142 支社	143 연꽃의 뿌리	
144 꺼리거나 싫어하여 피함.		145 말을 타고 싸우는 병사	
146 점차 증가함.		147 성격이 온화하고 부드러움.	
148 黨	149 獨	150 囡	